DIE LIEBE KOMMT AUF WEICHEN TATZEN

© ROBERT CALDERONE

Gwen Cooper wurde in Miami geboren und arbeitete dort fünf Jahre lang für eine gemeinnützige Organisation. Sie koordinierte unter anderem ehrenamtliche Aktivitäten für *Pet Rescue*. Derzeit lebt Gwen mit ihrem Mann Laurence in Manhattan. Sie hat drei perfekte Katzen – Scarlett, Vashti und Homer –, die von alldem nicht beeindruckt sind.

Mehr zur Autorin unter: www.gwencooper.com

Gwen Cooper

DIE LIEBE KOMMT AUF WEICHEN TATZEN

Roman

Aus dem Amerikanischen von

Heinz Tophinke

Weltbild

Die amerikanische Originalausgabe erschien 2013 unter dem Titel
Love Saves the Day bei Bantam Books, New York.

Besuchen Sie uns im Internet:
www.weltbild.de

Übersetzung: Heinz Tophinke
Projektleitung: usb bücherbüro, Friedberg / Bay
Umschlaggestaltung: Atelier Seidel – Verlagsgrafik, Teising
Umschlagmotiv: Thinkstockphoto (©Hemera) / Maria Seidel
Satz: Catherine Avak
Druck und Bindung: GGP Media GmbH, Pößneck
Printed in the EU
ISBN 978-3-86365-778-9

2017 2016 2015 2014
Die letzte Jahreszahl gibt die aktuelle Lizenzausgabe an.

Für Scarlett, die »echte« Prudence

Für Homer, das Original

Für Vashti, die Zuckersüße

Und, immer, für Laurence

Katzen sind praktisch veranlagt, wie alle reinen Geschöpfe.

William S. Burroughs

Teil 1

1

Prudence

Es gibt zwei Arten, wie die Menschen nicht die Wahrheit sagen. Die erste zu begreifen fiel mir anfangs schwer, weil sie mit keinen der Anzeichen einhergeht, die verraten, wenn sie nicht die Wahrheit sagen. Wie zum Beispiel damals, als Sarah meine weißen Pfoten »Socken« nannte. *Schau, was du für wunderschöne kleine Socken hast,* sagte sie. Socken tragen die Menschen an ihren Füßen, damit sie mehr wie Katzenpfoten aussehen. Aber meine Pfoten sind schon gepolstert und weich, und ich kann mir nicht vorstellen, dass eine Katze, die auf sich hält, etwas so Dämliches wie Socken lange ertragen würde.

Deshalb dachte ich zuerst, Sarah würde versuchen, mich hinters Licht zu führen, indem sie etwas sagte, das nicht der Wahrheit entsprach. Wie damals, als sie mich an den Bösen Ort brachte und sagte *Keine Bange, sie machen dich hier nur gesund und stark.* An ihrer gepressten Stimme, als sie mich in meinen Tragekorb setzte, erkannte ich, dass eine Art von Verrat im Gange war. Und ich sollte recht behalten. Sie stachen mich dort mit spitzen Dingen und zwangen mich, stillzuhalten, während sich menschliche Finger überall in meinen Körper bohrten, sogar in meine Schnauze.

Als es endlich vorbei war, setzte mich die Frau im weißen Kittel wieder in meinen Tragekorb und sagte zu Sarah: *Was für hübsche weiße Socken Prudence hat!* Dabei lächelte sie, und daher wusste ich, dass sie Sarah nicht hinters Licht führen wollte, so wie die es bei mir versucht hatte, als sie mich dorthin brachte. Ich dachte, vielleicht sollte ich mir die Pfoten lecken oder etwas tun, um ihnen zu zeigen, dass dies meine echten Füße waren und nicht die falschen Füße, die sich die Menschen anziehen, bevor sie nach draußen gehen. Ich dachte, vielleicht sind Menschen nicht so schlau wie Katzen und verstehen solch subtile Unterschiede nicht, wenn man sie nicht darauf hinweist.

Damals war ich noch sehr jung, ein ganz kleines Kätzchen – als mein Zusammenleben mit Sarah begann. Inzwischen weiß ich, dass die Menschen am besten begreifen, ob etwas richtig ist, wenn sie es indirekt herausfinden. Etwa, dass man eine Maus, die direkt vor einem sitzt, manchmal am besten fängt, indem man vor dem Sprung ein wenig zurückweicht.

Und als ich später zu Hause mein Bild in Sarahs Spiegel betrachtete (sobald ich erkannt hatte, dass es mein Spiegelbild war und nicht eine andere Katze, die versuchte, mir mein Zuhause zu stehlen), sah ich, dass der untere Teil meiner Beine wirklich ein bisschen wie die Socken aussah, die Sarah manchmal trägt.

Aber trotzdem – zu sagen, dass es Socken *sind* anstatt, dass sie wie welche aussehen, das ist eindeutig nicht richtig.

Die zweite Art der Menschen, nicht die Wahrheit zu sagen, ist, wenn sie versuchen, sich gegenseitig hinters Licht zu führen. Zum Beispiel, wenn Laura zu Besuch kommt und sagt *Tut mir leid, dass ich so lange nicht gekommen bin, Mom, ich wollte dich wirklich eher besuchen …* und dabei zeigen ihr Rotwerden und ihre sich zusammenziehenden Schultern klar, dass sie in Wirklichkeit am liebsten niemals kommen würde. Und Sarah sagt dann *Na klar, ich verstehe schon,* aber dabei verraten ihre höher werdende Stimme und ihre sich nach oben ziehenden Augenbrauen, dass sie überhaupt nicht versteht.

Oft habe ich mich gefragt, wo Lauras Wurfgeschwister sind und wieso sie uns nie besuchten. Aber ich glaube, Laura hat gar keine Wurfgeschwister. Vielleicht haben Menschen kleinere Würfe als Katzen, oder vielleicht ist den anderen etwas zugestoßen. Ich hatte schließlich auch einmal Wurfgeschwister.

Aber das ist lange her. Das war, bevor ich Sarah fand.

* * *

Der Böse Ort ist nur ein Stück zu Fuß von der Lower East Side entfernt, wo wir wohnen. (Genau genommen ging Sarah dorthin, weil ich ja in meinem Tragekorb war. Dennoch hat sie nicht lange gebraucht, auch wenn Katzen schneller laufen können als Menschen. Das ist eine Tatsache.) Die Frau dort erklärte Sarah, ich sei eine polydaktyle, braun getigerte Katze. Sarah fragte, ob das bedeute, dass ich eine Art fliegender Dinosaurier sei? Die Frau meinte lachend, nein, es würde lediglich bedeuten, dass ich überzählige Zehen hätte. Ich bin mir allerdings nicht sicher, welche meiner Zehen »überzählig« sein sollen, denn ich glaube, ich brauche sie alle. Und es stimmt nicht wirklich, zu sagen, ich bin braun, denn teilweise bin ich weiß – meine Brust und mein Kinn und die Enden meiner Beine. Außerdem habe ich grüne Augen. Und sogar da, wo ich braun bin, habe ich noch dunklere, fast schwarze Streifen. Aber ich weiß, dass die Menschen nicht so präzise sind wie Katzen. Kaum zu glauben, dass sie sich sicher genug fühlen, um nachts schlafen zu können.

Die Frau, die mich stach, erklärte Sarah auch, dass ich zu dünn sei. Das war zu erwarten gewesen, weil ich zuvor auf mich allein gestellt auf der Straße gelebt hatte. Sie meinte, ich würde wahrscheinlich rasch zunehmen. Seitdem bin ich viel schwerer und größer geworden, aber ich bin immer noch ziemlich dünn. Sarah meint, ich hätte Glück, so zu bleiben, ohne mich groß anstrengen zu müssen. Aber die Wahrheit ist, dass ich schlank bin, weil ich nie alles fresse, was Sarah mir gibt. Das ist so, weil sie mich zwar täglich füttert, aber nie zur exakt gleichen Zeit. Manchmal füttert sie mich gleich als Erstes am Morgen, manchmal, wenn es fast schon Mittag ist. Es ist aber auch schon vorgekommen, dass ich mein Fressen erst nach Einbruch der Dunkelheit bekam. Deshalb lasse ich immer ein wenig übrig für den Fall, dass Sarah das Füttern eines Tages ganz vergisst.

Und wie sich herausstellt, war meine Sorge berechtigt. Sarah war schon seit fünf Tagen nicht mehr hier, um mich zu füttern – sie war seit fünf Tagen überhaupt nicht mehr zu Hause. Die ersten beiden Tage musste ich mit dem auskommen, was noch in meiner Schüssel war. Ich bin sogar auf die Anrichte gesprungen, wo die Tüte mit meiner Trockennahrung steht, und machte mit Zähnen und Krallen ein kleines Loch hinein, damit ich mir selbst etwas zu fressen herausholen konnte. (Normalerweise würde ich so etwas nie tun, denn das ist schlechtes Benehmen. Aber manchmal gibt es Dinge, die wichtiger sind als Benehmen.)

Schließlich, am dritten Tag, kam eine Frau, die ich als eine Nachbarin erkannte, und machte eine Dose Futter für mich auf. *Prudence!*, rief sie. *Komm und friss, du armes Kätzchen, du musst ja einen schrecklichen Hunger haben!*

Ich hatte unter der Couch darauf gewartet, dass sie geht, aber als ich hörte, wie die Dose geöffnet wurde, kam ich hervor. Doch die Frau versuchte, mich am Kopf zu streicheln, und so musste ich wieder unter die Couch kriechen und ganz schnell mit meinen Rückenmuskeln zucken, um mich zu beruhigen. Ich mag es nicht, wenn mich Menschen berühren, die ich nicht gut kenne. Also wartete ich, bis sie gegangen war, und kam erst dann wieder hervor, obwohl ich nach zwei Tagen fast ohne etwas zu fressen einen gewaltigen Hunger hatte.

Die Frau ist seither jeden Tag wiedergekommen, um mich zu füttern, aber ich bleibe immer noch unter der Couch, bis sie weg ist. Vielleicht will sie mir mit dem Füttern eine Falle stellen. Vielleicht hat sie auch Sarah schon in eine Falle gelockt, und sie ist deswegen so lange nicht nach Hause gekommen.

Um mir die Zeit zu vertreiben, bis Sarah wiederkommt, setze ich mich auf das Fensterbrett – das, von dem aus man die Feuerleiter sieht, die ich Sarahs Worten zufolge *niemals* betreten darf – und beobachte, was auf der Straße vor sich geht. Von dort habe ich auch bestens den Eingang zu unserem Haus im Blick, sodass ich sehe, wenn Sarah zurückkommt.

Um auf das Fensterbrett zu gelangen, springe ich zuerst auf

den Couchtisch und von dort auf die Couch. Dann klettere ich auf die Rückenlehne der Couch und von da direkt aufs Fensterbrett. Natürlich kann ich auch direkt vom Boden auf das Fensterbrett springen (ich könnte, wenn es sein müsste, sogar noch viel höher springen), aber auf diesem Weg kann ich überprüfen, dass alles sicher und genau so ist, wie ich es verlassen habe. Wenn sich die kleinen, alltäglichen Dinge nicht verändern, dann ist es einleuchtend, dass sich auch die größeren, wichtigeren Dinge nicht verändern werden. Wenn ich alles so mache wie immer, dann muss Sarah zurückkommen, so wie sie es immer tut. Wahrscheinlich habe ich vor ein paar Tagen irgendeinen Fehler gemacht – habe etwas anders gemacht, als ich es sollte – und sie ist deshalb weggegangen.

Sarah und ich sind nun schon seit drei Jahren, einem Monat und sechzehn Tagen zusammen. Ich würde dir auch sagen, wie viele Stunden und Sekunden wir zusammen waren, aber Katzen denken nicht in Stunden und Sekunden. Wir wissen aber, dass sie eine Erfindung der Menschen sind. Katzen haben einen Instinkt; er sagt uns genau, wann für alles der richtige Zeitpunkt ist. Die Menschen wissen nie, wann sie etwas tun sollen, deshalb brauchen sie Uhren und Zeitgeber, die es ihnen sagen. Zweimal im Jahr stellt Sarah alle Uhren in unserer Wohnung eine Stunde vor oder zurück. Das beweist eindeutig, dass Stunden eine reine Erfindung sind. Schließlich kann man ja auch nicht allen sagen, die Welt einen ganzen Tag zurück- oder ein ganzes Jahr vorzudrehen und das als die Wahrheit gelten lassen.

Man könnte meinen, dass Sarah und ich eine Familie sind, weil wir zusammen wohnen, aber nicht alle, die zusammen wohnen, sind auch eine Familie. Manchmal teilt man sich einfach nur eine Wohnung. Der Unterschied ist, in einer Familie macht man vieles miteinander, und man tut diese Dinge jeden Tag zur selben Zeit. Alle frühstücken zusammen, und das Frühstück ist jeden Tag morgens zur selben Zeit. Dann isst man zusammen zu Abend, und auch das findet jeden Tag zur gleichen Zeit statt. Die Menschen bringen einander in die

Schule oder zur Arbeit und holen sich von dort einige Stunden später auch wieder ab, und sowohl das Abholen als auch das Hinbringen geschieht einem Zeitplan gemäß. Ich habe das alles von den Fernsehshows gelernt, die Sarah und ich zusammen ansehen. Sogar diese Familien-Fernsehshows kommen immer zur selben Zeit, jeden Tag.

(Früher dachte ich, das, was man im Fernsehen sieht, geschieht *wirklich,* so richtig in unserer Wohnung. Einmal versuchte ich, eine Maus zu fangen, die auf dem Bildschirm zu sehen war. Ich schlug meine Krallen immer wieder an das Glas und konnte nicht begreifen, warum ich die Maus nicht zu fassen bekam. Und Sarah lachte und erklärte mir, dass ein Fernseher wie ein Fenster ist, nur dass man darin Dinge sieht, die ganz weit weg geschehen.)

Mit Mitbewohnern ist es eher so, dass jeder sein eigenes Leben lebt, obwohl man zusammen wohnt. Die Dinge geschehen, wie sie kommen, und nicht zu einer speziellen Zeit. Außerdem leben Familien in einem Haus mit einem oberen und einem unteren Geschoss. Mitbewohner teilen sich Apartments. Sarah und ich wohnen in einem Apartment, und unser Zeitplan ist immer unterschiedlich. Sarah sagt, das ist so, weil sich ihre Arbeitszeiten ständig ändern. Sie schreibt in einem großen Büro an einem Ort namens Midtown, und sie kann das so gut, dass sie manchmal am frühen Morgen zum Schreiben gebraucht wird und manchmal auch später am Tag. Manchmal bekommt sie eine Menge extra Geld dafür bezahlt, dass sie die ganze Nacht durch schreibt und erst am nächsten Morgen nach Hause kommt, wenn die Sonne schon aufgeht und die meisten anderen Menschen mit ihrer Arbeit erst *beginnen.*

Mit Geld kauft Sarah Futter für mich, und sie bezahlt damit unsere Wohnung. Sie sagt immer, man muss es verdienen, so lange man es verdienen kann, selbst wenn man wünschte, es nicht zu müssen. Ich weiß genau, was sie damit meint, denn manchmal muss eine Katze ihr Fressen jagen, wenn es vorbeihuscht, selbst wenn sie gerade ein herrliches Nickerchen macht.

Wer weiß schon, wann das nächste Mal etwas Fressbares vorbeirennt? Deshalb verbringen kluge Katzen die meiste Zeit mit Schlafen – damit sie genügend Energie haben, wenn sie plötzlich welche brauchen.

Aber auch an den Tagen, wenn sie nicht arbeitet, richtet sich Sarah nicht nach einem geregelten Zeitplan. Manchmal muss ich mit meiner traurigsten Stimme miauen und mit der Pfote über ihr Bein streichen, um sie daran zu erinnern, dass es Zeit ist, mich zu füttern. Ich fühle mich nicht gut, wenn ich das tun muss, denn ich sehe es ihrem Gesicht an, wie unglücklich es sie macht, wenn sie vergisst, was sie für mich tun muss. Aber für gewöhnlich lacht sie ein wenig, wie es die Menschen tun, wenn sie etwas Trauriges in etwas Lustiges verkehren wollen, und sagt, der Grund für ihr Vergessen sei wahrscheinlich ihre künstlerische Veranlagung, auch wenn es schon Jahre her ist, dass sie etwas Kreatives getan hat.

Was eine »Veranlagung« ist, weiß ich nicht recht. Vielleicht etwas, was ein Künstler macht. Oder vielleicht ist es etwas, das ein Künstler benützt, um etwas zu machen. Aber was immer es auch ist, ich habe hier noch nie etwas Derartiges gesehen.

Vielleicht klingt das alles für dich so, als würde ich mich über mein Leben mit Sarah beschweren, aber das stimmt nicht. Eigentlich ist das Leben mit Sarah sogar ziemlich großartig. Zum einen ist sie immer bereit, mit mir zu teilen. Wenn sie sich zum Essen hinsetzt, stellt sie für gewöhnlich ein Tellerchen mit etwas von ihrem Essen darauf ein Stück neben ihren Teller, und ich setze mich auf den Tisch und esse mit ihr. Manchmal isst sie allerdings Sachen, die einfach widerlich sind. Es gibt da etwas, das »Kekse« heißt, das Sarah besonders mag, obwohl in diesen Häppchen weder Fleisch noch Gras noch sonst etwas drin ist. Sarah lacht, wenn ich dann angeekelt die Nase rümpfe, und sagt, ich wüsste nicht, was mir entgeht. Ich glaube aber, dass Sarah nicht weiß, was man essen sollte und was nicht.

Unser Apartment hat zwei Zimmer. In dem Zimmer mit unserer Küche ist auch unsere Couch, der Fernseher und der Couchtisch. In dieses Zimmer dürfen Besucher herein, aber es kommen nur selten Leute außer Laura und manchmal Sarahs beste Freundin Anise. Anise kommt nur zwei- oder dreimal im Jahr, weil ihr Job an einem Ort namens Asien auf Tournee geht. Laura kommt nicht, wenn sie weiß, dass Anise hier ist, aber Sarah und ich freuen uns immer, Anise zu sehen, denn wenn sie lächelt, dann lächelt sie mit ihrem ganzen Gesicht, und sie sagt nie etwas, das auch nur ein bisschen unwahr wäre. Außerdem ist Anise, wie Sarah gerne sagt, ein Mensch, der Katzen versteht. (Zumindest so weit ein Mensch das eben kann.) Kurz nachdem ich bei Sarah eingezogen war, brachte sie ein »selbstreinigendes« Katzenklo mit nach Hause, das jedes Mal, wenn ich versuchte, es zu benutzen, schrecklich zu surren begann. (Ich glaube, es wollte sich selbst sauber halten und ließ deshalb einfach nicht zu, dass ich es benutzte.) Dieses Ding jagte mir so viel Angst ein, dass ich auf den Teppich zu machen begann, und das machte Sarah sehr ärgerlich auf mich, obwohl das *eindeutig* nicht meine Schuld war. Das ging Wochen lang so, bis schließlich Anise kam und die Nase rümpfte wegen des Geruchs von dem Teppich, der die ganze Wohnung ausfüllte. *Iihh!,* meinte sie, *hat Prudence denn kein Katzenklo?* Dann sah sie das »selbstreinigende« Ungetüm, das Sarah angeschafft hatte und sagte, *Sarah, mit diesem Ding jagst du ihr Todesangst ein.* Sie ging sofort mit ihr los, um ein normales Katzenklo zu kaufen, und seither haben wir kein Problem mehr.

Im anderen Zimmer steht unser Bett, eine Kommode für Sarahs Kleidung und unser Schrank – mein Lieblingsplatz. In beiden Zimmern gibt es jede Menge tolles Spielzeug für mich, zum Beispiel alte Zeitschriften, die sich anfühlen wie die trockenen Blätter, auf denen ich manchmal lag, als ich noch draußen lebte, und an den Wänden gerahmte Poster, zu denen ich hochspringen und mit einer Pfote draufschlagen kann, bis sie zu wackeln anfangen. Es gibt Schuhschachteln mit kleinen Papierspielzeugen, die Sarah Streichholzbriefe nennt, und sie sagt, sie hat ein Streichholzbriefchen von jedem Club, jeder Bar und jedem Restaurant in New York, das sie besucht hat, seit sie vor vierunddreißig Jahren hierher zog. Obwohl Sarah eine Menge Sachen hat, passt sie auf, dass immer alles schön ordentlich und aufgeräumt ist, damit ich viel Platz zum Herumtoben habe. Ordnung zu halten ist wirklich Sarahs große Stärke.

Ganz hinten in unserem Schrank sind viele Kleider, die Sarah schon lange nicht mehr anzieht – die sie vor Jahren trug, als sie noch abends ausging, sagt sie. Einige sind mit Federn verziert, und ich dachte natürlich, das seien Vögel und versuchte, sie mit meinen Krallen zu packen. Das war das einzige Mal, dass Sarah wirklich wütend auf mich war. Aber wenn eine Frau nicht will, dass ihre Kleider von einer Katze gejagt werden, dann sollte sie eben keine haben, die wie Vögel aussehen.

Es brauchte eine Weile, aber schließlich hatte ich es geschafft, dass die ganze Wohnung einen angenehmen Katzengeruch hat. Ein Mensch kann das nicht riechen, aber wenn ein anderes Katzentier käme und bei uns einziehen wollte, wüsste es, dass hier bereits eine Katze wohnt. Vor allem der hintere Teil des Schranks hat ein sehr heimeliges und unzweideutiges Aroma. Sarah hat dort ein paar alte Sachen von sich hingelegt, auf denen ich schlafen kann, und das kommt einer eigenen Höhle für mich am nächsten.

Aber das Beste von allem ist, dass unser Apartment voller Musik ist. Die meiste lebt auf runden, flachen, schwarzen Scheiben, die Sarah in steifen Papphüllen aufbewahrt. Auf allen diesen Papphüllen sind Bilder oder Zeichnungen, und einige davon sehen genauso aus wie die Poster an unseren Wänden. An der Wand, wo die Musik wohnt, hängen allerdings keine Poster, denn diese Wand ist vom Boden bis zur Decke nichts als Musik. Sarah sagt, ich darf nichts davon mit meinen Krallen kennzeichnen, was bedeutet, sie gehört nur ihr und nicht uns beiden. Trotzdem kann ich sie mit ihr anhören. Die schwarzen Scheiben sehen aus, als könnten sie gar nichts, aber Sarah legt sie auf einen speziellen silbernen Tisch, der zwei schwarze

Scheiben auf einmal aufnehmen kann. Dann drückt sie auf ein paar Knöpfe und bewegt einige Dinge, und die Scheiben beginnen, ihre Musik zu singen. Manchmal hören wir uns nur ein oder zwei Lieder an, aber es kommt auch vor, dass Sarah die schwarzen Scheiben den ganzen Tag lang singen lässt. Manchmal, wenn auch eher selten, singt Sarah selbst mit. Das mag ich immer am allerliebsten.

Überhaupt habe ich Sarah vor allem wegen der Musik adoptiert. Damals war ich noch sehr klein und lebte mit meinen Wurfgeschwistern draußen. Eines Tages liefen wir vor einigen Ratten davon; das sind die ekligsten Geschöpfe auf der ganzen Welt. Sie haben entsetzlich lange Zähne und Krallen und sie riechen schlecht, und wenn sie dich nicht jagen, um dir wehzutun, dann versuchen sie, dir jegliches Fressen, das du auftreiben konntest, zu stehlen. Dann fing es an zu regnen – ein fürchterlicher Gewitterschauer ging nieder, und ich war sicher, dass er jedes Lebewesen, das kein Versteck fand, ertränken würde. Beim Weglaufen vor den Ratten und dann vor dem Regen wurde ich von meinen Wurfgeschwistern getrennt. Schließlich kauerte ich mich unter einen Betonblock auf einem großen, leeren Baugelände. Ich hatte Angst, denn ich war zum ersten Mal in meinem Leben ganz allein, und so begann ich zu miauen in der Hoffnung, dass meine Wurfgeschwister mich dann finden würden.

Stattdessen fand mich Sarah. Natürlich wusste ich damals noch nicht, dass es Sarah war. Ich wusste nur, dass sie ein Mensch war – größer als die meisten, mit braunen Haaren bis zu den Schultern. Sie sah älter aus als viele der Menschen, die in der Lower East Side wohnen, aber nicht *wirklich* alt.

Normalerweise kann ich mich vor den Menschen sehr gut verbergen, wenn ich nicht will, dass sie mich finden. Die meisten würden direkt an meinem Versteck vorbeigehen und mich nicht bemerken. Ich glaube, auch Sarah hätte mich nicht gesehen, aber dann blieb sie vor der Baustelle stehen und starrte lange darauf. Sie blieb so lange stehen, bis sich die Wolken verzogen und die Sonne herauskam, und da entdeckte sie mein Versteck.

Ich dachte, sie würde einfach weggehen und mich allein lassen. Doch sie kam näher, ging in die Hocke und streckte mir eine Hand entgegen. Aber ich war noch nie von einem Menschen berührt worden und traute keinem von ihnen. Zudem konnte ich nicht verstehen, was sie sagte, weil ich die Menschensprache damals noch kaum beherrschte. Ich wich zurück, bis ich in eine Pfütze fiel und zu zittern begann, weil das Regenwasser mein Fell so kalt machte.

Und dann begann Sarah zu singen. Es war das erste Mal, dass ich Musik hörte – bis dahin hatte ich fast nur hässliche und Angst machende Geräusche gehört, Maschinen zum Beispiel, und Sachen, die auf dem Gehsteig zerbarsten, oder Menschen, die meine Wurfgeschwister und mich anschrien, wenn sie uns wegjagten.

Sarahs Musik war das Schönste, was ich je gehört hatte. Ich hatte schon schöne Dinge *gesehen,* wunderbares Essen etwa, das die Menschen bei sonnigem Wetter an Tischen im Freien verspeisten. Oder das schattige Gras unter den Bäumen im Park, wo sich die Menschen hinsetzen, was für meine Wurfgeschwister und mich immer hieß, dass wir nichts tun konnten, als uns vor ihnen zu verstecken und voller Sehnsucht darauf zu schauen, wie hübsch das Sonnenlicht war und wie kühl der Schatten aussah.

Aber als Sarah sang, das war das erste Mal, dass etwas nur für mich schön war. Sarahs Musik war schön *und* nur für mich, und deshalb wollte ich mich von niemandem verjagen oder mir das wegnehmen lassen.

Ich verstand nicht, was sie sang, aber zwei Worte in ihrem Lied wiederholten sich immer wieder: *Dear Prudence.* Sie sang mir *Dear Prudence* vor, als sei das mein Name. Und wie sich gezeigt hat, *ist* Prudence mein Name. Ich wusste es damals nur noch nicht.

Aber Sarah hatte es von Anfang an gewusst. Deshalb wusste

ich, dass ich ihr vertrauen konnte, obwohl sie ein Mensch war. Und so beschloss ich auf der Stelle, sie zu adoptieren, denn es war klar, dass wir zueinandergehörten.

Mäuse finden praktisch nie den Weg in unsere Wohnung. Wenn es doch einmal eine schafft, fange ich sie und präsentiere sie Sarah, um ihr zu zeigen, dass ich bereit bin, im Austausch dafür, dass sie Dinge für mich tut, etwas für sie zu tun. Und ich übe das Mäusefangen sehr fleißig, sogar wenn gar keine da sind. Ich trainiere mit leeren Toilettenpapierrollen oder zusammengeknüllten Papierkugeln, stürze mich auf sie und übe meine Kampftechniken, damit ich vorbereitet bin, wenn sich wirklich einmal eine Maus blicken lässt. Ich arbeite schwer in der Hoffnung, dass Sarah und ich eines Tages eine echte Familie sein werden und nicht nur Wohnungsgenossen.

Gerade als ich dies denke, sehe ich von meinem Platz auf dem Fensterbrett Laura auf der anderen Straßenseite. Sie steigt aus einem Auto aus, mit einem Mann, den ich nicht kenne. Beide tragen große, leere Kartons.

Und ich könnte dir nicht sagen, woher ich es weiß. Vielleicht deshalb, weil Laura so selten zu Besuch kommt, selbst wenn Sarah hier ist. Ich bekomme ein beklemmendes Gefühl in meinem Bauch, das sich bis zum Rücken hinaufzieht und mir das Fell aufstellt. Meine Barthaare biegen sich bis an die Wangen nach hinten, und die dunkle Mitte meiner Augen vergrößert sich offenbar, denn plötzlich ist alles alarmierend hell.

Noch ehe Laura die Haustür erreicht, weiß bereits jeder Teil meines Körpers, dass etwas Schreckliches geschehen sein muss.

2

Prudence

Laura und der seltsame Mann bringen den Geruch von draußen mit herein. Und sie riechen beide fast gleich. Es ist nicht genau der gleiche Geruch, weil männliche und weibliche Menschen unterschiedlich riechen, aber sie gleichen sich so sehr, dass ich weiß, dass die beiden zusammenleben.

Wäre Laura allein hereingekommen, so würde ich sie gleich an der Tür mit laut geforderten Erklärungen begrüßen. Wenngleich die Menschen die Katzensprache nicht so gut verstehen wie ich die ihre, erbringt ein festes und direktes *Miau* in der Regel eine Antwort. Wenn Sarah zum Beispiel vergessen hat, mir etwas zum Naschen zu geben, stelle ich mich neben die Anrichte in der Küche und miaue ostentativ. Dann gibt sie mir entweder etwas, oder sie erklärt mir, warum sie mir nichts gegeben hat, indem sie etwa sagt *Oh Jammer! Wir haben keine Katzenleckerli mehr! Ich laufe gleich über die Straße und kaufe dir noch ein paar!* Sarah sagt, das würde bedeuten, dass ich sie »abgerichtet« habe. Trainieren müssen die Menschen mit Hunden, denn ein Hund weiß nicht einmal, wann er sich hinsetzen oder hinlegen soll, wenn es ihm nicht ein Mensch sagt. (Die Menschen, die Hunde halten, müssen *sehr* geduldig und nett sein, sich mit derart unbedarften Geschöpfen abzugeben.) Ich sehe Sarah ganz anders. Es ist nicht so, dass ich sie *abrichte;* ich muss sie nur manchmal *sanft erinnern.*

Aber Laura ist hier mit einem Mann, den ich nicht kenne. Also beschließe ich, unter der Couch zu warten, bis ich sicher bin, dass es völlig gefahrlos ist, hervorzukommen. Menschen können unberechenbar sein. Manchmal stürzen sie sich auf einen und streichen einem das Fell in die falsche Richtung, oder (und das ist so erniedrigend!) sie *heben mich vom Boden hoch!* Ich kann also nur abwarten, während Laura mit dem Fuß die Tür aufhält, damit der Mann vor ihr hereinkommt, und sie sie dann hinter sich zustößt und die drei Schlösser absperrt.

Vor langer Zeit schenkte mir Sarah ein rotes Halsband mit einem kleinen Anhänger, auf dem PRUDENCE geschrieben steht, wie sie sagte. Manchmal, wenn ich mich zu schnell bewege, klappert der Anhänger ein wenig. Also krieche ich sehr langsam an den Rand unter der Couch, denn von dort kann ich den seltsamen Mann, den Laura dabei hat, besser beobachten.

Er ist größer als sie, hat hellbraunes Haar und dunkelblaue Augen, und er ist dünner als die meisten anderen Menschen. Am leichtesten sind für mich seine Füße und Knöchel zu sehen. Er trägt an den Füßen das, was die Menschen »Turnschuhe« oder auch »Sneaker« nennen (weil sie damit leise laufen können wie Katzen), und sie müssen alt sein, denn sie sind voller schwarzer Flecken und angetrocknetem Schmutz, und unter seiner linken großen Zehe ist ein kleines Loch, das er wahrscheinlich noch gar nicht bemerkt hat. Er hatte in letzter Zeit nichts mit Katzen zu tun, denn an seinen Knöcheln sind keine Fellhaare und kein Katzengeruch – dort würde eine Katze als Erstes den Kopf reiben, um ihn mit ihrem Duft zu markieren. Eines seiner Schuhbänder hängt über die Seite seines Fußes. Ich beobachte, wie es hin und her schwingt, wenn er läuft, und die Versuchung, es anzufallen, ist fast unwiderstehlich. Aber ich zwinge mich stillzuhalten und ducke mich so tief, dass mein Bauchfell gegen den Boden drückt und mich unangenehm kitzelt.

Laura trägt ebenfalls Turnschuhe, aber ihre sind ganz weiß und sehen wesentlich neuer aus. Die kleinen Beulen oben in den Schuhen sagen mir, dass sie ihre Zehen krümmt, und das bedeutet, sie ist sehr angespannt. Sie riecht auch so. Sogar noch intensiver, als sie normalerweise riecht, wenn sie zu Besuch kommt. Auch der Mann mit den hellbraunen Haaren muss ihre Anspannung riechen können, denn er stellt seine Schachteln ab und legt die Hände auf Lauras Schultern. Sarah streichelt mir immer den Rücken, wenn ich mich über etwas ärgere, zum Beispiel, wenn ich glaube, ich hätte eine Fliege in die Enge getrieben, und dann fliegt sie einfach davon, oder wenn draußen ein Auto ganz plötzlich *bumms!* macht und mich erschreckt. Die Berührung des Mannes scheint Laura zu beruhigen, aber als er freundlich fragt: »Alles in Ordnung?«, krümmt sie wieder die Zehen und sagt: »Geht schon.« Dann fährt sie sich durch die Haare, so wie es auch Sarah macht. »Bringen wir's einfach hinter uns.«

»Wir könnten warten«, sagt der Mann. »Ich bin sicher, der Hausverwalter würde es verstehen, wenn …«

Aber Laura schüttelt bereits den Kopf. »Am Donnerstag ist der Erste«, sagt sie. »Wenn wir warten, müssen wir die nächste Miete übernehmen.«

Mein rechtes Ohr dreht sich nach vorn, damit ich besser hören kann, als Laura dies sagt. Wenn Sarah keine Miete mehr bezahlt, um hier zu wohnen, dann heißt das, sie hat beschlossen, woanders zu wohnen. Das Gefühl der Furcht in meinem Bauch wird stärker; ich versuche zu verstehen, weshalb Sarah gehen würde, ohne mir etwas zu sagen und ohne die Dinge mitzunehmen, die ihr lieb sind. Wenn im Fernsehen zwei zusammen wohnen und eine beschließt auszuziehen, sagt sie zuerst ihrer Mitbewohnerin, warum sie gehen muss (normalerweise ist es wegen ihrer Karriere oder wegen des Mannes, den sie liebt). Sie werden beide wütend und streiten, doch dann erinnern sie sich an all die schönen Zeiten, die sie miteinander hatten. Dann heulen sie und umarmen sich und sind wieder Freunde, und dann sagt die zweite Mitbewohnerin, obwohl sie traurig ist, weil sie ihre Freundin verliert, sie würde verstehen, weshalb die erste Mitbewohnerin gehen muss.

Mitbewohner müssen es einander sagen, bevor sie ausziehen.

* * *

Laura hat eine Art sich zu bewegen, die verrät, dass sie genau weiß, wohin sie will, und dass sie sich wünscht, schon früher dort angelangt zu sein. Auf diese Art und Weise versucht sie, in unser Schlafzimmer zu gehen, aber sie schafft es nicht ganz. Ihre Schritte sind ein ganz klein wenig langsamer als sonst, und wenn sie etwas wäre, das ich jage, würde ich wahrscheinlich denken, dass dies ein guter Moment zum Sprung wäre. Sie sagt dem Mann, sie werde sich das Schlafzimmer vornehmen, und er solle in der Küche anfangen. Sie gibt ihm einige alte Zeitungen, und zuerst denke ich, vielleicht spielen sie eines meiner Lieblingsspiele mit mir, bei dem Sarah Zeitungspapier zerknüllt und es für mich wirft, sodass ich meine Mäusejagd üben kann. Aber stattdessen wickelt der Mann damit unser Geschirr und unsere Gläser ein und verstaut dann alles in den Kartons. Er wickelt sogar die große Keramikschüssel ein, die auf dem kleinen Tisch nahe der Wohnungstür steht. Das ist die Schüssel, in der ich gerne schlafe, wenn mir mein Körper sagt, dass es für Sarah fast an der Zeit ist heimzukommen, damit ich gleich an der Tür bin, wenn sie hereinkommt. Einmal war ich besonders aufgeregt, Sarah zu sehen, und ich sprang so schnell aus der Schüssel, dass sie zu Boden fiel und zerbrach. Das plötzliche Krachen jagte mich ins Schlafzimmer und unter das Bett, und dort blieb ich lange und mit zuckendem Fell. Aber Sarah war sehr geduldig und gefasst und klebte die Schüssel wieder zusammen. Man sah zwar danach noch, wo sie zerbrochen war, aber Sarah meinte, das sei okay, denn durch diese Linien würde Licht hineinkommen.

Laura und der Mann arbeiten stumm; nur einmal sagt sie zu ihm, die Heilsarmee würde später kommen und unsere Möbel und Küchengeräte und einen Teil von Sarahs Kleidung mitnehmen. Ich weiß nicht, was die Armee mit einem Bett will, das nach mir und Sarah riecht, wenn wir an kalten Nächten zusammen unter der Decke schlafen. Oder mit einer Couch, die so riecht wie damals, als ich versehentlich ein Glas Milch darauf verschüttete (schuld war das Glas; es gab vor, kürzer zu sein als es wirklich war) und erschrak, weil mich die Milch so plötzlich traf, und weil ich dachte, Sarah würde mich vielleicht anschreien, aber sie hob mich nur hoch, drückte ihre Wange an meine Stirn und sagte *Arme Prudence!* Dann umarmte sie mich fest und fuhr fort: *Oh Prudence, ohne dich wäre das Leben so langweilig.* (Das war so offensichtlich, sie hätte es gar nicht zu sagen brauchen.)

Ich verstehe nicht, was die Armee mit diesen Sachen machen könnte, aber im Moment geschieht vieles, das ich nicht verstehe. Sarah kannte einmal einen Mann, der seine Katze und alles andere verlor, was er hatte, alles an ein und demselben Tag. Danach, sagte Sarah, wollte er nicht mehr leben. Vielleicht ist Sarah gegangen, weil sie wusste, dass Laura mit diesem Mann herkommen und die beiden alle unsere schönen Sachen mitnehmen würden, und sie konnte es nicht aushalten, das zu sehen. Und jetzt kommt mir zum ersten Mal der Gedanke, dass, wenn Sarah weggeht, zusammen mit all unseren Möbeln und allem anderen, das wir brauchen, dass dann womöglich auch ich gehen muss.

Ich krieche noch tiefer unter die Couch und wünsche mir, Sarah würde zurückkommen und mir das alles erklären. Sie hätte es mir sagen können, bevor sie ging, selbst wenn die Gründe für ihr Weggehen beängstigend oder verwirrend sein würden. Sie *weiß,* besser als jeder andere Mensch, wie viel ich verstehe.

Katzen verstehen immer. Deshalb sind wir so gute Mitbewohner.

Laura und der Mann mit den hellbraunen Haaren sind jeder auf einer Seite der Wohnung, was bedeutet, ich kann immer nur einen der beiden beobachten. Wenngleich ich mit meinen Schnurrhaaren auch in etwa auf die Person aufpassen kann, die jeweils hinter mir ist, kann ich nicht entscheiden, wem von beiden ich mit dem Blick folgen soll. Dann tritt Laura im Schlafzimmer zufällig auf das Bodenbrett, das wie ein menschlicher Schrei klingt, wenn jemand falsch darüberläuft. Dadurch werde ich sofort besonders auf sie aufmerksam. Die Schlafzimmertür ist genau gegenüber der rechten Armlehne der Couch, und wenn ich unter der Couch bis an deren Rand krieche, kann ich Laura sehen, wie sie arbeitet.

Sie und Sarah sehen nicht genau gleich aus, aber gleich genug, um sagen zu können, dass Laura aus einem Wurf von Sarah stammen muss. Sie haben die gleiche Haarfarbe und Haarlänge. Laura ist nicht ganz so groß wie Sarah, aber sie ist geschmeidiger, und wenn sie sich auf die Zehenspitzen stellt, um an etwas auf einem hohen Regalbrett zu gelangen, kommt sie so hoch hinauf wie Sarah. Ihre Augen sind heller als die von Sarah und nicht so rund, und ihr Kinn ist breiter, und das Make-up, das sie gewöhnlich trägt, wenn sie zu uns kommt, betont diese Unterschiede noch. Heute trägt sie jedoch keines, das ist ungewöhnlich. Dafür ist die Haut unter ihren Augen dunkler als sonst, und so sehen sie fast so dunkelblau aus wie Sarahs Augen, und ihr Gesicht ist so bleich, dass es sogar heller ist als Sarahs. Aber sie und Sarah haben exakt dieselben Hände – überraschend groß für so schlanke Menschen, mit langen Fingern.

Jetzt zittern Lauras Hände ein wenig, aber sie bringt es trotzdem fertig, genau gefaltete und ordentliche Stapel zu machen. Sie ist so tüchtig dabei, Sarahs Kleidung aus unserem Schrank zu holen, wie ich, wenn ich etwas in meinem Katzenklo vergrabe. Aus Sarahs Kleidungsstücken fürs Büro macht Laura einen ordentlichen Stapel mit vier Ecken. Mit einem dicken schwarzen Stift schreibt sie Wörter auf einen der braunen Kartons und füllt ihn dann mit Sarahs Arbeits- und Alltagskleidung. Mit Sarahs anderen Kleidern, denen mit glänzenden Steinen und Fransen und den Federn, die ich für Vögel hielt, macht sie einen weniger ordentlichen Haufen und steckt diesen dann in einen Müllsack.

Sarah trägt die Vogelkleider nicht oft, aber ich weiß (zumindest glaubte ich, das zu wissen), dass sie ihr ebenso wichtig sind wie alles andere in unserem Apartment. *Es ist wichtig, dass man seine Vergangenheit in Ordnung hält,* sagt sie gerne.

An einem Abend vor drei Monaten telefonierte Sarah mit Anise und gebrauchte dabei häufig das Wort *erinnern.* Zum Beispiel sagte sie *Erinnerst du dich noch an das erste Mal, als ich kam, um euch im Monty Python's zu hören? Mann, war das ein Schuppen!* Oder *Erinnerst du dich an den Abend, an dem uns diese Verrückte mit einem Messer die Vierzehnte Straße hinunterjagte? Und wir mussten diesen Taxifahrer* anbetteln, *uns einsteigen zu lassen, obwohl wir kein Geld hatten?*

Das hörte sich für mich nicht lustig an, aber Sarah lachte, bis sie keine Luft mehr bekam. Sonst habe ich sie nur dann noch so laut und so lange lachen gehört, wenn ich mich ungeschickt anstellte, und das ist *äußerst* selten. Wie damals, als ich durch ein geschlossenes Fenster rennen wollte (woher sollte ich wissen, dass man durch etwas hindurch*sehen,* aber nicht hindurch*rennen* kann?), oder als ich einmal nach einem Pappteller über mir auf dem Küchentisch angelte, um ein winziges Stückchen von dem Essen darauf zu probieren, und mir der ganze Teller mit allem Essen darauf auf den Kopf fiel. (Ich glaube immer noch, dass das Sarahs Fehler war; sie hätte *niemals* einen Teller mit Essen *so* am Rand des Tisches stehen lassen dürfen.)

Nachdem Sarah ihr Telefongespräch mit Anise beendet hatte, holte sie einige Schachteln und Tragetaschen aus dem großen Schrank im Wohnzimmer. Dann nahm sie ein paar schwarze Scheiben aus dem Regal, das Apartment füllte sich mit Musik, und wir beide schauten die Streichholzbriefchen durch. (Eigentlich sah Sarah sie durch, und ich kickte sie herum, denn wozu soll Spielzeug gut sein, wenn man nicht damit spielt?) Sie sagte immer wieder Dinge wie: Den *Schuppen habe ich total vergessen!* oder *Das war der erste Club, in dem ich je auflegen durfte, und sie haben mir nichts dafür bezahlt. Für weibliche* DJ*s war es einfach ungleich schwerer.* Sie zeigte mir Zeitungen und Illustrierte, die so alt waren, dass es sie heute gar nicht mehr gibt, voller geschriebener Wörter (die ich nicht lesen kann, aber Sarah hat mir einiges vorgelesen) über die Musik, die sie damals hörte, und die Orte, wo sie sie hörte. Dann ging Sarah ins Schlafzimmer und zog die Sachen an, die sie seit ihrer Jugend nicht mehr getragen hatte.

Sie war so glücklich, als sie sich in diesen Kleidern im Spiegel betrachtete! Doch nach einer Weile wurde ihr Gesicht etwas rot, und schließlich murmelte sie mit einem Kopfschütteln das Wort *dumm* vor sich hin. Dann zog sie wieder ihre normale Nachtwäsche an, brachte die schwarzen Scheiben zum Verstummen, räumte die Wohnung auf und ging schlafen.

Das Beste an all dem alten Zeug ist nicht, dass es Sarah hilft, die Vergangenheit zu ordnen. Das Beste ist, dass es riecht wie wir beide, hier zusammen in dieser Wohnung. Und nun verschwinden alle diese Kleider und alles andere aus unserem Schrank in diesen Müllsack und diese Kartons. Ich lasse mein Fell am Rücken zucken im Versuch, ruhig zu bleiben.

Wenn ich mit dem Sack und den Kartons mitkomme, werden die Sachen darin vielleicht noch immer nach mir riechen. Aber wenn Sarah nicht zurückkommt, dann wird ihr Geruch an ihnen langsam, aber sicher verschwinden. Und dann wird es irgendwann nichts mehr auf der Welt geben, das so riecht, wie wir beide zusammen.

Inzwischen sieht das Schlafzimmer schon leer aus und das Bett so wie an Waschtagen, wenn ich Sarah helfe, es frisch zu beziehen, indem ich von einer Ecke der Matratze zur nächsten renne, um sicherzustellen, dass das Bettzeug nicht irgendwo hinkommt, wo es nicht hin soll. Laura will einen der Kartons für die Heilsarmee ins Wohnzimmer tragen, doch der Knall einer zuschlagenden Tür im Apartment über uns erschreckt sie, und sie lässt ihn fallen. »*Verdammt!*«, murrt sie leise. Tränen treten ihr in die Augen; sie wischt sie ungeduldig mit dem Ärmel weg.

»Laura? Alles in Ordnung?«, ruft der Mann mit dem hellbraunen Haar aus der Küche.

»Ist schon gut, Josh«, antwortet sie. Ihre Stimme klingt zittrig, und sie atmet tief. »Ich *hasse* diese alten Mietshäuser«, fügt sie hinzu. »Man hört einfach alles.«

Jetzt wird mir klar, dass ich von diesem Mann schon gehört habe. Als uns Anise vor sieben Monaten das letzte Mal besuchte, erzählte Sarah ihr, Laura werde einen gewissen Josh heiraten. Anise schien überrascht zu sein, dass Laura überhaupt heiraten wollte, und Sarah meinte, sie sei zuerst auch überrascht gewesen, dass Josh aber ein »guter Mann« sei. Anise erwiderte, dass Laura einen solchen Mann heirate, das sei ein kleines Wunder, wenn man es recht bedenke. Dann begannen sie, über den Mann zu reden, mit dem Sarah einmal verheiratet gewesen war, und als ich merkte, dass niemand *Prudence* sagte, schlief ich schließlich ein.

Josh hat die Küche ausgeräumt; alles, was dort war, steckt jetzt in einem Karton oder einem Müllsack. Es sieht nicht mehr wie unsere Küche aus, und der einzige Anhaltspunkt, um sagen zu können, dass hier einmal ein Mensch und eine Katze lebten, ist die Tüte mit meinem Trockenfutter, die noch immer auf der Anrichte steht. Als Laura mit einer Sprühflasche und Papiertüchern kommt, um die Arbeitsflächen abzuwischen, sieht sie die Tüte an und schaut dann in der Wohnung umher, als würde sie mich suchen. Aber dann schiebt sie die Tüte einfach zur Seite und wischt weiter.

Ich habe Laura noch nie traurig gesehen, aber heute scheint sie genau das zu sein. Als sie ins Wohnzimmer geht, füllen sich ihre Augen wieder mit Wasser, doch sie blinzelt die Tränen rasch weg. Und auch wie sie spricht, kommt mir traurig vor. Normalerweise bildet sich Laura rasch eine Meinung und steht auch dazu, und man merkt, wenn sie und Sarah über etwas uneins sind, wie ungeduldig sie wird, wenn Sarah zögert und sagt: *Na ja, vielleicht hast du ja recht ... ich weiß nicht ...* Und obwohl ich immer auf Sarahs Seite bin, weil sie schließlich die wichtigste Person für mich ist, stimme ich insgeheim Laura zu, dass sich Sarah ja nur entscheiden muss. Das ist zum Teil der Grund dafür, dass Sarah und ich so gut miteinander auskommen, weil ich feste Meinungen habe, selbst wenn sie keine hat. Sie fragt zum Beispiel immer, was ich über ihre Kleidung denke, bevor sie ausgeht. Wenn es mir gefällt, starre ich sie mit großen Augen an und lege meine ganze Weisheit und meine Anerkennung in diesen Blick. Und wenn nicht, dann schließe ich die Augen leicht und drehe den Kopf zur Seite, so als wäre ich schläfrig, aber Sarah weiß, was das bedeutet. Und dann sagt sie: *Du hast recht, dieser Rock braucht eine andere Jacke,* und zieht etwas anderes an, bevor sie losgeht.

Aber als Laura zu Josh sagt, sie sollten jetzt wohl mal mit den großen Schränken im Wohnzimmer anfangen, klingt sie fast verwirrt. Anstatt zu sagen: *Wir sollten jetzt mit den großen Schränken im Wohnzimmer anfangen,* fragt sie: *Meinst du, wir sollten jetzt mit den großen Schränken im Wohnzimmer anfangen?* Schon zu fragen *Meinst du* anstatt einfach zu sagen *Wir sollten* zeigt, dass Laura heute unsicherer ist als normalerweise.

Ich weiß nicht recht, was an diesem Zimmer sie so verwirrt. Mir kommt alles hier ganz normal vor. Es ist vielleicht etwas staubiger als sonst und riecht auch so, nachdem Sarah fast eine Woche lang nicht hier war und geputzt hat. Mein Katzenklo stinkt aus dem Bad heraus, und das ist peinlich, vor allem, wenn ein Fremder hier ist, der nicht weiß, wie reinlich ich normalerweise bin.

Aber ich glaube nicht, dass es Staub oder das Katzenklo ist, was Laura zögern lässt. Dann kommt mir der Gedanke: Laura geht es wie mir! Sie hat ebenso wenig wie ich erwartet, dass Sarah weggeht, und nun ist sie durcheinander und traurig, weil sie entscheiden muss, was mit Sarahs und meinen Sachen geschehen soll. Ich habe darauf gewartet, dass sie etwas dazu sagt, wohin Sarah gegangen ist und weshalb, aber Sarah hat sie genau wie mich einfach im Stich gelassen.

Dass nicht einmal Laura von Sarahs Weggehen wusste, gibt mir zum ersten Mal das Gefühl, dass ich Sarah vielleicht nie mehr wiedersehe. Es ist ein Gefühl, als käme mein Mageninhalt gleich zum Hals heraus. Es ist schlimmer, als wenn mich die Menschen auf der Straße anschrien, und schlimmer als an dem Tag, an dem ich im Gewitterregen meine Wurfgeschwister verlor.

Ich will jetzt unbedingt unter der Couch hervorkommen, um Laura zu sagen, vielleicht kommt Sarah doch noch zurück, wenn wir nur nicht alle ihre Sachen wegbringen, die für sie vertraut riechen und sie dies als ihr Zuhause erkennen lassen. Aber Laura hat mich nicht gelockt, wie Sarah es tun würde, und auch nicht versucht, mich dem fremden Mann vorzustellen, wie es sich eigentlich gehört. Zu vieles ist heute bereits ungewöhnlich, und bei dem Gedanken, dass ich irgendwie falsch unter der Couch hervorkomme und ohne dass jemand sagt *Prudence, komm her, ich stelle dir So-und-so vor,* wie es Sarah immer macht, zieht es mir den Magen noch heftiger zusammen.

Es ist Josh, der als Erster vor den großen Schrank tritt und oben mit dem Ausräumen beginnt. Die Streichholzbriefchen aus den Schuhschachteln ergießen sich über ihn. Ich erwarte, dass er wütend wird wie die meisten Menschen, wenn all das Spielzeug auf ihren Kopf fällt, aber er sagt nur »Oh!« und reibt ihn sich übertrieben, als hätten die Briefchen ihm wehgetan. So wie er zu Laura hinüberschaut, denke ich, dass er hofft, sie wird lachen, weil die Menschen ja denken, dass es lustig ist, wenn Dinge auf andere Menschen fallen.

Laura lächelt, das ist alles.

»Schau dir die alle an«, sagt er und kauert nieder, um eine Handvoll Streichholzbriefchen aufzuklauben. »Paradise Garage, Le Jardin, 8BC, Max's Kansas City.« Er wirft sie wieder in die Schachtel. »Die Autoren, mit denen ich arbeite, würden dafür morden, wenn sie auch nur fünf Minuten in Max's Kansas City hätten verbringen können.«

Laura hat endlich mit dem anderen Schrank angefangen, dem kleineren bei der Wohnungstür. Sie durchforstet Schachteln mit Papieren und legt einige in Ordner, die in einem großen braunen Karton verschwinden. Die anderen wandern direkt in einen Müllsack. »Wirf all das in einen Abfallsack«, sagt sie zu Josh. »Das wird die Heilsarmee nicht wollen.«

Vielleicht will die Armee sie nicht, aber *ich!* Wie kommt Laura dazu, mich nicht einmal zu fragen, was ich mit meinen (na ja, Sarahs und meinen) Sachen machen will?

Josh hält inne, als Laura dies sagt – seine Hand greift gerade nach oben, um Sachen vom obersten Brett zu nehmen. Dann setzt er diese Bewegung langsamer fort, so als wolle er darauf achten, kein Kleintier zu erschrecken. »Du willst doch das nicht *alles* wegschmeißen. Deine Mom hätte all dieses Zeug doch nicht aufgehoben, wenn es ihr nicht etwas bedeutet hätte. Eines Tages, wenn du so weit bist, willst du das bestimmt alles mal durchsehen.«

Laura klingt aufgebracht, so wie immer, wenn Sarah etwas einzuwenden hat gegen eine Sache, die für Laura absolut logisch ist. »Wo sollten wir denn das alles unterbringen?«

»Wir haben doch das zweite Schlafzimmer«, erwidert Josh in einem noch ruhigeren Ton als zuvor. »Da könnten wir alles reintun, zumindest vorübergehend.«

Lauras Gesicht verändert sich gerade so viel, dass ich weiß, dieser Gedanke gefällt ihr nicht. Käme er von Sarah, würde sie weiter argumentieren, bis sie sich durchgesetzt hat. Doch nun murmelt sie lediglich »Na gut« und sieht weiter Papiere durch. Josh verstaut die Streichholzbriefchen wieder in den Schuhschachteln und stellt sie dann in einen der großen braunen Kartons. Beide sind wieder still, bis Josh mit einer bauchigen Papiertasche kämpft, die ganz hinten in dem großen Schrank steht. Als er sie herausgeholt hat, schaut er hinein und macht dann erstaunt »Oh, wow!« Er zieht einige von Sarahs alten Zeitungen und Magazinen heraus. »*Mixmaster, New York Rocker, East Village Eye*«, sagt er und verdreht die Augen, als erinnere er sich an etwas. »Meine Schwester ging immer mit ihren Freunden in die Stadt und hat die dann für mich mitgebracht. Ich habe es meiner Mutter noch immer nicht verziehen, dass sie sie eines Tages als ›Schund‹ bezeichnete und alle wegwarf.«

Laura schichtet Sarahs Mäntel und Jacken aufeinander, die mehr nach Sarah riechen als alles andere. Warum muss sie *alle* Sachen von ihr wegschaffen? Sarah sagte einmal zu mir, wenn man sich an jemanden erinnert, dann ist er oder sie immer bei einem. Aber was ist, wenn auch das Gegenteil wahr ist? Was ist, wenn du alles, was dich an jemanden erinnert, weggibst – bedeutet das, dass er oder sie dann nie mehr zu dir zurückkommt? Ich spüre, wie sich die Muskeln um mein Gesicht herum anspannen und meine Barthaare sich wieder nach hinten biegen.

Laura weiß das natürlich nicht. Sie wendet sich Josh zu, der am Boden sitzt, und als sie die Tasche sieht, die er durchwühlt, geht sie zu ihm. Sie hebt die Tasche auf und betrachtet die Schrift darauf. »Die Liebe rettet den Tag«, sagt sie laut.

»Hm?«, fragt Josh. Er sieht noch immer die alten Zeitungen durch.

»Love Saves the Day«, wiederholt sie. »Da kommt diese Tasche her. Das war dieser Vintage-Shop an der Ecke Siebte Straße und Zweite Avenue.« Jetzt gleitet Lauras Blick nach oben und links. Ihre Stimme klingt weicher, so wie die Sarahs, wenn sie mir etwas Nettes erzählt, das sie vor langer Zeit erlebt hat. »Meine Mutter und ich sind da manchmal hingegangen, als ich noch klein war. Wir haben Stunden damit zugebracht, witzige Outfits anzuprobieren, und dann sind wir die Zweite hinauf zu Gem Spa gegangen und haben dort Egg Cream getrunken.«

Josh grinst zu ihr hoch. »Hast du Bilder?« Ich kann mir denken, dass er sich Laura vorstellt, nur viel kleiner als sie jetzt ist, in Klamotten wie Sarahs Vogelkleidern. Er sieht sich im Zimmer um. »Ich hoffe ja immer noch, deine Babybilder zu finden, aber ich sehe sie nirgends.«

Lauras Pupillen werden etwas größer, und ihr Gesicht bekommt Farbe, was mir sagt, dass das, was sie nun sagt, zumindest teilweise unwahr sein wird. »Die haben wir bei einem Umzug verloren.«

»Ach so.« Josh klingt enttäuscht und nicht überzeugt. Aber

er sagt lediglich: »Wie schade.« Dann schaut er zu dem Tisch neben der Couch, wo Sarah und ich eine Lampe und ein paar gerahmte Bilder aufgestellt haben; ich habe gelernt, zwischen ihnen hindurchzumanövrieren, ohne sie umzustoßen. »Na«, sagt Josh, »wenigstens ist da eins von deiner Mom und ihrer Katze.« Er sieht sich im Zimmer um. »Hey, wo *ist* die Katze?«

Lauras Kopf bewegt sich nicht. »Versteckt sich unter der Couch.«

Ich »verstecke« mich nicht! Ich warte! Natürlich kann ich nicht davon ausgehen, dass ein Mensch einen derart subtilen Unterschied begreift. Aber näher wird Laura meinem Ersuchen für eine angemessene Vorstellung wahrscheinlich nicht kommen. Also, zum Teil, um ihr eine Chance zu geben, alles richtig zu machen, und zum Teil, um diesen Menschen absolut klarzumachen, dass ich mich *nicht* »versteckt« habe, krieche ich nun unter der Couch hervor und kündige mich mit einem kurzen Miauen an. Dann beginne ich ein ausführliches Streck-und-Pflege-Ritual, als wolle ich sagen, *Oh, es ist jemand hier? Ich habe es noch gar nicht bemerkt, so fest habe ich geschlafen. Aber ich habe mich* sicher *nicht versteckt, falls ihr das dachtet.*

Es ist leicht, die beiden zum Narren zu halten, denn Menschen fällt es wesentlich schwerer, Unwahrheiten herauszufinden als Katzen.

»Ja hey, Prudence«, sagt Josh und dreht sich zu mir um. »Du siehst ja wie ein süßes Mädchen aus. Du bist doch ein süßes Mädchen, nicht wahr?«

Sein herablassender Ton ist unerträglich. Ich fixiere ihn mit einem eisigen Blick und peitsche mit dem Schwanz, um ihn an seine Manieren zu erinnern, und dann fahre ich fort, mit der linken Vorderpfote mein Gesicht zu reinigen. Josh streckt langsam eine Hand nach meinem Kopf aus, aber ich gebiete ihm mit einem warnenden Fauchen Einhalt. Mit jemandem zu sprechen, dem man nicht geziemend vorgestellt wurde, ist unhöflich, doch jemanden zu *berühren,* dem man nicht geziemend vorgestellt wurde, ist noch viel schlimmer. Laura lacht zum ersten Mal, seit sie hier ist, und sagt: »Nimm's nicht persönlich. Prudence ist keine ›Leutekatze‹.«

Die beiden beobachten mich, wie ich beginne, mich hinter meinem Ohr zu putzen. Warum schauen sie mir so interessiert beim Putzen zu? Dann sagt Josh: »Ich freue mich, wenn wir sie bei uns aufnehmen, Laura, aber wenn du ein anderes Zuhause für sie finden möchtest, würde ich das verstehen. Jeder würde das verstehen.«

Laura schweigt einen Moment und sieht mir in die Augen. Ich setze ganz bewusst eine ausdruckslose Miene auf, denn ich will ihr nicht zeigen, wie nervös es mich macht, an all die unerträglichen Veränderungen zu denken, die mit einem Leben mit Fremden an einem neuen Ort einhergehen würden. »Es war meiner Mutter wichtig, dass Prudence zu uns kommt«, sagt Laura schließlich. »Sie hat sich diesbezüglich in ihrem Testament sehr präzise ausgedrückt.«

Ich denke an den Tag, an dem ich Laura kennenlernte. Ich war noch klein und hatte erst vier Wochen und drei Tage mit Sarah zusammengelebt. Mit der Stimme, mit der sie nur zu mir spricht, sagte Sarah: »Prudence, das ist meine Tochter, Laura.« Laura versteifte sich, als ich mich ihr so näherte, wie ich wusste, dass es von mir erwartet wurde, wenn Sarah in diesem Tonfall mit mir redete. Sie beugte sich nicht herunter, um näher an mich heranzukommen, sie bewegte sich überhaupt nicht, aber ihr Blick folgte mir. »Ich bin sicher, es würde ihr gefallen, wenn du sie streichelst«, sagte Sarah. Auch wenn ich nicht gerne von Menschen berührt werde, die ich nicht gut kenne, roch Laura doch genügend wie Sarah, sodass ich dachte, ich hätte sie, als ich Sarah adoptierte, vielleicht auch angenommen. Ich rieb mich an ihren Knöcheln und schnurrte sogar für sie. Nicht so stark, wie ich für Sarah schnurre, aber genug, um Laura wissen zu lassen, dass ich sie akzeptierte.

Sie lächelten sich zu, als sie mich schnurren hörten, aber damals wusste ich noch nicht, wie ungewöhnlich es war, dass die beiden einander so glücklich zulächelten wie in diesem Augenblick. Dann sagte Sarah: »Tiere haben dich immer gemocht. Ich weiß noch gut, wie verrückt die Katze der Mandelbaums nach dir war.«

Und in diesem Augenblick veränderte sich schlagartig Lauras Gesicht. Einmal, als ich noch sehr klein war, trat Sarah aus Versehen auf meinen Schwanz. Der Schmerz fuhr mir durch den ganzen Rücken. Und dieser plötzliche, heftige Schmerz machte mich zornig, so zornig, dass ich fauchte und mit den Krallen nach Sarah schlug. So sah Lauras Gesicht in diesem Moment aus. Zuerst war da ein schneller und schrecklicher Schmerz, und dann war da, ebenso schnell und schrecklich, Zorn auf Sarah, weil sie schuld daran war. Laura hörte auf zu lächeln, und ihre Schultern wurden steifer.

»Honey«, sagte sie zu Sarah. »Die Katze der Mandelbaums hieß Honey.« Und dann sagte sie mit einer Stimme, die sie benutzte wie ich meine Krallen: »Ich weiß gar nicht, warum *du* eine Katze haben willst, Mom. Ich dachte eigentlich nicht, dass du dir viel aus Katzen machst.«

Damals sah Sarahs Gesicht traurig aus, obschon sie nicht versuchte, sich zu verteidigen. Sie wusste, dass sie etwas Falsches gesagt hatte, auch wenn ich wusste, dass sie das nicht gewollt hatte.

Ich will nicht mit Laura zusammenleben. Ich will nirgendwo mit niemandem leben außer hier mit Sarah. Aber wenn Sarah nicht mehr dafür bezahlt, dass wir hier wohnen können, bedeutet das, ich kann hier auch nicht mehr leben. Offenbar wusste Sarah, dass sie wegging, und wollte, dass ich zu Laura ziehe. Vielleicht plant sie ja zurückzukommen und will sichergehen, mich wiederzufinden. Das muss es sein!

Die Erleichterung, die ich bei diesem Gedanken spüre, ist wunderbar – so wunderbar, dass ich mich anstrengen muss, um nicht in einen tiefen, wohligen Schlaf zu fallen, sobald die Spannung meinen Körper verlässt. Doch so wie mich Laura ansieht, weiß ich, dass sie immer noch über Joshs Worte nachdenkt – dass er es verstehen würde, wenn sie mich weggeben wollte. Ich erinnere mich daran, wie glücklich ihr Gesicht für einen Moment aussah, als sie mich an jenem ersten Tag schnurren hörte, und ich denke, dass sie Katzen mehr mögen muss, als sie im Augenblick eingestehen will. (Was gibt es am Leben mit einer Katze *nicht* zu mögen?)

Also ignoriere ich Josh mit seinen schlechten Manieren, gehe zu Laura und tätschle ihr Bein mit meiner Pfote, die Krallen eingezogen, so wie ich es tue, wenn ich Sarah auf mich aufmerksam machen will. Dann reibe ich meinen Kopf an ihren Knöcheln, um sie mit meinem Duft zu markieren und ihr klarzumachen, dass sie keine Wahl hat, als mich mitzunehmen.

Laura bückt sich nicht, um mich zu streicheln, aber sie seufzt etwas resigniert. Die Spannung in meinem Bauch lässt weiter nach, und ich reibe meinen Kopf noch fester an ihren Beinen.

Vielleicht hat Josh nie eine Katze gehabt, die ihm Manieren beigebracht hätte, aber schon die ersten Minuten mit mir haben ihn ein wenig klüger gemacht. Er sagt nichts, aber als er Lauras Seufzer hört, weiß er so gut wie ich, dass die Sache geregelt ist.

Die Sonne sinkt tiefer, und das Apartment ist fast leer. Die Schränke sind ausgeräumt und die Teppiche aufgerollt, sodass die Heilsarmee sie mitnehmen kann, wenn sie wegen der Möbel kommt. Die Poster an der Wand, die ich gern angeschubst habe, sind aus ihren Glasrahmen genommen und zusammengerollt worden, damit sie in die Kartons mit all den Sachen passen, die wir mitnehmen. Es riecht und sieht so anders aus, dass es mir schon jetzt schwerfällt, mich an das Leben zu erinnern, das Sarah und ich hier zusammen hatten. Mein Plastik-Tragekorb steht an der Tür, und obwohl ich es normalerweise hasse, mich in ihn zu setzen (denn Sarah setzt mich nur dann hinein, wenn sie mich zum Bösen Ort trägt), krieche ich nun freiwillig hinein. Ich weiß, dass ich heute nicht zum Bösen Ort gehe. Außerdem ist er fast das Einzige, das hier noch so riecht wie Sarah und ich zusammen.

Als Laura und Josh die Teppiche aufrollten, fanden sie die alten Quietsch-Spielzeuge, die Sarah für mich besorgte, als ich hier neu eingezogen war. Sie sagte immer, wie leid es ihr tue, mich alleine lassen zu müssen, wenn sie zur Arbeit ging, und sie wollte unbedingt, dass ich etwas zum Spielen hatte, das auch Geräusche für mich machte, wenn ich allein war. Sie hat nie verstanden, dass ich *gerne* meine Ruhe habe und es liebe, manchmal ganz für mich zu sein. Vielleicht war das so, weil Sarah eigentlich nie gerne allein war.

Diese Spielzeuge waren nicht so interessant für mich wie die Streichholzbriefchen oder die Zeitungen, die Sarah zusammenknüllte (es macht keinen Spaß, mit Dingen zu spielen, mit denen man spielen *soll;* es ist viel toller, mit Sachen zu spielen, die man einfach findet), und ich habe sie schon vor langer Zeit aus den Augen verloren. Aber ich weiß noch, wie ich mich freute, als Sarah sie damals nach Hause brachte. So wusste ich, trotzdem sie sich nie korrekt an Fütterungszeiten oder Ähnliches gehalten hat, dass sie selbst dann an mich dachte, wenn sie nicht hier war und mich sah. So wie ich auch an sie dachte, wenn sie weg war. Das bedeutete, dass ich an jenem Tag, als ich sie adoptierte, das Richtige getan habe.

Ich bin immer noch böse auf Sarah, weil sie mich verlassen hat, ohne sich zu verabschieden. Aber in erster Linie hoffe ich, dass ich sie eines Tages wiedersehe. Sie ist der einzige Mensch, den ich je geliebt habe.

Die einzigen noch nicht verpackten Sachen in der ganzen Wohnung sind Sarahs Sammlung schwarzer Scheiben und der spezielle Tisch, auf dem sie sie spielt. Josh wäscht sich die Hände, bevor er sie berührt, und so wie er mit ihnen umgeht, merke ich, dass er sich schon die ganze Zeit, seit er hier ist, wünscht, die schwarzen Scheiben durchzusehen. Ich mag das nicht, denn es sind *Sarahs* schwarze Scheiben, und nicht einmal *ich* darf sie berühren. Aber Sarah wohnt hier nicht mehr. Sie muss ihre Gründe gehabt haben, sie zurückzulassen, und das kann nur bedeuten, dass sie auch da, wo immer sie jetzt wohnt, noch Musik hören kann.

»Ich kann's nicht fassen, wie viele das sind«, sagt Josh zu Laura. »Ich glaube, so eine gigantische Sammlung Vinyl habe ich noch nie gesehen.«

»Mir ist auch nie aufgefallen, wie groß sie ist«, stimmt Laura zu. »Sie hat nach dem Verkauf des Plattenladens wohl mehr behalten, als ich mitgekriegt habe.«

»Es ist so eine große Bandbreite.« So wie Josh klingt, frage ich mich, ob vielleicht nicht alle Menschen eine Wand aus schwarzen Scheiben haben wie Sarah. Hinter den Metallstäben meines Tragekorbs sitzend sehe ich ihn zerteilt, so wie ich die Welt sah, wenn ich mich unter unser großes Fenster legte und durch die Stäbe der Feuerleiter nach oben sah. Er setzt sich im Schneidersitz vor die Schallplatten. »Schau dir das alles an!«

»Meine Mutter stand hauptsächlich auf Musik zum Tanzen«, sagt Laura. »Aber ihre Mitbewohnerin war in einer Punkband, und die beiden haben oft Platten getauscht.«

Josh grinst. »Ich schätze, das erklärt, warum sie *Go Girl Crazy!* von den Dictators neben Disco Tex and the Sex-O-Lettes stehen hat.«

»Packen wir sie ein. Durchsehen können wir sie später zu Hause«, meint Laura. Als er zögert, zieht sie die Mundwinkel nach oben und sagt: »Großes Ehrenwort.«

Josh nickt. Dann macht er »Oh!«, steht auf, geht zu einem offenen braunen Karton und nimmt etwas heraus. »Ich habe das nicht eingewickelt, weil ich dachte, das magst du vielleicht für die Wohnung.«

Laura geht zu ihm und sieht sich an, was er in der Hand hält. Es sieht aus wie eines der gerahmten Fotos, die auf dem Tisch neben der Couch standen.

»Wie alt war sie da?«, fragt er. »Sie sieht so jung aus.«

Laura nimmt ihm das Bild aus der Hand. »Sie war neunzehn. Das war kurz bevor sie mich bekam.«

»Sie war schön.« Josh sieht Laura an und lächelt. »Wie du.«

»Nein«, entgegnet Laura. »Ich werde nie so schön sein wie es meine Mutter war.«

Zuerst denke ich, sie übt sich in dem, was die Menschen Bescheidenheit nennen – wenn sie vorgeben, etwas nicht so gut zu können, wie es in Wirklichkeit der Fall ist. (Eine Katze würde so etwas nie tun.) Aber in ihrem Blick ist zu viel Traurigkeit, als sie hinzufügt: »Als ich klein war, dachte ich immer, was für ein Glück für mich, dass ich die hübscheste Mami habe.«

»So werden unsere Kinder einmal über dich denken.« Als Laura nichts erwidert, legt Josh ihr einen Arm um die Schultern und sagt in einem sanfteren Ton: »Das werden sie, Laura. Ich verspreche es dir.«

Damit hat er ihr anscheinend etwas richtig Nettes gesagt. Mir fällt es allerdings schwer, menschliche Schönheit zu beurteilen (alles, was seines Fells beraubt und gezwungen ist, auf den Hinterläufen zu gehen, sieht für mich nackt und peinlich aus). Es scheint keinen Grund dafür zu geben, dass sich Lauras Augen wegen Joshs Worten erneut mit Wasser füllen. Aber sie tun es.

Ich glaube, Josh möchte Laura nicht stören, damit ihre Tränen weggehen, auch wenn sie schwer schluckt und ein paar Mal blinzelt, bevor sie fallen können. Er geht wieder zu den schwarzen Scheiben hinüber, nimmt eine heraus und legt sie auf Sarahs speziellen Tisch. Einmal mehr wird das Apartment von Musik erfüllt. Das erinnert mich so sehr an das, was auch Sarah tun würde, dass ich zum ersten Mal denke, vielleicht könnte ich Josh mögen. Er singt sogar mit, so wie es Sarah manchmal gemacht hat.

Liebe ist die Botschaft, Liebe, Liebe ist, Liebe ist die …

Die meisten der großen braunen Kartons bleiben in der Wohnung, um von der Armee abgeholt zu werden. Die restlichen tragen Laura und Josh hinunter zu dem großen metallenen Kasten auf Rädern, der am Auto hängt. Laura bringt die Abfalltüten in den Müllraum. Dabei lässt sie die Vordertür auf, und durch die offene Tür höre ich, wie ihre Schritte auf dem

Weg vom Müllraum zurück innehalten. Dann höre ich, wie sie zurückgeht und eine der Abfalltüten wieder herausholt. Ihre Schritte entfernen sich, als würde sie die Tüte nach draußen bringen, und ich vermute, sie legt sie zu den Kartons, die wir mitnehmen.

Ich bleibe die ganze Zeit in meinem Tragekorb. Das muss ich. Laura hat ihn nämlich abgesperrt, was absolut ungehörig ist, denn bin ich etwa nicht völlig freiwillig hineingegangen? Gibt es irgendeinen Grund, mich wie einen dummen Hund zu behandeln, der versucht, aus seinem Zwinger auszureißen? Ich glaube, Menschen haben keine Ahnung, wie sehr sie die Würde von Katzen manchmal verletzen. Aber mir bleibt nicht lange Zeit, mich darüber zu ärgern, denn Laura kommt rasch ins Haus zurück und nimmt meinen Tragekorb hoch. Durch die Gitterstäbe erhasche ich einen letzten Blick auf das Apartment und frage mich, ob ich hier jemals wieder wohnen werde.

Laura nimmt mich mit hinaus, und ich muss auf halbem Wege die Augen schließen, so hell ist das Sonnenlicht, das durch die Gitterstäbe fällt. Sie steigt in den Wagen und stellt meinen Korb auf ihren Schoß, und Josh steigt auf der anderen Seite ein, damit er hinter dem großen runden Ding Platz nehmen kann, welches macht, dass das Auto fährt.

Ich war noch nie zuvor in einem Auto. Es ist gar nicht so übel, sobald ich mich daran gewöhnt habe, dass mich etwas anderes als meine Beine vorwärtsbewegt. Es macht mich sogar ein wenig schläfrig; ich muss mich bemühen, die Augen offen zu halten, denn ich will nichts versäumen. Ich hatte keine Ahnung, was ich bisher alles noch nicht gesehen habe, und beobachte alles, was sich am Fenster des Autos vorbeibewegt.

Je länger wir fahren, desto breiter werden die Straßen, bis ich mir sicher bin, dass wir jetzt nicht mehr in der Lower East Side sind. Einige der Straßen sind so breit, dass ich es gar nicht glauben kann. Und die Gebäude! Ich kann nicht einmal von allen die Dächer sehen, obwohl ich meinen Kopf so weit nach oben strecke, wie es der Tragekorb zulässt. In der Lower East Side habe ich nie so hohe Gebäude gesehen. In einigen ihrer Fenster sehe ich andere Katzen, die im Licht der späten Nachmittagssonne liegen oder gegen Vorhänge schlagen, die ihnen die Sicht rauben. Ich frage mich, ob sie auf immer in ihren Wohnungen leben, oder ob sie vielleicht auch eines Tages umziehen müssen wie ich, weil ihre Menschen nicht mehr nach Hause kommen. Ich wünschte, ich könnte sie fragen. Vielleicht wüsste eine von ihnen, was man tun muss, damit ein Mensch, der einen verlassen hat, wiederkommt.

Josh erklärt Laura, er werde den West Side Highway nehmen. Wir fahren an einem breiten Fluss entlang, in dem mehr Wasser ist, als ich mir je im wirklichen Leben zu sehen vorgestellt hatte. Auf dem Wasser sind Schiffe, und Menschen in anderen, seltsamen kleinen Maschinen, mit denen sie sich auf dem Wasser bewegen können, als ob sie darauf laufen würden. (Mir haben die Menschen schon immer leidgetan, weil sie ganz ins Wasser gehen müssen, um sauber zu werden, aber hier sind diese Menschen, die das aus gar keinem vernünftigen Grund tun!) Die Gehsteige entlang des Flusses wimmeln nur so von Menschen mit Essen, Einkaufstüten oder kleineren Menschen, die sie an der Hand führen. Einer von ihnen wirft einer enorm großen Schar Tauben Brotreste zu und – oh! Wie schön wäre es, mitten in diese Menge hineinzuspringen und diesen dummen Vögeln zu zeigen, wer hier der Boss ist!

Laura öffnet das Fenster auf unserer Seite, und alle möglichen Gerüche schlagen mir entgegen. Diese gemischten Aromen erinnern mich an die Zeit vor Sarah, als ich mit meinen Wurfgeschwistern draußen lebte. Ich rieche andere Autos, und Vögel, und Menschen, die in ihren Kleidern schwitzen, und da ist der Geruch von neuem, frischem Schmutz. Es ist die Zeit des Jahres, wenn die Kälte vergeht, und so rieche ich auch Blumen, und andere Dinge, die ich nicht benennen kann, weil ich zu sehr überwältigt bin. Ich wünschte ich könnte da, wo wir sind, lange genug bleiben, um alles, was ich rieche, einzeln zu erkennen und ihm seinen richtigen Namen zu geben.

Und wenn ich hier bleiben könnte – genau hier, an diesem Fleck –, dann müsste ich nicht in die Wohnung von Laura und Josh ziehen. Ich müsste niemals das Leben beginnen, das mich jetzt erwartet und das zumindest für den Moment ein Leben ohne Sarah bedeutet.

3

Prudence

Das Menschenwort für jemanden, der von einem Land in ein anderes zieht, ist *Immigrant.* Ich zog von der Lower East Side in die Upper West Side, die offensichtlich ganz weit weg auf der anderen Seite der Welt ist. Und wenn das auf der anderen Seite der Welt ist, dann muss es auch ein vollkommen anderes Land sein. Das heißt, ich bin auch ein Immigrant. (Sarah sprach oft von den Immigranten in der Lower East Side, die wegziehen mussten, genau wie ich, weil die Wohnungen so teuer wurden.)

Das Fernsehen sagt, dass Immigranten manchmal Heimweh bekommen. Ich bin jetzt seit sechzehn Tagen hier, und ich hatte diese Krankheit die ersten fünf Tage lang. So lange hat es gedauert, bis ich mich nur daran gewöhnte, wie anders das Fressen in der Upper West Side ist. Es machte mich schon nervös, dass *alles* so anders ist, und dann auch noch anderes Fressen – das war mehr, als ich ertragen konnte. Ich hörte, wie Josh zu Laura sagte, sie sollten mir etwas »Besseres« kaufen als das »billige« Fressen, das Sarah mir gab. (Oh, ich habe dieses Fressen geliebt! Ich wünschte, Sarah wäre hier, um Josh zu sagen, welches Fressen ich mag.) Er brachte etwas in einer Dose mit nach Hause und berichtete Laura, das sei »Biofutter«. Mit diesem Wort bezeichnen die Menschen Fressen, das von einem Bauernhof kommt statt aus einer Fabrik. Nur dass es in einer Dose war, und Dosen kommen nun mal aus der Fabrik; wie konnte es also in einer Dose *und* »Bio« sein?

Der Versuch herauszufinden, was genau in meinem Futter war, das so anders roch als das gute, das ich gewöhnt bin, machte meinen Magen krank und nervös. Ich habe den Schrank im zweiten Schlafzimmer (wo sie sämtliche Sarah-Kartons abstellten) nur ein einziges Mal verlassen, und zwar, als ich mich übergeben musste. Josh machte sich Sorgen, und er sagte zu Laura, vielleicht sollten sie mit mir zum Bösen Ort gehen, worauf sich mein Magen nur noch mehr zusammenzog. Aber Laura kaufte eine Dose mit dem Fressen, an das ich gewöhnt bin, und mischte einiges davon in Joshs neues Futter. Das schmeckte zwar nicht so gut wie früher bei Sarah, aber wenigstens roch es vertraut genug, dass ich es fressen konnte, ohne nervös zu werden.

Jetzt mischt Laura jeden Morgen mein altes Futter mit dem neuen, aber es ist jeden Tag mehr vom neuen und weniger vom alten. Anscheinend meint sie, ich würde das nicht bemerken, und sie kann mir schon bald nur noch das neue Futter hinstellen und nichts mehr von dem, das ich gerne mag. Als ob eine Katze so etwas nicht merken würde!

Mit Sarah zusammen war die erste Fütterung des Tages immer eine schöne Zeit. Ich stand dabei neben ihr auf der Küchenanrichte und miaute für sie, damit sie sich beeilte (die Menschen trödeln immer gern, wenn sie Katzen füttern), und sie gab das Fressen in mein spezielles Prudence-Schüsselchen. Dann rannte ich ganz aufgeregt in Kreisen vor ihren Füßen herum, während sie die Schüssel zum Küchentisch trug, wo ich fressen konnte.

Aber mit Laura kann ich das alles nicht machen. Zum einen ist Laura nie fröhlich, wenn sie in das Zimmer mit all den Sarah-Kartons kommt und mir mein Fressen bringt. Es gefällt ihr hier nicht – was aber nichts damit zu tun hat, dass ich die meiste Zeit hier bin. Das erkenne ich daran, dass sich die feinen Härchen auf ihren Armen aufstellen, wenn sie hereinkommt oder einfach an der Tür vorbeigeht. Und selbst wenn ich im Kreis herumtollen wollte (was ich nicht will): Hier ist alles so mit Sarah-Kartons vollgestellt, dass das gar nicht ginge, ohne dass ich ständig anstoßen würde.

Außerdem kann ich nicht vor Laura fressen, so wie vor Sarah, denn ich möchte nicht, dass sie zu viel über meine Fressgewohnheiten weiß. Ich muss zum Beispiel für fünf Bissen Futter dreimal trinken. Als ich draußen lebte, lernte ich, dass abgestandenes Wasser meistens schlecht schmeckt. Deshalb rüttle ich meine Wasserschüssel immer ein wenig mit der rechten Pfote, bevor ich trinke, damit ich sehe, wie sich das Wasser bewegt, und damit es frisch schmeckt. Sarah verstand das und hat meine Wasserschale immer nur bis zur Hälfte gefüllt. Aber Laura füllt sie bis zum Rand, sodass etwas auf den dunkel glänzenden Holzboden kommt und helle Flecken macht, wenn es trocknet. Wenn Laura diese Flecken sieht, wird ihr Mund zu einem geraden Strich, und ich glaube, sie würde wütend werden, wenn sie sähe, dass ich absichtlich Wasser verschütte. Gestern brachte sie eine blaue Gummimatte mit lächerlichen Cartoon-Zeichnungen von grinsenden Katzen darauf an (denkt Laura etwa, Katzen sollten *so* aussehen?), die sie unter meine Schüsseln legte, damit nichts mehr auf den Boden kommt. Wahrscheinlich wäre es einfacher gewesen, die Wasserschale nicht mehr so voll zu machen, aber selbst wenn ich ihr das vorschlagen könnte – ich bezweifle, ob sie mir zuhören würde. *Laura hat ihren eigenen Kopf,* sagt Sarah immer. Vermutlich sollte ich ihr dankbar sein, dass sie mich immer noch in diesem Zimmer fressen lässt, in der Umgebung von Sarahs und meinen alten Sachen, anstatt darauf zu bestehen, dass ich woanders fresse. Ich glaube, ohne verlässliche und vertraute Gerüche um mich zu haben, wäre ich nicht in der Lage, viel hinunterzubringen.

Ich schlafe nicht mehr genug, und auch deswegen fühle ich mich weniger gesund und lebhaft als früher. Schlafen ist normalerweise eine meiner Lieblingsbeschäftigungen, und die Menschen täten gut daran, das von uns Katzen zu lernen. Sie scheinen nie genug Schlaf zu bekommen – Laura und Josh haben noch nicht *ein* Nickerchen gemacht, seit ich hier bin! (In den letzten paar Monaten, die ich mit Sarah verbrachte, war sie klug genug, meinem Beispiel zu folgen, und schlief öfter ein wenig mit mir zusammen.) Aber jetzt fällt mir das Schlafen schwerer, denn jedes Mal, wenn ich aufwache, bin ich verwirrt wegen meiner neuen Umgebung und weil alles so anders riecht. Dann muss ich mich jedes Mal wieder daran erinnern, dass ich jetzt bei Laura und Josh wohne und nicht mehr bei Sarah, und diese Erinnerung schmerzt mich von der Brust bis hinunter in den Bauch. Inzwischen habe ich schon Angst einzuschlafen, weil es so wehtut aufzuwachen.

Aber manchmal werde ich kurz getäuscht, und das ist am schlimmsten. Jetzt gerade zum Beispiel. Es ist früh am Morgen, noch ist niemand zur Arbeit fortgegangen, und ich bin hinten im Schrank und habe eben die Augen geöffnet. Ich rieche, wie sich die Dose mit meinem alten Futter öffnet, und sehe, wie sich eine Frau mit Sarahs Haaren über meine Schüssel beugt. *Guten Morgen, Sarah,* miaue ich. Sie blickt überrascht auf, und als ihr Haar aus dem Gesicht gleitet, sehe ich, dass es gar nicht Sarah ist. Es ist Laura, die mich ansieht und sich fragt, warum ich gerade miaute, wo ich doch die meiste Zeit, seit ich hier bin, still war. Lauras Haar ist dem von Sarah so ähnlich, dass es mich getäuscht hat.

Neben ihrer Stimme, wenn sie sang, war das, was ich an Sarah so ziemlich am liebsten mochte, ihr Haar. Ich liebte es, mein Gesicht daran zu reiben und meine Nase darin zu vergraben. Ich konnte Stunden damit verbringen, mit den Vorderpfoten danach zu tapsen oder Sarah zuzusehen, wenn sie es zu einem Pferdeschwanz zusammenband und dann wieder öffnete, oder zu sehen, wie die einzelnen Strähnen im Sonnenlicht, das durch unsere Fenster fiel, glänzten und jede eine leicht andere Farbe bekam. Einmal saß ich hinter Sarahs Kopf auf der Lehne unserer Couch und hatte die Schnauze in ihren Haaren vergraben, und ich biss ein großes Maulvoll ab. Sarah wurde wütend (wenngleich sie lachen musste, als sie mich da sitzen sah mit einem Büschel ihrer Haare im Maul, als sei es eine Maus, die ich in meine Höhle bringen wollte). Ich weiß nicht genau, weshalb ich das tat, außer dass ich dachte, wie nett das sein würde, wenn ich einiges von Sarahs Haar mit in meine kleine Höhle hinten in unserem Schrank mitnehmen könnte.

Einmal kam Anise zu uns und schnitt Sarah die Haare. Anises Haare sehen jedes Mal, wenn sie kommt, anders aus. Manchmal sind sie sehr kurz und gerade, dann wieder lang und lockig. Manchmal färbt sie sich sogar einzelne Strähnen in bunten Farben, grün und pink zum Beispiel.

Anise hält Sarah immer vor, sie würde ihre Haare seit dreißig Jahren immer gleich tragen – lang und gerade – und dass sie ihre Frisur ab und zu verändern sollte, »nur zum Spaß«. (Was soll an einer Veränderung *Spaß* machen?) Aber dieses eine Mal hat sie Sarah wirklich dazu überredet. Anise setzte sie auf einen unserer Küchenstühle, mit einem Handtuch um die Schultern, und bearbeitete Sarahs Kopf mit einer Schere, bis ihre Haare um vieles kürzer waren. Dabei lachten sie und erzählten von den alten Tagen, als sie noch jung und zu arm waren, um sich neue Klamotten oder professionelle Haarschnitte leisten zu können, und deshalb nähte Anise damals ihre Kleider und schnitt ihnen die Haare.

Mir ging es miserabel, als ich Sarahs wunderschöne Haare in traurigen kleinen Büscheln zu Boden fallen sah, und zum ersten Mal mochte ich Anise nicht besonders. Aber Lauras Reaktion war noch heftiger. Als sie drei Sonntage darauf zu uns kam und Sarah ihr öffnete, bekam Laura einen eisigen Blick. Ihre Augen wurden groß und glänzten stärker als sonst. »Deine Haare!«, schrie sie. »Was ist mit ihnen passiert?«

»Es gefällt dir nicht«, stellte Sarah deprimiert fest, ohne erst zu fragen.

»Nein, ich …« Eine Hand Lauras wanderte nach oben, als wollte sie Sarahs Kopf berühren, doch sie hielt vorzeitig inne. »Ich bin überrascht, das ist alles«, sagte Laura schließlich. »Wie bist du dazu gekommen, etwas derart Radikales zu machen?«

»Ich brauchte einfach eine Veränderung. Gefällt es dir?«, fragte Sarah jetzt fast schüchtern. »Anise hat sie mir geschnitten.«

Laura machte ein schnaubendes Geräusch. »Das ist Anise«, meinte sie. »Bei den kleinen Dingen kann man immer auf sie zählen.« Sie betonte das Wort *klein*.

Lauras Haar sieht aus und riecht wie Sarahs, obwohl sie morgens mehr Zeit darauf verwendet, es mit einem lauten Fön zu glätten, als es Sarah je getan hat. Laura macht sich viel Mühe mit ihrem Haar. Vielleicht ärgerte sie sich deshalb so sehr, als Anise Sarah die Haare schnitt.

Sarah ließ die Haare wieder lang wachsen und versuchte danach nie wieder, sie kurz zu schneiden. Wenn Laura zu Besuch kam, wanderte ihr Blick immer zu Sarahs Kopf und an den Haaren ihrer Mutter hinab, während diese mit ihr plauderte. Ich glaube, Sarah wartete darauf, dass Laura es bemerkte und etwas dazu sagte. Aber das tat Laura nie.

Normalerweise hält sich Laura nicht in diesem Zimmer auf, aber manchmal – so wie jetzt – verbringt sie lange, stille Minuten hier, nachdem sie mich gefüttert hat, schaut zum Fenster hinaus und beobachtet eine Schar Tauben auf dem Dach auf der anderen Straßenseite. Dieselben Tauben sieht man auch von den hohen Fenstern unten im Wohnzimmer aus, die vom Boden bis zur Decke reichen und zwei ganze Wände des Raums ausmachen. Sie haben die Farbe von Kaffee mit Milch – eine ungewöhnliche Farbe für Tauben. Ansonsten wüsste ich allerdings nicht, was an ihnen so interessant ist. Aber Laura scheint den Blick nicht von ihnen abwenden zu können. Sie wickelt sich dabei sogar eine Strähne um einen Finger, wie es Sarah immer macht, wenn sie angestrengt über etwas nachdenkt.

Ich habe auch versucht, die Tauben zu beobachten, um herauszufinden, was Laura an ihnen so fasziniert, aber das Einzige, was Tauben nun einmal tun, ist, ewig lang in großen Kreisen herumzufliegen und dann wieder auf dem Dach zu landen. Natürlich hatte ich nicht wirklich erwartet, viel zu sehen, denn schließlich – man kann es kaum glauben – sind Tauben noch dümmer als Hunde.

Im Zimmer ist es still, während Laura den Tauben zuschaut und ich mich im Schrank zusammenkauere und darauf warte, dass sie geht. Die Upper West Side ist still auf eine Weise, wie es die Lower East Side nie war. In der Wohnung von Sarah und mir konnte ich bei offenem Fenster Eichhörnchen und große Insekten in der Erde hören, und Vögel sangen, die in den Bäumen nisteten. Auf den Gehsteigen liefen Menschen und sprachen dabei in winzige Telefone, und ihre Stimmen drangen bis zum zweiten Stock herauf, wo Sarah und ich wohnten. Autos fuhren vorbei, aus ihren offenen Fenstern klang Musik, die ihr Ankommen verkündete. So wie der Mann, der im Flur dieses Gebäudes wohnt, Laura und Josh anruft, um ihnen zu sagen, dass ihre Pizza oder ihr chinesisches Essen die Treppe hoch zu ihnen unterwegs ist. In der Lower East Side konnte man sogar bei geschlossenen Fenstern immer hören, wenn Menschen in anderen Wohnungen redeten, und man hörte auch das Wasser, wenn es sich in der Wand durch die Leitung bewegte. Manchmal hörte ich ein lautes Knacken und wusste nicht, woher es kam. Das erschreckte mich immer, bis Sarah mir einmal erklärte, das sei nur das Gebäude, das sich »setzt«.

Auch hier in der Upper West Side gibt es Nachbarn und Autos und Vögel, aber die Straße ist so weit unter uns, dass man von ihr nichts hört. Ich höre nie Menschen in den Nachbarwohnungen reden oder zu laut gestellte Fernseher plärren. Meistens höre ich, sobald Laura und Josh zur Arbeit gefahren sind, nur noch das Klimpern des Anhängers an meinem roten Halsband, wenn ich von einem Zimmer ins andere gehe. Manchmal, wenn ich eine Weile still dagesessen bin, miaue ich laut, damit meine Stimme von den Wänden und der Decke widerhallt, nur um sicherzugehen, dass ich nicht taub geworden bin.

Sarah mochte es nie, wenn es zu ruhig wurde. Vielleicht ließ sie deshalb die ganze Zeit Musik oder den Fernseher laufen. Immer, wenn Laura zu Besuch kam, unterhielt sie sich in einem fort mit ihr, weil sie anscheinend Angst vor der Stille hatte, die aufkommen würde, wenn sie aufhörte, denn Laura hatte ihr nie viel zu sagen. Anise gegenüber meinte Sarah einmal, Laura habe eine Wand des Schweigens um sich errichtet. Ich stellte mir oft vor, wie Sarahs Geplapper an dieser Wand abprallte, auch wenn ich nie sehen konnte, wo sie eigentlich war. In der Upper West Side muss es für Laura aber anders sein, denn sie und Josh reden die ganze Zeit miteinander.

Jetzt geht Josh an der Tür vorüber, in der schöneren Kleidung und mit den dunklen Schuhen, die er zur Arbeit trägt. Lauras Arbeitskleider ähneln sich wesentlich mehr als die von Sarah. Heute trägt sie ein schwarzes Jackett, eine dazu passende schwarze Hose und schwarz glänzende Schuhe mit hohen Absätzen. Das Einzige, was nicht schwarz ist, ist die weiße Bluse unter ihrem Jackett.

Josh hält inne, als er Laura vor dem Fenster stehen sieht. »Alles in Ordnung?«, fragt er.

»Es geht mir gut.« Laura lächelt ein wenig und dreht sich zu ihm um. »Ich bin bloß ein bisschen am Tagträumen.«

Etwas daran, wie Joshs Augen sich verengen und weiten, lässt mich vermuten, dass er mehr mitbekommt als die meisten anderen Menschen. Immer wenn Laura mit ihm spricht, wandert sein Blick über ihr ganzes Gesicht, und man sieht, wie interessiert er ihre Worte aufnimmt. Es ist nicht wie bei Sarah, deren Augen ängstlich und unbewegt auf Lauras Gesicht fixiert blieben, oder so wie bei Laura, die zur Seite schaute, während Sarah mit ihr sprach. Und manchmal, wenn Sarah den Blick mir zuwandte, um zu sehen, was ich machte, sah Laura ihr mit einer Miene ins Gesicht, die nur schwer zu beschreiben ist. Dann spannte sich die Haut an ihrem Hals, als sei sie im Begriff, etwas zu sagen. Aber sobald Sarah wieder zu ihr schaute, stellte sich bei Laura erneut ihr normaler Gesichtsausdruck ein, und dann sagte sie irgendetwas Unbedeutendes zu Sarah wie etwa: *Der Kaffee ist gut.*

Jetzt wendet sich Joshs Blick gerade kurz von Laura ab und schweift im Raum umher. »Wo ist Prudence?«

»Sie versteckt sich im Schrank.« Mein Schwanz peitscht, als ich höre, wie Laura das, was ich tue, als »verstecken« beschreibt anstatt als das, was es wirklich ist – darauf zu warten, dass sie geht.

»Sie ist ja geradezu verliebt in diesen Schrank«, meint Josh.

»Sie braucht einfach noch Zeit.« Laura zupft ein paar Haare von mir vom Ärmel ihres Jacketts. »Ich glaube, sie fühlt sich noch nicht recht wohl. Es kommt mir vor, als schliefe sie wenig.«

Josh tritt vor Laura und streichelt zärtlich ihre Wange. »Das scheint in letzter Zeit öfter vorzukommen.«

Laura berührt seine Hand, tritt dabei aber einen kleinen Schritt zurück, sodass er ihr Gesicht nicht mehr erreicht. »Es geht mir gut«, wiederholt sie. Dann schaut sie auf ihre Armbanduhr und sagt: »Wir kommen zu spät, wenn wir jetzt nicht losgehen.«

Sie gehen die Treppe hinunter, und ich lausche ihren Schritten und frage mich, wie lange ich hier noch wohnen muss, bis Sarah kommt und mich wieder mitnimmt, in die Lower East Side.

Jeden Morgen, nachdem Laura und Josh zur Arbeit gefahren sind, wandere ich in der Wohnung umher auf der Suche nach einem Ort, an dem ich mich so wohl fühle, dass ich den langen und tiefen Schlaf nachholen kann, der mir umso mehr abgeht, je mehr Tage ich hier verbringe. Aber es ist schwer, gut zu schlafen, wenn nichts so riecht wie es sollte. Laura verschlimmert dieses Problem noch, weil sie andauernd saubermacht und alles mit übel riechenden Sprays und Polituren abwischt, die so riechen, wie Menschen denken, dass etwa Zitronen oder Nadelbäume riechen, wenn sie draußen in der Natur wachsen. Besonders zuwider ist ihr, wenn sich auf den Arbeitsflächen oder auf dem Boden in der Küche Krümel oder kleine Essensreste finden. Krümel locken Kakerlaken und Mäuse an, sagt Laura (obwohl sie sich darum wirklich keine Sorgen zu machen braucht, so lange *ich* hier bin), und ich weiß noch, dass Sarah sagte, darauf mussten sie immer sehr aufpassen in der Wohnung, in der die beiden zusammen lebten, als Laura noch ein Kind war.

Ich klettere immer wieder in den einen oder anderen der Sarah-Kartons und versuche, es mir in den Gerüchen, die ich kenne, bequem zu machen. Ich presse die Wangen an die Sachen in den Kartons, reibe Sarahs Duft an mich und meinen an die Sarah-Sachen, aber die Schachteln sind so voll, dass ich keinen Platz finde, an dem ich gemütlich schlafen kann. Gestern versuchte ich, in die große »Love Saves the Day«-Tasche zu kriechen, die in einem der Kartons auf der Seite lag. Nachdem sie bereits wie Sarahs und meine Wohnung riecht, dachte ich, wenn ich mich bis unten hineingraben kann, würde ich ganz von diesem wunderbaren Sarah-und-ich-zusammen-Duft umgeben sein wie in einer Höhle.

Es dauerte eine Weile, bis ich alle Zeitungen und Illustrierten aus der Tasche herausgezogen und genügend Platz geschaffen hatte, um mich hineinzuzwängen. Aber sobald das ganze Papier draußen war, merkte ich, dass am Boden der Tasche noch etwas war – aus kaltem Metall und vollkommen unbequem, um sich daraufzulegen. Selbst mit meinen »überzähligen« Zehen brachte ich es nicht heraus. Als Josh nach Hause kam und all die alten Zeitungen auf dem Boden verteilt sah, meinte er mit einem leisen Lachen: »Sieht aus, als hätte sich hier jemand amüsiert.«

Ich weiß nicht, wie er darauf kam (»amüsiert« hatte ich mich wahrhaftig nicht), aber die Vorstellung muss ihm gefallen haben, denn er grinste, als er die Zeitungen und Magazine wieder einsammelte.

Dazu brauchte er länger, als nötig gewesen wäre, denn während er das tat, las er immer wieder darin. Er steckte das ganze Papier wieder in die »Love Saves the Day«-Tasche und brachte diese dann in sein Büro, das sich direkt neben diesem Zimmer befindet. Ich vermute, das ist vernünftig. Denn in diesem

Raum sind bereits sehr viele Zeitschriften, weil Josh für eine Firma arbeitet, die solche herstellt.

Jetzt schleiche ich langsam in das Büro und lausche nach Schritten – nur um sicherzugehen –, obwohl ich schon gehört habe, dass Laura und Josh das Haus verlassen haben. Das Büro ist viel zu sehr mit Dingen vollgestopft, die Josh »Memorabilien« und Laura »Plunder« nennt (wenngleich sie neckisch grinst, wenn sie das sagt), um für mich ein wirklich angenehmer Raum zu sein. Aber es liegt ein wunderbares, geheiztes Katzenbett darin, auf dem Schreibtisch vor einem kleinen Bildschirm. An dem Bett hängt an einer Leine eine Spielzeugmaus, was zeigt, wie wenig Menschen wie Josh über Mäuse wissen. Denn erstens sieht diese Spielzeugmaus überhaupt nicht wie eine echte Maus aus, und zweitens würde keine Maus zulassen, dass ein Mensch sie an die Leine legt, denn sogar Mäuse sind schlauer als Hunde.

Josh benutzt dieses Katzenbett gerne als Kratzbaum; er übt seine Finger stundenlang und ohne Pause daran. Dabei erzeugt er klackende Laute und nicht die Geräusche, die man von einem Kratzbaum eigentlich kennt. Wenn er mich darauf schlafen sieht – wenn ich es so verwende, wie es sich gehört – verjagt er mich, damit er es auf die falsche Weise benutzen kann. Und so komme ich nur tagsüber hier herein, wenn er nicht da ist, um kurze Nickerchen zu machen. Die ersten paar Male, die Josh mich hier schlafen sah, erklärte er mir, es sei eine »Regel«, dass ich mich nicht darauflegen dürfe. Wenn ich von zu wenig Schlaf nicht so müde wäre, hätte es mich wahrscheinlich belustigt, dass Josh mir »Regeln« gibt. Jede Katze weiß von Geburt an, dass die Beachtung unvernünftiger, von Menschen gemachter Regeln sinnlos ist. Außerdem, was ein Mensch nicht weiß, macht ihn nicht heiß.

Ich kann ein Weilchen schlafen, aber alles riecht noch zu fremd, um wirklich tief entspannen zu können. Danach steige ich vorsichtig von dem Katzenbett auf den Schreibtisch, springe von dort auf den Stuhl, der davor steht, und schließlich auf den Boden. Dann gehe ich zurück in das Zimmer, in dem Laura mich füttert. Das Zimmer mit all den Sarah-Kartons.

Laura kommt vielleicht nicht gerne in dieses Zimmer, aber ich muss zugeben, dass sie sehr gut darin ist, einen Zeitplan einzuhalten – viel besser als Sarah. Sie füttert mich jeden Morgen zur selben Zeit, außer am Sonntag; das ist der einzige Tag, an dem sie nicht in ihr Büro geht. Sie arbeitet wie Sarah in einem Anwaltsbüro, und offenbar tut Laura noch etwas Wichtigeres als nur zu tippen, denn die Menschen in ihrem Büro brauchen sie so ziemlich jede Sekunde, die sie wach ist. Wenn sie abends nach Hause kommt, bringt sie große Stapel Papier mit, damit sie hier in der Wohnung noch mehr Arbeit tun kann. Wenn sie ihre Arbeitspapiere liest, trägt sie eine Brille, und wahrscheinlich trägt sie die Brille auch in ihrem Büro. Da, wo sie auf ihre Nase drückt, sind immer kleine gerötete Stellen zu sehen.

Lauras Arbeitstage sind viel länger als die von Sarah. Sie kommt für gewöhnlich erst lange nach Einbruch der Dunkelheit nach Hause, um mir mein Abendfutter zu geben. Josh geht an den meisten Abenden mit Freunden von seiner Arbeitsstelle aus, aber er kommt trotzdem früher nach Hause als Laura. Manchmal sagt er ihr, er wünschte, sie könne früher nach Hause kommen, und Laura erklärt dann, wenn sie weniger arbeiten würde, würden sich die Geschäfte ihrer Klienten auflösen, und dann würden ihre Chefs ihr künftig sogar noch weniger Arbeit geben. Für mich klingt weniger Arbeit zu bekommen ganz gut, aber Laura meint offenbar, das sei etwas Schlechtes. Es scheint, je mehr Arbeit manche Menschen tun, desto mehr *müssen* sie arbeiten, und das macht keinen Sinn. Aber mir erscheint ohnehin nur sehr wenig von dem, was die Menschen über viele Dinge denken, sinnvoll.

Die Wände in diesem Zimmer sind gelb gestrichen, und die Farbe riecht neu. Der Boden besteht aus glatten Holzdielen, die so sehr poliert wurden, dass sie im Sonnenlicht glänzen wie Wasser. An den ersten Tagen, die ich hier war, dachte ich, vielleicht sind die Böden hier wirklich aus Wasser, weil sie so glatt waren. Ich brauchte Tage lang, um hier laufen zu lernen, ohne dass meine Hinterbeine unter mir wegrutschten, wenn ich rannte oder mich zu schnell drehte.

Dieser sehr glatte Holzboden findet sich in der ganzen Wohnung, und sogar Laura und Josh rutschen manchmal ein wenig darauf aus. Neulich schlitterte Laura direkt gegen Josh, als sie den Flur entlanggingen, und er bekam sie gerade noch zu fassen, bevor sie hinfiel. Ich würde es nicht mögen, wenn ein Mensch mich so anpackte, aber Laura krümmte sich vor Lachen. Sie lacht über vieles, was Josh tut. Manchmal knüllt er eine Papierserviette zusammen, steckt sie halb in den Mund und hustet dann – sodass die Serviette herausfliegt. *Oh, Entschuldigung,* sagt er dann. *Ich weiß nicht, wie das passiert ist.* Für mich sieht das lächerlich aus, aber Laura verdreht jedes Mal die Augen und lacht lauthals. Das kommt mir nicht gerade fair vor. Wenn *ich* einen Ballen Haare hervorhusten muss, dann verdreht Laura beim Saubermachen nicht verzückt die Augen und sagt: *Prudence, du bist ja so witzig!*

Dieses Zimmer ist ziemlich leer bis auf die Sarah-Kartons und vier dunkelbraune Holzstühle mit Sitzflächen aus schwarzem Leder, die aufeinandergestapelt in einer Ecke stehen. Ich versuchte, nur *einen* der Stühle mit meinen Krallen zu markieren, wie ich es mit unserer Couch in der Lower East Side gemacht hatte (ich wollte, dass sich dieses Zimmer einfach ein bisschen mehr wie mein eigenes anfühlt), aber als Laura das sah, rief sie ganz aufgebracht: »*Nein!* Nein, Prudence!« Ich verstehe nicht, weshalb sie sich so aufregte. Sie hätte einfach sagen können: *Prudence, Stühle zu markieren gilt in der Upper West Side als schlechtes Benehmen,* und ich hätte sie ebenso gut verstanden. Vielleicht sogar noch besser.

Ich brauche diese Stühle sowieso nicht wirklich, denn die beiden großen Fenster haben Bänke, auf die ich mich legen und hinausschauen kann. Diese Wohnung ist so hoch oben, dass ich von den Fenstern aus alle möglichen Dinge sehen kann, über die ich früher nie nachgedacht habe. Etwa, wie Dächer von Gebäuden aussehen. Einige sind schwarz, andere weiß, und manche haben kleine gekachelte Flächen, wo die Menschen Blumen wachsen lassen und draußen in der Sonne sitzen. Auf einigen Dächern sieht man diese riesigen, nach oben spitz zulaufenden runden Dinge, die Josh einmal »Wasser-Hochbehälter« nannte.

Um uns herum ist mehr Himmel als ich je zuvor gesehen habe, und wenn die Sonne sehr hell ist und der Himmel sehr blau, sehe ich, wenn ich ihn zu lange anstarre, hinter meinen Augen kleine Schnörkel.

Wenn Sarah hier mit mir wohnte, würde sie wahrscheinlich einen dieser Stühle aus der Ecke ans Fenster stellen, damit wir beide hinausschauen und uns den Sonnenuntergang ansehen könnten. Sie würde summen und mein Fell streicheln, und ich würde auf ihrem Schoß sitzen, und vielleicht würde sie mir sogar das Prudence-Lied vorsingen, bis ich in einen tiefen Schlaf fiele.

Aber ich bin hier die meiste Zeit allein, und die einzige Musik, die mir jemand vorgesungen hat, seit ich die Lower East Side verließ, ist die Erinnerungsmusik, die Sarah in meinem Kopf singt.

Ich höre, wie sich unten im Schloss der Wohnungstür ein Schlüssel dreht, und das Klappern sagt mir, dass es Josh ist. Laura muss ihren Schlüssel immer bereit haben, sobald sie aus dem Lift tritt. Ich höre nie, dass sie mit den Schlüsseln klappert, bevor sie hereinkommt.

Das Geräusch von Joshs Schritten kommt die Treppe herauf, und der Geruch seines Parfums, der morgens immer so viel stärker ist, weht vorüber, als er auf sein und Lauras Schlafzimmer zugeht. Nachdem er seine Arbeitskleidung ausgezogen hat und in Wollsocken und Freizeitklamotten geschlüpft ist, verbringt er einige Zeit damit, auf dem Kratzbaum in seinem Büro herumzuklacken. Dann geht er nach unten, hört im Wohnzimmer Musik und wartet auf Laura. Ich höre die gedämpften Klänge durch den Boden meines Zimmers.

Die meiste von Joshs Musik lebt auf kleinen, silbernen Scheiben, die in eine andere Maschine gesteckt werden als der Tisch, mit dem Sarah ihre schwarzen Scheiben zum Singen bringt. Er hat auch einige schwarze Scheiben, wenn auch nicht annähernd so viele wie Sarah. Selbst Sarah hatte zu der Zeit, als ich sie adoptierte, erst einige. Ihre Poster und schwarzen Scheiben und der spezielle »DJ«-Tisch, auf dem sie sie abspielt, lebten viele Jahre lang für sich an einem Ort namens Speicher. Erst nachdem ich schon fast zwei Monate mit Sarah zusammenwohnte, brachte sie ihre Scheiben eines Tages nach Hause. *Das warst du, weißt du das,* murmelte sie später, als wir auf der Couch saßen und die schwarzen Scheiben gemeinsam anhörten. *Du hast mir meine Musik zurückgebracht. Ich dachte, ich hätte sie für immer verloren.* Ich rollte mich auf die Seite und schnurrte, denn Sarahs Stimme und Hände sagten mir, wie viel Liebe in diesem Moment zwischen uns war. Aber ich wusste nicht, was ich getan hatte, um Sarah ihre Musik zurückzugeben. Vielleicht tue ich es wieder, was immer es war. Vielleicht werden Laura und Josh in ein paar Monaten (wenn ich so lange hier bleiben muss) nach Speicher hinausfahren und mit Hunderten eigener schwarzer Scheiben zurückkommen.

Josh liebt Musik fast ebenso sehr wie Sarah. Wenn er welche hört und Laura ist im Zimmer, schürzt er die Lippen, stemmt die Hände in die Hüften und tut, als würde er herumstolzieren. Er sieht dabei ziemlich albern aus, aber Laura bringt das immer zum Lachen. Oder er nimmt Laura bei der Hand und legt einen Arm um ihre Taille, und dann tanzen sie wirklich. Dann frage ich mich oft, ob Sarah auch gern mit einem anderen Menschen getanzt hätte, wenn sie in unserer alten Wohnung immer Musik hörte.

Weil ich so lange nicht mehr gut geschlafen habe, bringe ich in letzter Zeit ab und zu durcheinander, was *jetzt* wirklich geschieht und was eine Erinnerung oder Teil eines Traums ist, den ich hätte, wenn ich schlafen würde. Ein Luftzug vom offenen Fenster in meinem Zimmer bewegt die weißen Vorhänge. Wenn sich sein Schatten an der Wand gegenüber ebenfalls bewegt, denke ich für einen Moment, ich sehe Sarah hier in diesem Raum, die sich bückt, um mich am Rücken zu streicheln, und sagt *Was sollen wir uns heute Abend anhören, Prudence?*

Ich strecke mich lange, schiebe meine Vorderpfoten weit vor mich und mache dann einen Katzenbuckel. Auch mein Schwanz streckt sich, er zeigt gerade nach oben und kringelt sich am Ende. Ich muss aufstehen und mich bewegen, sonst liege ich nur hier, schlafe nicht wirklich und bin nicht wirklich wach und denke, ich sehe überall Sarah. Der Schmerz, den ich spüre, wenn ich mich daran erinnere, dass Sarah *nicht* hier ist, breitet sich wieder von meiner Brust zum Bauch hin aus. Ich will, dass der Schmerz mich verlässt, und so stehe ich auf und gehe auf die Treppe zu.

Ich habe mir immer gewünscht, Sarah und ich würden in einem Haus mit einer Treppe wohnen, aber wie sich zeigt, ist eine Treppe, wenn man nicht an sie gewöhnt ist, kompliziert. Ich versuche herauszufinden, ob es besser ist, jede meiner vier Pfoten einzeln auf die Stufe über oder unter mir zu setzen, oder ob ich meine beiden Vorderpfoten gleichzeitig bewegen und dann mit den hinteren quasi nachhüpfen soll. Ich versuche, auf der Treppe zu üben, wenn Laura und Josh aus dem Haus sind, damit sie mich nicht sehen. Das wäre peinlich. *Die arme Prudence kommt nicht mit der Treppe zurecht!*, würden sie vielleicht sagen und über mein Unvermögen lachen. Vor zwei Tagen ging ich zufällig in das Schlafzimmer der beiden und bekam mit, wie sie im Bett aufeinander herumrollten und dabei seltsame Laute von sich gaben. Das war das Unwürdigste, was ich in meinem Leben je gesehen habe. Ich habe nicht vor, mich vor ihnen in eine ähnlich lächerliche Lage zu begeben.

Genau auf halbem Weg die Treppe hinunter ist ein Stück ebener Boden, bevor die Stufen wieder weiter nach unten führen. Wenn Laura und Josh zu Hause sind, kann ich das Treppenlaufen noch auf der oberen Hälfte üben und dann auf der flachen Stelle ausruhen und um die Ecke sehen, was die beiden im Wohnzimmer tun.

Der kleinste Teil des Wohnzimmers ist der Essbereich neben der Küche mit einem langen, dunklen Holztisch und vier Stühlen, die genauso aussehen wie jene, die in meinem Zimmer aufeinandergestapelt sind. Bisher habe ich Laura und Josh nur dann am Esstisch gesehen, wenn sie über Rechnungen zahlen und Geld redeten. Laura ist besorgt darüber, dass sie nicht genug Geld sparen, und Josh sagt, sie sorgt sich zu sehr um Geld. Einmal hörte ich, wie Laura zu ihm sagte, er würde nur so denken, weil er nicht wisse, wie es *wirklich* sei, überhaupt kein Geld zu haben.

Obwohl diese Wohnung viel größer ist als die von Sarah und mir, haben Josh und Laura bei weitem nicht so viele Sachen darin, wie wir es hatten. An den Wänden hängt nichts, und es gibt keinerlei »Schnickschnack«, den Sarah so sehr liebt, schöne Glasfläschchen etwa oder die Prismen, die sie in die Fenster hängte, damit die Sonnenstrahlen tanzten und sich in bunten Farben brachen. Sarah hatte Pflanzen, einschließlich einer speziellen Art namens »Katzengras«, das gut für mich war, wenn mir mein Magen Ärger bereitete. Hier gibt es nur eine Pflanze; sie steht in einer Ecke des Wohnzimmers und ist aus Seide gemacht.

Es gibt einige gerahmte Fotos auf Regalen – vor allem Bilder von Josh aus unterschiedlichen Zeiten seines Lebens, auf denen er zum Beispiel draußen im Schnee steht (der nur kaltes Wasser ist!) und ein Paar lange, hölzerne Stecken hält, oder irgendwo auf einer Bühne, zusammen mit einer Menge anderer jung aussehender Menschen, die alle seltsame Kostüme tragen. Von Laura sind nicht annähernd so viele Bilder zu sehen, und gar keines von früher, als sie jung war. Einige sind von Laura und Josh zusammen, von dem Tag, an dem sie heirateten, und auch von ihren Flitterwochen an einem Ort namens Hawaii. (Im Hintergrund der Flitterwochen-Bilder ist ganz viel Wasser; Hawaii muss also in der Nähe dieses Flusses sein, an dem wir auf unserem Weg zur Upper West Side entlangfuhren.)

Ein Foto gibt es auch von ihrem Hochzeitstag, das nur Laura und Sarah zeigt. Laura trägt ein einfaches, kurzes weißes Kleid mit einem kleinen weißen Jackett, und sie hält einen Strauß langer, herrlicher weißer Blumen im Arm. Sarahs Kleid ist hellviolett. Das ist mein Lieblingsfoto, denn ich weiß noch, dass ich Sarah bei der Entscheidung half, dieses Kleid zur Hochzeit ihrer Tochter zu tragen. Ich freue mich, wenn ich es ansehe, obwohl Laura und Sarah darauf nicht ganz glücklich aussehen, sondern etwas steif wirken, wie sie jede einen Arm um die andere gelegt haben.

Jetzt steht Josh von der Couch auf und geht an dem Regal mit den Fotos vorbei in die Küche. Ich höre, wie schwere Pfannen aus einem Küchenschrank geholt werden, und nach kurzer Zeit strömt ein Geruch bis zur Treppe. Es riecht, als würde Josh Eier machen, aber das kann nicht stimmen. Josh macht nur Sonntagmorgens Eier, und Laura geht Brötchen kaufen, die sie zu den Eiern essen. Laura sagt, Josh macht die besten Rühreier, aber das weiß ich nicht, denn sie haben mir nie etwas davon angeboten, wie es Sarah täte, wenn sie ein Frühstück machen würde.

Es ist immer schlecht, wenn Dinge anders laufen, als sie sollten, aber am schlimmsten ist es, wenn es dabei ums Fressen geht. Ich glaube, auch wenn Laura Joshs Rührei mag, wird sie sich ärgern, wenn sie nach Hause kommt und feststellt, dass er an einem Dienstagabend welches macht statt an einem Sonntagmorgen.

Aber tatsächlich sagt Laura, als sie schließlich die Küche betritt und sieht, was Josh tut: »Was wird denn das?«, und zwar in einem Ton, der überrascht und freudig klingt.

»Frühstück zum Abendessen«, antwortet Josh. »Ich hatte einfach Lust auf Rühreier. Und ich dachte, vielleicht schläfst du dann besser. Weil du sonntags nach dem Frühstück normalerweise gleich wieder ins Bett gehst.«

»Ich gehe aber nicht *allein* ins Bett.« Laura lacht nicht wirklich, aber sie klingt, als würde sie lächeln.

»Hey, ich versuche alles, wenn es dir nur hilft zu entspannen.«

»Danke«, erwidert Laura in einem Ton, den Sarah »trocken« nennen würde. Dann höre ich diese nassen, schmatzenden Laute, die die beiden machen, wenn sie ihre Münder aufeinanderdrücken. Als die Laute nach einer Weile aufhören, sagt Laura ruhiger: »Du musst dir keine Sorgen um mich machen, Josh. Ich sage es dir wieder und wieder. Ich habe einfach nur viel im Kopf, mit meiner Arbeit und so.«

Teller und Besteck klappern, und dann höre ich, wie Laura und Josh von der Küche zur Wohnzimmercouch gehen, wo ich sie wieder sehen kann. Beim Essen sprechen sie davon, was sie den ganzen Tag in der Arbeit gemacht haben. Als die Musik aufhört, geht Josh in den Teil des Wohnzimmers, wo seine Musik wohnt. Dieses Mal nimmt er eine schwarze Scheibe heraus anstatt einer kleinen silbernen.

Das Lied, das beginnt, klingt wie eines, das sich Sarah und Anise immer anhörten, wenn sie zwei- oder dreimal im Jahr zu uns kam. Etwas über eine »persönliche Krise«. Die beiden machten dann immer dummes Zeug, sangen zum Beispiel in eine Haarbürste oder in eine leere Papiertücherrolle, als seien es Mikrofone, so wie Menschen sie benutzen, die im Fernsehen singen. Anise hat eine schöne Singstimme (obwohl ihre normale Stimme tief und kratzig ist), und ich merke, dass Sarah Anises Gesang besser gefällt als ihr eigener. Schließlich, sagt Sarah, ist Anise für ihr Singen berühmt.

Was Singstimmen anbetrifft, müssen Menschen und Katzen einen unterschiedlichen Geschmack haben, denn ich glaube, niemand hat eine schönere Stimme als Sarah. Anise hat immer gesagt, Sarah hätte versuchen sollen, das Singen zum Beruf zu machen. Ich habe mich immer auf die Hinterbeine gestellt und meinen Kopf an Sarahs Hand gedrückt, weil es mich so glücklich machte, wenn sie sang. Und Anise bückte sich dann zu mir und kraulte mich hinter den Ohren, so wie ich es mag, und sagte: *Schau – sogar Prudence gibt mir recht!*

Aber Sarah sagt, sie hatte nie dieses »gewisse Etwas«, das Anise hat und das sie auf einer Bühne stehen und vor anderen Leuten singen lässt. Deswegen war sie gerne DJ, sagt sie, und hatte den Plattenladen, den sie eröffnete, als sie mit dem Auflegen Schluss machte. Sie konnte den Menschen immer noch Musik geben, ohne vor ihnen stehen zu müssen. *Und überhaupt,* sagte Sarah oft zu Anise, *war ich nie so talentiert wie du.*

Einige Augenblicke lang höre ich nichts als dieses Lied und das Geräusch einer Gabel, die über einen Teller fährt. Josh isst noch, doch Lauras Gabel schwebt auf halbem Weg zwischen ihrem Teller und ihrem Mund. Dann sagt Josh: »Ist alles okay?«

»Hm?« Laura schüttelt leicht den Kopf, so wie es Sarah macht, wenn sie versucht, ihre »Gedanken zu ordnen«. »Entschuldige«, sagt sie, »ich war ein bisschen abwesend.«

Joshs Gesicht läuft rot an, ich weiß aber nicht, ob er verlegen ist oder ob er etwas sagen will, das nicht wahr ist. »*Ich* muss mich entschuldigen«, sagt er. »Ich war unüberlegt. Ich sah diese Platte in der Sammlung deiner Mom, als wir ihre Wohnung ausgeräumt haben.«

»Wahrscheinlich«, antwortet Laura. »Sie mochte die New York Dolls.«

Josh beobachtet Lauras Gesicht; sie versucht auszusehen wie immer und würde es fast schaffen, wenn da nicht diese Falte zwischen ihren Augenbrauen wäre. Schließlich sagt er sanft: »Lass uns doch nach oben gehen, wenn wir fertig sind, und einige ihrer Kartons durchsehen. Wir können uns übers Wochenende mit den Schallplatten befassen. Ich glaube wirklich«, fügt er dann rasch hinzu, als fürchte er, Laura könnte ihm das Wort abschneiden, »dass du besser schläfst, wenn wir das hinter uns haben. Und wenn wir einige weggeschafft haben, könnten wir auch Prudence das Leben ein wenig erleichtern. Ich sehe, wie sie die ganze Zeit in diesem Zimmer herumläuft, aber sie hat ja kaum Platz, sich darin umzudrehen.«

Die Muskeln um meinen Schnurrbart spannen sich an. Wenn Josh *wirklich* etwas an mir läge, dann wüsste er, dass das Letzte, was ich will, ist, dass auch nur einer dieser Kartons wegkommt.

Und wenn ihm *wirklich* etwas an mir läge, hätte er mich auch sein Rührei probieren lassen.

»Prudence ist immer noch dabei, sich an den neuen Ort zu gewöhnen«, erklärt Laura. »Das wird schon mit ihr. Und ich muss heute Abend noch eine Menge Arbeit erledigen.« Sie steht mit ihrem Teller in der Hand auf.

»Lass gut sein«, sagt Josh. »Ich kümmere mich ums Geschirr.«

»Danke«, erwidert Laura und küsst ihn auf die Wange.

Es ist still, man hört nur das Kratzen eines Stifts auf Papier von der Couch im Wohnzimmer, wo Laura arbeitet. Josh ist schon lange im Bett. Von meinem Posten auf dem mittleren Treppenabsatz sehe ich, dass auch Laura müde ist. Sie macht immer wieder eine Pause, schiebt die Brille hoch und reibt sich die Augen. Aber sie geht nicht zu Bett. Wahrscheinlich weiß sie, dass sie sich stundenlang von einer Seite zur anderen wälzen wird und auf die Decke schlägt wie anscheinend jede Nacht.

Mein linkes Ohr juckt mich schon die ganze Zeit, und auch es hin und her zucken zu lassen hilft nicht. Schließlich kratze ich mit der linken Hinterpfote daran. Dabei klappert jedoch mein Prudence-Anhänger, und nun blickt Laura verblüfft auf. Unsere Blicke treffen sich. Es ist das erste Mal, dass sie mich hier sitzen sieht. Mein Körper spannt sich an, ich warte ab, ob sie etwas tut.

»Hey Prudence,« flüstert sie. »Kannst du nicht einschlafen?«

Ich habe Laura und Josh *über* mich reden hören, seit ich hier wohne, aber dies ist wohl das erste Mal, dass Laura mich angesprochen hat. Das macht mich nervös, ohne dass ich wirklich wüsste, weshalb. Ich mache kehrt und nehme mit einem Satz die obere Hälfte der Treppe, renne dann dicht an der Wand den Flur entlang und in mein dunkles Zimmer mit all den Sarah-

Kartons. Dabei klingelt mein Prudence-Anhänger die ganze Zeit und hört erst auf, als ich ganz hinten in meinem Schrank angekommen bin.

Laura kommt in mein Zimmer und bleibt stehen. Obwohl sie mich hier hinten versteckt nicht sehen kann, ohne das Licht anzumachen, ist mir klar, dass sie weiß, wo ich bin.

Ihre dunkle Silhouette bewegt sich durch den Raum, und sie kniet vor einem der Sarah-Kartons nieder. Ich höre ein Poltern und Rascheln und dann das knisternde Geräusch einer Tragetasche, die unter schweren Sachen hervorgezogen wird. Jetzt erinnere ich mich daran, wie Laura zum Müllraum zurückging, um eine der Abfalltüten aus Plastik zu holen, die sie an dem Tag, an dem sie mich hierher brachten, weggeworfen hatte.

Laura nähert sich dem Schrank, und ich haste noch weiter nach hinten, das Hinterteil hochgereckt und die Nase fest an die Vorderpfoten gedrückt. »Da, sieh mal«, flüstert sie, geht in die Hocke und wirft mir etwas in den Schrank hinein zu.

Es ist eines von Sarahs Kleidern aus der Zeit, als sie noch ausging, mattgolden mit einem Muster aus weißen Rauten. Ich erinnere mich daran, dass ich an dem Tag, als sie alle ihre ausgefallenen Vogelkleider anprobierte, dachte, sie habe nie schöner ausgesehen als in diesem Kleid aus der Zeit, in der sie noch jünger war als Laura jetzt ist.

Vorsichtig krieche ich zu dem Kleid und schiebe es mit den Vorderpfoten zusammen, damit ich besser darauf liegen kann. Schon jetzt weiß ich, dass mir das Schlafen nun, mit diesem guten, vertrauten Sarah-und-ich-zusammen-Duft, heute Nacht leichter fallen wird. Laura kauert noch immer vor dem Schrank, und als ich aufblicke, sieht sie mir wieder in die Augen. Wir schauen einander an, und dann schließt Laura sehr langsam ihre Augen und öffnet sie wieder. Das hat auch Sarah gemacht, sie schloss und öffnete langsam die Augen, wenn ich sie ansah. Ich spüre, wie mich eine plötzliche Erschöpfung überkommt. Während meine Lider erschlaffen, blinzelt Laura mir noch einmal langsam zu.

Meine Augen schließen sich so rasch zum Schlafen, dass ich nicht einmal höre, wie sie den Raum verlässt. Erst am nächsten Tag – zum ersten Mal, seit ich mich erinnern kann, wache ich spät am Vormittag auf – wird mir klar, dass manche Dinge überall gleich sind. Sogar hier in diesem fremden Land, weit weg von dem Zuhause, in dem ich aufwuchs, auf der anderen Seite der Welt, hat jemand Laura beigebracht, die Katzensprache zu sprechen.

4

Prudence

Josh und Laura sagen immer wieder, wie ungewöhnlich es ist, dass es so spät im April noch schneit, aber genau das ist diese Woche passiert. Ein heftiger Schneesturm kam auf, so stark, dass die Flocken seitwärts getrieben wurden. In der Lower East Side hätte man den Wind durch die Spalten zwischen den Fensterrahmen und der Wand heulen gehört. Es war seltsam, draußen so viel Wind zu sehen, während in der Wohnung alles still blieb.

Sarah lachte immer, wenn ich bei einem Schneesturm die Schnauze ans Fenster presste und versuchte, einzelne Flocken mit der Pfote zu erwischen. Obwohl ich wusste, dass ich sie durch das Glas nicht erreichen konnte – und obwohl ich wusste, wie kalt und eklig der Schnee wäre, *wenn* ich ihn erwischte – war der Drang, einige Flocken zu fangen, unwiderstehlich. Laura und Josh fuhren ins Büro, trotzdem es so heftig schneite. Es war also niemand hier und lachte, als ich bei meinen Versuchen, Schneeflocken zu erhaschen, an die Scheibe schlug, und plötzlich schien es gar nicht mehr so viel Spaß zu machen wie früher.

An dem Tag, als es schneite, kam Josh in mein Zimmer mit den Sarah-Kartons, um aus dem hinteren Teil meines Schranks seine und Lauras dicke Wintermäntel herauszuholen. Er hatte gedacht, sie hätten sie bereits für den Rest des Jahres weggeräumt und würden sie nicht mehr brauchen. Außerdem hatte er nicht erwartet, so viel von meinem Fell an ihnen zu finden. Darüber beklagte er sich bei Laura, was mir schlichtweg unvernünftig erscheint. Schließlich hält mein Fell *mich* warm, wenn also etwas davon an ihren Mänteln hängt, sind sie auch für

Laura und Josh wärmer. Wenn man es sich recht überlegt, sollte Josh mir eigentlich *dankbar* sein.

Aber es ist ja auch nicht so, dass die meisten Menschen wüssten, wie sie uns Katzen die Dankbarkeit zeigen können, die wir verdienen.

Josh fragte Laura, ob sie die Schranktür nicht vielleicht schließen sollten, damit ich nicht mehr hinein könne, und das Fell an meinem Rücken zuckte stark bei dem Gedanken, meinen dunklen, behaglichen Lieblingsschlafplatz zu verlieren. Doch Laura meinte lachend, es sei leichter, die Mäntel in einen anderen Schrank zu hängen als die Gewohnheiten einer Katze zu verändern.

Zwei Wochen, nachdem Laura mir Sarahs Kleid zum Schlafen gegeben hat, hat sich zwischen uns nicht viel verändert. Ich schlafe zwar *wesentlich* besser, seit ich etwas habe, worauf ich es mir gemütlich machen kann und das wie Sarah und ich zusammen riecht. Seit ich mich ein wenig besser eingewöhnt habe, verbringe ich zudem viel mehr Zeit unten. Immer, wenn Laura von ihrer Papierarbeit aufblickt, folgt mir ihr Blick. Manchmal beugt und streckt sie die Finger, und ich weiß dann, dass sie daran denkt, mich zu berühren. Bisher hat sie allerdings noch nicht versucht, mich zu streicheln.

Niemand hat mich gestreichelt, seit Sarah weggegangen ist, und das kommt mir jetzt schon ziemlich lang vor – fünf Wochen. Wenn ich darüber nachdenke, dann vermisse ich es gar nicht, von einem Menschen berührt zu werden. Aber Sarah vermisse ich dann umso mehr.

* * *

Obwohl es sich mit all dem Schnee gar nicht nach Frühling anfühlt, ist heute Abend Joshs Familie bei uns zu Besuch, wegen eines Frühlingsfestes namens Passah. Sarah und Anise sprachen manchmal über die gelegentlichen freien »Potluck«-Tage, die Sarah in ihrem Apartment in der Lower East Side veranstaltete, als Laura noch klein war. Nachbarn und Freunde und Leute, die in Sarahs Laden arbeiteten, gingen den ganzen Tag ein und aus, wie es ihnen gerade passte, brachten etwas zu essen mit und aßen Sachen, die andere mitgebracht hatten, während Sarah auf ihrem DJ-Tisch Musik spielte. Weihnachten war einer von nur zwei Tagen im ganzen Jahr, an denen ihr Laden geschlossen war. Der andere war Thanksgiving. Thanksgiving sei nicht so schlimm, sagte Sarah, aber an Weihnachten würde sie immer mindestens einer anrufen und bitten, den Laden nur so lange aufzumachen, um ihm eine schwarze Scheibe zu verkaufen, als Geschenk für einen anderen Menschen. Wenn man allein eine Tochter großzieht, dann muss man Geld verdienen, wann immer sich die Chance bietet, pflegte Sarah dann zu sagen. Und sie rannte zum Laden hinüber, um diesem einen Menschen eine Scheibe zu verkaufen, und dann war es gut, dass viele Leute in ihrer Wohnung waren, die so lange auf Laura aufpassen konnten.

Ich weiß nicht, wie die Menschen der Upper West Side freie Tage feiern, aber es kommt mir nicht so vor, als würde Joshs Familie »gelegentlich« vorbeikommen. Es ist jetzt Montagmorgen, und Laura verbrachte den ganzen Sonntag damit, unsere Wohnung zu attackieren, als ob sie zornig auf sie wäre. Sie ist immer am Saubermachen, wenn sie ein paar freie Minuten hat, aber gestern hat sie alles vom Boden bis zur Decke geputzt, bis auch das letzte Fleckchen Schmutz weg war und die ganze Wohnung unerträglich nach Reinigungsmitteln stank. Sogar unter dem Bett in ihrem und Joshs Schlafzimmer hat sie geputzt. Josh lachte, als er sie dabei sah, und sagte, seine Mutter werde nicht unter das Bett schauen. Aber Laura meinte, es sei das erste Mal seit sie verheiratet seien, dass seine Eltern zum Essen kämen, und sie wolle alles »makellos« haben.

Während Laura putzte, ging Josh, um für seine Familie besondere Sachen zum Essen einzukaufen. Alles wanderte in den Kühlschrank, als er nach Hausse kam, und wenn Laura oder er ihn nun öffnen, dringt immer ein wunderbarer Geruch nach

Fleisch und anderen Dingen, die ich noch nicht kenne, die Treppe herauf. Ich hoffe, Laura ist großzügig, wenn sie mir heute zum Abendessen meine spezielle Prudence-Portion serviert.

Ich weiß nicht, wer genau von Joshs Familie zu uns kommt, aber der eine Mensch, der bestimmt *nicht* kommt, ist der Mann, der mit Joshs Schwester verheiratet war. Das weiß ich, weil ich Josh gestern sagen hörte: »Wenigstens muss ich bei den Essen an freien Tagen diesem Versager nicht mehr ins Gesicht sehen.«

Ich bin mir nicht sicher, was ein »Versager« ist. Anise sagte immer, dass Lauras Vater auch ein Versager sei. Sie sagte auch, Lauras Vater sei ein untalentierter Nichtsnutz. Er spielte einige Zeit in einer Band, und dann versuchte er sich als Schauspieler, und eine Weile war er sogar Fotograf. Er blieb jedoch nie so lange bei einer Sache, dass er gut darin wurde. Aber er machte das Foto von Sarah, das Josh mit hierher brachte, und manchmal sehe ich, dass Laura es anschaut, wenn Josh nicht mit ihr im Zimmer ist.

Vielleicht ist ein Versager ein Mensch, der wirklich schlechte Musik macht und alle zwingt, so lange zuzuhören, bis sie sich wünschen, lieber tot zu sein. Aber irgendwie kann das nicht stimmen. Ich wünsche mir fast, dass der Versager heute Abend käme, damit ich einmal sehe, wie so einer aussieht.

Joshs schwere Tritte kommen in mein Zimmer und bringen mich von meinen Gedanken ab. Er muss auf Laura warten, denn er tut nichts als dazustehen, mitten im Raum, neben den Sarah-Kartons. Sein Blick schweift im Raum umher, ohne dass er mich hinten im Schrank sieht, und richtet sich dann auf die Kartons mit Sarahs schwarzen Scheiben. Er kauert sich nieder und beginnt, sie durchzusehen. Meine Ohren legen sich flach an den Kopf, als er eine herausnimmt und die Rückseite der Hülle betrachtet. Das sind *Sarahs* schwarze Scheiben! Es ist eine Sache, wenn *Laura* sie sich ansehen will (nehme ich an), aber dass Josh sie allein durchwühlt, das kommt mir falsch vor.

Offenbar denkt er genauso, denn er scheint zunächst vorsichtig zu sein und lauscht mit einem Ohr immer in Richtung Tür, aber anscheinend kann er nicht anders. Und als sich Lauras Schritte nähern, hat er all seine Vorsicht vergessen. »Schau dir das an!« Er blickt zu ihr auf. »Auf der Rückseite dieses Albums von Evil Sugar ist ein Foto von deiner Mutter!« Er hält ihr die schwarze Scheibe samt Cover entgegen und zeigt auf eine Stelle, die ich von meinem Platz aus nicht sehen kann. »Da ist sie mit Anise Pierce, vor der Markise des Gem Spa.«

»Sie und Anise haben zusammengewohnt.« Laura klingt, als wollte sie darüber eigentlich gar nicht reden. »Bevor Evil Sugar nach L.A. ging.«

»Das war in der Highschool mein Lieblingsalbum«, sagt Josh. »Ich war besessen von all diesen New Yorker Bands, die in den Alphaville Studios aufnahmen.« Er lacht. »Ich war am Boden zerstört, als Anise Pierce diesen Keith Amaker heiratete. Damals versuchte ich meine Mutter zu überreden, mir ein Schlagzeug zu kaufen. Ich stellte mir vor, wenn Schlagzeuger ein Mädchen wie Anise Pierce bekommen, dann wollte ich auch einer werden.« Er dreht die Plattenhülle in den Händen. »Mir war nie klar, wie klein sie war, bis ich sie neben deiner Mutter stehen sah.« Er schaut zu Laura auf, seine Augen glänzen vor Ergriffenheit, aber er wirkt auch verwirrt. »Warum hast du mir nie gesagt, dass deine Mom sie kannte?«

»Das Thema kam nie zur Sprache.« Laura zuckt mit den Achseln. »Komm, schaffen wir diese Stühle runter ins Wohnzimmer, sonst kommen wir noch zu spät zur Arbeit.«

Josh scheint zu zögern, als er die schwarze Scheibe wieder in den Karton steckt, aber er geht ohne ein weiteres Wort mit Laura zu den schwarzen Stühlen in der Ecke. »Wir sind sieben Leute heute Abend, richtig?«, fragt Laura.

Josh legt eine Hand auf ihre Schulter. »Es ist noch nicht zu spät, das Ganze abzublasen«, sagt er sanft. »Meine Eltern würden es verstehen, wenn du für ein Haus voller Leute noch nicht fit genug wärst.«

»Rede keine Unsinn. Wir haben das seit einer Ewigkeit geplant.« Laura wendet den Kopf, sodass sie ihn anlächeln kann, doch ihre Nasenlöcher sind etwas geweitet, wie es bei den Menschen der Fall ist, wenn sie gereizt sind. »Und ich sage dir noch einmal, es geht mir gut. Wirklich.«

Laura bahnt sich mit einem Stuhl ihren Weg um die Kartons herum, und Josh trägt zwei. Dies ist der einzige Raum, den sie gestern nicht geputzt hat. Sie kommt noch immer nicht gerne hierher, und ich bemerke, dass sie nicht in die Sarah-Kartons schaut, sondern lediglich darum herum, weil sie darauf achtet, nicht anzustoßen.

Ich denke an diesen Mann, von dem Sarah einmal sprach – der seine Katze und alles andere verlor und danach nicht mehr leben wollte. Und ich frage mich, weshalb Laura nicht diese Kartons durchsehen und sich mit mir zusammen an Sarah erinnern will, damit wir beide sicherstellen können, dass sie einen Grund hat, um zurückzukommen.

Der Tag scheint langsamer als gewöhnlich zu vergehen, während ich darauf warte, dass Laura und Josh zurückkommen, damit das wunderbare Essen des heutigen Abends beginnen kann. Ich versuche, mir die Zeit zu vertreiben, indem ich an Plätzen schlafe, an denen ich nicht schlafen kann, wenn Josh zu Hause ist, zum Beispiel auf dem Katzenbett auf dem Schreibtisch seines Büros, oder auf seinem Lieblingsplatz auf der Couch, wo er sitzt, wenn er manchmal fernsieht und wartet, bis Laura von der Arbeit heimkommt. Ich habe allerdings in Erfahrung gebracht, dass Josh mich meistens nicht vertreibt, wenn ich mich auf den Rücken rolle und vorgebe, fest zu schlafen. »Sie liegt so gemütlich da«, sagt er dann zu Laura. »Da bekomme ich Schuldgefühle.« Immer wenn er das sagt, bemitleide ich die Menschen, weil sie andauernd das Falsche tun und sich dann schuldig fühlen müssen.

Es zieht mich auch immer wieder in die Küche, obwohl noch nichts von all dem feinen Feiertagsessen auf dem Herd steht. Wahrscheinlich sollte ich hier mehr Zeit verbringen, denn in Küchen wohnen einige der besten Dinge. In der Lower East Side fand ich in der Küche manchmal Dinge, mit denen es jede Menge Spaß machte, das Mäusefangen zu üben, etwa die Verschlüsse, die Brot in der Tüte frisch halten, oder die Plastikhalme, mit denen Sarah manchmal ihre Limonade trinkt. (Ich habe ihr nie begreiflich machen können, wozu Strohhalme wirklich gut sind, so oft ich es auch versucht habe. Schließlich begann ich, meine Halme unter dem Kühlschrank oder der Couch zu verstecken, damit sie sie mir nicht wieder wegnahm und sie falsch verwendete.) Außerdem sind in der Küche köstliche Sachen zum Essen und Trinken, auch wenn es kein Feiertagsessen gibt, zum Beispiel Thunfisch aus der Dose oder die dünnen Scheiben Truthahnfleisch, die zwischen knisterndem Papier im Kühlschrank liegen. Sarah musste aufhören, Dinge wie Sahne für ihren Kaffee und Käse in der Küche zu haben, als der Arzt ihr sagte, Molkereiprodukte seien schlecht für ihr Herz. Wenn ich öfter in die Küche komme, wenn Laura und Josh dort sind, dann bekomme ich vielleicht wieder einige von diesen Leckereien.

Der Tag mag mir lang *vorgekommen* sein, aber ich weiß trotzdem, dass es wesentlich früher ist als sonst, als ich endlich Lauras Schlüssel im Schloss höre. Draußen ist es noch nicht einmal dunkel. Ich wusste, dass sich Laura wegen heute Abend Gedanken macht, aber ich habe nicht bemerkt, dass sie sich so sehr Gedanken macht, dass sie sogar früher von der Arbeit nach Hause kommt.

Heute Morgen haben Laura und Josh etwas mit dem Wohnzimmertisch gemacht, und nun ist er lang genug, dass sieben Stühle daran passen. Jetzt holt Laura aus dem obersten Küchenschrank Stoffmatten heraus (die wesentlich hübscher sind als die Gummimatte, die sie unter meine Schüsselchen legte und die mit beleidigenden Cartoons von grinsenden Katzen verunstaltet ist). Dann holt sie aus dem vorderen Schrank im Flur zwei riesige, schwere Schachteln heraus. Aus diesen nimmt sie Teller und Gläser, die schöner sind als die, von denen Josh und sie normalerweise essen. Sie bewegt die Hände langsam und betrachtet jeden Teller genau. Sobald alles auf dem Tisch steht, schaut sie zu dem hohen Fenster dahinter hinaus und beobachtet die kaffeebraunen Tauben auf der anderen Straßenseite. Sie starrt sie so lange an, dass ich beginne, es ihr nachzumachen, aber wie gewöhnlich machen die Tauben nicht viel, außer in sinnlosen Kreisen herumzufliegen.

Bald darauf kommt auch Josh. Er umarmt Laura herzlich. »Ich kann es nicht glauben, dass du so früh nach Hause gekommen bist!«, sagt er glücklich.

»Passah ist eine Zeit der Wunder«, erklärt Laura ihm in ihrem »trockenen« Tonfall.

Josh geht nach oben und wäscht sich die Hände, und danach hilft er Laura, holt Servierplatten aus den oberen Küchenschränken und Flaschen aus dem Kühlschrank, während Laura den Herd vorheizt. »Glaubst du, deine Mutter ist beleidigt, weil wir die Sachen alle bei Zabar eingekauft haben, anstatt sie selbst zu machen?«

Laura klingt besorgt, doch Josh lacht. »Sie wird dich trotzdem respektieren. Zelda hat seit Jahren nicht mehr freiwillig gekocht.«

Vor der Backröhre ist es noch nicht einmal richtig warm, was bedeutet, es wird noch eine Weile dauern, bis das Essen fertig ist. Ich denke, ein Nickerchen oben im Schrank ist die beste Art und Weise, die Zeit bis ich fressen kann zu verkürzen. Beim Hinausgehen höre ich, wie Josh zu Laura sagt: »Ich sauge im zweiten Schlafzimmer. Heute Morgen habe ich bemerkt, dass es da ziemlich staubig ist.«

»Gute Idee«, erwidert Laura in einem besorgt klingenden Ton. Mein Prudence-Anhänger an meinem roten Halsband klingelt leise, als ich die Treppe hinaufgehe, und hinter mir höre ich die dumpfen Tritte von Josh.

Ich habe es mir gerade hinten im Schrank gemütlich gemacht, als Josh die Deckenlampe anschaltet. Plötzlich ist es so hell, dass ich kaum etwas sehen kann – nur die verschwommene Gestalt von Josh im Türrahmen, die etwas schiebt, das aussieht wie ein langes Dreieck mit einem Griff oben und einem flachen, rechteckigen Ding mit Rädern unten. Es hängt an einer Leine, die Josh in eine Dose in der Wand gleich neben der Tür steckt.

Meine Augen gewöhnen sich an das Licht, und jetzt sehe ich, wie Josh dieses seltsame Etwas verlässt und zu den Sarah-Kartons geht. Er beginnt, sie herumzuheben und neu anzuordnen – anders als sie vorher waren und wie ich sie mir in langen Tagen mühsam eingeprägt hatte. Ich renne aus dem Schrank heraus und springe auf die Kartons in dem Gedanken, dass sie durch mein Gewicht vielleicht zu schwer für ihn zum Heben werden. Aber das bremst ihn nicht im Geringsten aus. »Nein, Prudence, geh aus dem Weg«, sagt er nur in einem Ton, den er wahrscheinlich für freundlich hält, und stupst mich mit dem Fuß sanft am Hinterteil, bis ich mich gezwungen sehe, aus einem Karton nach dem anderen zu springen.

Sobald die Kartons in zwei Reihen beiderseits des Teppichs angeordnet sind, geht Josh zu dem seltsamen Ding an der Tür zurück. Er tritt darauf, und ein weißes Licht geht an. Und dann beginnt es zu brüllen!

Es brüllt und brüllt unaufhörlich und sogar ohne Atem zu schöpfen. Es brüllt nicht wie etwas, das Schmerzen hat, sondern wie etwas, das Böse ist, das jemandem wehtun will. Vielleicht sogar einer Katze! Es ist ein Ungeheuer – genau wie die Monster in Fernsehfilmen, von denen alle sagen, sie seien nicht real. Bis auf dieses hier! Es brüllt voller Zorn, weil Josh es am Genick gepackt hält und nicht loslässt, obwohl es mit den Zähnen knirscht und sich vor und zurück schiebt im Versuch, sich von ihm loszureißen – und es sieht mich wütend an mit seinem schrecklichen einzigen Auge, das unweit von seinem Maul leuchtet. Es verschlingt alle aus meinem Katzenklo gefallene Katzenstreu und die Haare von meinem Fell, die sich in den letzten Wochen abgerieben haben. Es muss einige Male über die Katzenstreu gleiten, ehe es alles auffrisst, aber es saugt meine Haare richtig in sich hinein. Es versucht, mich zu finden! Nur die ausgefallenen Haare meines Fells reichen ihm nicht – es will jetzt eine ganze Katze fressen!

Ich wusste, dass Laura nicht all diese Sarah-Kartons hier oben haben wollte, aber ich hätte nie gedacht, dass sie Josh schicken würde, um sie zu *töten* – und mich auch gleich mit. Tapfer versuche ich, wenigstens eine Reihe der Sarah-Kartons vor diesem schrecklichen Monster zu verteidigen. Ich stelle mein Fell ganz und gar auf, damit ich viel größer erscheine, als ich wirklich bin – und ich fauche es an und fahre als Warnung mit meinen Krallen über seinen glatten Kopf. Menschen schüchtert das normalerweise ein, aber dieses Monster ist anscheinend viel stärker als jeder Mensch – außer Josh. Er sagt nur »*Husch!*« und winkt in meine Richtung, als sei ich ein Hund, den er verjagen will. Dass er diese Bestie nur mit einer Hand in Schach halten kann, das kann nur bedeuten, dass er der stärkste Mensch der Welt ist. Ich gebe schließlich auf und verstecke mich mit rasendem Herzen im hintersten Teil des Schranks. Ich höre wie das Monster in der Nähe der Schranktür brüllt, aber es kommt nicht herein. Wahrscheinlich sieht es mit nur einem Auge nicht sehr gut. Aber ich weiß nicht, wie gut es hören kann, und mein Herz schlägt so laut! Ich konzentriere mich darauf, meinen Herzschlag zu beruhigen, und bald höre ich, wie sich das Brüllen des Monsters weiter und weiter entfernt, bis ich weiß, dass es nun in einem anderen Zimmer nach Katzen sucht.

Ich warte, bis ich es gar nicht mehr höre, ehe ich es wage, aus dem Schrank zu kriechen. Keiner der Sarah-Kartons scheint verletzt zu sein, aber alles steht jetzt am falschen Platz.

Ich kauere mich lange in mein Zimmer in der oberen Etage, so lange, bis die Sonne schräg durch die Fenster scheint, wie sie es tut, kurz bevor es dunkel wird. Der Duft von Fleisch, das in der Röhre brutzelt, ist es, was mich schließlich wieder die Treppe hinunterzieht.

Vorsichtig laufe ich durch das Wohnzimmer und den Essbereich. Der Fleischgeruch in der Küche ist so übermächtig, dass ich kaum mehr weiß, was ich mit mir anfangen soll.

Normalerweise habe ich alles, was ich tue, perfekt unter Kontrolle, aber heute ist der Wille des Fleisches stärker als mein eigener. Mit seinem Duft zieht es mich genau vor den Backofen und hält mich dort mit so viel Macht in seinem Bann, dass ich nicht widerstehen könnte, selbst wenn ich es wollte.

Hier rolle ich mich zusammen und falle in eine Art Halbschlaf. Ich will wenigstens ein bisschen wach bleiben, denn sobald dieses Fleisch aus der Röhre kommt, werde ich fordern, dass Laura oder Josh mir etwas davon füttern. Denn sonst bekomme ich wieder nichts, genau wie beim Rührei.

Ich hatte gedacht, ich könnte um das Futter kreisen, bis es fertig sei, so wie alle meine Instinkte es mir sagen. Aber wie sich herausstellt, wird daraus nichts. Und zwar deshalb, weil ich, als Joshs Familie endlich eintrifft, aus der Küche gejagt werde.

Joshs Familie sind seine Mutter und sein Vater. Sie sind älter als alle Menschen, die ich bisher im wirklichen Leben gesehen habe (ich meine damit im Gegensatz zum Fernsehen). Sie kamen mit einem Auto von einem Ort namens New Jersey hierher. Auch Joshs Schwester kommt und bringt ihren Wurf mit, ein kleines Mädchen und einen noch kleineren Jungen. Das sind die jüngsten Menschen, die ich je aus der Nähe und nicht im Fernsehen gesehen habe. Sie sind mit einem Zug von Washington Heights gekommen. Das weiß ich, denn als Josh öffnet, sagen alle, wie seltsam es ist, dass sie alle zur selben Zeit eintrafen, obwohl sie aus verschiedenen Richtungen kamen.

»*Chag Pesach*«, sagt Josh, während er sie alle auf die Wange küsst. Dann erklärt er dem kleinen Mädchen und dem kleinen Jungen: »Das heißt *Frohes Passahfest* auf Hebräisch.«

Das kleine Mädchen sagt »Ich weiß« in einem Tonfall derart gekränkter Würde, dass ich einen Moment lang denke, ich mag sie. »Das haben wir in der Hebräischen Schule gelernt. Eigentlich«, fügt es hinzu, »muss man sagen *Chag Pesach sameach.*«

»Ordentlich gelernt.« Josh klingt erfreut. »Ich vergesse andauernd, wie gescheit Zehnjährige heutzutage sind.«

Ich beschließe, dass es dem kleinen Mädchen geht wie mir – jemand, dessen Intelligenz von den Menschen unterschätzt wird, nur weil sie klein ist. Aber als sie und der kleine Junge an der Küche vorbeigehen und mich sehen, wie ich das Essen bewache, kreischen sie »Oh, ein Kätzchen!« und kommen mit ausgestreckten Händen auf mich zugerannt, ohne Josh auch nur die geringste Chance zu lassen, uns einander vorzustellen. Und als ich vor dieser Attacke Reißaus nehme, setzen mir diese kleinen Biester auch noch nach! Ich renne unter die Couch so schnell ich kann. Aber die beiden knien nieder, und kleine Hände greifen nach mir und versuchen, mich am Schwanz und am Fell zu packen!

Diese Zurschaustellung grässlicher Manieren (hat sich denn niemand darum gekümmert, diesen Wurfgeschwistern irgendetwas beizubringen?) schockiert mich so sehr, dass mir momentan nichts Besseres einfällt als zu fauchen und mit ausgefahrenen Krallen nach ihren Händen zu schlagen. Mein Atem ist laut und rasch, und mein Fell zuckt – Sarah nannte das »prusten«. Ich reagiere nur sehr ungern auf diese Art, aber das Ganze ist einfach mehr, als Würde oder Geduld ertragen können. »Abbie! Robert!«, mahnt Joshs Schwester sie endlich. »Lasst das Kätzchen in Ruhe. Es kommt, um mit euch zu spielen, wenn es dazu bereit ist.«

Eher nicht, denke ich und schlage mit dem Schwanz hin und her im Versuch, mich zu beruhigen. »Tut mir leid«, sagt Laura zu Joshs Schwester. »Prudence ist nicht unbedingt eine ›Leutekatze‹.« Dass Laura schon wieder versucht, diese Geschichte zu verbreiten, macht mich nur noch wütender. Wollte sie die Wahrheit sagen, dann müsste sie erklären: *Prudence spielt nur mit Menschen, die gute Manieren haben.*

Joshs Eltern kommen ins Wohnzimmer, wo Laura vor der Couch steht und Wein einschenkt. »Da ist ja meine bezaubernde Schwiegertochter!«, ruft der Vater aus. Beide umarmen Laura, und Joshs Mutter murmelt: »Es tut uns so leid, dass deine Mutter heute Abend nicht bei uns sein kann.« Laura erwidert ihre Umarmungen ein wenig steif. »Danke«, sagt sie höflich, aber kurz und gibt ihnen so zu verstehen, dass sie jetzt nicht über Sarah reden möchte. Dann begrüßen sie und Joshs Schwester sich mit einem Kuss auf die Wange.

Die Couch hat einen langen und einen kurzen Teil, und ich hocke unter Letzterem. Die Wurfgeschwister setzen sich direkt über mich; sie strampeln mit den Beinen und spielen mit einer Art kleinen schwarzen Plastikschachtel mit Knöpfen und sich bewegenden Bildern darauf. Manchmal versuchen sie, sich dieses Ding gegenseitig wegzunehmen und sagen etwas wie *Du hast es schon so lange* oder *Jetzt bin ich wieder dran.*

Josh und sein Vater sitzen auf der anderen Seite der Couch, wo ich ihre Gesichter nur sehen kann, wenn ich weit genug vorrutsche. Joshs Vater trägt glänzende schwarze Schuhe mit Schnürsenkeln oben und schwarze Socken, die über seine Knöchel herunterrutschen, wenn er die Beine übereinanderschlägt. Laura sitzt zwischen Joshs Schwester und Mutter auf der anderen Seite des Couchtisches. Die Mutter funkelt und glitzert vor lauter Schmuck – es ist mehr, als Sarah je trägt. Die Ringe an ihrer Hand blitzen im Licht, denn sie greift beim Sprechen immer wieder nach Lauras Arm, was dieser gar nicht zu gefallen scheint. Sarah sagte einmal, Laura und ich seien uns ähnlich, denn wir würden es beide nicht aushalten, gestreichelt zu werden, wenn wir es nicht von uns aus wollten.

Mir fällt auf, wie aufmerksam Laura alle beobachtet. Als wolle sie sichergehen, dass nichts geschieht, worauf sie nicht vorbereitet ist oder nicht weiß, wie sie darauf reagieren soll. Mir wird klar, dass Laura mit Sarah in der Lower East Side aufgewachsen ist, wo Feiertage anders begangen werden als in der Upper West Side. Laura ist eine Immigrantin, genau wie ich. Auch sie muss versuchen zu verstehen, wie man sich in diesem Land benimmt.

Nicht, dass sie mir irgendwie leidtäte. Schließlich hat sie

Josh mit dem Ungeheuer nach oben geschickt, um mich und die Sarah-Kartons vernichten zu lassen.

Ich war noch nie mit so vielen Menschen auf einmal in einem Raum, und wenn alle durcheinander reden, ist es schwer, alles zu hören. Ich weiß nicht, was Joshs Mutter sagt, aber ich höre, dass er und sein Vater über Joshs Arbeit sprechen. Der Vater meint seufzend, er verstehe überhaupt nicht mehr, was die jungen Leute heute eigentlich machen. Josh erklärt ihm (in einem Ton, als habe er ihm das schon einmal erklärt), dass das, was er macht, »Marketing und Public Relations« heißt und bedeutet, dass er mit Reportern spricht, für »Inserenten« genannte Menschen Verkaufspräsentationen schreibt und versucht, »Markenbewusstsein« zu schaffen, damit andere Menschen wissen, dass sie die Zeitschriften kaufen sollen, die seine Firma herstellt.

»Äh«, unterbricht ihn sein Vater. »Das ist mir zu kompliziert. Ich weiß noch immer nicht, was du den ganzen Tag lang tust.«

Josh lacht ein wenig. »Weißt du«, meint er, »als ich noch klein war, kam mir dein Job auch ziemlich kompliziert vor.«

»Was war denn da kompliziert?«, erwidert sein Vater. »Ich habe Elektrogeräte verkauft. Ich hatte Elektrogeräte, verkaufte sie, und dann hatte der Kunde die Geräte, und ich hatte Geld.« Er seufzt erneut. »Damals konnte man den Beruf eines Mannes mit einem Wort beschreiben. Verkäufer. Lieferant. Buchhalter.« Von meinem Platz unter der Couch sehe ich seine Fingerspitzen, als er auf Laura zeigt. »Oder hier, eine *Anwältin*«, fährt er fort. »*Das* ist ein Beruf, den ich verstehe.«

»Wirklich, Dad?« Josh klingt amüsiert, aber auch gereizt. »Du weißt, was ein Anwalt den ganzen Tag macht?«

»Wie sollte ich?«, entgegnet sein Vater. »Wenn ich das wüsste, dann wäre ich ja selbst einer.«

Wenn Sarah je mit Laura so gesprochen hätte, hätte sich deren Miene angespannt, und sie hätte Sarahs Apartment ohne ein weiteres Wort verlassen. Josh aber fängt an zu lachen und sagt: »Einer von uns beiden hört sich jetzt verrückt an, und ich bin mir ehrlich gesagt nicht sicher, wer.«

»Deine Mutter«, erwidert der Vater. »Die hört sich immer verrückt an. Ich denke, wir sollten Laura retten.«

»Was ist los?«, meldet sich Joshs Mutter von der anderen Seite des Couchtisches. Ihre Stimme ist laut, und Sarah würde sie »rau« nennen. »Redet ihr beiden über mich?«

»Wir haben uns lediglich gefragt, worüber die Damen wohl sprechen«, antwortet Joshs Vater.

»Ich habe Laura und Erica von Esther Bookman erzählt. Sie heiratet wieder, wisst ihr.«

»Ah, Esther Bookman!«, ruft Josh. »Die Sexbombe von Parsippany, New Jersey. Der wievielte ist es, Ehemann Nummer fünf?«

»Na hör mal«, meint seine Mutter leicht entrüstet. »Du weißt doch genau, dass es erst ihre dritte Ehe ist.« An Laura gewandt, fährt sie fort: »Siehst du, wie sie sich über mich lustig machen?«

»Einmal, ich war neun oder zehn, musste ich wegen eines Schulprojekts Mrs Bookmans Sohn anrufen«, erzählt Josh, an Laura gewandt. »Mrs Bookman kam ans Telefon, und ich fragte, ob ich Matt sprechen kann. Als ich wieder aufgelegt hatte, wollte meine Mutter wissen: *War Mrs Bookman am Apparat?* Ich sagte ja, und sie fuhr fort: *Und, hast du gesagt, Hallo, Mrs Bookman, wie geht es Ihnen?* Ich sagte nein, und dann sie: *Du rufst jetzt sofort noch einmal an und entschuldigst dich für deine schlechten Manieren.*« Josh lacht wieder. »Ich wollte das wirklich nicht tun. Ich bat und bettelte, aber Zelda ließ sich nicht erweichen. Nachdem wir eine Stunde gestritten hatten, rief ich Mrs Bookman schließlich noch einmal an und sagte – er tut so, als würde er heulen: »*T-tut mir leid, d-dass ich Sie nicht gefragt habe, wie es Ihnen geht, Mrs Bookman.*«

Auch Laura lacht. »Jetzt weiß ich wenigstens, warum Josh so höflich ist«, sagt sie zu seiner Mutter.

Höflich zu sein, beherrschen die Menschen nicht annähernd so gut wie wir Katzen. Aber selbst ich muss zugeben, dass es sehr klug von Joshs Mutter war, ihm beibringen zu wollen, jemanden namentlich zu begrüßen. Ich frage mich, warum er sich daran nicht erinnerte, als *ich* ihm zum ersten Mal begegnet bin.

»Ich habe keine Ahnung, wovon er redet«, meint Joshs Mutter jedoch. »Das muss er erfunden haben.«

Laura lächelt nur. »Möchte noch jemand ein Glas Wein? Oder Mineralwasser?«

»Du brauchst keinen Wein mehr, Abe«, sagt Joshs Mutter, noch ehe sein Vater Laura antworten kann.

»Heute ist ein Feiertag«, hält Joshs Vater dagegen. »Da kann ich es mir um Gottes willen doch wenigstens ein *bisschen* gut gehen lassen.«

»Ein Fünfundsiebzigjähriger sollte nicht mehr so viel trinken«, ermahnt sie ihn.

»Mutter erinnert mich gern an mein Alter.« Ich sehe, wie seine Hand nach der Flasche auf dem Couchtisch greift. »Als ob sie nicht gerade mal fünf Jährchen jünger wäre.«

»Fünf Jahre sind fünf Jahre«, entgegnet sie. Ich frage mich, weshalb manche Menschen, Joshs Mutter zum Beispiel, gerne so viel reden und auch noch meinen, auf absolut offensichtliche Dinge hinweisen zu müssen.

»Wie alt bist du, Mom?« Es ist der kleine Junge, der diese Frage stellt.

»Ich bin zweiundvierzig«, antwortet Erica.

»Und wie alt ist Onkel Josh?«

»Neununddreißig«, sagt Erica.

Jetzt meldet sich Abbie zu Wort: »Wie alt ist Tante Laura?«

»Eine Lady fragt man nicht«, erklärt Joshs Mutter. Doch Lauras Mund verzieht sich zu einem Lächeln, und sie antwortet: »Ist schon gut. Ich bin gerade dreißig geworden.«

Da sie alle über ihr Alter reden (ich hatte keine Ahnung, dass sie alle so alt sind – ich bin erst *drei!*), scheint das die perfekte Gelegenheit zu sein, unter der Couch hervorzukommen und in den Essbereich zu gehen, ohne von den Wurfgeschwistern bemerkt zu werden. Das Essen riecht unbeschreiblich köstlich;

auch die anderen alle müssen es riechen können. Ich höre sogar einen menschlichen Magen knurren. Es kann nicht mehr lange dauern, bis der Schmaus beginnt.

Laura denkt offenbar dasselbe, denn sie stellt ihr Weinglas ab und fragt: »Wollen wir nicht zum Tisch rübergehen?«

»Hurra!«, brüllen die Wurfgeschwister. Sie rennen so schnell los, dass ich mich in den Schatten neben der Couch drücken muss, damit sie mich nicht sehen. Joshs Eltern tun sich beim Aufstehen von der Couch ein wenig schwer, aber bald sitzen alle am Tisch. Mein Maul ist so voller Wasser, dass ich mir während des Wartens auf das Festmahl noch ein paar Mal den Schnurrbart ablecken muss.

Ich war sicher, dass das Essen sofort aufgetragen wird, wenn alle auf ihrem Platz sitzen. Jede kluge Katze weiß, dass man fressen soll, sobald es geht, denn wer weiß schon, was alles passieren kann, das einen später davon abhält?

Aber jetzt verstehe ich, dass ein Seder – das ist das Mahl, das wir heute Abend einnehmen – etwas ganz Besonderes ist, das sich von anderen Abendessen unterscheidet. (Ich weiß es, denn zu einem bestimmten Zeitpunkt musste Robert etwas vorlesen, das die Vier Fragen heißt, und die erste Frage war: *Was unterscheidet diese Nacht von allen anderen Nächten?*) Ein Seder oder Passahmahl dauert lange, und es müssen viele Dinge in einer bestimmten Abfolge passieren, bevor man essen darf. Und obwohl ich mittlerweile einen solchen Hunger auf dieses wundervoll riechende Fleisch habe, dass ich es fast nicht mehr aushalte, verstehe ich, wie wichtig es ist, alles genau richtig zu machen, vor allem, wenn es ums Fressen geht.

Zuerst müssen sie über den Wein, den sie trinken, und eine Art flaches Gebäck etwas sprechen, das »Segen« heißt. Dann liest einer nach dem anderen aus einem Buch, das die Geschichte einer Gruppe Menschen namens Hebräer erzählt; sie waren an einem Ägypten genannten Ort gezwungen, als Sklaven zu leben. Ein Mann mit dem Namen Moses versuchte einen anderen Mann, der Pharao hieß, zu überzeugen, die Hebräer an einem anderen Ort leben zu lassen. Jedes Mal, wenn Pharao Nein sagte, sorgte ein dritter Kerl namens *Gott* dafür, dass Pharao und seinen Menschen Schlimmes geschah. Jedes Mal, wenn so etwas Schlimmes geschah, beschloss Pharao, die Hebräer gehen zu lassen. Aber dann (und das ist der Teil, den ich *wirklich* nicht verstehe) zwang Gott ihn, seine Meinung zu *ändern* und die Hebräer nicht gehen zu lassen, nur damit Moses sich die Mühe machen konnte, ihn wieder und wieder zu bitten, die Hebräer ziehen zu lassen, und Gott sich die Mühe machen konnte, Pharao wieder etwas Schlimmes zustoßen zu lassen. Dieses Spielchen haben sie volle zehnmal durchgezogen!

Das zeigt nur, dass Menschen, wenn es um das Lösen von Problemen geht, nicht annähernd so klug und effizient sind wie Katzen. Anise sagte gern, dass eine Katze einen heißen Ofen vielleicht einmal berührt, aber danach nie mehr.

Schließlich, als all das Gebäck essen und Geschichten erzählen vorbei ist, bringen Laura und Josh *endlich* das Essen. Es kommt das köstlich riechende Fleisch (es heißt »Bruststück«), wegen dem mir schon die ganze Zeit das Wasser im Maul zusammengelaufen ist, eine aus einem Hühnchen gemachte Suppe und etwas, das gehackte Leber heißt und so wunderbar aussieht und riecht, dass ich gar nicht glauben kann, dass Sarah nie daran dachte, das einmal in unserer alten Wohnung zu essen. Und es gibt noch eine ganze Menge anderer Sachen. Alles sieht schön und perfekt angerichtet aus wie im Fernsehen, wo den Menschen beigebracht wird, wie man Essen kocht.

Natürlich springe ich sofort auf den Tisch, sobald das Essen da ist, darauf eingestellt, dass Laura oder Josh mir meine kleine Prudence-Schüssel zusammenstellen. Sarah tut immer ein wenig für mich zur Seite, wenn sie am Küchentisch isst, sodass ich mit ihr speisen kann. Ich lege eine Pfote leicht auf das Bruststück, denn das möchte ich als Erstes probieren, damit Laura und Josh wissen, dass sie mir zunächst davon etwas servieren sollen.

Oh Gott! Nie im Leben hat man einen derartigen Aufruhr erlebt! »PRUDENCE, NEIN*!*«, brüllen die beiden gleichzeitig. »*Gehst du gleich runter!*« Und Joshs Mutter schreit: »Was macht denn die *Katze* auf dem Tisch?!«, mit einer Stimme, wie sie ein Mensch hat, der eine Kakerlake in seinem Essen findet. Und die Wurfgeschwister brüllen: »Da ist das Kätzchen!«, und gehen mit ihren klebrigen Fingern erneut auf mich los, während Joshs Schwester versucht, sie zurückzuhalten.

Bei so viel Geschrei und Durcheinander kann mich nicht einmal dieser herrliche Fleischgeruch hier halten. Das Problem ist nur, dass ich keinen Platz finde, von dem aus ich auf den Boden springen könnte. Wo ich auch hinsehe, ist da ein Mensch, der versucht, mich zu berühren oder zu packen. Ich drehe mich rasch im Kreis auf der Suche nach einer freien Stelle, durch die ich schlüpfen und flüchten kann, und höre, wie ein Glas umfällt. »Mom, das Kätzchen hat das Wasser auf mich geschüttet!«, schreit Robert. Ich versuche, rückwärts auszuweichen, aber mein linkes Hinterbein tritt in eine heiße Flüssigkeit. Es ist die Suppenschüssel von Joshs Vater, und als er mit einem lauten »Hey!« aufspringt, ziehe ich die Pfote so schnell zurück, dass die Schüssel komplett umkippt. Der ganze Tisch ist jetzt glitschig und nass. Ich rutsche, und je mehr ich versuche zu rennen, desto mehr stoße ich um. Ohren und Schnurrhaare drücken sich an meinen Kopf, und mein Fell sträubt sich, und als jemand einen Finger auf mich richtet und »*Stopp! Böse Katze!*« schreit, fauche ich und schlage mit der Pranke danach, denn das absolut schlechteste Benehmen ist, wenn jemand dir einen Finger ins Gesicht streckt.

Schließlich steht Laura auf und ruft: »Ruhe, alle!« Der ganze Tisch verstummt, und alle starren sie an. Lauras Gesicht ist hochrot. Es ist so rot wie die kleinen Tomaten oben auf der Salatschüssel, die auch umgestoßen wurde. Ihre Hände zittern ein wenig, aber trotzdem streichelt sie mich ruhig am Nacken. Dann fasst sie mich mit einer Hand unter und nimmt mich hoch, so wie man eine Katze hochheben soll, wenn es sich absolut nicht vermeiden lässt, und setzt mich sehr sanft auf den Boden. Im ersten Moment kann ich mich nicht bewegen. Ich spüre den Schock, den die erste menschliche Berührung nach so langer Zeit in mir auslöst. Hände, die nicht Sarahs Hände sind. Hände, die warm sind und nicht kalt, so wie die von Sarah immer waren in den letzten Monaten, die ich bei ihr wohnte. Der Tisch, der eben noch so schön war, sieht jetzt aus, als sei eine Meute Hunde darübergestürmt.

Dieses Mal flüchte ich mich nicht unter die Couch. Dieses Mal renne ich so schnell ich kann die Treppe hinauf und ganz nach hinten in den Schrank in meinem Zimmer mit den Sarah-Kartons und grabe mich tief unter das Kleid mit dem Sarah-und-ich-zusammen-Duft. Ich zucke so stark mit meinen Rückenmuskeln, dass ich davon fast einen Krampf bekomme.

Ich glaube nicht, dass jemand je so grausam behandelt wurde wie ich heute Abend. Immer, wenn Sarah sich über etwas ärgerte, das ihr zugestoßen war, munterte sie sich auf mit den Worten *Besseren Leuten ist schon Schlimmeres passiert.* Aber ich glaube nicht, dass irgendjemand schon einmal etwas Schlimmeres passiert ist als dies. Selbst die lange Geschichte über all das, was den Hebräern widerfuhr, scheint im Vergleich dazu nichts zu sein.

Ich höre Lauras Schritte die Treppe heraufkommen, aber als Josh ihr folgt, hält sie inne. »Ich will nur nach Prudence sehen und mich vergewissern, dass es ihr einigermaßen gut geht«, sagt sie leise zu ihm.

»Ich bin mir sicher, dass es ihr gut geht«, erwidert Josh ebenso leise. »Sie ist bloß ein bisschen nervös. Komm runter und hilf mir, den Tisch wieder herzurichten.«

»Ich komme«, antwortet Laura. »Ich bin in einer Minute bei dir.«

Joshs Schritte entfernen sich, doch dann höre ich Laura sagen: »Josh?« Sie schweigt einen Moment. »Das tut mir leid. Ich wollte wirklich, dass alles perfekt ist.«

»Es *ist* perfekt. Na ja«, fügt Josh hinzu, »vielleicht haben wir zu unserem Essen eine kleine unerwartete Theatereinlage bekommen.« Er lacht leise. »Aber es lässt sich alles wieder geradebiegen. Es ist kein Unglück geschehen.«

»Ich weiß, aber …« Laura verstummt wieder. »Es ist das erste Mal, dass deine Eltern zum Essen hier sind«, sagt sie schließlich. »Ich möchte nicht, dass sie denken … ich glaube, Prudence kann nicht wirklich etwas dafür. Sie auf dem Tisch fressen zu lassen, das war genau der Stil meiner Mutter.«

»Prudence ist eine *Katze,* Laura.« Joshs Stimme hört sich sanft an, als er diese (offensichtliche) Feststellung trifft. »Natürlich kann sie nichts dafür. Niemand denkt, dass das ein schlechtes Bild auf dich oder deine Mutter wirft.«

Als sei *ich* die mit den schlechten Manieren!

»Ich bin in einer Minute wieder unten«, wiederholt Laura. Ihre Schritte kommen die restlichen Stufen herauf und den Flur entlang, und schließlich steht sie in der Tür zu meinem Zimmer. »Prudence?«, flüstert sie in die Dunkelheit hinein. »Prudence, geht es dir gut?«

Ich weiß, dass sie auf ein Miauen als Antwort wartet, aber im Moment habe ich Laura nichts zu sagen. »Prudence?«, flüstert sie noch einmal. Ich drehe mich dreimal in Sarahs Kleid und warte darauf, dass Laura geht, damit das Zimmer still wird und ich einschlafen kann – obwohl ich nichts von diesem Abendessen bekam bis auf ein wenig Hühnersuppe, die ich von meinem Hinterbein ablecke.

5

Laura

Laura Dyens Lieblingsplatz auf dieser Welt, abgesehen von ihrem Bett an einem Sonntagmorgen, befand sich im 47. Stock in den Büros von Neuman Daines in Midtown. Die 47. Etage war die der Corporate Group, und Laura aß häufig zu Mittag rasch Sandwiches mit ihren Kollegen aus dem fünften Jahr in dem großspurig sogenannten Konferenzraum im 47. Stock – der in Wirklichkeit nicht mehr war als ein eher kleines Sitzungszimmer. Sie breiteten Zeitungen und Notizblöcke auf der runden Tischplatte aus Kirschholz aus, auf der das weiße Licht der Deckenleuchten in Kreisen reflektiert wurde, was an auf einem Teich schwimmende Seerosen erinnerte.

Häufig nutzten sie diese gemeinsamen Mittagessen als Gelegenheit, um sich gegenseitig inoffiziell um Hilfe bei Rechtsgutachten oder Schreiben von Prozessgegnern zu bitten. Aber in erster Linie ging es bei diesen Treffen um Kollegialität. Sie waren einmal eine Gruppe von dreißig Berufsanfängern gewesen, die alle zusammen im Sommer als Praktikanten begonnen hatten. Jetzt waren sie noch acht, der Rest war zu anderen Firmen gegangen. Laura hatte dieselben frühmorgendlichen Anrufe von Personalvermittlern bekommen wie die anderen auch – bekam sie tatsächlich immer noch –, aber wie nur wenige ihres Alters hatte sie auch begriffen, dass die, die von Anfang an immer wieder die Stelle wechseln, dies meist ein Leben lang tun. Um zu erkennen, dass es so war, brauchte sie nur ihre Mutter anzusehen.

So sehr Laura den kameradschaftlichen Geist dieser spontanen Mittagessen schätzte, waren es dennoch die frühen Morgen- oder späten Abendstunden, wenn der Konferenzraum leer war, die sie am meisten genoss. Durch die Fenster konnte sie bis hinunter auf das lautlose Diorama der Straßenschluchten schauen. Die Stille dieser Szene hatte etwas Beruhigendes. Das Empire State Building war mehr als zehn Blocks entfernt, doch durch die Illusion, die durch die Höhe des Gebäudes, in dem sie sich befand, geschaffen wurde, entstand der Anschein, als sei sie mit diesem höchsten Punkt auf einem Level. An heißen Sommernächten konnte man beobachten, dass die Spitze des Empire State wiederholt von Wetterleuchten getroffen wurde, ein Exempel für kinetische Energie, das durch die dicken, verstärkten Fenster »ihres« Bürogebäudes stumm dargeboten wurde. Sie war in einer Gegend aufgewachsen, die vierundzwanzig Stunden am Tag von der Kakophonie lärmender Musik aus Ghettoblastern, Polizeisirenen, häuslichen Streitereien und auf dem Gehsteig zerberstenden Glases erfüllt war, vom allnächtlichen Radau von Partygängern, der jeden Morgen vom Dröhnen überfüllter Busse und dem Geratter der Eisengitter abgelöst wurde, die vor den Läden hochgezogen wurden. In dem fünfgeschossigen Mietshaus, in dem sie und Sarah gelebt hatten, waren diese Laute selbst bei geschlossenen Fenstern wie ein beständiger Beschuss gewesen, und dazu war noch der Lärm aus ihrem Gebäude gekommen – Babygeschrei und die Toilettenspülung von Nachbarn oder Getrampel auf den Fluren über ihnen.

Die Menschen schwärmten von dem phantastischen Ausblick, den höhere Etagen boten, doch Laura wusste, dass es die Stille war, die Abgeklärtheit der Höhe, für die man in einer Stadt wie New York geradezu obszöne Summen bezahlte. Lärm war eine der tausend Demütigungen, von denen die Armen heimgesucht wurden. Und das Einzige, womit sich die Illusion von Frieden erkaufen ließ, war Geld.

Perry hatte gelernt, im 47. Stock nach Laura zu sehen, wenn das restliche Büro still war. Hierher kam sie zum Nachdenken, um ihrem Hirn eine Pause von Computerbildschirmen und summenden BlackBerrys zu gönnen und ihm zu erlauben, kreative Lösungen für kompliziertere Probleme zu finden.

Jetzt steckte Perry den Kopf herein. »Es ist fast neun«, sagte er. »Du solltest zu deinem Mann nach Hause gehen, wie es sich für eine gute frischgebackene Ehefrau gehört.«

Laura wandte sich vom Fenster ab. »Ich kann nicht. Clay hat mir gerade dieses Projekt für Balaban Media aufgehalst.« Clayton Newell war der Geschäftsführer von Neuman Daines und ein Schreckgespenst für alle Mitarbeiter. »Er sagt, er braucht das bis Montagfrüh um sieben.«

»Ja, aber du weißt so gut wie ich, dass Clay am Montag nicht vor halb elf hier sein wird. Es eilt also nicht.« Perry lächelte. »Der Schlüssel, um in diesem Geschäft zu überleben, ist, die anderen dahin zu bringen, nicht alles auf einmal von dir zu erwarten, aber das Beste.«

Perry Steadman war Lauras »Rabbi«, ein älterer Kollege, der ihr Potenzial früh erkannt und sie unter seine Fittiche genommen hatte. Er war ein kleiner Mann in den Fünfzigern mit sich lichtendem Haar und einer gewissen Gelassenheit gegenüber seinem Beruf mit all seinen Problemen, die über den scharfen Verstand hinwegtäuschte, der dahinter am Arbeiten war. Und wiewohl Perrys Bezeichnung als »Rabbi« rein metaphorischer Art war, konnte er den Talmud dennoch zitieren wie ein echter Rabbiner. »*Aus zwei Lahmen wird nicht ein Tänzer*«, hatte er Laura mehr als einmal gesagt. »Jeder ist bis zu einem gewissen Maß ein Krüppel. Der Trick ist, nie zwei Parteien zusammenzutun, die dasselbe Leiden haben. Sonst steckt man bis über die Ohren in Papierkram und merkt erst dann, dass man nicht miteinander tanzen kann.«

Nicht jeder Mitarbeiter hatte das Glück oder verhielt sich strategisch genug, um einen Rabbi zu finden, und schon gar nicht einen, der in der Firma über so viel Einfluss verfügte wie Perry. Perry war ein anerkannter Staranwalt, einer, der für die Firma große Unternehmen als Klienten gewann und die Aufträge dann an Mitarbeiter der Corporate Group verteilte. Ihm waren Lauras flinker Verstand und ihre energische Arbeitsweise schon aufgefallen, als sie noch Praktikantin gewesen war, und in ihrem ersten Berufsjahr hatte er es sich zur Aufgabe gemacht, ihr die Erstellung komplexerer Memoranden und Berichte zu übertragen als jene, mit denen Berufsanfänger den Großteil ihrer Zeit zubrachten. Laura, die das Hunter College und die Fordham Law School in der Stadt besucht hatte, bemerkte mit innerer Befriedigung, wie viel schneller sie aufstieg als einige der Studenten von Eliteuniversitäten, mit denen sie angefangen hatte, ließ sich dieses Gefühl für den eigenen Erfolg aber nie anmerken.

Sie hatte sich auf Verträge spezialisiert und war in dieser speziellen Sprache mehr zu Hause als irgendwo sonst. Es hatte etwas sehr Tröstendes, alle Worst-Case-Szenarios ausgewiesen und schon im Vorhinein entschieden und schwarz auf weiß in einem unterschriebenen und bestätigten Dokument zu haben. In einer perfekten Welt, so dachte Laura, würde man sämtliche Überraschungen des Lebens voraussehen und problemlos beseitigen können.

Es war Perry, der vor etwas über einem Jahr beschlossen hatte, dass Laura nun so weit sei, um an Terminen mit Klienten teilzunehmen. Beim ersten dieser Treffen hatte sie Josh kennengelernt, was den frühen Tagen ihrer Romanze eine Aura der Diskretion verliehen hatte. Ihr war klar gewesen, wie es für die Firma und insbesondere für Perry aussehen würde, wenn die Tatsache, dass sie mit einem Klienten zusammen war, allgemein bekannt würde.

Manchmal fragte sich Laura, ob ihre Zustimmung, Josh schon nach einigen Monaten zu heiraten, vielleicht damit zu tun gehabt hatte, dass die Ehe ihr Verhältnis in ein unstrittig seriöses Licht rückte. Als sie ihre Verlobung bekannt machte, hatte Perry sie herzlich umarmt und gesagt: »*Wenn die Liebe stark ist, können ein Mann und eine Frau ihr Bett auf der Klinge eines Schwerts aufschlagen.* Möge eure Liebe immer so stark sein wie sie jetzt ist.« Damals hatte das nett geklungen, später dachte Laura jedoch, dass es fast ominöser war, als eine Gratulation eigentlich sein sollte.

Jetzt, angesichts von Perrys Rat, es für heute gut sein zu lassen, stellte Laura fest, dass sie gar nicht so begierig darauf war, nach Hause zu kommen, wie noch in den ersten Tagen ihrer Ehe vor nur einem halben Jahr. Sarahs Sachen – größtenteils Inventar aus ihrem Plattenladen, den sie vor sechzehn Jahren verkauft hatte – standen noch immer verpackt in ihren Kartons im zweiten Schlafzimmer. Dennoch hatte sich der Geruch alter Schallplatten und vergilbter Zeitungen, der Geruch von Lauras Kindheit, in der gesamten oberen Etage ihrer Wohnung ausgebreitet. Sogar der schwache Geruch eines Katzenklos drohte, längst begrabene Bilder und Assoziationen wieder ans Licht zu bringen.

Diese Diskrepanz zwischen dem *Damals* und dem *Heute* erzeugte in ihr ein permanentes Gefühl der Beklemmung, wie ein niederfrequenter Ton, den sie nicht klar genug hörte, um ihn zu erkennen, der aber nichtsdestotrotz störte. Laura stellte fest, dass sie so oft es ging die Gästetoilette unten benutzte und es hinausschob, nach oben ins Bett zu gehen bis zu dem Moment, wenn sie buchstäblich die Augen nicht mehr aufhalten konnte. Dennoch schlief sie dieser Tage schlecht und fühlte sich beim Aufwachen fast noch erschöpfter als beim Zubettgehen.

Sie wusste, wie sehr Josh, ein ausgesprochener Musikfreak, darauf brannte, alle Poster und Plakate von Sarah durchzusehen und sich Aufnahmen von Songs auf originalem Vinyl anzuhören, die fast eine Generation lang nicht mehr erhältlich gewesen waren. Josh liebte die Vergangenheit. In ihrem Büro zu Hause bewahrte er jede Menge Fotoalben, Schwimmauszeichnungen von Sommerlagern und Schulzeugnisse auf und sogar die zwanzig Jahre alte Liste seiner Studentenverbindung mit sämtlichen Namen und Telefonnummern. Laura wusste, dass er sich fragte, weshalb sie nicht schon alles durchgesehen hatte, obwohl es bereits über einen Monat her war, dass sie Sarahs Apartment ausgeräumt hatten. Bislang hatte er sie diesbezüglich aber noch nicht bedrängt.

Nur Prudence hatte sich damit beschäftigt, Sarahs Sachen zu inspizieren. Dass ausgerechnet ihre Mutter sich eine Katze angeschafft hatte, konnte Laura noch immer nicht begreifen. Aber es war klar, dass Prudence Sarah schrecklich vermisste. Die Katze hatte in den ersten Tagen bei ihnen das Fressen verweigert und sich erbrochen, und wegen ihres offensichtlichen Kummers hatte sich Laura gefragt, ob sie die richtige Entscheidung getroffen hatten, oder ob Prudence trotz des letzten Willens ihrer Mutter vielleicht in einem anderen, katzenfreundlicheren Haushalt glücklicher wäre. Nur eine tiefe Aversion, mit dieser letzten lebenden Verbindung zu Sarah zu brechen, hatte sie zurückgehalten.

Bei ihrem Passah-Seder vor drei Tagen, als Prudence ihren sorgfältig gedeckten Tisch so arg zurichtete, war Laura zwar wegen der Katze sehr verlegen gewesen, aber sie hatte ihr auch ungeheuer leidgetan. Prudence war, wie sie auch, von Sarah erzogen worden. Wie konnte man von ihr also erwarten zu verstehen, wie sich eine normale Familie bei einem Festtagsessen benahm? Laura selbst hatte Jahre sorgfältiger Beobachtung gebraucht, um das herauszufinden.

Trotz allem war es in den letzten paar Wochen schön gewesen zu sehen, wie Prudence sich allmählich in den allgemeinen Fluss des Lebens in ihrer Wohnung integrierte. Eines von Sarahs alten Kleidern aus der Tasche herauszuholen, die sie in letzter Minute aus dem Müllraum geholt hatte, war die richtige Idee gewesen. Prudence hatte wieder begonnen, wie eine normale Katze zu reagieren (als gäbe es, wenn es um Katzen ging, überhaupt so etwas wie »normal«, dachte Laura gequält). Laura konnte nicht umhin, sie zu beobachten und darüber zu lächeln, wie Prudence sich manchmal im Sonnenschein, der durch die Fenster fiel, auf den Rücken rollte, die weißen Pfötchen in die Luft gestreckt. Wie es wohl wäre, fragte sie sich, sich einmal völlig so einem simplen Verhalten hinzugeben, keinen Gedanken im Kopf zu haben als *Dieses Sonnenlicht ist warm* und *es fühlt sich gut an.*

Laura hatte bemerkt, wie fasziniert Prudence von derselben braunweißen Schar Tauben war, die sie selbst ab und zu beobachtete. Dort, wo sie aufgewachsen war, hätte man derart ungewöhnlich gefärbte Vögel geschätzt, man hätte sie in Käfigen auf dem Dach gehalten und gehätschelt, und junge Burschen hätten versucht, ein paar zu stehlen, und sehnsüchtig hinter ihnen hergesehen. Einmal, mit zwölf, war Laura auf das Dach des Nachbarhauses geschlichen und hatte unter dem wachsamen Auge des Besitzers eine junge Taube in den Händen gehalten. Vor ihr hatte sich eine verwirrende Welt aus weißem Zement und schwarzen Dächern aus Teerpappe aufgetan, die von schwer behangenen Wäscheleinen gesäumt wurde. Laura hatte noch nie zuvor die warmen Federn eines lebenden Vogels berührt, nie die feine Symmetrie gespürt, die den weichen Flaum zu einem elastischen Kleid formte. Die einzigen Federn, die sie bis dahin in der Hand gehabt hatte, waren solche gewesen, die auf dem Gehsteig lagen. Sarah war wütend gewesen, als sie herausfand, dass Laura auf dieses Dach gestiegen war; erst zwei Wochen zuvor war ein vierzehnjähriger Junge in den Tod gestürzt, der versucht hatte, von einem Dach auf ein anderes zu springen.

Laura liebte es, Prudence zu beobachten, wenn sie aus dem Fenster sah. In solchen Augenblicken hätte sie sie gern gestreichelt, den an Zimt und Milch erinnernden Geruch an ihrem Nacken eingeatmet und ihr leises Schnurren gehört. Es war lange her, dass sie bei einer Katze gesessen und sie schnurren gehört hatte, dass sie diesen Frieden gespürt hatte, der einen überkommt, wenn ein kleines Tier dir so weit vertraut, dass es in deinem Schoß einschläft.

Aber immer, wenn sie Prudence berühren wollte, sah sie, so sehr sie es auch versuchte zu vermeiden, einen in Tränen aufgelösten alten Mann, der auf einem ramponierten Gehsteig kniete und schrie *Sie ist doch alles, was ich habe!* Es lag eine schreckliche Gefahr darin, so etwas Kleines, Fragiles zu lieben. Dies hatte Laura beinahe vor allem anderen gelernt.

Laura wusste, dass sie geistesabwesend wirken musste, denn nun wiederholte Perry: »Du solltest für heute nach Hause gehen.« Und dann fuhr er mit einem sorgenvollen Blick fort, der fast schwerer zu ertragen war als eine direkte Rüge: »Ich wünschte, du hättest dir ein paar Tage freigenommen, als deine Mutter starb.«

»Das war zeitlich unpassend«, erwiderte Laura. »Da hatte ich doch gerade erst drei Wochen frei gehabt.« Tatsächlich war es Perry gewesen, der behauptet hatte, die Anweisung käme direkt von Clay (der manchmal versuchte, seine Launenhaftigkeit mit ebenso willkürlichen Akten von Großzügigkeit zu mildern), und darauf bestanden hatte, dass sie volle drei Wochen in die Flitterwochen fahren solle. »Und überhaupt« – sie hielt inne und lächelte in der Hoffnung, überzeugend zu wirken – »es geht mir gut. Wirklich.«

* * *

Es war ein Dienstag im März gewesen, der erste wirklich herrliche Frühlingstag des Jahres – und eine Art Illusion, denn die darauffolgende Woche wurde so kalt und regnerisch wie im schlimmsten Februar –, als Laura den Anruf vom Büro ihrer Mutter bekommen hatte. Sarah hatte zwar über fünfzehn Jahre lang als Tippse bei dieser kleinen Firma für Immobilienrecht gearbeitet, aber Kollegen ihrer Mutter hatte Laura nie kennengelernt. Deshalb wusste sie sofort, dass etwas nicht stimmte, als sie am Telefon eine andere Stimme als die ihrer Mutter hörte. Sie wusste es, bevor die zögernde Stimme der Frau sie fragte: »Spreche ich mit Laura? Ich arbeitete, *arbeite,* meine ich, mit Ihrer Mutter zusammen …« Sie hatte es gewusst, noch ehe die Frau Dinge wie *Herzinfarkt* oder *hat nicht leiden müssen* sagte.

Laura musste es einer Kollegin erzählt haben, oder sonst jemandem, was passiert war und wohin sie ging, auch wenn sie sich später nicht mehr erinnern konnte. Das Nächste, was ihr bewusst wurde, war, dass sie in zu grelles Licht blinzelte. *Ich hätte eine Sonnenbrille mitnehmen sollen,* dachte sie und fragte sich dann, ob sie sich jetzt über eine Sonnenbrille Gedanken machen sollte. Frauen in offenen Wintermänteln und Männer im Anzug mit gelockerter Krawatte, Menschen, deren Mütter nicht eben gestorben waren, gingen gemächlicher als im frischeren Wetter am Tag zuvor. Sie schlenderten an kleinen Cafés vorüber, wo Menschen, deren Mütter nicht eben gestorben waren, zum ersten Mal seit Monaten draußen saßen, und vorbei an Mister-Softee-Autos, die wie frisches Gras immer plötzlich da waren, sobald das Thermometer über achtzehn Grad kletterte. Auf einmal erinnerte sich Laura an Sarah, die in atemberaubenden Sommernächten den Huren auf der Second Avenue frisches Obst brachte, Laura versteckte sich hinter Sarahs Beinen, und die Huren dankten ihrer Mutter und beugten sich zu ihr und sagten *Na, du bist ja ein entzückendes Mädchen.*

Inzwischen war Laura klar, dass ihre Zerstreutheit sie ablenkte, ihr half zu vermeiden, sich dem Wissen um ihre neue Realität (*ich habe keine Eltern*) zu stellen – selbst als sie ein Taxi herbeiwinkte und den Fahrer anwies, sie zum Leichenschauhaus an der 32. Straße/Ecke First Avenue zu bringen, tief unter der Erde und nur Blocks von dem Schreibtisch entfernt, an dem Sarah gestorben war, hoch in einem gläsernen Turm nicht unähnlich dem Gebäude, das Laura eben verlassen hatte.

Es war ein Freitagnachmittag, ein Tag ganz ähnlich wie dieser – Laura war sechs gewesen, oder sieben? –, als Sarah sie vor der Schule abgeholt und ihr mit einer Art glückseliger Geheimnistuerei erklärt hatte: »Noel schmeißt den Laden. Wir gehen heute woanders hin.« Und Laura, die noch ihren roten Rucksack mit dem Menudo-Button trug, um den sie Sarah im Menuditis Store angebettelt hatte, hatte die Hand ihrer Mutter ergriffen und war ihr zur Eldridge Street und Adam Purples Garden of Eden gefolgt.

Damals gab es in der Lower East Side Dutzende von Gemeinschaftsgärten, doch der Garden of Eden war mit Abstand der großartigste. Adam Purple, ein Hausbesetzer und Exzentriker, hatte im Verlauf von zehn Jahren Grund, auf dem einmal fünf Mietshäuser niedergebrannt waren, urbar gemacht. Dafür hatte er aus Pflanzenschnitt und Mist, den er mit Schubkarren und Marktkarren von den Pferdekutschen im Central Park einsammelte, Kompost hergestellt. Das Ergebnis war ein tausendvierhundert Quadratmeter großer, rund angelegter Garten mit Rosen, Birnbäumen, Efeu, blühenden Büschen und Hunderten weiterer Pflanzen, deren Namen Laura nicht im Entferntesten kannte. Und genau in der Mitte hatte er einen großen Yin-Yang-Kreis aus Blätterwerk angelegt.

Mit der begrenzten Perspektive eines Kindes hatte Laura geglaubt, alles über New York City und vor allem ihren Heimat-Stadtteil zu wissen, was es zu wissen gab. Und dann kam, anscheinend aus dem Nichts, dies! Es überwältigte sie, wie viel ungeahnte Schönheit inmitten der trostlosen, heruntergekommenen Stadtlandschaft, die sie täglich sah, verborgen lag.

Die Sonne hatte an diesem Nachmittag irre Tricks mit Sarahs Haar veranstaltet und ihm einem rotgoldenen Glanz verliehen. In Lauras Augen war Sarah noch nie so schön gewesen. Sie sah aus wie eine Feenkönigin aus einem von Lauras vielgeliebten Bilderbüchern. Welcher Zauber war das, den ihre Mutter da heraufbeschworen hatte? Zuerst waren sie eine mit Glassplittern und Schutt übersäte Stadtstraße hinuntergegangen, hatten sich sorgfältig ihren Weg über Crack-Phiolen und zerbeulte Getränkedosen bahnen müssen, und dann wurden sie plötzlich überwältigt vom würzig-süßen Duft von Rosen und Krokussen. Wild lebende Katzen öffneten und schlossen faul die Augen in dem mit Sonnenflecken gesprenkelten Schatten unter Obstbäumen, zu träge, um sich um die Vögel zu scheren, die über ihnen in den Kronen zwitscherten. Laura dachte an *Der geheime Garten,* ein Buch, das sie gerade zu lesen begonnen hatte. Dies, sagte sie sich, ist ganz bestimmt der verzaubertste Ort auf der ganzen Welt.

»Die meisten Leute, die woanders wohnen, denken nur an Schmutz und Lärm, wenn sie an New York denken und daran, wo wir leben«, hatte Sarah gesagt, als sie, noch immer Hand in Hand, durch die abwechselnd kühlen und warmen Bereiche des Gartens spazierten. »Sie kennen die Stadt nicht so wie du und ich. Sie wissen nicht, dass wir am wundervollsten Ort der Welt leben.« Als wollte sie Lauras frühere Gedanken wiederholen, hatte Sarah gezwinkert und laut flüsternd hinzugefügt: »Das ist unser Geheimnis!«

Sie standen unter einem Kirschbaum, der noch nicht zu blühen begonnen hatte, und Laura holte ein Blatt Papier aus ihrem Rucksack. Ihre Klassenlehrerin hatte sie heute alle ein Gedicht über den Frühling schreiben lassen, und Laura spürte plötzlich einen Impuls, ihres Sarah vorzulesen. Errötend, denn sie war kein Kind, das Erwachsenen einfach so etwas »vortrug«, las sie:

Der Winter ist zu Ende
fort ist aller Schnee
die Natur erblüht wieder
kalte Zeit, ade!

Die Vögelein freun sich
und singen ihr Lied
und alle sind fröhlich
weil der Winter endlich flieht.

Viele Tiere erwachen
vom langen, tiefen Schlaf
sie begrüßen den Frühling
und sind lustig und brav.

Sarah war begeistert gewesen. »Das ist das schönste Gedicht, das ich je gehört habe!«, sagte sie. »Weißt du eigentlich, dass einige der besten Gedichte Lieder sind?« Und Laura, die das nicht gewusst hatte, wohl aber, dass ihre Mutter alles über Musik und Songs wusste, hatte würdevoll genickt in der Hoffnung, dass diese Haltung als die Weisheit von jemandem durchgehen würde, der viel älter war, vielleicht zehn oder elf. »Ich glaube, dein Gedicht ist ein Lied«, hatte Sarah ihr erklärt. Dann waren sie zusammen praktisch den ganzen Weg zu Sarahs Plattenladen zurück gerannt, und dort hatte Sarah ein paar Alben aus ihrer riesigen persönlichen Sammlung ausgesucht und einen Freund angerufen. Dann waren sie zur Avenue A zu einem absolut normal aussehenden zwanzigstöckigen Wohnhaus gelaufen.

Wie sich herausstellte, befand sich im Keller dieses Hauses ein Aufnahmestudio. Auf der gläsernen Eingangstür war in eigenartig aussehenden Blockbuchstaben »Alphaville Studios« eingraviert, und Sarah erklärte, dies sei ein berühmter Ort. Ein Mann mit langem Bart und tiefen Grübchen, den Laura noch nie gesehen hatte, kam aus einem versteckten Hinterzimmer und begrüßte Sarah mit einer herzlichen Umarmung. »Ist ja lange her, dass du dich hier hast blicken lassen, mein Mädchen.« Er brachte sie in einen leeren Aufnahmeraum; dort legte Sarah ihre Platten auf ein Gerät, das die Gesangsstimmen herausfilterte, bis sie nur noch die Musik hörten. Laura war von Sarahs Wissen über all dieses kompliziert aussehende Equipment tief beeindruckt gewesen. Sicher hatte sie hier einmal viel Zeit verbracht. Mit diesem Gedanken kam die für ein kleines Kind immer schockierende Einsicht, dass Sarah einmal ein ganz und gar eigenes Leben gehabt haben musste, bevor Laura geboren wurde.

Sarah spielte mit Schaltern und Knöpfen herum, bis nur noch die kräftige, dumpfe Percussion zu hören war. Und dann hatte sie angefangen, Lauras Gedicht zu singen und sie aufgefordert, mitzusingen. Und obwohl es nach Lauras Meinung kein sehr guter Song war, gab es in jenen Jahren nur wenig auf der Welt für sie, das wunderbarer war als der Gesang ihrer Mutter.

Von ihrem gemeinsamen Singen im Studio hatte Sarah eine Kassette aufnehmen lassen, die sie sich an jenem Abend zu Hause noch einmal angehört hatten, bevor Sarah sie feierlich in ein Metallkästchen legte, das sie Laura einmal gezeigt hatte mit dem Hinweis, es würde ihre kostbarsten persönlichen Habseligkeiten enthalten.

Ein paar Jahre später ließ die Stadt den Garten Eden von Bulldozern planieren, und das Metallkästchen verschwand 1995, an dem Tag, als Laura und Sarah ihr Apartment verloren. Und nun, dachte Laura, gab es niemanden mehr außer ihr, der sich an Sarahs Gesang erinnern konnte, und auch niemand mehr, der wusste, wie Lauras Stimme geklungen hatte, als sie ein Kind war (denn sie merkte, dass sie selbst sich nicht erinnern konnte).

Wohin kamen Tonbänder, wenn sie starben? In einen Tonbandhimmel? Laura spürte, dass sie kurz vor einem Lachanfall war, als ihr dieser Gedanke durch den Kopf ging, doch sie unterdrückte ihn, denn inzwischen stand sie bereits in der Eingangshalle des Leichenschauhauses. Über ihr war ein Sinnspruch auf Latein zu lesen. Sie bemühte das Latein, das sie in ihrem Jurastudium gelernt hatte, und übersetzte.

Möge das Gespräch enden, Gelächter sich entfernen. Dies ist der Ort, an dem der Tod sich freut, den Lebenden zu helfen.

Perry war nicht der Einzige, der dachte, dass Laura sich nicht genug Zeit zum Trauern genommen hatte. Sie begann, sich wie eine dieser Puppen mit einer Schnur am Rücken anzuhören, die, wenn man daran zog, immer dieselbe Litanei abspulten. *Es geht mir gut,* hatte sie gesagt, als sie am nächsten Tag zur Arbeit erschienen war. *Es geht mir gut,* hatte sie gesagt, als sie nach dem halben Tag, den sie sich für die Beerdigung ihrer Mutter freigenommen hatte, wieder erschien. *Es geht mir gut,* hatte sie ständig allen gegenüber wiederholt – Perry, ihren Kollegen, der Blondine mit dem strengen Gesicht, die ihre Anrufe entgegennahm und für ihre Ablage zuständig war. *Es geht mir gut. Alles okay. Du musst mich nicht so ansehen, denn es geht mir wirklich gut.*

Sie erinnerte sich daran, dass sie früher, als sie noch jünger war, bemerkt hatte, dass in praktisch jeden Münzfernsprecher in New York – nicht nur die in der Lower East Side, sondern bis hinauf zum Grand Central Terminal und noch weiter – die Worte VEREHRE GOTT eingeritzt waren. Damals hatte sie sich über den Menschen gewundert, der so viele Stunden – Monate gar – darauf verwandt hatte, jedes einzelne öffentliche Telefon in Manhattan ausfindig zu machen. War es religiöser Eifer gewesen? Der so ernst gemeinte wie groteske Glaube, dass das massenhafte Wiederholen dieser beiden Worte andere tatsächlich dazu bringen würde, an Gott zu glauben? Oder war es so gewesen, dass sich die ganze Schwere der Seele dieses Menschen auf diese beiden endlos wiederholten Worte gesenkt hatte und der Akt, sie zu inskribieren, der einzige Weg war, sich von diesem Gedanken zu befreien?

Laura neigte zur letzteren Vorstellung, denn wenn es ihr möglich gewesen wäre, eine der vielen Büroklammern, die sie im Verlauf eines Arbeitstages systematisch aufbog, dazu zu benutzen, die Worte ES GEHT MIR GUT auf jeden Schreibtisch, jedes Telefon und jede Wand im Büro zu kratzen, dann hätte sie es getan. Sie schätzte die allgemeine Anteilnahme. Aber die Last, zu demonstrieren, dass es ihr gut gehe, damit die anderen sich nicht um sie sorgten, war fast schlimmer, als wenn sie sich erlaubt hätte, sich einfach schlecht zu fühlen.

Sie war nun besonders erleichtert, dass sie es nicht allen mitgeteilt hatte, als sie nach nur zwei Monaten Ehe unerwartet (und trotz entsprechender Vorsichtsmaßnahmen) schwanger geworden war. Natürlich war es nicht unbedingt nötig, das gleich aller Welt zu erzählen – es war vielmehr üblich, dass man es erst bekannt gab, wenn man die ersten drei Monate ohne Komplikationen hinter sich gebracht hatte.

Josh hatte diese Neuigkeit überglücklich gemacht; er hatte sogar Tränen in den Augen gehabt. Laura hingegen musste sich erst einmal einige Stunden beruhigen, ehe sie überhaupt Worte finden konnte, denn ihre erste Reaktion war Panik gewesen. Für sie wäre die beste Zeit für eine Schwangerschaft vor vier Jahren gewesen, als sie Mitarbeiterin im ersten Jahr und für die Firma noch entbehrlicher war – oder erst in sieben Jahren, wenn sie (hoffentlich) Partnerin geworden war. Das fünfte Jahr war die absolut schlechteste Zeit, um in eine Mutterschaftspause zu gehen. Jetzt war die Zeit, Stunden zu machen, möglichst viele Fälle anzunehmen, im Anschluss an die Bürozeit Klienten zum Abendessen einzuladen und Beziehungen zu Geschäftspartnern zu kultivieren, die sie – nach einer aufreibenden, gut zehn Jahre dauernden Plackerei – schließlich auf die Höhen des Erfolgs führen würden, nach denen sie immer gestrebt hatte. Sie wusste von anderen Anwältinnen, die ihre Arbeitszeit reduzierten, sobald Kinder da waren. Diese Idee war bei den Frauen in der Firma so etwas wie ein böser Scherz, denn letztlich bedeutete »reduzierte Arbeitszeit« nichts anderes, als für weniger Geld das gleiche Arbeitspensum zu leisten. Die meisten dieser Frauen erreichten den Status, den sie vor der Schwangerschaft in der Firma gehabt hatten, nicht wieder. Zu spät erkannte Laura, dass Fragen wie wann sie Kinder haben wollten und wie viele, eines von einer Million Themen waren, die sie und Josh nicht diskutiert hatten, bevor sie sich in die Ehe stürzten.

Und sie hatte sogar noch weitergehende Befürchtungen. Um unglücklich zu sein, gab es unendlich viele Wege. Sarahs Beispiel hatte Laura gelehrt, dass Ehe und Kinder keine Garantie waren, auch nur einen davon zu vermeiden.

Dennoch, es war unmöglich, Joshs Freude zu ignorieren oder davon unberührt zu bleiben. Eines Sonntagnachmittags hatten sie die Wände des zweiten Schlafzimmers in einem sanften, sonnigen Gelb gestrichen – perfekt, wie Josh festgestellt hatte, für einen Jungen wie für ein Mädchen. Sie dachte an dieses erdnussgroße Etwas – bestehend aus ihr und Josh –, das sie überallhin begleitete, ein geheimer Teilhaber, der mit ihr in Sitzungen saß und mit ihr U-Bahn fuhr und denselben dunstig-süßen Geruch des frühen Winters einatmete wie sie. Manchmal spürte sie eine Art zärtliches Mitleid mit ihm, so klein und wehrlos wie es war. *Armes Ding!,* dachte sie dann, und dann fragte sie sich, warum sie es eigentlich so bedauerte.

So war die Schwangerschaft ihr und Joshs Geheimnis geblieben, was alles unendlich einfacher machte, als an einem Freitag nachts Mitte Februar und kurz vor dem offiziellen Ende ihrer ersten drei Monate die Schmerzen im Kreuz eingesetzt hatten und Blut zu fließen begann.

Am Montag war sie wieder zur Arbeit erschienen, etwas bleich und müde, doch davon abgesehen konnten ihre Kollegen und Kolleginnen ihr nichts anmerken. Da sie niemandem etwas von ihrer Schwangerschaft gesagt hatte, musste sie nun nicht die Tortur auf sich nehmen mitzuteilen, dass sie es nun nicht mehr war. Nicht einmal Joshs Eltern hatten Bescheid gewusst. (»Geben wir Abe und Zelda noch ein paar Monate, bevor sie uns mit elterlichen Ratschlägen überschütten«, hatte er gemeint.) Die einzige Ausnahme, die sie gemacht hatten – oder von der zumindest Josh geglaubt hatte, dass sie sie machten – war Sarah gewesen. »Natürlich willst du, dass deine Mutter es sofort erfährt«, hatte er gesagt. Laura hatte sich nicht bemüht, ihm zu widersprechen, denn was konnte man mehr erwarten, was war normaler, als dass eine junge Frau, die zum ersten Mal schwanger war, diese Erfahrung mit ihrer Mutter teilte und auf ihren Rat und ihre Unterstützung zählte?

Aber Laura hatte Sarah nichts gesagt. Sie wusste nicht genau, warum. Vielleicht deshalb, weil deine Mutter, wenn du ihr sagst, dass du mit deinem ersten Kind schwanger bist, dir unterstellt, dass du nicht weißt, was Liebe ist, bis du dein Baby zum ersten Mal im Arm hältst, oder dass du nie im Leben etwas so lieben wirst wie dein Kind. Nur, dass Laura bereits wusste, dass es in Sarahs Fall nicht so gewesen war, und Sarah wusste, dass Laura das wusste. Was hätte Sarah also sagen können? *Du wirst dein Baby lieben, aber nur so sehr, wie du einige Dinge liebst, und weniger als du andere liebst?*

Hätte Laura ihrer Mutter von ihrer Schwangerschaft erzählt, dann hätte Sarah ihr vielleicht von der Flasche mit Nitroglyzerin-Pillen erzählt, die Laura gefunden hatte, als sie Sarahs Badezimmer ausräumte. Sarah hatte ihre Geheimnisse. Und auch wenn Laura nun wütend war, wütender als sie es sich selbst eingestehen wollte, ahnte sie doch, dass Sarahs Gründe dafür, ihr nichts über ihr krankes Herz zu sagen, Lauras Gründen, ihr nichts über die Schwangerschaft zu sagen, ähnlich waren. Denn wenn dir die eigene Mutter sagt, dass sie krank ist, wird erwartet, dass du dich in Stücke reißt und sie umarmst und sie anflehst, alles zu tun, was der Arzt sagt, weil du es absolut nicht ertragen kannst, sie zu verlieren.

Sarah musste gewusst haben, dass Laura nichts dergleichen sagen würde und konnte. Nicht, weil diese Dinge nicht der Wahrheit entsprachen. Sondern deshalb, weil sie und Sarah einander schon vor Jahren verloren hatten.

Josh versuchte nie, sie zu bewegen, über die Fehlgeburt zu sprechen. Er versuchte allerdings immer wieder, sie zum Reden über Sarah zu ermuntern, sich zu erinnern. Als sie in die Lower East Side gefahren waren, um Sarahs Apartment auszuräumen, hatte er auf einer »Nostalgie«-Tour bestanden, wie seine Eltern sie mit ihm und seiner Schwester immer gemacht hatten, wenn die ganze Familie durch Brooklyn gefahren war. »Na komm schon«, hatte er sie gedrängt, »erzähl einem wohlbehüteten Jungen aus Parsippany, wie es war, in Manhattan aufzuwachsen. Wie oft sind wir hier unten?«

Und Laura hatte es versucht. Sie versuchte, für ihn noch einmal die Drogenmärkte aufleben zu lassen, die auf der Avenue B und der Zweiten Straße floriert hatten, viel zu lange ignoriert von den Behörden, denn was konnte man angesichts eines derart verbreiteten – und lukrativen – Engagements für das Laster schon tun? Als sie am Tompkins Square Park mit seinen prächtigen Spielplätzen, von Blumenbeeten gesäumten Wegen und makellosen Basketballplätzen vorbeifuhren, war es ihr unmöglich, Josh den Park zu vermitteln, mit dem sie groß geworden war – der fast komplett von Junkies und Obdachlosen samt ihren Zeltstädten beherrscht wurde, und wo sich ausgeflippte Teenager mit Hundehalsbändern und Sex-Pistols-T-Shirts herumtrieben. Wo sich heute Millionen teure Eigentumswohnungen und Trend-Restaurants etabliert hatten, waren damals ausgebrannte Mietshäuser gestanden, in denen Hausbesetzer und Künstler lebten, oder Billigquartiere, die bei aller Schäbigkeit noch immer besser waren als die Gewalt und Verwahrlosung der offiziellen städtischen Obdachlosenheime. »Und – ah! – gleich da drüben.« Laura zeigte auf eine Stelle auf dem Gehsteig. »Dort haben meine Freundin Maria Elena und ich immer Skelzie gespielt, mit Kronkorken. Das ist ein altes Straßenspiel aus Brooklyn. Immer wenn wir zusammen zum Spielen rausgingen, rief ihre Mutter uns nach *Cuidado en la calle!*«

Die ganze Zeit, während sie sprach, fragte sich Laura, warum Sarah all die Jahre später wieder in die Lower East Side zurückgezogen war. Hatte sie geglaubt, die Vergangenheit umschreiben zu können? Die gleichen Szenarios noch einmal durchspielen, aber ein anderes Ende anfügen zu können? Hatte sie nicht erkannt, dass die Lower East Side, die sie in den letzten Jahren aufgesucht hatte, kaum mehr dem Ort glich, an dem sie als Teenager gelandet war, mit nichts als ihrem Highschool-Abschluss in der Tasche und dem Vorsatz, die Welt so zu sehen, wie sie sie sehen wollte?

Nichtsdestotrotz brachten Lauras Erinnerungen Josh zum Schmunzeln. Und nie hatte sie sich so sehr als ganzer Mensch gefühlt – hatte sie dasselbe Zugehörigkeitsgefühl gespürt, das die einschüchternden, supergestylten Frauen, mit denen sie arbeitete, eindeutig fühlten –, wie wenn sie Josh zum Lächeln brachte, so wie er es immer wieder tat.

Erst als er darauf bestand, die Stanton Street hinunterzufahren, wo Laura und Sarah gewohnt hatten, spürte sie, wie sich ihre Kehle zusammenschnürte. »Meine Mom hat mich immer von der Schule abgeholt und zum Plattenladen gebracht; dort habe ich meine Hausaufgaben gemacht«, erzählte sie ihm, »und ich war erst vierzehn, als wir von dort wegzogen. Ich kenne diese Gegend wirklich nicht so gut, wie du glaubst.«

Joshs Interesse an all dem war nicht überraschend. Er war Marketingchef einer Verlagsgruppe, deren Flaggschiff ein Hochglanzmagazin für die Musikindustrie war, und die Lower East Side war einmal der Ausgangsort für bahnbrechende Entwicklungen in Rock und Pop gewesen. So gesehen kam ihm Lauras alte Wohngegend natürlich vor wie ein Themenpark namens »Welt des Punk« oder »Disco Land«, wo geschmackvoll »abgetakelte« Gebäude eine Ähnlichkeit mit der Verwahrlosung vergangener Jahre nachstellten, und wenn man nur angestrengt genug blinzelte, konnte man fast Joey Ramone oder Wayne County sehen, wie sie nach einem Gig im CBGB ihr Equipment die Bowery hinunterschleiften. Laura selbst hatte einen kurzen Moment lang gedacht, sie habe Adam Purple gesehen, der jetzt ein alter Mann war, wie er einen alten Marktkarren mit Kompost die Avenue B entlang schob.

Josh war nicht bei dem Treffen an jenem Tag dabei gewesen, als Laura zum ersten Mal mit Perry zu seiner Firma gegangen war, aber er hatte sie vor dem Konferenzraum gesehen, wie sie sich mit zwei überdimensionierten Aktentaschen abmühte, während Perry sich mit Plaudern aufhielt. Mit den Worten »Kann ich Ihnen behilflich sein« war er an ihre Seite geeilt, hatte gegen ihren Protest die Aktentaschen an sich genommen und sie zum Lift begleitet. Das war ihr peinlich gewesen; schließlich war es die Aufgabe einer Mitarbeiterin, die Aktentaschen zu tragen, wenn sie mit einem Partner zu einer Sitzung oder zum Gericht ging.

Als er sie vier Tage später im Büro anrief, war sie sogar noch verlegener gewesen. Er musste jemanden, der an der Sitzung teilgenommen hatte, nach ihrem Namen und ihrer Arbeitsstelle gefragt haben. Sie lehnte ab, als er sie zum ersten Mal ausführen wollte, denn sie wollte *nicht diejenige* sein, die gleich beim ersten Meeting, zu dem sie ging, angemacht wurde. Aber als Josh das zweite Mal anrief und sie zu einer Party einlud, die seine Firma anlässlich des Erscheinens der April-Ausgabe ihres Latin-Music-Magazins gab, hatte sie Ja gesagt. Sie wollte schließlich nicht ewig nur Mitarbeiterin bleiben, hatte sie überlegt. Es konnte also nicht schaden, zeitig damit anzufangen, sich auf Events von Klienten zu zeigen. Die meisten Mitarbeiter, die zum Partner avancierten, legten darauf Wert.

Joshs Magazin hatte SOB's übernommen, einen brasilianischen Nightclub im West Village, und eine Salsaband angeheuert. Von überallher schossen Stroboskop-Lichter durch den Raum und verwandelten die Kleider und Blusen der Frauen in schimmernde Signalfeuer aus flirrendem Licht. In ihrem schwarzen Hosenanzug, den sie an diesem Tag im Büro getragen hatte, kam sich Laura ein bisschen wie ein Leichenbestatter vor. Tabletts voller Mojitos wanderten an ihr vorüber; sie trank drei ziemlich rasch hintereinander in der Nähe der Bar, fühlte sich dann aber dermaßen schwindlig, dass sie sich hinsetzen musste. Von einem vorbeikommmenden Kellner akzeptierte sie dankbar eine Empanada und sah sich nach Josh um.

Er konferierte in einer hinteren Ecke des Raums mit Untergegebenen, die mit Headsets ausgestattet waren. Laura hatte vergessen, vielleicht auch noch gar nicht bemerkt, wie gut er aussah. Er gestikulierte beim Sprechen mit den Händen, bewegte lebhaft die schlanken Finger. Sie fuhr sich unwillkürlich durch die Haare und versuchte sich zu erinnern, ob sie sie heute Morgen gestylt oder einfach offen gelassen hatte, um an der Luft zu trocknen. *Was tue ich hier?,* fragte sie sich. In diesem Moment blickte Josh auf und sah sie. Sie beobachtete, wie er den Leuten mit den Headsets eine letzte Anweisung gab und dann mit federndem Schritt zu ihr kam. »Sie haben es geschafft!« Er lächelte erfreut und küsste sie leicht auf die Wange; die Menge hinter ihr hinderte Laura daran, zurückzuweichen und ihm statt eines Kusses lieber schicklich eine Hand zu reichen. »Möchten Sie tanzen?«, rief er, um sich über die Musik hinweg verständlich zu machen. »Latin Dance ist einfacher, als es aussieht – echt!«

Vielleicht war es die implizierte Unterstellung, dass jemand, der wie sie mit einem seriösen Hosenanzug anstatt eines eher lässigen Business-Outfits gekleidet war, nicht tanzen könne, was sie auf die Tanzfläche zog, obwohl sie sich normalerweise geweigert hätte. Mit ihren 1,75 überragte Laura viele Männer, aber er war groß genug, um ihr das Gefühl zu geben, feminin zu sein. Sie merkte, dass sie sich der weichen Haut seiner Hand auf der ihren, seines Atems an ihrem Gesicht, immer wenn er sie drehte und dann wieder losließ, sehr bewusst war. Es war fünfzehn Jahre und mindestens ebenso viele Zentimeter Größenunterschied her, seit sie zuletzt so getanzt hatte. Sie war angenehm überrascht, dass ihre Hüften noch immer den Rhythmus fanden, dass ihre Bewegungen noch immer so fließend waren, als hätte sie erst vorige Woche das letzte Mal getanzt. Der einzige Unterschied war, dass sie sich nicht erinnerte, sich so schwindlig gefühlt zu haben und so außer Atem gewesen zu sein, als sie noch jünger war. *Das sind die Mojitos,* dachte Laura, und dann hörte sie auf zu denken.

Sie tanzten vier Stücke hintereinander durch, und Joshs fragenden Blick am Ende jeder Nummer (brauchte sie eine Pause?) beantwortete sie mit einem ermutigenden Händedruck (nein, noch keine Pause). Es überraschte sie, was er für ein starker Partner war. Laura wusste, dass sie beim Tanzen so gut aussah, wie sie sich fühlte, denn viele blieben tatsächlich stehen, um ihnen zuzusehen, wie sie über die Tanzfläche wirbelten.

Hätte sie vielleicht nicht schon so vieles getan, das sich nicht nach ihrem »normalen« Selbst anfühlte (und umgekehrt doch mehr wie ihr authentisches Selbst als jedes andere, das zu sein sie sich in Jahren erlaubt hatte) – vielleicht wäre der restliche Abend dann anders verlaufen. Vielleicht hätte sie Josh nicht so schnell Dinge erzählt, die sie vor ihren Kollegen mühsam verbarg, die, wenn sie hörten, dass sie in Manhattan aufgewachsen war, annahmen, sie sei in einer der wohlhabenden Enklaven um die Park Avenue großgeworden. Vielleicht wäre sie dann jetzt nicht einmal mit Josh verheiratet. Konnte ein Leben wirklich von solchen Dingen abhängen? Von dem Gefühl, das von den Fingerspitzen an ihrem Rücken ausging, oder von einem Augenblick flüchtiger Hochstimmung, der von dem Wissen kam, dass Menschen ihr bewundernd beim Tanzen zusahen?

Als sie schließlich atemlos auf eine gepolsterte Bank sanken, leuchteten Joshs blaue Augen. »Du bist ein *Wunder.* Wo hast du so tanzen gelernt?«

»Ich bin in der Lower East Side aufgewachsen, da gab es viele, viele Puertoricaner«, antwortete sie. »Und immer riesige Straßenfeste mit Musik und Essen. Meine Mutter sagt, das erste Mal, als sie mich zu einer mitnahm, war ich drei Jahre alt, und ich entwischte ihr in der Menge. Sie fand mich erst eine Stunde später in einer Gruppe älterer Kinder, die mir die Schritte beibrachten. Alle haben dort getanzt, von den kleinen Kindern bis zu den Großmüttern.« Sie lächelte. »Es war schön zu sehen, wie verschiedene Generationen dieselben Tänze tanzten und an der gleichen Musik Spaß hatten.«

Josh war beeindruckt gewesen. »Ich hätte als Kind alles dafür gegeben, in der Stadt aufzuwachsen«, erzählte er ihr. »Hier zu leben war das, was ich immer wollte. Ich hatte alles geplant. Ich wollte Musikkritiken für ein alternatives Wochenblatt schreiben und in einem dieser schäbigen alten Mietshäuser wohnen, mit einem Futon auf dem Boden und Getränkekästen als Möbel.«

Sie hatte über seine Selbstironie lachen müssen. »Aber anscheinend ist bei dir doch irgendwie alles anders gekommen.«

»Stimmt«, räumte Josh ein, und er kam ihr dabei fast etwas wehmütig vor. »Ich weiß nicht einmal, ob diese schäbigen Mietshäuser, in denen ich so gerne gelebt hätte, noch existierten, als ich hierherkam.«

»Ich bin in einem dieser Rattenlöcher großgeworden. Glaub mir, Armut hat nichts Romantisches an sich. Oder katastrophale Rohrleitungen, wenn man so will.«

Joshs Blick streifte über Lauras Anzug, der nicht nur seriös und korrekt aussah, sondern auch teuer. »Warst du sehr arm?«

»Zur Genüge. Obwohl mir das gar nicht bewusst war, bis wir … bis ich vierzehn war.«

»Was ist passiert, als du vierzehn warst?«

»Ach, na ja …« Laura machte eine vage Geste und spürte, wie ihre Wangen heiß wurden. Was war los mit ihr? Wieso konnte sie nicht einfach plaudern und flirten wie jede andere Frau, die in einer Disco mit einem attraktiven Mann redete? »Eines Tages musst du eben erwachsen werden und kapieren, wie der Hase wirklich läuft.«

Die Band hatte einen Song von Celia Cruz begonnen und klang in der momentanen Stille, die zwischen ihnen eintrat, lauter. Laura lächelte, als sie das Stück erkannte, und im Versuch, die aufgekommene ernste Stimmung zu vertreiben, sagte sie: »Ich mag Celia Cruz. Die Familie, die über uns wohnte, hat ihre Platten fast Tag und Nacht gespielt.«

Josh bemerkte Lauras Lächeln. »Es war also nicht nur alles schlimm.«

»Natürlich nicht.« Sie war erleichtert, dass das Gespräch jetzt wieder unbeschwerter geworden war. »Ich meine, die Heizung und die Wasserleitung haben nie wirklich so funktioniert, wie sie sollten. Unser Haus war zu Anfang des Jahrhunderts gebaut worden, deswegen ist da immer etwas kaputtgegangen, aber man hatte auch dieses Gefühl, wie viele Menschen schon vor uns in unserer Wohnung gelebt hatten. Von Zeit zu Zeit entdeckten meine Mutter und ich etwas wie zum Beispiel einen Brandfleck von einem alten Bügeleisen auf dem Boden. Oder einmal, als wir von einer Wand die Tapete abmachten, stellten wir fest, dass sie früher einmal mit Notenblättern aus dem neunzehnten Jahrhundert tapeziert worden war. Meine Mutter stand sehr auf Musik, und sie war ein bisschen romantisch, so wie du, deshalb hat sie vieles verziehen von dem, was das Wohnen dort manchmal unbequem machte.«

»Und du hast das anders empfunden?«, fragte er.

»Ich mochte die Leute«, sagte Laura. »Ich glaube, *der* Teil davon entsprach eigentlich sehr dem, was du dir wohl vorstellst. Wir hatten ein paar Künstler als Nachbarn. Die Familie im Stockwerk über uns hatte fünf Kinder, davon eine Tochter in meinem Alter, die meine beste Freundin war. Und dann waren da die Mandelbaums in der Wohnung direkt über unserer. Die haben manchmal auf mich aufgepasst, wenn meine Mutter arbeiten war.« Lauras Lächeln ließ kurz einen Anflug von Traurigkeit erkennen. »Sie waren über fünfzig Jahre verheiratet und bis zum Ende total verliebt gewesen.«

»Wahre Liebe!«, rief Josh. »War es Liebe auf den ersten Blick?«

»Oh nein.« Laura lachte. »Sie haben sich durch einen gemeinsamen Freund kennengelernt, im Sommer am Rockaway Beach. Mr Mandelbaum war klein und bekam schon lichtes Haar, aber ansonsten war er stark behaart. Obwohl er vermutlich gute Chancen bei den Frauen hatte.« Laura stellte fest, dass sie unwillkürlich in den Sprechrhythmus und Tonfall verfiel, in dem Mrs Mandelbaum die Geschichte immer erzählt hatte. *Bevor er mich kennenlernte, ging Max mit Mädchen von den Rockettes aus, dieser Tanztruppe,* hatte sie immer gesagt und war dabei fünfzig Jahre später noch stolz darauf gewesen, derart attraktive Rivalinnen ausgestochen zu haben. »Mrs Mandelbaum war erst achtzehn und acht Jahre jünger als er. Deshalb sagte Mr Mandelbaum, als ihr Freund versuchte, sie zusammenzubringen, *Ich gehe doch nicht mit diesem Kind aus!* Und Mrs Mandelbaum sagte *Ich gehe doch nicht mit diesem haarigen Affen!* Aber irgendwie ließen sie sich doch dazu überreden, und sie hatten eine schreckliche Zeit miteinander. Er nahm sie mit zu einem Rasthaus, ließ sie allein in einer Ecke sitzen und tanzte mit jedem Rock, der da war. Aber als er sie später nach Hause brachte, tat es ihm so leid, dass er sie derart fies behandelt hatte, dass er mit ihr zu reden begann. Und sie hörten nicht mehr auf, bis sie an ihrer Haustür waren. *Und da hat es uns dann beide erwischt!,* sagte Mrs Mandelbaum immer.«

Laura verstummte. Sie spürte ein unerklärliches Glück dabei, jetzt mit Josh über die Mandelbaums zu reden, doch hinter diesen Erinnerungen schlummerte immer der Schmerz, den sie spürte, wenn sie an die beiden dachte. Sie war so sehr in die Vergangenheit abgetaucht, dass sie fast aufschreckte, als Josh sie fragte: »Haben sie Kinder gehabt?«

»Einen Sohn, Joseph. Er kam in Vietnam um. Sie hatten ein Bild von ihm in seiner Uniform neben seinem Orden im Wohnzimmer aufgestellt. Als ich klein war, dachte ich immer, er sieht so toll aus, wie ein Filmstar.« Laura betrachtete Joshs Hände. »Eigentlich hat er ein bisschen wie du ausgesehen.«

Josh schmunzelte auf eine Art und Weise, die verriet, dass er das Kompliment annahm, aber er schob es für den Moment beiseite. »Leben dort noch irgendwelche von den Leuten, die du kanntest?«

»Nein.« Laura hätte alles gegeben, um nicht so abrupt zu klingen, aber sie konnte nicht anders. »Das Gebäude wurde abgerissen, wir mussten alle umziehen.«

Wieder entstand eine Stille. Josh trank einen Schluck, und Laura errötete, als sie merkte, dass sie sich fragte, wie sein Mund schmecken würde, oder wie es wäre, wenn er sie mit dem Rücken an die gepolsterte Lehne drücken und sie berühren würde. Er legte seinen Arm lässig hinter ihr auf die Lehne, und er roch für Laura wie Rum und Shampoo, wie erhitztes Tanzen in einem vollen Raum und frisch gewaschene Kleider, die eine solche Beanspruchung aushielten. Sie meinte sogar, einen Geruch zu erhaschen, der sie an die Indischen Narden erinnerte, Blumen, die Sarah einmal erfolglos versucht hatte, in einem kleinen Behälter vor einem Fenster ihrer Wohnung zu ziehen. Unwillkürlich beugte sie sich ein wenig zu ihm, sodass der Rand seines Ärmels ihren Nacken berührte.

In diesem Moment sah er ihr in die Augen und hielt ihrem Blick stand. »Wollen wir eine Kleinigkeit essen gehen?«, fragte er. »Raoul's ist hier irgendwo gleich um die Ecke.« Und als Laura protestierte, weil sie glaubte, die Etikette verlange, dass er bis zum Ende der Party hierbleibe, fügte er hinzu: »Ich war jetzt lange genug hier. Die kommen auch ohne mich aus.«

Sie waren nach dieser ersten Nacht fast die ganze Zeit zusammen, wenn sie nicht gerade im Büro waren. Josh arbeitete so hart wie Laura, aber er hatte früher frei als sie. Seit Laura bei Neuman Daines beschäftigt war, hatte ihr erstes und einziges Engagement der Firma gegolten. Nun aber stellte sie fest, dass sie manchmal schon um sieben Uhr das Büro verließ, weil sie es nicht erwarten konnte, Josh zu sehen. Der Büroalltag mit seinen Anforderungen und der erdrückenden Arbeitsbelastung fühlte sich inzwischen wie ihr reales Leben an, und alles andere war lediglich der verschwommene Rest darum herum. Doch durch Josh wurde die Zeit nach der Arbeit plötzlich zu einer herrlichen, wohltuenden Erholung. Sie erinnerte sich wieder daran, wie das Leben vor der Highschool gewesen war, in der es plötzlich nur mehr um den *nächsten* Test, die *nächste* Klasse, die *nächste* Leistung gegangen war. Josh hatte einen unbeschwerten Charme, eine Unaffektiertheit, die gar nicht zu seinem attraktiven Äußeren zu passen schien. Seine Fähigkeit, sie zum Lachen zu bringen, ließ sie Dinge erkennen, von denen sie nicht gewusst hatte, dass sie bei ihr falsch gelaufen waren.

Laura hatte immer gegen eine innere Überzeugung angekämpft, dass das Leben, das sie sich aufgebaut hatte, ein einziger großer Schwindel war. Vor langer Zeit, als sie noch bei Sarah gewohnt hatte, hatten sie Dinge erlebt, die für die Menschen, mit denen sie heute zu tun hatte, undenkbar waren. Dinge wie die fast unsägliche Demütigung und der Kummer, vierzehn Jahre alt zu sein und zusehen zu müssen, wie sich ihre Mutter mitten auf der Straße und für alle sichtbar durch einen klatschnassen Berg persönlicher Habe wühlte in der Hoffnung, irgendetwas zu finden – etwas Unterwäsche, ein zerfleddertes Kinder-Tagebuch –, das nur einen Tag zuvor noch absolut privat und für niemandes Augen bestimmt gewesen war. Konnte so etwas jemals einem Perry passieren? Oder anderen Kollegen in der Firma? Oder gar Mrs Reeves, der Frau, die hinter dem Mahagoni-Empfangstresen saß, wo sie seit vierunddreißig Jahren als unbestrittene Respektsperson Anrufe entgegennahm und Klienten begrüßte?

Manchmal stellte sich Laura vor, was aus Sarah letztlich geworden war – wie sie, allein gelassen, mit den Erinnerungen an ihr früheres Leben in diesem engen, überheizten Apartment ausharrte. Die Traurigkeit, die sie in Sarahs Miene sah, wann immer sie sich zu einem ihrer zunehmend seltener werdenden Besuche aufraffte, löste bei ihr Schuldgefühle aus und machte ihr Angst. Am liebsten hätte sie Sarah angeschrien: *Es ist nicht meine Schuld, dass du jetzt traurig und allein bist. Du hast deine Wahl getroffen. Unsere Beziehung ist durch uns beide zu dem geworden, was sie jetzt ist.*

Aber die Dinge, die nach Lauras Vorstellung eines Tages ihr selbst zustoßen konnten, oder auch Sarah, waren solche, die Josh nie erleben würde. Man musste ihn nur ansehen, fünf Minuten mit ihm zusammen sein, um zu wissen, dass er ein Auserwählter war – er und alle, die zu ihm gehörten. Als sie Joshs Eltern und seine Schwester zum ersten Mal bei einem Sonntagsbrunch in New Jersey traf, sagte Laura höflich: *Es freut mich, Sie kennenzulernen, Mrs Broder.* Und Zelda Broder, Respekt einflößend mit protzigen Diamanten und blonden Strähnchen, hatte Lauras Hand ergriffen und mit ihrer rauen Stimme ausgerufen: *Josh, sie ist wundervoll!* Laura hatte sich die sorgenfreien Gesichter angesehen, sich die lauten Gespräche über Arbeit oder die beflissenen Plaudereien angehört, bei denen es nicht um weltfremde Dinge ging, wie sie zu ihrem Leben mit Sarah gehört hatten – Diskussionen über die Bedeutung der Kunst in der Musik, oder Spruchbänder malen für Kundgebungen mit Forderungen wie WOHNEN IST EIN MENSCHENRECHT – und sie hatte gedacht, *Hier gehöre ich her.*

Josh war einfach ein Mensch, der Freude an seinem Leben und seiner Arbeit hatte. Er liebte Musik und Bücher, wie Sarah auch, aber für ihn waren sie nicht nur Selbstzweck, sondern vielmehr etwas, das alles andere besser machte. Bei ihm konnte etwas Nebensächliches wie ein spontaner Kinobesuch am Nachmittag oder eine mitternächtliche Pizzabestellung zu einer Feier werden, zu einer Belohnung, die sie sich mit harter Arbeit verdient hatten. Für Laura war die Vorstellung, dass harte Arbeit mit etwas anderem belohnt werden konnte als mit Geld und der Gewissheit, dass mehr Arbeit und Geld folgen würden, so fremd, dass sie ihr wie eine Offenbarung erschien.

Sie dachte den ganzen Tag an ihn, stellte sich vor, wie seine Hände und seine Beine sie umschlangen, und dabei zitterten ihr unter dem Schreibtisch die Knie. Harmlose Bürobemerkungen wie *Laura, könntest du bitte mal kommen?* oder *Das Treffen beginnt jetzt* ließen sie an ein eindringlich in der Dunkelheit geflüstertes *bitte* oder *jetzt* denken. Wenn sie an den Abenden, an denen sie sich nicht mit Josh traf, nachts im Bett allein war, kickten ihre Beine ruhelos, als wollten sie unbedingt zu ihm, und sie fand stundenlang keinen Schlaf.

* * *

Sich in New York zu verlieben, bedeutet zu laufen, und sie und Josh verbrachten Stunden damit, in der Stadt herumzulaufen, wenngleich Laura darauf achtete, nie weiter nach Osten zu gehen als bis Soho oder bis zum Village. Ihre langen Beinen brachten sie mühelos voran, aber immer wieder verlangsamten sie den Schritt absichtlich, um ihren Atem für ihre fortwährend hin und her wogenden, nicht enden wollenden Gespräche zu sparen.

Einmal, ihre Beziehung war gerade ein paar Monate alt, waren sie in der Upper East Side an einem Geschäft vorbeigekommen, eine dieser kleinen Boutiquen, deren Schaufensterpuppen immer herzzerreißend schöne, unglaublich teure Kreationen trugen. Eines dieser Kleider war bodenlang, mit Spaghettiträgern und aus Seide in exakt der Farbe des reifen Inneren eines Pfirsichs. Laura war einen Moment lang nachdenklich davorgestanden und hatte dann gesagt: »Ein Kleid wie dieses wollte ich schon immer mal tragen.«

»Dann sollten wir reingehen, damit du es anprobieren kannst«, hatte Josh erwidert.

Laura hatte ihre ausgebleichten Jeans und ihren hellen Pullover angeschaut – ihr typisches Outfit, wenn sie nicht ins Büro ging – und gelacht. »Wozu? Bei welcher Gelegenheit würde ich denn so was anziehen können?«

»Anprobieren ist nicht gleich kaufen«, hatte Josh erklärt, und so waren sie hineingegangen.

Als Laura sich mit dem Kleid in dem dreiteiligen Spiegel des Ladens sah, war sie sich wie verwandelt vorgekommen. Der weiche Pfirsichton ließ ihre helle Haut cremefarben schimmern, und mit dem feinen Stoff leuchtete ihr Haar wie Juwelen in einer Samtschatulle. Sie sah nicht aus wie eine Anwältin, die an diesem Abend noch hundertfünfzig Seiten durchzuarbeiten hatte, bevor sie morgen wieder im Büro erschien und auf dem Weg dorthin eine Schultertasche zur U-Bahn schleppen musste, die so schwer war, dass sie schon in ihrem Alter Rückenprobleme bekam. Sondern wie eine Frau, die über glänzendes Parkett wirbelte, um dann anmutig in einen eleganten Sessel zu sinken, mit einem Glas Champagner und vielleicht einem winzig kleinen Fingerfood-Sandwich in der Hand.

»Du solltest es kaufen«, hörte sie Joshs Stimme hinter sich.

»Bist du verrückt?« Laura wandte sich zu ihm um. »Weißt du, wie teuer …?« Doch ihr Protest verstummte, sobald sie ihn anblickte.

Er betrachtete sie, als stünde vor ihm eine Laura, die er noch nicht kennengelernt hatte. Es war ein Blick, den sie manchmal an Mr Mandelbaum bemerkt hatte, wenn er Mrs Mandelbaum bei einfachsten Verrichtungen zusah, etwa wenn sie auf Zehenspitzen stand, um ein Buch von einem hohen Regalbrett zu holen, oder wenn sie heißes Wasser in eine Teetasse goss. Es war ein verborgenes Lächeln, das in den Augen stärker war als um den Mund. Und obwohl Laura noch sehr jung gewesen war, als ihr das auffiel, hatte sie gedacht, dass dies ein Lächeln war, das ein Leben voller Bücher und Teetassen, schlafloser Nächte am Bett eines fieberkranken Sohnes und gefalteter Hände Jahre später beim Schulabschluss dieses Sohns enthielt, und dazu Monate, in denen das Geld nicht reichte, und Jahre mit Feiertagsessen, die dennoch festlich waren. Aber da war immer dies gewesen. Dieses Zimmer. Diese Frau.

»Heirate mich«, sagte Josh. »Möchtest du mich heiraten?«

Er wollte ihre Hand ergreifen, doch Laura tat instinktiv einen Schritt zurück. »Meinst du das ernst?« Sie spürte, wie sie Achselschweiß bekam, und dachte, *Nun, ich glaube, jetzt* muss *ich dieses Kleid kaufen.* »Kennen wir uns überhaupt gut genug, um zu heiraten?«

»Ich weiß, was ich fühle«, erwiderte Josh. »Ich denke schon seit einer ganzen Weile darüber nach.«

Er klang entschlossen, und er sah ihr mit festem Blick in die Augen. *Er hat es sich wirklich überlegt,* erkannte Laura. Am Rand ihres Bewusstsein tauchte ein vager Gedanke auf: Man weiß nie, man kann nie hundertprozentig wissen, was der andere denkt. Und dennoch, was war die Liebe, wenn nicht die Möglichkeit – oder gar das Versprechen – eines perfekten Sichverstehens?

»Ich war noch mit keiner anderen so glücklich«, fuhr Josh fort, »und ich kann mir nicht vorstellen, mit einer anderen jemals so glücklich zu *werden.* Und du?« Seine Hand blieb ausgestreckt. »Wenn du es kannst, dann habe ich nichts mehr zu sagen.«

Laura hatte immer gewusst, dass die Welt aus zwei Typen von Menschen bestand. Da waren die wie Josh (und übrigens auch Sarah), die der Meinung waren, dass das Leben dazu da war, um sich um seiner selbst willen daran zu erfreuen. Solche Leute waren nicht notwendigerweise verantwortungslos (Laura dachte erneut an Sarah), aber für sie war der Punkt, dass man sein Leben letztlich genießen konnte, trotz der Verantwortung und der harten Arbeit und den Sorgen wegen Rechnungen und all dem anderen Kram. Wenn alle diese Dinge dir keine Freude brachten, dann waren alle diese Dinge ohne Bedeutung.

Und dann gab es die, die wussten, dass das Leben etwas war, das man sich erkämpfen und durchstehen musste. Wenn man sehr vorsichtig war und sehr hart arbeitete, konnte man durchkommen, ohne dass einem etwas wirklich Schlimmes zustieß. Das war das Realistischste, worauf man hoffen durfte.

Laura gehörte zu diesem zweiten Typ, aber sie war nicht immer so gewesen. Sie war seit den wenigen Monaten, die sie Josh kannte, glücklich, und sie erinnerte sich daran, wie es in ihrer Jugend gewesen war, als jede Kleinigkeit – wie das Versprechen, die Mandelbaums zu besuchen und lange, ungestörte Stunden mit Honey, der Katze, zu verbringen, die auf ihrem Schoß schnurrte – gewöhnliche Tage durch die Aussicht auf künftige Freuden zum Leben erweckt hatte. Aber sie hatte nie wirklich geglaubt, dass so etwas von Dauer sein würde. Sie hatte die glücklichen Tage der unvermeidlichen Zeit entgegengehalten, wenn vom Glück nur mehr die Erinnerung daran geblieben war, wie es sich angefühlt hatte; die Realität war jedoch, dass man trotz allem weiterkämpfen musste.

Bei der Vorstellung, Josh für den Rest seines Lebens jemanden wie sie zuzumuten, spürte Laura nun eine stechende Schuld. Doch der Gedanke, das halb suggerierte Versprechen, dass sie dieses Glück vielleicht, nur vielleicht, irgendwie wieder erleben könnte – dass die naiven Songs über Liebe und Glück und all das, die Sarah sich immer angehört und gesungen hatte, wahr sein könnten, nicht nur für einen Moment, sondern für immer – dieser Gedanke war zu viel für sie.

»Ja«, hatte sie gesagt. Sie ließ zu, dass Josh ihre Hand ergriff, und als er sie in seine Arme zog, wiederholte sie an seinem Ohr: »Ja, ich heirate dich.«

Sarah hatte Josh schließlich kurz nach der Verlobung beim Mittagessen in einem kleinen Imbiss im East Village kennengelernt. Falls die unerwartete Beziehung sie beunruhigte, hatte sie dies gut zu verbergen gewusst. Sie und Josh unterhielten sich eine geschlagene Stunde lang über Musik, und dabei hatten Sarahs Augen geleuchtet, wie Laura es seit Jahren nicht mehr gesehen hatte. In dieser Stunde hatte Laura jene Sarah gesehen, die sie aus ihrer Kindheit kannte, eine Sarah, die selbstbewusst war und Interessantes zu sagen hatte. Nicht die Sarah der letzten Jahre, die sie jedes Mal so unermüdlich zutextete, dass sie anzurufen oder zu besuchen einer Geiselnahme gleichkam. Nach so vielen Jahren, die sie Abstand gewahrt hatte, dachte Laura dann immer gekränkt, war das einfach nicht fair.

Sie hatte sich Sorgen darüber gemacht, was Josh denken würde, wenn er bemerkte, wie angespannt ihre Beziehung zu Sarah war. (Denn wie konnte man nicht merken, wie unwohl sie sich beide in Gegenwart der anderen fühlten?) Würde er denken, dass mit ihr, Laura, etwas nicht in Ordnung war? Würde er es sich noch einmal überlegen, ob es klug war, sich mit einer Frau einzulassen, deren Familie nicht so intakt war wie seine eigene?

Aber Josh war begeistert gewesen. »Deine Mom ist die *Beste*«, hatte er danach geschwärmt. »Du hast keine Ahnung, was du für ein Glück hattest, mit einer Mutter aufzuwachsen, die so viel über Musik weiß und sich mit so vielen Dingen befasst hat!«

Laura hatte sich immer vorgestellt, dass sie und ihre Mutter eines Tages, an einem schemenhaften, fernen Tag, nachdem sie einander all die unverziehenen Dinge, die zwischen ihnen standen, verziehen hatten, in Sarahs Apartment sitzen und über den abgenutzten Küchentisch hinweg über Josh reden würden. Laura würde sagen, dass sich in ihn zu verlieben sie an Kindheitssommer mit Sarah im öffentlichen Schwimmbad erinnerte: Sie ließ sich rücklings ins Wasser fallen und gewichtslos nach unten sinken, und der Kreis des an der Oberfläche reflektierten Sonnenlichts erweiterte sich, während sie sank. So fühlte sich die Liebe an, wie ein Sinken ins Licht.

Sarah würde wehmütig lächeln und sagen: *Genau so war es*

mit deinem Vater und mir. Und dann würde sie Laura erzählen, warum es mit ihrem Vater nicht geklappt hatte. Laura hätte gewollt, dass Sarah ihr eine handfeste Erklärung anböte, die logisch auf ihre Beziehung mit Josh übertragbar gewesen wäre, damit sie sagen konnte: *Na ja, das ist etwas, das uns nie passieren würde.* Sarah sagte oft, Laura würde versuchen, die Logik zu benutzen wie eine Rüstung. Aber Laura wusste, dass alles, was für Sarah, und damit auch für sie, schiefgelaufen war, das Resultat falscher Logik gewesen war, eine willentliche Missachtung der grundlegenden Gesetze von Ursache und Wirkung.

An ein derartiges Gespräch mit Sarah hatte sie gedacht, aber wann immer sie es versucht hatte, war sie an den Punkt gelangt, dass der unvermeidliche Schmerz und die Erschöpfung, das qualvolle Wiederausgraben längst schlummernder Dinge (was ein Anwalt vielleicht als »Opportunitätskosten« bezeichnen würde) die Sache einfach nicht wert war. Vielleicht würde sich der richtige Zeitpunkt ja eines Tages ergeben.

Nur dass dieser Zeitpunkt nun natürlich nicht mehr kommen würde.

Trotzdem war es irgendwie ein Trost für Laura, dass ihre Mutter wenigstens ihre Hochzeit noch miterlebt hatte. Sie hatten an einem Donnerstagvormittag Mitte September in einem Restaurant in Tribeca geheiratet, mit nur einer Handvoll Freunden und Familie. Laura war froh gewesen, dass sie den Rahmen klein gehalten hatten, denn sie war sich nicht sicher gewesen, wen sie außer einigen Kolleginnen und Kollegen hätte einladen sollen. Perry im Anzug und mit seiner Kippa, dem Anlass entsprechend zurückhaltend und freudig, hatte sie an Mr Mandelbaum erinnert. Wie hätte er sich gefreut, bei ihrer Hochzeit dabei zu sein! *Mein* Kätzele, *eine erwachsene Dame!,* hätte er gesagt.

Sarah war mit ihren nunmehr neunundvierzig Jahren so schön gewesen, wie Laura sie nie gesehen hatte, nach wie vor hochgewachsen und anmutig schlank, und das lilafarbene Seidenkleid, das sie trug, ließ ihre Augen in einem lebhaften Blau erscheinen. Der jüdischen Tradition entsprechend, waren Laura und Josh beide von ihren Eltern den Gang zwischen den Bänken entlanggeleitet worden. Während des Wartens hatte sich Sarah bei Laura eingehängt. Laura spürte, wie ihr Arm zitterte. Sarah schaute, als wollte sie etwas sagen, doch stattdessen lenkte sie den Blick auf Lauras Bouquet.

»Ich hatte bei meiner Hochzeit auch Lilien«, sagte sie nur.

Laura hörte den Ton des Fernsehers aus dem Wohnzimmer, als sie die Tür der Wohnung öffnete, die sie mit Josh teilte. Sorgfältig hängte sie ihren Mantel auf und verstaute ihre Tasche im Flurschrank. Ein Stück weiter sah sie Prudence. Sie lag zwar auf dem Boden, aber ihr ganzer Körper war angespannt. Als Laura eintrat, sprang sie auf und kam ein paar Schritte auf sie zu, doch dann machte sie, scheinbar unsicher, kehrt und lief wieder zurück Richtung Wohnzimmer. Laura hielt einen Moment verwundert inne, ging dann in die Küche und schenkte zwei Gläser Rotwein ein, und weiter ins Wohnzimmer zu Josh, der aufmerksam das Fernsehprogramm verfolgte.

»Tut mir leid, dass es wieder so spät geworden ist«, sagte sie, küsste ihn auf die Wange und reichte ihm ein Glas. »Wie war dein Tag?«

Josh schaltete den Fernseher aus und wandte sich ihr zu. Die abrupte Stille und Joshs Miene ließen Laura einen plötzlichen Panikschub spüren.

»Nicht so toll.« Josh atmete tief ein und ließ die Luft mit einem lauten Geräusch durch die Nase ausströmen. »Ich habe meinen Job verloren.«

Teil 2

6

Prudence

Die Zeitung, die Josh auf den Küchenboden fallen ließ, ist böse geworden. Zuerst warf ich mich nur zwischen die gefalteten Blätter, um sicherzustellen, dass sich keine Ratten oder Schlangen darin versteckten (als ich draußen lebte, habe ich andauernd welche zwischen alten Zeitungen gefunden). Aber jetzt versucht sie, sich komplett über mich zu stülpen, selbst wenn ich mich auf den Rücken rolle und mit den Hinterbeinen danach trete.

Also stehe ich auf, ducke mich tief, den Schwanz wegen des Gleichgewichts gerade nach hinten gestreckt, und springe mit einem großen Satz auf sie – um ihr zu zeigen, dass *ich* der Boss bin. Sie merkt, wie viel stärker ich bin, schlittert im Versuch, mir zu entkommen, den ganzen Weg bis in die Küche und nimmt mich dabei mit. Aber ich weigere mich, den Kampf so leicht aufzugeben.

Als wir beide an die Wand knallen, hört die Zeitung auf sich zu bewegen; sie weiß jetzt, dass sie geschlagen ist. Triumphierend reiße ich mit den Zähnen einige Stückchen ab. Josh und Laura, die am Küchentisch frühstücken, sind so erleichtert, meinen Sieg über die Zeitung zu sehen – und nun sicher zu wissen, dass sich keine Ratten, Mäuse oder Schlangen darin verstecken –, dass sie schallend zu lachen beginnen. Ich kehre an meinen Posten beim Tisch zurück, reibe meinen Kopf daran und auch an den Stuhlbeinen, damit alle (etwa eine Ratte oder eine andere böse Zeitung), die versuchen, hier herein zu kommen, wissen, dass dieses Territorium durch eine Katze geschützt wird. Josh versucht, mich am Kopf zu berühren, aber ich weiche seiner Hand rasch aus und rümpfe angewidert die Nase. Er widmet sich seufzend wieder seinem Frühstück.

Obwohl es Donnerstag ist, trägt Josh keine Arbeitskleidung und auch nicht seine glänzenden schwarzen Schuhe, weil nämlich die Menschen in seinem Büro ihn dort nicht mehr arbeiten lassen wollen. Josh arbeitet jetzt »von zu Hause aus«, aber meistens spricht er nur am Telefon und übt seine Finger auf dem Katzenbett oben im Büro. (Halten die Menschen das etwa für »Arbeit«?) Seit dem letzten Freitag, als er Laura sagte, er habe seinen Job verloren, serviert mir Laura mein Frühstück in der Küche. Josh sagt, es falle ihm zu schwer, sich auf seine »Arbeit« zu konzentrieren, wenn der Geruch des Katzenfutters von meinem Zimmer in sein Büro wehe. Offenbar hat er keine Ahnung, wie ungelegen mir sein plötzliches Zuhausesein ist.

Anfangs hat es mich nervös gemacht, mein Frühstück da einzunehmen, wo auch Josh und Laura morgens essen, wegen der Vorfälle bei dem Passah-Abendessen. Aber wie sich zeigt, ist es gar nicht so schlimm. Ich habe gelernt, dass sie mich von der Milch oder den Eiern oder dem Käse, den sie im Toaster auf Brot schmelzen, eher etwas probieren lassen, wenn ich sie *sanft* daran *erinnere,* indem ich mich an die Küchenanrichte stelle und miaue. Sarah meint, mein Miauen sei unwiderstehlich. Tatsächlich sagt sie, manche Katzen hätten ein fast musikalisches Miauen, aber zu diesen gehöre ich leider nicht. Ich habe Sarahs Worten zufolge eine Stimme wie eine Fischhändlerin von der Lower East Side, und ein solches Organ kann sich niemand allzu lange anhören, ohne irgendwann nachzugeben. Ich glaube, Sarah befürchtete, mich zu beleidigen, wenn sie mich eine Fischhändlerin nannte, denn dann nahm sie mich immer in die Arme, küsste mich auf die Nase und sagte: *Mach dir nichts draus, Prudence. Ich liebe dein herrlich atonales Miauen.* Ich weiß aber nicht, warum sie meinte, ich würde beleidigt sein. Ich bin mir nicht ganz sicher, was eine Fischhändlerin ist, aber es klingt, als sei das etwas *Wunderbares.*

Jetzt geht Josh zur Anrichte, um sich noch einen Kaffee zu

holen, und als ich ihn anmiaue, gießt er ein wenig von seiner Kaffeesahne in mein Prudence-Schüsselchen mit meinem Frühstück. Ganz wie ich es erwartet habe, mischt Laura nichts mehr von meinem alten Futter in das »Bio«-Futter, das Josh für mich kauft. Aber ich rege mich nicht mehr so über das Fressen auf wie in dieser ersten Woche, und wenn das »Bio«-Futter mit Kaffeesahne gemischt wird, schmeckt es wesentlich besser. Trotzdem kippe ich mit den Zehen meiner rechten Vorderpfote mein Prudence-Schüsselchen so, dass ein wenig Kaffeesahne auf die blaue Gummimatte mit den aufgemalten Katzen läuft, weil ich dieses blöde Ding einfach hasse.

Josh setzt sich wieder an den Tisch gegenüber Laura, die ihren Kaffee schwarz trinkt, ohne Sahne und sogar ohne Zucker. Ich folge ihm, reibe als Belohnung für sein gutes Benehmen den Kopf an seinem Knöchel und stelle dabei zufrieden fest, dass ich neben meinem Duft auch einige Haare von mir am Ende seines Jeansbeins hinterlassen habe.

»Was steht denn für heute auf der Agenda?«, fragt Laura ihn.

»Das Übliche«, erwidert Josh. »Anrufe, E-Mails. Und ich schätze, es ist an der Zeit, Abe und Zelda Bescheid zu sagen.«

Laura setzt eine mitfühlende Miene auf. »Ach du Schande.«

Josh zuckt die Achseln. »Ich denke, so schlimm wird das gar nicht. Ich arbeite, seit ich fünfzehn bin, und das ist der erste Job, den ich verloren habe. Die werden mir wahrscheinlich sagen, dass es dafür längst schon mal an der Zeit war.« Er nippt an seinem Kaffee. »Und dann rufe ich diesen Headhunter an, der vor ein paar Jahren einmal versuchte, mich anzuwerben.«

Sarah und Anise redeten oft davon, dass sie einen Job verloren. Früher gab es so etwas wie Tagesjobs, wo sie arbeiteten, um Geld zu verdienen zwischen dem, was sie Gigs nannten. Sarah hatte viele Tagesjobs, zum Beispiel Verkäuferin auf einem Bauernmarkt, der durch die ganze Stadt unterwegs war und bei dem sie noch vor Sonnenaufgang anfangen musste – was besonders hart war, wenn sie zuvor einen Gig hatte, der die ganze Nacht dauerte. Sie kellnerte auch und arbeitete in einem Plattenladen. Anise hatte nur einen Tagesjob, als Barkeeperin, aber sie musste diesen Job schließlich an vielen verschiedenen Orten machen. Der Grund, weshalb die beiden ihre Tagesjobs so oft wechselten, war, weil Gigs manchmal zur gleichen Zeit stattfanden wie Tagesjobs, und wenn sie die Wahl hatten, entschieden sich Sarah und Anise immer für die Gigs – sogar, obwohl sie dafür oft gar kein Geld bekamen. Deswegen waren Sarah und Anise meistens völlig pleite. Sarah hörte schließlich damit auf, Tagesjobs *und* Gigs zu machen, als Laura drei war und Sarahs Mann wegging. Damals wurde ihr klar, dass sie nun wirklich solide werden musste, und deshalb machte sie ihren eigenen Plattenladen auf. Anise war zu dieser Zeit schon berühmt und bekam die ganze Zeit Gigs. Sie musste sich um Tagesjobs dann keine Gedanken mehr machen.

Bei Sarah und Anise hörte es sich immer an, als würden sie mehr Zeit damit verbringen, Jobs zu verlieren, als sie zu behalten. Wenn es also stimmt, dass dies der erste Job ist, den Josh verloren hat, dann hat er wirklich Glück gehabt.

Laura ergreift über den Tisch hinweg Joshs Hand, und obwohl von der Anspannung eine kleine Falte auf ihrer Stirn erscheint, lächelt sie. »Es wird sich schon etwas ergeben«, sagt sie leise.

»Ich mache mir keine Sorgen.« Josh hat Augen, die etwas nach unten gerichtet sind, und einen Mund, der ein wenig nach oben weist, und so wirkt er immer ein bisschen glücklich und traurig zugleich. Jetzt wandern seine Mundwinkel ganz nach oben, sodass er lächelt. Aber seine Augen lächeln gar nicht.

Als ich Josh letzten Freitag sah, wusste ich sofort, dass ihm etwas Ungewöhnliches und Schlimmes zugestoßen sein musste. Ich hielt ein Nickerchen auf dem Katzenbett im Büro, als er (rücksichtslos) früh von der Arbeit nach Hause kam. Er bemerkte mich und kam herüber, als wollte er mich wie immer verscheuchen, aber dann schien er es sich anders zu überlegen.

Er roch nicht wirklich verschwitzt, aber so, als hätte er mehr geschwitzt als gewöhnlich – kein Schweiß vom Arbeiten allerdings, sondern Angstschweiß. Er roch auch so, als hätte er vor dem Heimgehen irgendwo ein paar Schluck von diesem übel riechenden Zeug getrunken, das Laura und er auf einem besonderen Rollwagen im Wohnzimmer aufbewahren. Als er das Büro verließ – ohne das Licht auszumachen, was er sonst immer tut –, ging er nach unten, und ich hörte den Fernseher angehen.

Ich wusste noch nicht, was Josh Schreckliches passiert war. Aber der Geruch von etwas Schrecklichem, das geschehen war, machte mich nervös. Dann dachte ich an Laura, die nach der Arbeit direkt in die Wohnung kommen würde, ohne zu wissen, dass sie sich vorsehen sollte. Wider meine bessere Einsicht (denn seit diesem schrecklichen Feiertagsessen sind Laura und ich nicht unbedingt Freundinnen) beschloss ich, unten zu warten und zu versuchen, sie zu warnen. Das würde sich Sarah von mir wünschen. Schließlich liebt Sarah Laura fast so sehr wie mich.

Aber Josh sagte Laura sofort, was geschehen war, noch bevor ich sie dazu bewegen konnte, vorsichtig auf ihn zuzugehen. Er sagte, die Zeitungsverlage würden alle rote Zahlen schreiben, und wenn das passiere, dann seien die ersten, die man auf die Straße setze, die Leute vom Marketing. Er sagte, sie hätten seine gesamte Abteilung ausgeweidet, und das sei ein *Horror!* Ich habe einmal im Fernsehen gesehen, wie ein Mensch einen Fisch ausweidete, den er gefangen hatte. Zuerst schnitt er ihn direkt in der Mitte auf, und dann zog er alle Innereien heraus und warf das alles in einen großen Behälter. Und obwohl ich Hunger auf Fisch bekam, als ich das beobachtete (ich wünschte, ich hätte jetzt etwas Fisch!), sträubte sich mein ganzes Fell, als ich hörte, dass Joshs Büro dasselbe mit *Menschen* gemacht hat. Wie böse müssen diese Menschen in seinem Büro sein! Es klang, als habe Josh Glück gehabt, dass er diesen Ort lebend verlassen konnte, und ich verstand nun, warum er so schlecht aussah und roch, als er nach Hause kam. Wenn ich so etwas mit eigenen Augen sähe, ich glaube, ich könnte mindestens einen Monat lang nicht mehr schlafen.

Ich erwartete, dass Laura wie im Fernsehen die Arme um Josh schlingen und etwas sagen würde wie *Wenigstens lebst du noch!* Stattdessen erschien eine Falte zwischen ihren Brauen. Als sie schließlich doch die Arme um ihn legte, war sie freundlicher, als ich gedacht hätte (angesichts dessen, dass es für Josh gerade noch einmal gut gegangen war), und sie sagte: »Es tut mir so leid, Schatz.«

Josh blickte besorgt über Lauras Schulter hinweg, aber er erwiderte: »Ich möchte nicht, dass du dir um irgendetwas Sorgen machst. Ich weiß, wie schwer du es in den vergangenen Monaten gehabt hast.«

Er umarmte Laura noch immer, und deshalb konnte er ihr Gesicht nicht sehen wie ich. Er hatte keine Ahnung, dass sie diese angespannte Miene bekam, wie immer, wenn das Gespräch auf Sarah kommt. Es ist, als würde in ihrem Kopf zu viel passieren, sodass ihr Gesicht nicht alles zeigen kann, deshalb hält sie alle Gesichtsmuskeln so still, wie sie kann, damit ihre Miene nichts preisgibt. (Katzen können das einfach so; Menschen müssen es üben.) »Josh, es geht mir gut«, erklärte Laura, und sie klang dabei fast ärgerlich. »Du brauchst dir um mich jetzt wirklich keine Sorgen zu machen.«

Jetzt blickte Josh in Lauras Gesicht und schob seine Mundwinkel nach oben, bis er eher glücklich aussah als traurig. »Die gute Nachricht ist, dass ich für fünf Monate eine Abfindung bekomme. Sie mailen mir den Vertrag nächste Woche, und sobald ich ihn unterschrieben habe, kommt der Scheck per Post. Und in der Zwischenzeit werde ich telefonieren, ich fange gleich am Montag damit an.«

Die Falte auf Lauras Stirn verschwand, und sie lächelte. »Das ist eine echt gute Nachricht. Fünf Monate sollten definitiv genug Zeit sein, um etwas Neues zu finden. Du hast so eine gute Vita.«

»Das denke ich auch«, stimmte er ihr zu und lächelte ebenfalls.

Die Tage werden länger, und wenn Laura oder Josh die obere Hälfte von einem der hohen Fenster im Wohnzimmer öffnet, spüre ich, wie viel wärmer die Luft draußen schon ist. Trotzdem war es in der Wohnung noch nicht zu warm. Es gab wirklich keinen Grund für die winzigen Schweißperlen, die auf Joshs Stirn erschienen.

Zuerst hatte ich fast Mitleid mit Josh, denn was in seinem Büro passiert war, klang noch schlimmer als die Dinge, die am Bösen Ort passieren. Das war, bevor ich wusste, wie störend es für meinen Alltag werden würde, ihn die ganze Zeit zu Hause zu haben. Wenn ich oben in meinem Zimmer mit den Sarah-Kartons bin, um etwas Zeit allein mit meinen Erinnerungen zu verbringen, dann ist Josh auch in diesem Raum, zieht ständig Kreise – wie diese Tauben, die Laura so gerne beobachtet – und spricht dabei ins Telefon. Ich weiß nicht, warum man immer im Kreis gehen muss, wenn man telefoniert. Ich zum Beispiel kann perfekt und so klar und oft an einem Ort still sitzend miauen, wie ich es muss. Aber Josh läuft gerne herum, wenn er telefoniert. Jedes Mal, wenn ich versuche, an eine Stelle zu gelangen, geht Josh um genau diese Stelle herum, und ich muss über die Sarah-Kartons springen und um sie herum flitzen, um ihm nicht in die Quere zu kommen. Ich passe zur Zeit besonders auf das auf, was mir meine Schnurrhaare sagen, nur damit er nicht auf mich tritt oder über mich stolpert. (Vielleicht hält Josh deshalb so schlecht die Balance, weil er seinen Schnurrbart jeden Morgen abrasiert.)

Wenn ich beschließe, ins Wohnzimmer hinunterzugehen, wo ich tagsüber *immer* damit rechnen konnte, allein zu sein, dann kommt auch Josh nach unten. Er redet immer noch ins Telefon, öffnet und schließt den Kühlschrank und die Küchenschränke, ohne etwas herauszunehmen (oder auch nur richtig hineinzuschauen), wenn er spricht. Das ist ganz besonders frustrierend, weil eine Katze jedes Recht hat zu erwarten, dass ein Mensch, der den Kühlschrank oder einen Küchenschrank aufmacht, etwas zum Essen herausholt und es mit der Katze teilt. Selbst direkt vor Josh zu sitzen, zu miauen und dabei demonstrativ auf die Küchenschränke zu starren, bringt nichts, außer dass er um mich herumgeht, ohne mich im Mindesten zu beachten, als wäre ich nicht mehr als eine Couch oder ein Tischchen in seinem Weg. Manchmal drückt er auf den Griff des Dosenöffners, der dann dieses Geräusch macht, das anzeigt, dass eine Dose geöffnet wird. Und obwohl ich längst gemerkt habe, dass Josh gar keine Dose aufmacht, wenn er das tut, muss ich *trotzdem* hinrennen, um nachzusehen – nur um *ganz* sicherzugehen – denn was wäre, wenn er das eine Mal, wenn ich nicht nachsehe, wirklich eine Dose Thunfisch oder sonst etwas öffnete, das ich probieren möchte, und ich würde es versäumen?

Wenn ich *diesen* Frust schließlich nicht mehr aushalte, gehe ich wieder nach oben, um auf dem Katzenbett im Büro ein erholsames Nickerchen einzulegen. Und ob man es glaubt oder nicht, Josh kommt herein, kaum dass ich mit dem Dösen begonnen habe, sagt: »Prudence, ich hab dir doch gesagt, du sollst dich nicht auf den Laptop legen!« und scheucht mich ohne jedes *Bitte* oder *Dankeschön* herunter. Und ich *weiß* natürlich, dass er mir gesagt hat, ich soll mich nicht darauflegen, aber ich dachte, er meinte nur nachts, wenn er zu Hause ist, um das Katzenbett als Kratzbaum zu benutzen. Für mich ist es absolut offensichtlich, dass etwas, das so warm ist und nachgibt und dessen Größe für eine Katze genau passt, den Zweck hat, von Katzen als Schlafstelle benutzt zu werden. Wenn Josh etwas braucht, um seine Finger zu trainieren, kann er dazu sehr gerne meinen Kratzbaum benutzen. Ich denke, er würde merken, dass er damit auch bessere Ergebnisse erzielt, denn dafür ist der Kratzbaum schließlich gedacht. Und er ist auch leiser.

Plötzliche Veränderungen sind immer schlecht. Veränderung jeglicher Art sollte vermieden werden, wenn es sich irgendwie einrichten lässt. Sogar Menschen verstehen das instinktiv so gut wie Katzen, deshalb folgen sie unserem Beispiel und gewöhnen sich vernünftige Dinge an, zum Beispiel immer auf derselben Seite des Betts zu schlafen, oder auf der Couch immer auf derselben Stelle zu sitzen, oder jeden Tag zur selben Zeit dasselbe Frühstück zu sich zu nehmen. So unberechenbar Sarah auch sein kann, tut sie bestimmte Dinge doch stets auf dieselbe Art und Weise. Sie zählt zum Beispiel immer genau bis hundert, wenn sie sich die Haare bürstet, bevor sie zu Bett geht.

Dass Josh die ganze Zeit zu Hause ist, ist eine *sehr* große und eine sehr plötzliche Veränderung. Es hat meinen Alltag komplett über den Haufen geworfen, und ich kann mich nicht erinnern, schon einmal so viel Zeit mit einem Menschen verbracht zu haben. Sogar Sarah, die anscheinend nicht annähernd so viele Menschen als Freunde hat wie Josh (gemessen an seinen endlosen Telefongesprächen), verbrachte nie mehr als einen ganzen Tag zu Hause, ohne die Wohnung zu verlassen, und das war nur an Tagen, wenn sie nicht zur Arbeit musste.

Verstehe mich nicht falsch. Es ist ganz schön, einen oder zwei Menschen im Haus zu haben. Auch wenn keiner je so wichtig für mich werden wird wie Sarah, kann ein Mensch mit guten Manieren ein angenehmer Gesellschafter sein. Sie sind sehr nützlich für Dinge wie Dosen öffnen, ein Katzenklo zu reinigen oder mit einer Bürste über den Rücken zu streichen (wie es Sarah mindestens einmal pro Woche getan hat), oder eine Stelle auf der Couch kuschelig und warm zu machen, sodass sie der angenehmste Ort zum Schlafen in der ganzen Wohnung wird, wenn sie aufstehen.

Aber selbst der nützlichste Gesellschafter kann deine Geduld erschöpfen, wenn er *zu viel* Zeit damit verbringt, nur herumzulaufen und einem im Weg zu stehen.

* * *

Josh lässt sich in den Stuhl vor dem Schreibtisch in seinem Büro sinken. Ich folge ihm und quetsche mich hinter den

Schreibtisch, um mit den Kabeln zu spielen, die dort herunterhängen. Josh mag auch das nicht, aber im Augenblick ist er zu abgelenkt, um es zu bemerken, und für mich ist es wichtig, mein Mäusefangen zu üben. (Ich habe mich daran gewöhnt, das genau zu dieser Tageszeit zu trainieren, lange bevor Josh begann, seine ganze Zeit in der Wohnung zu verbringen, und ich versuche, meinen Gewohnheiten möglichst so zu folgen, wie es sein sollte.) Er drückt einige Knöpfe auf dem Telefon. Es klingelt ein paar Mal, und dann höre ich seine Mutter. Nachdem sie sich begrüßt haben, sagt sie: »Hast du mich laut gestellt? Du weißt doch, dass ich das nicht mag.«

»Tut mir leid, Ma«, erwidert Josh. »Ich war den ganzen Vormittag am Telefon, und ich glaube, meine Hand hat sich zu einer Klaue versteift.«

Joshs Hand sieht nicht im Entferntesten wie eine Klaue aus, aber seine Mutter kann das vom anderen Ende der Telefonleitung aus nicht sehen. Deshalb lacht sie und fragt: »Und wieso rufst du mich mitten am Tag von zu Hause aus an? Bist du krank?«

»Genau um dir das zu sagen, habe ich dich angerufen.« Josh atmet etwas tiefer durch. »Ich habe letzte Woche meinen Job verloren.«

»Was ist passiert?« Sie klingt alarmiert, und instinktiv dreht sich mein linkes Ohr in Richtung des Telefons, um auf einen eventuellen Hinweis auf eine Gefahr zu lauschen.

»Eigentlich gar nichts«, erklärt Josh. »Die Firma ist in finanzielle Schwierigkeiten gekommen und hat Stellen abgebaut. Da hat es eben auch mich erwischt.«

Ein Schweigen entsteht. »Du hast noch nie in deinem Leben eine Arbeit verloren«, lässt sich Joshs Mutter schließlich vernehmen. »Du wirst so rasch eine neue finden, das wirst du gar nicht glauben können. Ein cleverer Kopf wie du braucht sich um nichts Sorgen zu machen.«

»Danke, Ma.« Josh lächelt zaghaft.

Ein dumpfer Laut ist zu hören, und etwas wie ein Gespräch

im Hintergrund, und dann sagt Joshs Mutter: »Bleib dran. Dein Vater will mit dir reden.«

»Josh?«, tönt die Stimme des Vaters aus dem Lautsprecher. Joshs Beine bewegen sich etwas, und er setzt sich gerader auf seinen Stuhl. Plötzlich sitze ich hinter dem Schreibtisch in der Falle und kann nicht mehr heraus, bis er sich bewegt. »Tut mir leid, das zu hören. Hör mal, du hast fünfzehn Prozent deines monatlichen Netto-Gehalts auf die Seite gelegt, wie ich es dir gesagt habe, nicht wahr?«

»Mehr als das bis letztes Jahr.« Josh fährt sich mit einer Hand über den Kopf. »Hatte aber einen großen Verlust, als der Markt abstürzte. Davon habe ich mich noch nicht ganz erholt.«

»Mach dir deshalb jetzt keine Sorgen. Du lässt das Geld vorläufig einfach da, wo es ist. Laura hat ihren Job noch?«

»Oh ja. Laura hat mehr zu tun als je zuvor.«

»Gut, gut«, wiederholt sein Vater. »Ihr beide kommt schon über die Runden.« Es entsteht wieder eine dumpfe Pause, bis er sagt: »Mutter will noch einmal mit dir reden, also verabschiede ich mich schon mal. Sag Laura, dass wir sie lieben, und versuche, dir nicht zu viele Sorgen zu machen. Du bist ein kluger Bursche. Du wirst in kürzester Zeit einen neuen Job gefunden haben.«

Wieder ist die Stimme von Joshs Mutter aus dem Lautsprecher zu hören. Während die beiden über Joshs Schwester reden, die darauf hofft, die Wurfgeschwister nächsten Monat an einen Ort namens Sommerlager zu schicken, versuche ich herauszufinden, wie lange genau »in kürzester Zeit« ist. Ich tue mich schwer damit, weil die Art und Weise, wie die Menschen über die Zeit denken, so anders ist als bei uns Katzen. Auf jemand zu warten, der mir Thunfisch aus der Dose füttert, oder am Bösen Ort auf dem Metalltisch zu stehen, wo sie mich mit Nadeln stechen, ist eine lange, lange Zeit. In meiner Keramikschüssel in unserer alten Wohnung zu sitzen, bis Sarah von der Arbeit nach Hause kommt, um mit mir zu spielen, ist länger als alles andere. Aber in Sarahs Schoß zu schlafen, während sie mir über das Fell streicht oder mir vorsingt, ist immer zu kurz – sogar wenn Sarah etwas sagt wie *Tut mir leid, meine Kleine, aber ich muss mal die Beine strecken. Wir sitzen jetzt schon seit Stunden so da.* (Das beweist nur wieder, wie konstruiert menschliche Stunden sind – denn wenn Stunden wirklich wären, würden *vier* davon, die ich in Sarahs Schoß verschlafe, nicht so schnell vorbeigehen.)

»In kürzester Zeit« klingt, als sollte es *jetzt sofort* passieren. Aber als sich die beiden verabschieden, kommt es mir nicht vor, als ob Josh bereits einen neuen Job gefunden hätte. »Ich muss in ein paar Minuten einen Headhunter anrufen«, sagt Josh zu seiner Mutter. »Ich melde mich später noch einmal bei dir und Dad.«

* * *

Es ist ein Unterschied, ob man Dinge sagt, die unwahr sind, oder ob man etwas sagt, das Teil der Wahrheit ist, aber nicht die ganze Wahrheit. Josh erzählt Laura, dass er nach einem neuen Job sucht, und das ist wahr. Er sagt auch, er wolle nicht, dass sie sich Sorgen macht, und ich weiß, dass auch das wahr ist.

Aber die ganze Wahrheit, die Laura nicht weiß, ist, dass keiner von all jenen, mit denen Josh spricht, je in der Lage sein wird, ihm einen neuen Job zu geben. Das ist so, weil Laura nicht so wie ich den ganzen Tag hier ist und die Telefongespräche hört, die Josh führt.

Josh spricht am Telefon mit vielen verschiedenen Menschen, doch die Gespräche klingen alle ziemlich ähnlich. Sie beginnen damit, dass er sagt, wie großartig es sei, nach so langer Zeit wieder mit dieser Person zu reden. Er fragt, wie es der anderen Person geht, und auch der Frau und den Kindern, und dann, nehme ich an, fragt die Person, wie es Josh geht, denn dann sagt er: *Na ja, ich weiß nicht, ob du gehört hast, aber …*

Am Anfang dieser Gespräche klingt Josh immer aufrichtig glücklich. Doch im Verlauf der Unterhaltung, und obwohl seine Stimme unverändert bleibt, beginnt sein Gesicht, anders auszusehen. Es verändert sich von der Miene eines Menschen, der auf gute Nachrichten hofft, zum Aussehen eines Menschen, der immer noch versucht, glücklich zu klingen, obwohl das, was er hört, ihn genau das Gegenteil fühlen lässt. Wenn er zu dem Teil kommt, in dem er sagt *Wenn du von irgendetwas hörst …* oder *Ich denke darüber nach, einige Consulting-Projekte anzunehmen, also wenn du jemand kennst, der eine Möglichkeit zum Outsourcen sucht …* dann ist in seinem Gesicht kein Glück mehr zu sehen.

Jetzt spricht Josh mit einem Menschen, der »Headhunter« genannt wird. Das klingt nach etwas ganz Komischem, denn warum würde jemand lediglich Köpfe jagen? Selbst wenn man nur einen Kopf fangen könnte – das ist zum Fressen der am wenigsten schmackhafte Teil!

Der Headhunter sagt Josh, dass überall in der Stadt Leute entlassen werden, was wohl erklärt, wie er so viele Köpfe findet. Das klingt noch schlimmer als die Menschen, die in Joshs altem Job ausgeweidet wurden. Ich hatte keine Ahnung, dass menschliche Jobs so gewalttätig sein können. Aber wenn man bedenkt, dass so viele Leute ihren Job nicht mehr machen können, weil man ihnen den Kopf abschlägt, sollte man doch meinen, dass es das für Josh leichter machen würde, eine neue Arbeit zu bekommen, und nicht schwerer.

Aber was der Mensch am anderen Ende der Telefonleitung zu Josh sagt, ist dies: »Selbst wenn ich etwas für Sie finden würde, wäre das Gehalt, das Sie bekämen, bei weitem nicht so hoch wie Ihr bisheriges.«

»Um wie viel weniger reden wir?««, fragt Josh.

»Die Hälfte vielleicht. Wenn überhaupt.«

Ich begreife jetzt zum ersten Mal, dass die menschlichen Jobs den Leuten ganz unterschiedliche Mengen Geld geben. Darüber hatte ich nie wirklich nachgedacht, denn ich war davon ausgegangen, dass Geld einfach Geld ist und dass jeder Mensch, der einen Job hat, dieselbe Menge Geld bekommt wie jeder andere Mensch, der einen Job hat. Ich nehme aber an, es ist sinnvoll, dass da ein Unterschied besteht. Jobs sind das, womit Menschen ihr Essen bekommen, so wie Katzen mit dem Jagen. Und jede Katze weiß, dass man manchmal eine Maus erwischt, die dick und saftig ist, und ein andermal ist sie so klein und dürr, dass man nach dem Fressen fast schon wieder Hunger hat.

»Es ist möglich«, sagt Josh langsam, »dass ich etwas mit einem reduzierten Gehalt in Erwägung ziehen würde. Wenn sich dabei die Chance einer Entwicklung bietet.«

»Das Problem dabei ist, dass jeder, der jemanden einstellt, davon ausgehen wird, dass Sie den geringer bezahlten Job jetzt nehmen, aber kündigen, sobald sich die Lage wieder bessert. Was Sie, seien wir ehrlich, auch wahrscheinlich tun würden.«

Der Headhunter legt eine Pause ein, und es hört sich an, als würde er aus einem Glas trinken. »Die Welt ist nicht mehr so wie vor zwei Jahren, als ich das erste Mal an Sie herangetreten bin, Josh. Offen gestanden hat es von Anfang an nie so viele Verlagsjobs auf Ihrem Level gegeben. Ihre Branche schrumpft, und ich sehe nicht, dass sie in nächster Zeit wieder expandieren wird. Ich wünschte, ich könnte Ihnen mehr Hoffnung machen, aber das sind die Fakten.«

»Ich weiß, dass die Lage nicht rosig ist«, sagt Josh. »Aber anscheinend war mir nicht klar, dass sie so schlecht ist.«

»Sie wissen bei weitem nicht alles«, fährt der Headhunter fort. »Ich spreche jeden Tag mit Menschen, die keine Arbeit mehr haben und deren Partner *auch* den Job verloren hat. Sie haben Kinder im College und Hypotheken abzuzahlen, aber es kommt kein Geld herein. Wohnen Sie und Laura eigentlich zur Miete oder haben Sie eine Eigentumswohnung?«

»Wir zahlen Miete«, sagt Josh.

»Na, wenigstens das ist gut. Wie geht es Laura übrigens?«

»Bestens.« Ein Lächeln huscht über Joshs Gesicht. »Sie ist wirklich ein Goldstück.«

»Sie sind ein glücklicher Mensch.« Der Headhunter atmet

hörbar aus. »Ich werde Augen und Ohren offen halten. Aber, Josh …«

»Ja?«

»An Ihrer Stelle würde ich anfangen, mir zu überlegen, ob ich mich, meine Fähigkeiten und meine Erfahrung nicht besser anderweitig einsetzen könnte.«

Ich bin schläfrig, als Josh aufhört, mit dem Headhunter zu reden, also muss ich mich an meine Lieblingsschlafstelle mit Sarahs Kleid im hinteren Teil des Schranks zurückziehen und zusammenrollen. Es riecht dort noch immer nach ihr, aber in letzter Zeit habe ich festgestellt, dass der Sarah-Geruch schwächer wird. Was tue ich, wenn ihr Duft ganz verschwunden sein wird? Sarah sagt, so lange man sich an jemanden erinnert, ist er immer bei einem.

Aber ich erinnere mich die ganze Zeit an Sarah, und sie ist noch immer nicht zu mir zurückgekommen. Was, wenn das so ist, weil ich mich nicht genug an sie erinnere? Was ist, wenn ich mich gar nicht mehr an sie erinnern kann, wenn ich nichts mehr mit dem Sarah-Geruch daran habe?

In letzter Zeit hört sich Josh Sarahs schwarze Scheiben an, wenn Laura im Büro ist. Immer, bevor sie nach Hause kommt, stellt er die Musik aus und steckt die Scheiben wieder in die Sarah-Kartons. Es ist der Klang von Sarahs Musik, der mich nach meinem Nickerchen nach unten zieht. Josh sitzt in dem großen Sessel im Wohnzimmer, und sobald ich um die Ecke in der Treppe herumkomme, sehe ich an der Haltung seiner Schultern, dass er sich über etwas ärgert. Auf dem Couchtisch liegt ein dünner Stapel gefalteter weißer Papiere, die von einer Büroklammer zusammengehalten werden.

Ich setze mich an meinen Lieblingsplatz an der kurzen Seite der großen Couch und höre mir mit Josh Sarahs Musik an. Von Zeit zu Zeit wirft er einen Blick auf das Papier auf dem Tisch. Sobald die Musik aufgehört und er die schwarze Scheibe wieder nach oben gebracht hat, sieht er die Papiere genauer durch.

Die Eselsohren an den Ecken verraten mir, dass er das schon öfter gemacht hat.

Obwohl die Tage nun länger werden, ist es draußen noch dunkel, wenn Laura von der Arbeit nach Hause kommt. Normalerweise verändert sich Joshs Miene, sobald er ihren Schlüssel im Schloss hört. Er schaut dann so, wie ich wahrscheinlich schaue, wenn Laura mir mein Fressen hinstellt und ich weiß, dass nun eine der besten Zeiten des ganzen Tages kommt. Aber jetzt verändert sich Joshs Miene überhaupt nicht, auch nicht, als Laura ihren Gruß ruft und er erwidert: »Ich bin hier drinnen«.

Laura kommt mit zwei Gläsern Wein in den Händen ins Zimmer und reicht eines Josh. Dabei sieht sie seinen seltsamen Gesichtsausdruck. »Stimmt etwas nicht?« Als er nicht antwortet, fragt sie ihn: »Ist etwas passiert?«

Josh ist lange still und trinkt von dem Glas, das Laura ihm gegeben hat. Dann fragt er: »Warum hast du mir nichts gesagt, Laura?« Er reicht ihr die Papiere. »Ich habe heute meine Abfindungsvereinbarung bekommen. Das Datum ist eine Woche vor meiner Kündigung. Jemand in deiner Firma muss gewusst haben, was vor sich ging. Ich dachte, *du* bearbeitest die Verträge.«

Lauras Gesicht wird so rot wie damals beim Passah-Abendessen. Sie nimmt die Papiere, die Josh ihr entgegenhält, aber sie faltet sie nicht auf und versucht nicht, sie zu lesen. »Josh, ich hatte keine Ahnung.« Ich weiß, dass sie die Wahrheit sagt, denn die schwarzen Mittelpunkte ihrer Augen behalten ihre Größe bei, und nichts an ihrer Gestalt versteift sich, wie es sonst geschieht, wenn Menschen nicht die Wahrheit sagen. »Ich habe das noch nie gesehen. Niemand hat ein Wort zu mir gesagt.«

Es ist komisch, denn normalerweise schauen Menschen nicht so verärgert, wenn das, was sie sagen, wahr ist. Und in diesem Moment wird es mir klar. Laura ist verärgert, *weil* sie die Wahrheit sagt. Das ergibt keinen Sinn, aber ich bin mir trotzdem sicher, dass ich recht habe.

»Also, nachdem deine Firma der Prozessbevollmächtigte ist,

kannst du mir vielleicht ein paar Fragen beantworten, die ich habe.« Joshs Mund verzieht sich zu einem Lächeln, das aber nicht wirklich eines ist. »Ich habe mir das Urlaubsgeld und das Geld von der Spesenabrechnung angesehen, das sie mir noch schulden. Und ich bekomme noch weitere drei Monate von meiner Versicherung obendrauf.«

»Das ist das übliche Juristenkauderwelsch«, erklärt sie ihm. »Wir setzen einfach nur die Zahlen ein, die auf den Informationen beruhen, welche uns der Klient zur Verfügung stellt.« Die Haut über Lauras Fingerknöcheln verfärbt sich so weiß, dass sie heller ist als die restliche Hand, die ihr Weinglas hält. Vielleicht hat sie vor etwas Angst.

»Was ist mit Seite drei? Da steht etwas von Verzicht auf meine Rechte auf ewig und im gesamten Universum.« Josh versucht ein erneutes Lächeln. »Soll das ein Witz sein?«

»Das ist auch Standard-Juristensprache. Sie wollen damit lediglich alles ausschließen, was zu einem Rechtsstreit führen könnte. Aber das hattest du ja ohnehin nicht vor. Eine nette, saubere Vertragsauflösung – das ist alles, was sie wollen.«

Als Laura dies sagt, zuckt Josh zusammen, aber ich glaube, sie bemerkt es nicht. »Das kann meinetwegen alles Standardformulierung sein, aber ich nenne es nicht *nett* oder *sauber*«, entgegnet er. »Aber es ist also okay, wenn ich das unterschreibe? Oder solltest du dir ein paar Minuten nehmen und dir das mal durchsehen? Du bist schließlich mein Anwalt.«

Laura hält die Papiere noch immer in der Hand, ohne sie aufzuschlagen. Sie nimmt einen kräftigen Schluck von ihrem Wein. »Das kann ich nicht«, sagt sie schließlich.

»Wirklich?« Josh klingt, als denke er, dass sie etwas Unwahres gesagt hat. »*Wirklich nicht?*«

»Deine Firma ist mein Klient, Josh. Vergiss all die ethischen Probleme und Interessenkonflikte. Die Leute in meiner Firma mussten sich ziemlich Mühe geben, damit ich davon nichts erfuhr. Es gab Treffen und Memos, von denen ich nichts wusste – über einen *meiner* Klienten – und nichts von all dem ist über meinen Schreibtisch gegangen. Und du musst dir wirklich keine Sorgen machen«, fügt sie rasch hinzu, als sie sieht, wie Josh die Brauen zusammenzieht und auf seiner Stirn eine Zornesfalte erscheint. »Diese Abfindungsvereinbarungen sind …«

»*Standard.* Ja, ich weiß.« Seine Stimme wird lauter. »Und ich nehme an, ich erfülle nicht die Standards, um von meiner Frau einen juristischen Rat zu bekommen. Vielleicht sollte ich deinen Kumpel Perry anrufen. Der scheint ein ganz patenter Typ zu sein.«

»Josh, wenn ich dich mit diesem Ding voller Anmerkungen zurückschicke, wird Perry wissen, dass ich das war. Er ist kein Idiot.« Auch Lauras Stimme wird lauter. »Und selbst wenn er irgendwie nicht selbst draufkäme, ich könnte ihm nicht ins Gesicht sehen und ihn anlügen.«

»Perry schien es ja wohl nichts auszumachen, dir ins Gesicht zu sehen und zu lügen.«

»Er hat nicht *gelogen.* Er hat Information über einen Klienten vertraulich behandelt. Das ist sein Job. Und meiner auch.« Lauras Blick wirkt verletzt. Sarah sagt, Laura hat die Augen ihres Vaters, aber jetzt sieht Laura aus wie Sarah, als sie sich mit den Fingern durch das Haar fährt. »Das ist eine Sache, die mich meinen Job kosten könnte, Josh. Und wofür? Es ist jedenfalls nicht so, dass wir es uns leisten können, dass du fünf Monate Gehalt einfach sausen lässt.«

»Weißt du was, ich glaube, ich habe für heute genug Juristensprache gehört.« Josh nimmt ihr die Papiere aus der Hand.

»Ich rufe eine Freundin in einer anderen Firma an. Ich bin sicher, ich finde …«

»Mach dir keinen Stress.« Joshs Stimme klingt nicht mehr verärgert. Sie drückt gar nichts mehr aus. »Es gibt nichts, um sich Sorgen zu machen, habe ich recht? Alles ist standardgemäß.«

»Ich werde gleich morgen früh anrufen«, sagt Laura.

»Ich sagte, mach dir keine Gedanken mehr. Ich möchte nicht, dass du dir die Finger schmutzig machst.« Damit hat

Josh absolut recht. Es gibt nichts Ekligeres als einen Menschen, der versucht, dich mit schmutzigen Händen anzufassen. Er steht auf und erklärt: »Ich gehe hinauf, meine E-Mails checken«, und gibt Laura sein Glas zurück.

Sie steht lange einfach nur da und hält zwei Gläser Wein in den Händen, ohne von einem zu trinken.

Meistens bleibt Laura abends wesentlich länger auf als Josh. Sie liest ihre Arbeitsunterlagen gern, wenn es still ist. Aber heute ist Josh noch wach und im Wohnzimmer, als sie zu Bett geht und den kleinen Fernseher einschaltet. Sarah benutzte den Fernseher in unserem Schlafzimmer statt des größeren im Wohnzimmer nur die paar Mal, als sie zu krank war, um aufzustehen. Auch Laura sieht nie im Schlafzimmer fern. Jedenfalls normalerweise nicht.

Ich weiß noch, wie Sarah eines Abends vor einem Jahr und drei Monaten sehr spät von der Arbeit nach Hause kam. Es war untypisch für sie, so lange wegzubleiben, und ich machte mir Sorgen, bis sie endlich zurückkam. Unsere Nachbarin – dieselbe, die mich fütterte, als Sarah überhaupt nicht mehr kam – war bei ihr. Sarah war bleich und ihr Gesicht verhärmt, als ob sie Schmerzen hätte. Aber als die Nachbarin ihr half, sich auf die Couch zu setzen, und sich über sie beugte und fragte, ob sie noch etwas brauche, sagte Sarah: »Es geht schon wieder, Sheila. Und vielen Dank noch mal für alles.«

Sarah blieb die nächsten vier Tage im Bett und sah fern, und das waren wahrscheinlich die glücklichsten vier Tage, die ich je erlebt habe. Ich hatte Sarah, um mich mit ihr unter die Decke zu kuscheln, und sie musste nicht zur Arbeit oder dergleichen. Ich hatte Sarah nie so lange ganz für mich gehabt.

Aber in jener ersten Nacht war ich nicht glücklich. Sarah schaltete keine einzige Lampe an, nachdem die Nachbarin gegangen war. Sie saß nur auf der Couch mit mir auf dem Schoß, bis die Sonne aufging. Obwohl sie nichts sagte, war mir klar, dass etwas sehr verkehrt war und dass sie mich sehr in ihrer

Nähe brauchte. Trotz der Dunkelheit konnte ich die kleinen Ritze um ihre Augen herum sehen. Und wenn das Wasser aus ihren Augen in diese Ritze floss, dann leckte ich sie dort vorsichtig. Um das Licht hineinzulassen.

Jetzt folge ich dem Ton des Fernsehers oben und sehe Laura im Bett, als würde sie schlafen, aber ihre Beine bewegen sich. Sie schlagen so heftig aus, dass fast die Decke herunterfällt. Auch das hat Sarah gemacht – sie trat im Schlaf die Bettdecke, wenn sie zornig war.

Wenn sich Sarah im Schlaf über etwas Sorgen machte, rollte ich mich immer direkt neben ihrem linken Ohr zusammen, streckte eine Pfote aus und legte sie sehr sanft auf ihre Schulter. Ich wollte sie nicht aufwecken, aber ich wollte sie wissen lassen, dass ich bei ihr war. Manchmal schlief sie dadurch, dass ich neben ihr lag, so tief ein, dass sie dann nicht mehr trat.

Josh ist im Wohnzimmer und hört sich eine von Sarahs schwarzen Scheiben an. Er spielt das Lied, das Sarah mir an dem Tag vorsang, als wir uns fanden, das Lied mit meinem Namen. *Dear Prudence, won't you come out to play …*

Ich versuche, mich nicht *zu* sehr auf Laura und Josh einzulassen. Schließlich kann nur ein Mensch der wichtigste sein. Für mich ist das Sarah. Und wenn sie zurückkommt, will ich nicht, dass irgendjemand – mich eingeschlossen – darüber in Verlegenheit gerät, wie die Dinge sein sollen.

Aber Laura sieht Sarah so ähnlich, wie sie mit geschlossenen Augen und angezogenen Beinen da liegt, dass ich unwillkürlich auf ihr Bett springe. Der Schmerz in meiner Brust, mit dem ich jetzt schon so lange lebe und der daher kommt, dass Sarah nicht hier ist, lässt ein wenig nach. Vorsichtig, damit mein Prudence-Anhänger nicht klappert und sie erschreckt, lasse ich mich auf dem Kissen neben Lauras linkem Ohr nieder. Ich rolle mich zu einer Kugel zusammen, wickle meinen Schwanz um die Nase, um mein Gesicht warm zu halten, und lege eine Pfote auf Lauras Schulter.

Laura dreht sich zu mir, ihre Augen sind noch geschlossen.

Ihr Atem wird tiefer, so wie bei Sarah, wenn sie endlich richtig einschläft, und ihr Arm krümmt sich so, dass mein Schwanz und meine Nase in ihrer Armbeuge zu liegen kommen. Allein in ihrem Schlafzimmer, mit ihrem Schlafanzug und ohne dass Josh neben ihr liegt, riecht Laura mehr denn je wie Sarah. Der Fernseher ist nicht sehr laut, und von unten höre ich noch immer den Song *Dear Prudence.*

So wie ich ihn jetzt höre, mit all den kleinen Knacksern und Kratzern genau an den Stellen, die ich kenne, genau so, wie es war, als Sarah diese schwarze Scheibe in unserem alten Apartment spielte, schlafe ich ein. In meinem Traum ist Sarah hier; sie lächelt mir zu und sagt: *Wer ist meine Liebe? Wer ist meine kleine Liebe?* Als eine Hand auf meinen Rücken zu liegen kommt und mein Fell streichelt, weiß ich nicht, ob es wirklich ist oder ob es Sarahs Hand in meinem Traum ist. Ich schnurre trotzdem ganz fest und denke: *Ich bin es, Sarah. Ich bin deine Liebe.*

7

Sarah

Es ist schwer, sich das heute vorzustellen, aber früher war Downtown New York nachts totenstill. Du konntest den Broadway von der Prince Street in Little Italy bis zur Reade in Tribeca hinuntergehen, ohne etwas zu hören außer einem gelegentlichen Taxi und deinen eigenen Schritten, die von den Gebäuden widerhallten. Du konntest um vier Uhr früh die Elizabeth Street entlanggehen, und deine einzige »Gesellschaft« war der Duft von frisch gebackenem Brot aus den alteingesessenen Bäckereien.

Es war still – aber nur, wenn man nicht wusste, wo man hingehen musste. Denn schon damals, bevor es groß, und dann kommerziell und schließlich zur Spielwiese für Mittelklasse-College-Kids und Provinzler wurde, gab es Nischen und Plätze, wo der Lärm die ganze Nacht durch ging. In Lofts in Soho kamst du mit einer Einladung und einem Passwort in Undergroundpartys, bei denen die Art von Musik gespielt wurde, die nie im Radio lief. Es gab Bars, in denen die ganze Nacht die Musikbox dröhnte, und Clubs, in denen Bands um zwei Uhr früh mit dem ersten Set begannen. Das Geräusch berstender Bierflaschen, die zerschmettert wurden, der unvermeidliche dumpfe Aufschlag, wenn einer, der zu betrunken war, um noch stehen zu können, schließlich auf den Boden schlug, der dröhnende Bass, den jemand bis zum Anschlag aufgedreht hatte.

Ich habe die Stille immer gehasst. Ich habe immer gedacht, die Stille ist wie der Tod. Still wie der Tod. Stumm wie das Grab. Tote erzählen keine Geschichten. Niemand sagt je das Gegenteil. Niemand sagt je *So laut wie das Grab.*

Das habe ich an Disco so sehr geliebt. Disco nutzte *alle* Sounds, *alle* Beats, *alle* Instrumente. Der *Lärm* war immer für dich da.

Er fing dich auf und wirbelte dich herum und drehte dich und tauchte dich ein, bis du fast zu schwindlig warst, um noch stehen zu können, aber er ließ dich niemals abstürzen.

Wahrscheinlich denkst du, wie doof Disco doch war. Vielleicht warst du sogar einer von denen, die damals ein »DISCO SUCKS«-T-Shirt trugen. Aber du erinnerst dich nur deshalb in dieser Weise daran, weil die großen Labels gegen Ende dachten, sie hätten eine Formel für Disco gefunden, und am laufenden Band und nach Schema F produzierten, um schnell die große Kohle zu scheffeln. Aber Disco ist nie gestorben. Es hat sich nur verändert. Und selbst heute, wenn du auf einer Hochzeit bist und der DJ einen Song auflegt, der jeden – egal ob jung oder alt – auf die Tanzfläche bringt, stehen die Chancen gut, dass es ein Dance Song ist, der irgendwann zwischen 1974 und 1979 geschrieben wurde.

Ich habe die New Yorker Musikszene 1975 entdeckt. Wenn du mit fünfzehn allein in die Stadt kommst, um dich in Partys und Clubs einzuschmuggeln, wenn du mit sechzehn dauernd dort lebst und in einem unfertigen Loft über einem Eisenwarenladen wohnst, dann nehmen die Leute an, dass du vor einem schwierigen Leben zu Hause davonläufst. Eltern, die dich missbrauchen, vielleicht, oder irgendeine ungenannte Familientragödie, womöglich sogar ein übergriffiger Stiefvater. Wenn sich die Leute dauernd dieselbe Geschichte über dich erzählen, dann wird es immer leichter, sie zu glauben. Deshalb ist es so wichtig, dass du deine Vergangenheit geordnet hältst. Deine Vergangenheit ist die *echte* Wahrheit. Deine Vergangenheit ist, wer du heute bist.

Prudence kommt und setzt sich vor mich hin. Die kleine Lady mit den niedlichen weißen Socken und den schwarzen Tigerstreifen. »Es ist wichtig, dass du deine Vergangenheit geordnet hältst«, erzähle ich ihr. Sie blickt mich aus runden grünen Augen an und miaut dann auf eine offenbar nachdenkliche Weise.

Ich hatte so lange keine Musik mehr gehört, bevor Prudence und ich uns fanden. Die auf meinen Platten nicht, die Jahre lang eingelagert waren, und auch nicht die Musik in meinem Kopf. Eines Tages hörte das einfach auf. Es kam mir abhanden. Und dann kam Prudence zu mir. Danach war es, als würden sich Schleusentore öffnen, und all die Musik, die ich weggesteckt hatte, kam herausgeströmt.

Prudence, wenn sie auf den Hinterbeinen steht und nach Staubpartikeln in einem Sonnenstrahl schlägt, ist ein Dirigent, der eine Symphonie leitet. Prudence, zusammengerollt in meinem Schoß, während ich ihren kleinen Rücken streichle, ist »In My Room« von den Beach Boys. Prudence, die ins Badezimmer schleicht, die Klopapierrolle abwickelt und sie auf dem ganzen Boden verteilt, im Rhythmus zu »Soul Makossa« von Manu Dibango.

Pru-dence-Kätz-chen, *Pru-dence*-Kätz-chen. Das höre ich jedes Mal in meinem Inneren, wenn ich sie ansehe. Ein perfekter Rhythmus im Viervierteltakt. Der Laut eines Herzschlags mal zwei. Der Motor eines Lebens.

* * *

Was mir von dem Haus, in dem ich aufwuchs, am besten in Erinnerung ist, das ist die Stille. Wir hatten in allen Zimmern außer Küche und Bad Teppichböden, und so war sogar das Geräusch unserer Schritte, wenn wir herumliefen und unserem Alltag nachgingen, mehr wie schlafwandeln als leben.

In meiner Teenagerzeit sprachen meine Eltern kaum mehr miteinander, außer, wenn es sich nicht vermeiden ließ. *Was machst du heute zum Abendessen? Wann kommt endlich der Klempner? Sarah, gibst du mir mal die Erbsen rüber?*

Sie hatten unbedingt ein zweites Kind gewollt. Als ich acht war, brachte meine Mutter einen Jungen zur Welt, der nur zehn

Stunden lebte. Nach seinem Tod war es, als sei es ein Schmerz für meine Mutter, daran erinnert zu werden, dass sie überhaupt jemals Kinder gehabt hatte. Das Einzige, was sie wollte, war ein stilles Zuhause. Mein Musiklehrer in der Mittelschule sagte, ich hätte eine gute Stimme und sollte vielleicht privaten Gesangsunterricht nehmen, doch meine Mutter lehnte ab mit der Begründung, sie wolle nicht die ganze Zeit Lärm im Haus haben. In einem Versuch, mein »endloses Geplapper« zu beenden (ich hatte ihr Fragen über ihre Kindheit gestellt), erklärte sie mir, ich solle besser zusehen, wie ich mein Bedürfnis nach ständigem Geschwätz überwinden könne, denn sonst würde in meinem Haus nur ewig gestritten werden, wenn ich einmal erwachsen sei und heiratete. Der Witz dabei ist, ich habe mit meinem Mann nie gestritten bis zu einem Tag, kurz nachdem Laura drei geworden war. Er sagte: *Ich glaube, ich schaffe das nicht mehr.* Und dann, am nächsten Tag, war er weg. Einfach so.

Schließlich gewöhnte ich mich an die Stille, die von meiner Mutter ausging, wie Rauch die Räume unseres Hauses ausfüllte und unsere Worte erstickte. Ich verbrachte die meiste Zeit mit dem Versuch, mich darin unsichtbar zu machen. Aber trotzdem erinnere ich mich an Nächte, in denen ich im Bett lag und betete, es möge regnen, nur damit ich dieses Geräusch hören konnte, wie ein Beifallssturm, der auf das Dach über meinem Kopf niederging.

All das veränderte sich für mich an dem Tag, als meine Eltern mir erlaubten, allein mit dem Zug von White Plains, wo wir wohnten, nach Manhattan zu fahren. Alles, was ich tun musste, war zu versprechen, nicht weiter südlich als bis zum Herald Square zu fahren, wo sich Macy's befindet. Doch das U-Bahnsystem, das ich so leicht begriffen hatte, wenn ich mit meiner Mutter in die City gefahren war, verwirrte mich hoffnungslos, als ich versuchte, es auf eigene Faust zu verstehen. Ich nahm den falschen Zug von Grand Central, und dann noch einen falschen an der 14. Straße und endete irgendwie an der

3rd Avenue. Die Straßen waren größtenteils leer. Ich sah lediglich ein paar Penner, die sich kläglich in Türnischen zusammendrückten, und kleine Gruppen aggressiv aussehender Mädchen, die an Straßenecken herumstanden. Viele Gebäude, sogar solche, die gar nicht so alt aussahen, wirkten heruntergekommen und arg vernachlässigt.

Als ich an die 2nd Avenue kam, wusste ich ohne jeden Zweifel, dass ich von Macy's himmelweit entfernt war. Ein Stück vor mir sah ich etwas wie einen Zeitungskiosk mit einer gelben Markise, auf der unerklärlicherweise GEM SPA stand (unerklärlich deshalb, weil es nicht den Anschein hatte, als würde man dort Gemmen oder sonstige Edelsteine oder ein Spa oder etwas finden, das irgendwie mit Wellness zu tun hatte), und noch ein Stück weiter war ein Laden, dessen schwarze Markise auf den Gehsteig hinausragte. Darauf stand in bunten Blockbuchstaben LOVE SAVES THE DAY. Das Schaufenster zeigte ein wildes Tohuwabohu von Farben, ein Durcheinander, das in ein Meer aus Grau und dumpfem Backsteinrot hineinstach. Es zeigte exotisch aussehende Klamotten und Magazine und Spielzeug und mehr, als ich mit einem Blick aufnehmen konnte. Ich erkannte, dass es ein Second-Hand-Laden war, und ich wusste, wie entsetzt meine Mutter sein würde, wenn ich mir gebrauchte Sachen kaufen würde. Aber gegen die bleierne Stille der Straße waren die Farben dieses Schaufensters wie Schreie, die mich in den Laden hineinzogen.

Ich nahm das erste Kleid, es war von jemandem mit dem Namen Biba genäht, von der Stange und ging damit in die Umkleidekabine. Es hatte eine matte Goldfarbe, in die ein cremefarbenes Diamantmuster eingearbeitet war. Die langen, aufwendig gearbeiteten Ärmel weiteten sich vor den Manschetten. Es fiel in Falten, etwa wie bei einem Babydoll, von meiner noch flachen Brust bis zu einem Saum so hoch am Oberschenkel, dass ich rot wurde, als ich aus der Kabine kam und mich im Spiegel ansah.

»Du solltest es kaufen«, hörte ich eine Stimme. Ein Mädchen, gerade mal einsfünfzig groß und keine fünfzig Kilo schwer, sah mich bewundernd an. Ich schätzte, dass sie drei oder vier Jahre älter war als ich. Eine lausbubenhafte Schönheit, mit riesigen Haselnussaugen, einer Stupsnase wie die einer Katze und einem Mund, der so klein war, dass man gleich wieder auf die Augen schaute. Ihr Haar war kurz und auf eine unordentlich aussehende Weise unregelmäßig kurz geschnitten, die aber dennoch überlegt wirkte. Es war blond mit grünen und pinkfarbenen Strähnchen.

Das Mädchen bemerkte, wohin mein Blick wanderte, sie berührte eine ihrer pinkfarbenen Strähnen und sagte: »Manic Panic.« Später brachte ich in Erfahrung, dass Manic Panic ein Laden am St. Mark's Place war, der ausgeflippte Haarfarben in Spraydosen verkaufte. Doch damals hatte ich noch keine Ahnung, was sie meinte. Sie fügte hinzu: »Ich gehe ein paar Mal die Woche hin und lasse mir von Snooky die Haare sprayen, aber ich glaube, ich muss jetzt damit aufhören. Das machen jetzt schon zu viele andere Leute.«

Ich nickte, denn ich wollte den Eindruck erwecken, als wüsste ich, was dieser Satz bedeutete. Offenbar hatte hier in der City ein ganzer Trend Wurzeln geschlagen und war aufgeblüht. Und ich hatte davon nichts geahnt, draußen in White Plains, wo sich nichts je veränderte, außer das alles immer langweiliger wurde.

»Du solltest das Kleid *definitiv* kaufen«, wiederholte das Mädchen.

»Ich weiß nicht recht, ob das wirklich ich bin«, sagte ich. »Meinst du nicht, dass es viel zu kurz ist?«

Das Mädchen lachte laut und herb. Sie hatte eine Stimme wie eine Kettensäge, zu grob und hart für jemanden, der so jung war und so eine zerbrechliche Figur hatte wie sie. Wie viele schlaflose, durchgequalmte Nächte mit dröhnender Musik, die man überschreien musste, hatten diese Stimme geformt? Irgendwann sollte ich sie singen hören und erfahren, wie hypnotisch und überwältigend sie ihre Stimme klingen lassen konnte, wenn sie es nur wollte. »Mädchen, dieses Kleid ist mehr du als alles, was du je angehabt hast.« Sie blickte mich grinsend an, mit Grübchen im Gesicht. »Und ich *kenne* dich noch nicht mal.«

Auch ich lachte ob der Absurdität ihrer Logik.

»Was ist deine Art von Musik?«, fragte sie unvermittelt.

»So das Übliche, schätze ich.« Ich versuchte, an etwas zu denken, das der Wahrheit entsprach, sie aber auch beeindrucken würde. »In letzter Zeit habe ich mir *Pet Sounds* viel angehört.« Dann errötete ich wieder, denn was konnte auf so ein Mädchen weniger Eindruck machen als *Pet Sounds,* das 1966, vor einer Ewigkeit, herausgekommen war, vor neun Jahren!?

Sie musterte mich abwägend. »Du klingst, als ob du wahrscheinlich singen könntest.«

»Hab ich gemacht«, sagte ich. »Aber meine Eltern mochten das nicht.«

Ihre Miene verriet ein tiefes Verständnis, und ich erkannte, dass ich, ohne es zu wollen, einen Test bestanden hatte, von dem ich gar nicht gewusst hatte, dass ich ihn machte. »Ich gehe heute Abend zu einer Party, wo sie wirklich tolle Musik haben«, erzählte sie mir. »Sachen, die niemand sonst spielt. Du solltest mitkommen. Treffen wir uns irgendwo um zwölf, dann können wir zusammen hingehen.«

Ich stellte mir alle unüberwindlichen Hindernisse zwischen mir und einer mitternächtlichen Party in der City vor. Ich war noch nie auf einer Party gewesen, die an Mitternacht *begonnen* hatte. Das Mädchen musste davon etwas gespürt haben, denn sie fragte mich: »Wohnst du noch zu Hause?« Ich nickte. Für wie alt hielt sie mich überhaupt? Ich wartete darauf, dass sie entschied, mich für nur irgend so ein Mädchen zu halten, nicht würdig, ihre Zeit in Anspruch zu nehmen, doch sie meinte: »Hör zu, ruf deine Eltern an und sag ihnen, du bleibst bei einer Freundin über Nacht. Du kannst den restlichen Tag mit mir rumhängen, wenn du sonst nichts zu tun hast. Und ich finde etwas für dich zum Anziehen.«

Ich blickte sie zweifelnd an. Nicht nur, dass sie dreißig Zentimeter kleiner war als ich – nichts von dem, was sie anhatte, würde ich je anziehen wollen. Sie trug eine schwarze Lederjacke mit einem glitzernden Panther auf dem Rücken, dessen genietete Pranke über ihre linke Schulter reichte. Darunter ein mit blauen Pailletten besetztes Partykleid über engen, schwarzen Jeans und dazu aufgeschnürte schwarze Motorradstiefel. Um ihren Hals hing an einem Silberkettchen ein silberner Anhänger in Form eines Pistolenhalfters. Sie sah tough und sexy und überraschend mädchenhaft aus, aber für meinen Vorstadtgeschmack wirkte sie auch ausgefallen. »Etwas, das *du* bist«, versicherte sie mir mit einem weiteren freundlichen Lächeln. »Und bittebitte, kauf dieses Kleid. Du siehst unglaublich damit aus!«

Es schien nun keinen Weg mehr zu geben, um den Kauf dieses Kleides herumzukommen, also begann ich, in meiner Tasche zu kramen, um sicherzugehen, dass ich genug Bares dabeihatte. »Hey«, sagte ich. »Wie heißt du?«

»Anise.« Das war ein Name, den ich nie zuvor gehört hatte, aber er war perfekt für sie.

»Ich heiße Sarah.«

»Freut mich, dich kennenzulernen, Sarah.« Sie schüttelte mir feierlich und ausgiebig die Hand, und ihre Hand fühlte sich in meiner größer an, als ich gedacht hatte. »Heute Nacht, das wird super«, sagte sie. »Vertrau mir.«

Die Party, zu der Anise mich mitnahm, fand in einem Loft am unteren Broadway statt, in einem Gebäude, das einmal ein Lagerhaus gewesen war. Wir mussten uns bei zwei Mädchen mit Klemmbrettern anmelden und zwei Dollar bezahlen, ehe wir die Treppe hinaufsteigen und dann einen höhlenartigen Raum voller bunter Luftballons wie bei einem Kindergeburtstag betreten durften. Zwischen den Ballons schossen blitzende Silberstrahlen durch, die von einer in der Mitte des Raums von der Decke hängenden Spiegelkugel reflektiert wurden. An dieser Kugel brach sich auch farbiges Licht aus unsichtbaren Quellen, Licht, das mit dem Fluss der Musik stärker und schwächer wurde. Noch umwerfender als die Lichter aber waren die Leute, die sich in dem Raum drängten; sie trugen die ausgefallensten Glitzerklamotten wie bei einem Karneval. Ich kam mir vor, als sei ich ins Zentrum eines Prismas gestolpert.

Später verstand ich die technischen Aspekte dessen, was David Mancuso, der diese Party veranstaltete, geleistet hatte. Damals verfügten die meisten Lautsprecher nur über einen Hochtöner. Doch David hatte acht JBL-Hochtöner für seine zwei Boxen so gruppiert, dass je zwei in den vier Ecken des Raums von der Decke hingen. Aber als ich dieses Loft betrat, wusste ich erst einmal nur, dass was immer ich zu hören geglaubt hatte, nicht Musik gewesen war. Zumindest nicht so, wie Musik klingen sollte. Es war, als hätte ich mein ganzes bisheriges Leben Musik mit Watte in den Ohren gehört. Ich kam mir vor wie einer von Platons Höhlenbewohnern (wir nahmen in Sozialkunde gerade die *Politeia* durch), die dachten, Feuer sei Sonnenlicht – bis sie aus der Höhle traten und zum ersten Mal die wirkliche Sonne sahen.

Jeder dort spürte diesen anderen Sound, selbst wenn er es nicht wusste. Du konntest es an der Art und Weise sehen, wie ihre Körper mit unterschiedlicher Anspannung auf ein Hi-Hat gegenüber einem Becken oder einem Gitarrenriff reagierten. Du konntest es an der Art und Weise sehen, wie David die Stimmung im Raum mit dem steuerte, was er auflegte, in der Art und Weise, wie er mit der Musik, die er auswählte, Geschichten erzählte. Ich hatte nie gewusst, dass auf »Woman« von Barrabás »More Than A Woman« von den BeeGees folgen und dir Dinge sagen konnte, die du darüber, wie es ist, sich zu verlieben, nicht bereits wusstest. In dieser Nacht hatte ich zum ersten Mal das Gefühl, dass eine Schallplatte etwas Lebendiges sein konnte. Siebzehn Zentimeter Gott. Dieser ganze *Sound* und all diese Stimmen komprimiert in ihren Rillen, die Struktur jedes Songs einzigartig wie Fingerabdrücke, lediglich auf die zärtliche Liebkosung dieser winzigen Nadel wartend, um ihre Musik freizusetzen.

David gab uns, was wir wollten, bevor wir wussten, dass wir es wollten. Nur dass wir es mit unseren Körpern *doch* wussten – wann wir schneller werden, wann wir eine Pause wollten. Die Musik veränderte sich je nachdem, wie wir uns fühlten, und wie wir uns fühlten, veränderte sich mit der Musik. Es war wie in einem Konzert oder in einem vollen Kino, wo alle gleich reagieren – lachen, schreien, aufstehen, um zu tanzen –, nur dass wir die Person, die dies für uns geschehen ließ, nicht sehen konnten.

Er musste nicht exponiert vor einer Menge stehen wie etwa Anise, wenn sie mit ihrer Band auftrat. David performte von seiner verborgenen Zelle aus, ohne zu performen.

Und noch ehe ich es mitbekam, tanzte ich. Ich hatte bis dahin noch nie wirklich getanzt, weil ich meinen zu hochgewachsenen, zu dünnen und zu jungenhaft aussehenden Körper immer lieber verschwinden lassen wollte, als irgendwie damit aufzufallen. Doch der Impuls zu tanzen wurde innerhalb von Sekunden unwiderstehlich. Anise und ich tanzten zusammen und dann mit Fremden, die sich uns anschlossen und dann wieder wegtanzten, um den Kern einer neuen Gruppe irgendwo anders zu bilden. Meine Vorstellung von tanzen kam von den paar Schulbällen, die ich besucht hatte, wo man immer allein dasaß und darauf wartete, dass ein Junge einen aufforderte, weil tanzen bedeutete, dass ein Junge und ein Mädchen Tanzpartner waren. Hier gab es keine Partner. Hier tanzte jeder, wie er oder sie wollte, mit wem er oder sie wollte, und doch war jeder und jede irgendwie Teil desselben Ganzen. Zum ersten Mal in meinem Leben passte ich zu etwas dazu, fügte mich ein. Ich war nie sehr für Dates gewesen, aber nun verstand ich endlich, worüber die Mädchen in der Schule geredet hatten, wenn sie beschrieben, was Jungs, die sie mochten und mit denen sie sich getroffen hatten, bei ihnen auslösten. Genau das löste die Musik nun bei mir aus – ein plötzliches heißes und kaltes fiebriges Kribbeln am ganzen Körper, das mir den Atem nahm und meinen Kopf dröhnen ließ. Ich war süchtig.

Wie der Laden, in dem ich Anise getroffen hatte, so hieß auch die Party *Love Saves the Day.* Später zeigte mir Anise ihre zerknüllte Einladung mit dieser Aufschrift und Bildern von Dalis schmelzenden Uhren darauf. Sie sagte, es bestehe keine Verbindung zwischen der Party und dem Laden, in dem wir uns getroffen hatten. Das habe ich ihr nie geglaubt. »Love Saves the Day« war offensichtlich eine Art Code gewesen, ein Erkennungszeichen, über das Leute sprachen, die Dinge verstanden, die ich mir nie hatte vorstellen können.

Ich hatte mein ganzes Leben darauf gewartet, dass jemand mit mir reden würde.

Danach hörte ich alles nur mehr im Disco-Viervierteltakt. Wenn ich die Straße hinunterging, setzte ich erst die Ferse und dann erst den Zehenballen auf, um einen vierzähligen Rhythmus zu kreieren, der in meinem Kopf immer klang wie »eins zwei *drei* vier, eins zwei *drei* vier«. Aber das war nicht nur, was ich hörte; es war auch, was ich sah. Ein Stuhl war vier Beine mit vier Beats, und die Sitzfläche war ein Hi-Hat, das den dritten Beat krönte, als Verzierung. Das vollzog ich permanent in meinem Kopf – Wörter, Silben, Fenster, Fernsehschirme, menschliche Gesichter zählen (die sich bequem in zwei Ohren, zwei Augen, zwei Nasenlöcher und zwei Lippen aufteilen ließen – zwei volle Vierertakte also). Und wenn ich etwas nicht auf eine perfekte Vier herunterbrechen konnte, stellte ich mir noch irgendetwas zusätzlich als Sound und Textur vor – Waldhorn, Kesselpauken, Klarinette, Posaune, Harfe, Violine, irgendetwas –, das einen Vierer-Beat in einen vollen, orchestralen Song verwandelte.

Laura, wie sie ein paar Jahre später in ihrem Kinderbettchen lag, unter den roten Bändern, mit denen Mr Mandelbaum es geschmückt hatte, um den Bösen Blick abzuwenden, war die schönste Musik, die ich mir vorstellen konnte. Ich sang immer

»Fly, Robin, fly«, wenn sie am Einschlafen war, und wünschte mir dabei, dass sie von uns beiden träumte, wie wir zusammen in den Himmel hinaufflogen. Ihre winzig kleinen Augenbrauen waren das Tremolo zum Vierviertelrhythmus ihres Gesichts und die dünnen Strähnchen ihrer Babylocken ein offenes Hi-Hat auf dem Off-Beat. Ihr glückliches Glucksen wurde zu den Streichern, die schöner klangen als alles andere. Bei Laura hörte ich nicht nur Musik. Laura *war* meine Musik.

Ich begann, jedes Wochenende mit Anise in der City zu verbringen – bereit, meinen Eltern die Geschichte eines erfundenen neuen gesellschaftlichen Lebens zu präsentieren, falls sie fragen würden, warum ich plötzlich andauernd ausging, was sie jedoch nie taten –, bis ich ein Jahr verfrüht die Highschool abschloss. (Da ich groß und irgendwie schüchtern war, hatten meine Grundschullehrer gedacht, ich würde mit älteren Kindern besser »zurechtkommen«, trotzdem hatte das wohl nicht so funktioniert.) Sobald ich mein Abschlusszeugnis hatte, stand es außer Frage, was ich machen wollte. Ich zog in die Stadt zu Anise und wollte versuchen, DJ zu werden, während sie mit ihrer Band Evil Sugar daran arbeitete, den Durchbruch als Rockstar zu schaffen.

Zwei Jahre lang wohnten Anise und ich zusammen in ihrem Loft in der Bowery. In jenen Tagen waren die Straßen von New York voller Musik, und jedes Viertel hatte seine eigenen Rhythmen. Im Norden der Stadt, in Harlem und der Bronx, gab es Ghettoblaster und Straßenfeste, und DJs spielten mit Samples und Remixes von Disco und Funk herum und schufen etwas Neues mit dem Namen Hip-Hop. Unten in der Lower East Side waren an fast jeder Straßenecke Salsa-Musiker anzutreffen, und aus den Türöffnungen von Schuppen wie dem CBGB und Monty Python's dröhnte ein schnörkelloser Rock namens *Punk.* Disco war überall, Downtown in David Mancusos Loft ebenso wie weiter oben – bis hinauf nach Midtown – in Schuppen wie Paradise Garage, Gallery, New York New York und Le Jardin. Anise und ich gingen ein paar Mal ins Studio 54, doch es gefiel uns nicht besonders. Dort passierte musikalisch nie etwas Neues. An einem Ort wie dem 54 konntest du nie diese tolle und äußerst erleuchtende Erfahrung haben, zum ersten Mal etwas wie Arthur Russells »Kiss Me Again« zu hören. Ich nahm von jedem Schuppen, den wir besuchten, ein Streichholzbriefchen mit, denn mir war schon damals klar, dass diese Art von Leben allenfalls vorübergehend war, und dass ich mich später nie würde daran erinnern können, wenn ich nicht etwas hatte, woran ich meine Erinnerungen festmachen konnte.

Ich stand auf Disco und Anise auf Punk, was uns letztlich wohl zu natürlichen Feinden hätte machen sollen. Aber was wir beide immer und von Beginn an gemeinsam hatten war, dass wir beide *Lärm* liebten. Was Anise eigentlich sogar noch lieber mochte als Lärm war Stunk, Ärger. Sie war von einer Farm in Ohio nach New York gezogen, als sie sechzehn war, drei Jahre vor mir, nur dass sie ihren Eltern zuvor erzählt hatte, sie sei schwanger. Das stimmte nicht – sie war sogar noch Jungfrau –, aber für Anise war es nicht genug, einfach nur zu *gehen.* Es musste irgendeine Art von Ärger mit dabei sein, wenn sie auszog. Und es muss eine Menge Ärger gegeben haben, denn es dauerte ein volles Jahr, bis ihre Eltern ihr verziehen, dass sie *nicht* schwanger war, obwohl sie es behauptet hatte.

Anise war immer zu Dummheiten aufgelegt. Dummheiten und Lärm und *Leben.* Es machte ihr nie etwas aus, wenn ich mit meinen Platten übte, während sie mit ihrer Gitarre übte. Je mehr Lärm, desto besser, das war unsere Devise. Als ihre Karriere in Schwung kam und sie sich endlich bei Manny's in der 48. Straße eine Gibson SG leisten konnte, schloss sie den Verstärker ihrer alten Gitarre an meine Second-Hand-Plattenspieler an. Ich war besessen davon, das Beatmixing zu beherrschen. Es war eine Sache, wenn die Songs Drum Machines benutzten. Aber wenn du etwas wie Eddie Kendricks oder Van Morrison in den Mix einbauen wolltest, musstest du wirklich gut sein, damit der Drumbeat vom Ende des einen Songs mit dem Anfang des nächsten übereinstimmte, sodass sie perfekt synchron waren.

Vielleicht waren es einige Überschneidungen unserer Stile, durch die in den Sound von Evil Sugar schließlich Tanzrhythmen einflossen. Aber selbst dann, als die Leute anfingen, Anise vorzuwerfen, sie würde jetzt »Disco machen« (ihre Musik war nicht Disco) und »sich verkaufen« (das tat sie nicht), spielte sie noch immer diesen fünften Beat, nur um die Musik schwerer tanzbar zu machen. Nur um des Spaßes wegen, alles konfus zu machen.

Weil Anise Ärger so sehr liebte, bestand sie darauf, mit nicht weniger als drei Katzen zu leben. Eine Katze allein, meinte sie, würde immer nur schlafen. Zwei würden wahrscheinlich lernen, gut genug miteinander auszukommen, um sich an ihre gegenseitigen Rhythmen von Ruhe und Schlaf zu gewöhnen. Aber mit *drei* Katzen, so ihre Theorie, würde immer mindestens eine etwas losmachen. Immer irgendeine Art von Dummheit anstellen. Ich nehme an, sie hatte recht. Ihre drei fauchten und jaulten oft streunende Katzen durch die Gitterstäbe an, die wir John dem Kommunisten auf der Straße abgekauft hatten, um andere Katzen (und Einbrecher) davon abzuhalten, durch unsere Fenster einzusteigen.

Anise liebte diese Katzen wie verrückt. Sie streichelte sie ständig und kraulte sie und summte ihnen vor, oder sie brachte ihnen Leckerbissen mit nach Hause (obwohl wir weiß Gott oft selbst kaum genug zu beißen hatten) oder erfand für sie kleine Spiele. Oder sie wackelte unter dem Bettlaken mit den Fingern und freute sich dann tierisch, wenn sie einen Scheinangriff starteten.

Anises Musik lebte in ihrem Kopf, doch ihre Kunst lebte in ihren Händen. In der Art und Weise, wie sie ihre Gitarre spielte, selbst damals, als die meisten Bands, die wir kannten, stolz darauf waren, ihre Instrumente *nicht* zu beherrschen. Aber sie wurde auch sichtbar in den komplizierten Katzen-Laufstegen, mit denen sie unsere Wohnung vom Boden bis zur Decke und an den Wänden entlang ausschmückte. Sie las alte Bretter oder Holzplanken auf der Straße auf und schmirgelte, sägte und lackierte sie zu Hause. Dann brachte sie allerlei bunte Sachen daran an und nagelte sie schließlich zusammen. Manchmal saßt du auf der Couch, und plötzlich – plumps! – landete eine Katze von einem Brett über deinem Kopf genau in deinem Schoß, drehte sich dann ein- oder zweimal und ließ sich schließlich zu einem Nickerchen nieder. Anise machte neue Klamotten für uns, indem sie alte auseinandernahm und anders wieder zusammennähte; mit dem, was übrig blieb, kreierte sie dann Kostüme für die Katzen. Überall an den Wänden unterhalb der Katzenbretter und darum herum hingen Polaroids von verdrießlich dreinschauenden Katzentieren in Westchen oder kleinen, mit Federn verzierten Jäckchen und niedlichen Hütchen. Niemand, den die Katzen nicht mochten, durfte in unsere Wohnung, die gleichzeitig der Übungsraum von Anises Band war – das war ein Grund dafür, warum Anise in den Anfangstagen so viele verschiedene Bandmitglieder hatte.

Und ihre Katzen erwiderten Anises Liebe. Wenn wir zu Hause waren, saß immer mindestens eine schnurrend in ihrem Schoß. Die älteste hieß Rita. Anise hatte sie als kleines Kätzchen auf einem Schrottplatz inmitten eines Haufens rostiger alter Parkuhren gefunden. Dann war da Lucy, eine schwarze Katze mit einem weißen, rautenförmigen Fleck auf der Brust, als würde sie einen Smoking tragen. Die jüngste war Eleanor Rigby, eine süße gescheckte, die es nicht aushielt, allein zu sein. (So weit Anise und ich musikalisch auch auseinanderlagen – eines, worauf wir uns immer einigen konnten, war eine leidenschaftliche Verehrung der Beatles.)

Eines Nachts im Winter wachten wir auf, und alle drei Katzen betatschten sie wie wild, ihre Gesichtchen waren rußgeschwärzt. Der Ofen unten im Eisenwarenladen – den der Besitzer manchmal über Nacht anließ, um uns ein wenig beim Heizen zu unterstützen – war verstopft, und unsere Wohnung füllte sich mit Ruß und Rauch. Wir wären im Schlaf erstickt, wenn die Katzen nicht gewesen wären. Hustend und würgend rannten wir in der Wohnung herum und rissen sämtliche Fenster auf, um frische Luft hereinzulassen. Nach diesem Vorfall war Anise noch mehr in ihre Katzen vernarrt. *Meine Göttinnen,* nannte sie sie. *Meine Retterinnen.*

Nichtsdestotrotz wusste Anise auf sich aufzupassen. Es war ihr wichtig, jeden in unserer Nachbarschaft zu kennen. Nicht nur die Kids in unserem Alter oder die älteren Leute, die hier schon seit einer Ewigkeit wohnten. Sie kannte auch die Nutten, die Süchtlinge und die Penner, die in Parks und Eingängen schliefen und sie immer »Naseweis« nannten, wenn wir ihnen Decken und warme Winterkleidung brachten.

»Du musst die Leute wissen lassen, wer du bist und dass du auch hier lebst«, erklärte sie mir immer. »Dann wissen sie, dass sie dich besser in Ruhe lassen.«

Immer wieder einmal zog jedoch ein neuer Junkie in unsere Gegend und musste auf die harte Tour lernen, warum es sich nicht auszahlte, sich mit Anise anzulegen. Eines Abends, als wir auf dem Weg ins CBGB waren, sprang uns ein Typ vor die Nase und zog ein Messer. Schnell wie eine Katze hob Anise ein altes Brett mit einem Nagel darin von der Straße auf, ging wie wild damit auf ihn los und verfehlte das Auge dieses Kerls nur, weil er die Geistesgegenwart besaß, sich rasch genug zu ducken. Dann rannte er. Anise rannte hinter ihm her, das Brett hoch über dem Kopf, und dieses Mal blieb sie mit ihren superhohen Absätzen ausnahmsweise nicht an irgendwelchen Rissen oder Pflastersteinen hängen. »*Jawohl, du Pfeife, lauf!*«, brüllte sie. »*Lauf, du Schlappschwanz! Oder ich zeig's dir …!*«

Anise hatte das Gesicht eines Engels, aber sie konnte fluchen wie ein Bierkutscher. Sie sah zwar zierlich und zerbrechlich aus, aber wenn du die Frontfrau einer Rockband in der Lower East Side sein wolltest, dann musstest du tough sein. Ich war fast dreißig Zentimeter größer als sie, aber die Leute hatten Angst, sich *ihretwegen* mit mir anzulegen und nicht andersherum.

Jeder Pfennig, den ich erübrigen konnte, ging in den Kauf von Schallplatten. Zusammen mit David Mancusos »Record Pool«, der Demoalben der Labels an New Yorks DJs verteilte, hatte ich bis Juli 77 eine Sammlung, die fast so groß war wie die von Anise. Evil Sugar schafften es zu dieser Zeit, bekannt zu werden. Sie hatten einen Manager und einen Vertrag mit einem Label über drei Platten, und sie bekamen gute Gigs. Die Zeitschrift *Interview* brachte einen vierseitigen Artikel über sie mit Fotos von Anise in Kleidern, die sie aus zerrissenen T-Shirts gemacht hatte, und der *Rolling Stone* veröffentlichte einen großen Foto-Essay für seine »Bands to watch«-Ausgabe. Anise hatte immer dieses »gewisse Etwas« – das dich auf sie aufmerksam machte, gleichgültig wo sie sich befand. Ich dagegen war nach wie vor am Kämpfen. So viele Demotapes ich auch in den Alphaville Studios zusammenstellte, wo Evil Sugar ihr zweites Album aufnahmen, sobald ein Clubbetreiber wusste, dass ich ein Mädchen war, verlor er fast stets das Interesse, mich zu engagieren.

Ich wurde in diesem Sommer siebzehn, und es war brutal heiß. Sogar die Katzen, bei denen man sich immer darauf verlassen konnte, dass sie sich nachts, um es noch wärmer zu haben, an uns kuschelten, auch wenn es noch so heiß war, wurden träge. Sie legten sich auf die großen Fensterbänke und maunzten unruhig, wenn keine kühlende Brise aufkam.

In diesem Sommer lernte ich Nick kennen. Es war zu heiß, um nachts in der Wohnung zu bleiben, und so begannen Anise und ich damit, ins Theatre 80 am St. Mark's Place zu gehen. Dort konntest du für zwei Dollar zwei Streifen ansehen und vier Stunden lang die Klimaanlage genießen. Wir saßen im kühlen Dunkel und sahen uns die alten Hitchcock-Filme und MGM-Musicals an, die sie drei- oder viermal hintereinander zeigten, bis es früher Morgen war.

Nick arbeitete hinter der Bar im Foyer; die Theke war aus poliertem Holz und stammte aus dem Jahr 1922. Jede Nacht, wenn wenig los war, sah ich ihm zu, wie er sie einwachste. Sein schwarzes Haar glänzte so stark wie das Holz, das er polierte, so stark, dass es trotz seiner dunklen Farbe Licht zu verstrahlen schien. Etwas an der Art und Weise, wie sich seine Schulterblätter unter dem kurzärmligen, dünnen Baumwoll-T-Shirt bewegten, an den sonnengebräunten, etwas muskulösen Armen und seinen Händen mit ihren schlanken Fingern, die das Tuch und die Politur hielten, faszinierte mich. Ich beobachtete ihn wochenlang, ohne dass er mich zur Kenntnis nahm. Als er mich endlich zum ersten Mal ansah, mit Augen, deren Pupillen von einem dunklen Mitternachtsblau außen zur Mitte hin hell wurden, war ich geplättet. Ich war noch nie wirklich an einem Typen interessiert gewesen. Anise bemerkte, dass ich errötete, als er mich ansah, und sie zog mich unbarmherzig damit auf. Sie war es auch, die es einfädelte, dass wir uns an diese Bar setzten, Drinks bestellten und schließlich ihn und mich bekannt machte. Sie wusste einfach, wie man Aufmerksamkeit auf sich lenkte, aber sie wusste sich auch konkret zurückzuziehen, sobald ich meine Scheu überwunden und Nick und ich zu reden begonnen hatten.

In dieser Nacht küsste ich Nick zum ersten Mal, im Keller des Kinos. Es war die Nacht des berühmten Stromausfalls, und alle sonst geltenden Regeln schienen aufgehoben. Später hörten wir von Plünderungen und Krawallen im Norden der Stadt, doch in unserer Gegend schmissen die Leute Partys und machten auf der Straße Musik. Ich ging, mit Taschenlampen ausgerüstet, mit Nick nach unten, um Kerzen zu suchen. Er küsste mich in einem Raum, der während der Prohibitionszeit einem Gangster als Alkoholausschank gedient hatte. Als Nick mich in seine Arme schloss, roch er nach Holzpolitur mit Zitronenaroma und der Hitze der wilden Stimmung draußen. Zum ersten Mal seit fast zwei Jahren hörte die Musik in meinem Kopf auf. Ich hörte nichts als meinen eigenen Atem in der Dunkelheit, der eine gefühlte Ewigkeit aussetzte, sobald Nick seine Lippen auf die meinen presste.

Später sagte Anise, das Schlimmste, was sie je für mich als Freundin tat, war, mich mit Nick bekannt zu machen. Die beiden mochten sich praktisch von Anfang an nicht, als wir begannen, Zeit miteinander zu verbringen. Nick hatte etwas dagegen, dass ich so viel mit ihr zusammen war, und Anise lehnte ihn aus dem allgemeinen Grundsatz heraus ab, dass er nichts *ernst* nehmen würde. Nick redete davon, Schauspieler zu werden, und dass er nur die eine »große Chance« brauche, um seine Karriere zu starten. Er nahm mich überall auf die Lower East Side zu winzigen Black-Box-Produktionen mit, aber wenn er wirklich einmal für etwas besetzt wurde, schien jedes Mal etwas schiefzugehen. Entweder wollte er nicht so lange proben wie der Regisseur, oder er war sich mit jemand anderem am Set über irgendetwas uneins. Dann verkündete er eines Tages, er habe die Schnauze voll von der Schauspielerei, seine neue Leidenschaft sei nun die Fotografie. Also klapperte ich mit ihm all die kleinen Galerien ab, die gerade in unserer Gegend aufmachten. Besonders gern machte er Bilder von mir, als ich mit Laura schwanger war. Aber er packte die Sache chaotisch an, und manchmal lag die Kamera, für die er zweihundert Dollar ausgegeben hatte – eine Stange Geld damals –, wochenlang unbeachtet in einer Ecke von Anises und meiner Wohnung, neben meiner Matratze. Anise hatte keine Geduld mit jemandem, der etwas Kreatives machen wollte, aber nicht die Disziplin aufbrachte, es auch durchzuziehen. Ihre Religion hieß harte Arbeit und sich immer weiter perfektionieren.

»Aber nicht einmal die Katzen mögen ihn«, sagte sie immer. Das stimmte. Aber es war mir egal.

Im darauf folgenden Sommer heirateten Nick und ich. Ich hielt einen kleinen Strauß Lilien in der Hand, für den wir auf dem Weg zum Rathaus fünfundsiebzig Cents in einer Bodega bezahlt hatten. Anise war zu dieser Zeit mit ihrem Schlagzeuger verlobt (der erste von letztendlich drei Ehemännern und unzähligen Verlobten), und Evil Sugar bereiteten sich auf ihre erste Tournee vor. Sie waren Opener für die Talking Heads, und das bedeutete fraglos einen großen Schritt nach vorn. Nick und ich fanden eine Zweizimmerwohnung mit Mietpreisbindung im ersten Stock in der Stanton Street für nur 250 Dollar im Monat. Zwei Jahre später kam Laura auf die Welt, und ich lagerte alle meine Klamotten, Streichholzbriefchen und anderen Erinnerungen meiner Tage mit Anise ein – denn sobald Laura geboren war, war es, als habe der ganze Rest nie wirklich stattgefunden, als habe alles nur zu diesem ersten Augenblick hingeführt, an dem ich unsere Tochter in den Armen hielt und sie mit Augen zu mir aufsah, die eine sanftere, unendlich schönere Version von Nicks blauen, blauen Augen waren.

Als Laura drei war und Nick sich endgültig verabschiedet hatte, kam Anise nach New York zurück, um das Loft aufzugeben und ihre Katzen und ihre Band definitiv nach L.A. umzusiedeln, wo sie ohnehin schon mindestens die Hälfte ihrer Zeit verbrachten. Anise war auf dem Weg, berühmt zu werden, während ich allein ein Töchterchen zu versorgen hatte und nicht recht wusste, wie ich das anstellen sollte.

Aber manchmal läuft es doch so, wie es sollte – oder zumindest so, wie es scheint, dass es sollte. Eines Nachmittags, ich schob meinen Kinderwagen die 9. Straße zwischen First und Second Avenue entlang, kam ich an einem leeren Laden vorbei, in dem offensichtlich einmal Platten verkauft worden waren. Durch die schmutzigen Fenster sah ich eine Katze lustlos an einem Stapel Zeitschriften herumspielen, die sehr Eleanor Rigby ähnelte. Sie sah mich an, und ich konnte zwar nicht hören, aber sehen, dass sie miaute. Dann sprang sie geschmeidig von dem Stapel herunter und verschwand um den Tresen herum in einem Hinterzimmer.

Ich machte den Besitzer des Gebäudes ausfindig und unterbreitete ihm einen simplen Vorschlag: Wenn er mir den Laden gab, würde ich ihm im ersten Jahr statt einer Pacht monatlich fünf Prozent meines Bruttoumsatzes zahlen, mit der Option, ihn danach offiziell zu pachten. Solche Vereinbarungen waren damals nicht unüblich in der Lower East Side, als die Gegend noch nicht begehrt und Immobilien noch nicht gesucht waren. Er willigte ein.

Anise schlug vor, meinen Laden Ear Wax zu nennen, Ohrenschmalz. Mit der Klarheit nachträglicher Einsicht begriff ich, dass ich Nick mit achtzehn überstürzt geheiratet hatte, weil ich – endlich – eine richtige Familie haben wollte. Mein Vater war nicht lange, nachdem ich in die Stadt gezogen war, an einem Herzinfarkt gestorben, und meine Mutter kaufte mit ihren Ersparnissen und seiner Pension eine Wohnung in Florida. Sie lud mich nie ein und fragte nie, ob sie mich besuchen könne, und ich bestand auch nie darauf.

Meine Ehe mit Nick war nicht von Dauer gewesen, doch nun hatte ich Laura. Laura und ich würden eine Familie sein. Laura würde nie allein in ihrem Zimmer sitzen und Platten hören und sich fragen müssen, warum ihre eigene Mutter nicht mit ihr reden wollte.

Anise säuberte Lucys Ohren, in denen sich immer eine Art bläuliches Wachs sammelte, als wir das erste Mal über meinen Plattenladen sprachen. »Warum nennst du ihn nicht Ear Wax?«, meinte sie. Zuerst lachte ich, denn ich dachte, sie mache einen Scherz, weil sie mit den Fingernägeln gerade Ohrenschmalz pulte. Doch dann sagte sie: »Ich meine das ernst, Sarah. Ear Wax ist ein perfekter Name.«

Ear Wax Re-*cords, Ear Wax* Re-*cords,* dachte ich – und wusste, dass sie recht hatte.

Einer unserer Künstlerfreunde machte ein riesiges Pappmaché-Ohr, an dem als Ohrringe zerkratzte alte Alben hingen. Ich hängte es in der Mitte des Raums an der Decke auf, und dort blieb es, so lange ich den Laden hatte.

Es war nicht schwer, die Platten, die ich in der Hoffnung, DJ zu werden, gesammelt hatte – zusammen mit den Hunderten, die Anise mir schenkte (»ich muss sie sowieso loswerden, bevor ich nach L.A. ziehe«, beharrte sie, als würde sie mir damit nicht einen unglaublich großzügigen Gefallen erweisen) –, als Grundstock für meinen frischgebackenen Laden zu verwenden.

Einige der von Anise »ausrangierten« Scheiben waren rare

Importe von den Beatles in Mono, die ich in kürzester Zeit und für ein kleines Vermögen an Sammler verkaufen konnte. Außerdem stellte ich einen Mann namens Noel als Manager ein. Er war knapp ein neunzig groß, sehr muskulös und hatte immer einen Baseballschläger bei sich. Und er war ein wandelndes Lexikon der Interpreten, Alben und Genres. Ich traf ihn in einem der größeren Plattenläden am St. Mark's Place, den er für den Besitzer führte, und wusste sofort, dass er genau das war, was ich als Frau brauchte, um in dieser Gegend einen Plattenladen zu betreiben. Ich lockte ihn mit dem Großteil des Bargelds aus dem Verkauf der Beatles-Alben von dem größeren Laden weg und ließ ihm freie Hand, einzustellen wen er wollte.

Laura und ich lebten glücklich in unserem sechsstöckigen Mietshaus in der Stanton Street. Im Erdgeschoss war ein kleiner Laden, der rund um die Uhr geöffnet hatte, sodass es kein Problem gab, wenn ich zu spät bemerkte, dass ich keine Milch oder Erdnussbutter für ihr Mittagessen am nächsten Tag mehr hatte. Zwei Stock über uns wohnten die Verdes, und als Laura etwas älter war, wurde deren zweitältestes Kind, Maria Elena, ihre beste Freundin. Die Kinder der Verdes waren immer bei uns oder Laura bei ihnen.

Und dann waren da die Mandelbaums in der Wohnung direkt über der unseren. Max Mandelbaum war Taxifahrer, und Ida Mandelbaum führte den Haushalt. Sie waren kontaktfreudige Leute, und er hatte eine Stimme, die so laut und kräftig war, dass man ihn im gesamten Gebäude hörte, selbst bei geschlossener Tür. Aber er brüllte nie. Er war nie zornig. Er betete seine Frau an, noch nach fünfzig Jahren Ehe, und auch sie verehrte ihn. Sie hatte die Gewohnheit, ihn jeden Tag, wenn er nach Hause kam, nach unten zu schicken, um einen Viertelliter Milch zu kaufen, und jeden Tag murrte er deswegen. »Still, Max«, tadelte sie ihn dann. »Du weißt, der Doktor sagt, dass du dich fit halten musst.« Wenn er zurückkam, verkündete Mrs Mandelbaum jedem, der gerade zufällig da war: »Er beschwert sich, aber er mag es, wenn seine Frau an ihm herumnörgelt.

Besser ein offener Rüffel als versteckte Liebe.« Und Mr Mandelbaum pflegte weiter still vor sich hinzumeckern, doch sein Blick strafte seine Worte Lügen.

Es war auch nicht so, dass Mrs Mandelbaum wirklich an ihm »herumnörgelte«. Ihre Stimme war nie so laut wie die seine und ihre Art sanfter. Aber beide hatten leuchtende Augen, und sie freuten sich immer, einen zu sehen und mit allen möglichen leiblichen Genüssen zu bedenken, die ihr kleines Apartment gerade bereithielt – von einem weichen Kanapee über heißen Tee, Strudel oder Schüsselchen mit Naschereien bis zu Resten des Abendessens, das Mrs Mandelbaum täglich kochte.

Mrs Mandelbaum hatte Freude daran, Laura mit Bilderbüchern zu beschäftigen oder ihr das Keksebacken beizubringen, während Mr Mandelbaum mich zum nächsten Metzger-, Bäcker- oder Gemüseladen begleitete. Wenn ich einkaufte, achtete er immer genau auf die Waage, damit mich auch ja niemand betrog. »Ein junges Mädel wie Sie, allein mit einer Tochter!«, pflegte er zu sagen. »Da muss man doch aufpassen, dass das nicht ausgenutzt wird.« Als ich es mir endlich leisten konnte, Lauras Zimmer herzurichten, bestand Mrs Mandelbaum darauf, wunderschöne Spitzengardinen zu nähen, »bloß von ein paar *Schmatas,* die ich rumliegen habe«.

Laura schien von den Mandelbaums ebenso begeistert zu sein wie diese von ihr. Aber vielleicht wäre sie nicht so gern und so oft bei ihnen gewesen, wenn sie nicht eine Katze gehabt hätten – braun getigert mit grünen Augen, einer weißen Brust und weißen Pfoten –, die ihnen eines Tages von der Metzgerei nach Hause gefolgt war. »Was konnten wir tun?«, sagte Mrs Mandelbaum gern. »Wir haben sie aufgenommen. Zu einem Fräulein in Not konnte Max doch nie Nein sagen.«

Als ob die Katze wusste, dass Mr Mandelbaum ihr Retter war, hatte sie sich ganz auf ihn fixiert. Sie folgte ihm von einem Zimmer ins andere und rollte sich dann zu seinen Füßen oder in seinem Schoß zusammen, wie es ihre Laune ihr eingab. Sie mochte Menschen und hatte ein freundliches Wesen, doch die einzige Person, die sie offenbar fast so sehr liebte wie Mr Mandelbaum war Laura. Nicht selten, wenn ich sie nach einem langen Arbeitstag im Laden abholte, fand ich sie im ehemaligen Zimmer des Sohns der Mandelbaums schlafend im Bettchen auf der Seite liegen, einen Arm um das weiche Kätzchen geschlungen, das auf dem Kissen neben ihr zusammengerollt lag.

Ich wusste natürlich, dass Laura und ich »nur« ein Ersatz waren für den Sohn, den die Mandelbaums verloren hatten, und das Enkelkind, das sie nie mehr bekommen würden. Dennoch war es unmöglich, die beiden nicht zu lieben. Und letztlich brauchten wir auch eine Familie, Laura und ich.

Hin und wieder umfasste Mrs Mandelbaum sanft mit beiden Händen mein Gesicht und sagte: »Ein hübsches junges Mädchen wie Sie sollte mehr ausgehen. Sie sollten sich einen Freund suchen. Der Mensch ist doch nicht fürs Alleinsein geschaffen.«

»Ich bin doch nicht allein«, widersprach ich. »Ich habe Laura und euch beide und meinen Laden. Wie könnte ich denn da *noch* weniger allein sein?«

Aber ich wusste natürlich, was sie meinte. Ich dachte an Nick, den ich immer noch liebte, obwohl mir klar war, dass er nichts taugte. Ich dachte an meine Mutter und ihren traurigen, ziellosen Blick, nachdem sie ihren kleinen Sohn verloren hatte. Die Mandelbaums hatten nach einem ähnlichen Verlust die Kraft gefunden, weiterzuleben. Aber die Menschen in meiner Familie waren anders. Wenn wir gebrochen waren, dann blieben wir gebrochen.

* * *

Das Beste und gleichzeitig das Schlimmste an einem Laden ist, dass jeder hereinkommen kann. Obdachlose kamen, um sich vor dem Regen zu schützen. Es gab Leute, die jeden Tag dreimal kamen, weil sie sonst niemanden zum Reden hatten. Manche durchsuchten obsessiv die Abfallbehälter nach den neuesten Werbematerialien und Einzelpressungen, die irgendein Musikkritiker gerade abgeladen hatte. Ich war mit solchen Leuten nachsichtiger als Noel. Ich sorgte immer dafür, dass wir Kaffee und Mineralwasser dahatten, und wenn es kalt war, hortete ich in unserem Keller geschenkte Decken und Mäntel zum Verteilen. Ich wollte zu einer Gemeinschaft gehören, aber mehr noch wollte ich, dass die Leute wussten, wer Laura war. Sie konnte nicht *immer* im Laden oder mit mir zu Hause oder bei den Mandelbaums sein. Sie musste mit ihren Freunden draußen spielen können, aber ich schlief nachts besser, wenn ich wusste, dass da eine ganze Armee von Aufpassern war, die mir half.

Wir hatten aber auch viele »echte« Kunden. Scenesters, die nach Lydia Lunch und New Order verlangten. Kids, die im CUANDO, dem Quartier einer kommunalen Organisation in der 2nd Avenue, mit Latin Hip-Hop experimentierten, sahen sich unsere Salsa-Auswahl an. DJs kamen bis von der Bronx herunter, um Schoolly D oder Old School Funk zum Remixen zu kaufen. Ein Marijuana-Dealer, der sich als Transvestit verkleidete – ein begeisterter Reagan-Anhänger, der mit einer Varieténummer unter dem Namen Vera Similitude im Norden der Stadt auftrat – kam mindestens einmal pro Woche, um Ayn Rand zu zitieren und Opernplatten zu kaufen. Ich lernte, dass jeder mit grün gefärbten Haaren automatisch Punk wollte und sich zu nichts anderem überreden ließ. Vorstädter wollten die neue Platte von Springsteen oder den Talking Heads haben, und das waren die Leute, mit denen wir immer am meisten Spaß hatten. Sie gaben ihre zwanzig Dollar für die neue von Bon Jovi aus und kauften dann noch etwas von Public Image oder Liquid Liquid, weil ich das im Hintergrund laufen hatte. *Was ist denn* das *für ein Wahnsinns-Song? Klingt gar nicht schlecht,* sagten sie und holten dann noch einmal die Geldbörse heraus.

Einen Plattenladen zu führen war in einiger Hinsicht, wie ein DJ zu sein. Am Wochenende, wenn die Bude voll war, musste ich ein Gespür für die Menge entwickeln. Ich merkte, wie sich die Stimmung änderte je nach der Musik, die ich laufen ließ. Wenn ich das von Jellybean Benitez produzierte Electro-Cover von Babe Ruths »The Mexican« auflegte, dann tanzte wirklich jeder im Laden, und ich verkaufte sämtliche Exemplare, die ich auf Lager hatte.

Immer wenn Anise in der Stadt war, sei es, um ein neues Album zu promoten oder im Madison Square Garden zu spielen, kam sie auch in meinen Laden, um ein »Meet and Greet« zu veranstalten. In Interviews sagte sie, der einzige Laden, in dem sie in New York Platten kaufe, sei Ear Wax Records an der 9. Straße. Das half mir sehr, wie auch, dass wir allmählich in den Stadtführern von New York Aufnahme fanden, die an Touristen verteilt wurden.

Trotzdem kam nie viel Geld herein. Alles, was nach dem Zahlen der Pacht und den wohlverdienten Bonuszahlungen für meine Mitarbeiter noch übrig blieb, reinvestierte ich. Rückblickend war das wahrscheinlich mein größter Fehler. Aber damals sah ich den Laden als meine und Lauras Zukunft, als unsere einzig mögliche Zukunft. Laura würde eines Tages ins College gehen, sie würde all das haben, was ich nie hatte. Das wollte ich sicherstellen.

Damals begannen Frauen massenweise ins Arbeitsleben einzutreten und über die Vorzüge von Kinderhorten und Kindermädchen zu debattieren. Doch ich konnte meine Tochter jeden Tag von der Schule abholen. Ich nahm sie mit in den Laden, wo sie etwas zu essen bekam, ein Buch lesen und ihre Hausaufgaben machen konnte. Ich konnte zusehen, wie Laura aufwuchs, nicht nur allgemein gesprochen, sondern ganz konkret. Ich durfte über die Pracht ihres geöffneten Haars staunen, wenn es vom Pferdeschwanztragen in der Schule befreit war, oder ihre kleine, perfekte Hand beobachten, wenn sie beim Lesen die Kontur ihres hübschen Gesichts nachzeichnete. An Nachmittagen unter der Woche, wenn im Laden nichts los war, suchte Laura für uns beide Platten zum Mitsingen heraus. Dabei bestand sie stets darauf, die Musik heimlich immer leiser zu machen und auch selbst immer leiser zu singen, bis meine Stimme allein übrig blieb.

An schulfreien Tagen gingen Laura und ich Stunden vor der regulären Öffnungszeit in den Laden. Wir holten Alben aus den Regalen, breiteten sie auf dem Boden aus und spielten zwischen den rechteckigen, gebrochenen Fliesen dazwischen Himmel und Hölle. Geschickt und groß, wie sie war, und dazu federleicht, trat sie dabei nie versehentlich auf eine Platte. An den Abenden, an denen ich bis spät arbeitete, konnte Laura bei den Verdes oder den Mandelbaums bleiben, in einem sicheren, liebevollen Zuhause, bis ich sie abholen kam. Sie war ein glückliches Kind, und auch ich war glücklich. Ich hatte Laura, ich hatte mein Geschäft, ich hatte meine Musik. Es war die glücklichste Zeit meines Lebens.

Sogar damals, als die Lower East Side wirklich schlimm wurde, als Mitte der Achtziger Jahre Crack aufkam und man unbewaffnet nicht weiter östlich als bis zur Avenue A gehen konnte, war unser Abschnitt der 9. Straße ein angenehmer Block. Von Bäumen gesäumt und ein wenig grün. Im Frühling hinterlegte Mu Shu – die Katze, die zwischen den miteinander verbundenen Souterrains und Ladenfronten unseres Blocks lebte und ihren Namen einer Vorliebe für chinesisches Essen verdankte – immer Löwenzahn am Eingang des Ladens. Im Sommer schlief sie oft auf dem Gehsteig im Halbschatten. »Mu Shu's Hamptons« nannten wir dieses Stück Trottoir gerne. Über den Geschäften lebten ukrainische Arbeiterfamilien in Wohnungen mit Mietpreisbindung. In der Dämmerung versammelten sich auf den kleinen Veranden vor den Häusern alte ukrainische Frauen zu einem Schwatz.

In den Ladenfronten selbst waren die Jugendlichen, die in den Siebzigern dort in Gruppen und Kommunen gewohnt hatten, entweder ausgezogen oder hatten selbst Läden aufgemacht. Kleine Geschäfte wie meines. Ein Laden, in dem eine Person Lederwaren herstellte und verkaufte. Ein Klamottenladen, der von einem Jazzmusiker betrieben wurde. Wenn das Wetter gut war, spielten draußen kleine Kinder zusammen. Laura und ihre Freundin Maria Elena spielten oft mit den Nachbarskindern vor meinem Laden, wo ich sie in Rufweite hatte.

Die Drogenhändler und Kleinkriminellen in unserer Gegend wurden immer mehr, doch unser Block blieb verschont. Wir hatten nie solche Leute bei uns. Nie da, wo meine Tochter und ihre Freunde mit Kronkorken spielten, die sie auf der Straße fanden, beobachtet von einer hübschen, gescheckten Katze, die gelegentlich einen schnappte und dann stolz damit die Straße hinunterschritt, als sei es eine Trophäe.

8

Prudence

Als Sarah jung und die Welt noch eine andere war als heute, konnte es Spaß machen, kein Geld zu haben. Jedenfalls sagen Sarah und Anise das. Immer wenn sie von all den guten Zeiten reden, die sie erlebten, sagt eine von ihnen schließlich: *Wir waren so jung damals! Die Welt war eine ganz andere.*

Wenn du arm warst, als sie so jung waren, musstest du Dinge tun wie mit der besten Freundin in einem riesigen Loft wohnen, das praktisch nichts kostete. (*Peanuts!,* sagt Sarah.) Es war so groß, dass genug Platz da war, um deinen DJ-Tisch aufzustellen oder dass die Band deiner Freundin darin proben konnte, und dann war immer noch genügend Platz, um zwei Matratzen auf den Boden zu legen, wo du und deine Mitbewohnerin die ganze Nacht aufbleiben und quatschen und lachen und mit euren drei Katzen spielen konntet. Du konntest zu Partys gehen oder zu einem Ort namens »Club«, wo Freunde von euch Platten oder Instrumente spielten und andere Menschen dazu tanzten. Wenn du die Menschen kanntest, die dort arbeiteten, ließen sie dich umsonst essen und trinken.

Neben deiner besten Freundin kanntest du andere Leute, die interessante Dinge machten, zum Beispiel Schauspieler waren oder Künstler oder Schriftsteller, und ihr alle zusammen hattet Spaß, wenn ihr draußen in Parks im Gras liegen und Hotdogs essen konntet (die nicht wirklich aus Hunden gemacht sind). Hotdogs kosteten praktisch gar nichts. Manchmal hast du mit deiner Freundin zusammen euer ganzes Geld aufgespart für ein großes Essen in einem Restaurant mit dem Namen Dojo am St. Mark's Place, wo ihr »das volle Programm« bestellt habt.

Oder ihr seid zu einem Ort namens Ice Cream Connection gegangen, wo es selbst gemachte Eiskrem aus Honig gab und Geschmacksrichtungen wie Panama Red (das ist einfach nur Kirsche) oder Acapulco Gold (das ist Pfirsich).

Ich vermisse Eiskrem. Sarah hat aufgehört, welche mit nach Hause zu bringen, und Laura und Josh haben anscheinend nie welche. Manchmal wünsche ich mir, *wir* wären arm, damit ich wieder Eiskrem bekommen könnte.

Aber wir sind nicht arm, oder gar pleite. Wenigstens sagt Josh das andauernd. Wie neulich, als Laura mit einer Tüte Pfirsiche von der Arbeit heimkam, die sie gekauft hatte. Josh fragte, warum sie Pfirsiche statt Pflaumen gekauft habe, wo sie doch beide Pflaumen lieber mögen. Und Laura sagte: *Die Pfirsiche waren im Angebot.* Er wiederholte, sie hätte Pflaumen kaufen sollen, und sie blieb dabei, dass die Pfirsiche im Angebot gewesen seien, bis Josh sagte, es sei ja nicht so, dass sie zu arm seien, um Pflaumen zu kaufen, wenn sie welche wollten. Laura schaute verärgert und verwirrt, als habe sie gedacht, es sei nett von ihr gewesen, die Pfirsiche zu nehmen, und sie könne nicht verstehen, wieso Josh so eine große Sache daraus mache. Schließlich erklärte sie ihm, gleich unten an der Straße sei ein Obststand, und wenn er sich so große Gedanken um Pfirsiche und Pflaumen mache, habe er doch tagsüber genügend freie Zeit, um selbst zu kaufen, was immer er wolle.

An diesem Punkt verließ Josh die Küche, ging nach oben ins Büro und klackerte extra laut auf dem Katzenbett/Computer-Ding, wie ich es manchmal an meinem Kratzbaum mache, wenn ich mich über etwas ärgere. Als er weg war, bemerkte Laura die winzigen Krümel, die Josh zuvor beim Essen auf der Anrichte hinterlassen hatte, und sie holte Schwamm und Spritzflasche hervor und rieb die Anrichte viel fester, als notwendig gewesen wäre, um sie sauber zu kriegen. Die Menschen und die Katzen müssen Wege finden, überschüssige Energie loszuwerden, wenn wir »aufgebracht« sind, wie Sarah es nennt. Es war gut, dass ich, nachdem Josh mit seinem Sandwich fertig war, auf die Anrichte sprang und die ganzen Schinken- und Käserestchen aß, die er übriggelassen hatte. Hätte Laura gesehen, wie es aussah, *bevor* ich beim Saubermachen half, dann wäre sie noch aufgebrachter gewesen.

Und letzte Woche, als Laura und Josh am Esstisch saßen und ihre Rechnungen durchgingen, sagte sie, vielleicht sollten sie versuchen, doppelt so viel zu sparen, solange er noch Geld von seinem alten Job bekomme, auch wenn das das Leben »ein bisschen ungemütlicher« mache. Josh entgegnete, sie hätten genügend Geld auf der Seite, und Laura fragte: *Aber wie lange noch?* Josh antwortete: *Wir sind noch längst nicht pleite, Laura. Ich habe fünfzehn Jahre lang gespart. Du hast doch die ganzen Unterlagen gesehen.* Danach sagten sie beide nichts mehr. Aber Laura hatte Falten auf der Stirn, und die Haut unter Joshs linkem Auge zuckte. An diesem Abend musste ich lange bei Laura im Bett bleiben, ehe sie endlich richtig einschlafen konnte.

Laura hat in letzter Zeit große Probleme einzuschlafen, vor allem, seit Josh später zu Bett geht als früher – lange, nachdem Laura schon gegangen ist und im Fernsehen noch einen alten Film ansieht wie Sarah, wenn sie nicht schlafen konnte. Wenn Josh dann endlich ins Bett kommt, schläft er weiter von Laura weg, sodass für mich viel Platz bleibt, aber er berührt sie auch weniger. Manchmal ist Laura nach dem Aufstehen so müde, dass sie Teile ihrer morgendlichen Routine vergisst, etwa nach dem Augen-Make-up Lippenstift aufzutragen oder ihr Haar mit den Gels zu stylen, die in Flaschen im Badezimmer stehen. Ein paar Mal hat sie die Pille vergessen, die sie jeden Morgen nimmt, bevor sie mir mein Frühstück gibt. Aber sie füttert mich immer noch jeden Morgen rechtzeitig. Gelegentlich macht sie meine Wasserschale zu voll, wie anfangs, als ich hierherkam. Aber jetzt seufzt sie nur mehr, anstatt die Lippen zusammenzupressen, wenn sie sieht, dass ich die Schale gekippt und etwas verschüttet habe.

Seit dem Abend vor drei Wochen, an dem sie über Joshs Abfindungsvereinbarung stritten, ist zwischen Josh und Laura etwas anders. Wer die beiden nicht näher kennt, würde wohl nicht bemerken, dass etwas im Argen liegt, weil sie die meiste Zeit so höflich miteinander umgehen. Sie sprechen sich die ganze Zeit mit dem Namen an und sagen nach jeder Kleinigkeit »bitte« und »danke«, so wie Menschen miteinander reden, die sich sehr gut kennen. (*Wenn du mit der Zeitung fertig bist, Laura, könntest du mir dann bitte den Wirtschaftsteil geben? Danke.* Oder: *Josh, könntest du morgen bitte frische Katzenstreu für Prudence besorgen? Danke.*)

Ich glaube, Laura ist nicht so verärgert wie Josh, denn sie gibt sich mehr Mühe, ihn zum Reden zu bringen. Immer wieder findet sie Gründe, kleine Dinge zu tun, um die sie sich früher nie gekümmert hat. Wenn sie nach der Arbeit eine Dusche nimmt, bringt sie das Telefon nach oben ins Büro und sagt zu Josh: *Hier ist das Telefon, falls jemand anruft, solange ich dusche.* Und Josh sagt *Danke,* ohne sie auch nur anzusehen. Laura zögert, als würde sie erwarten, dass er noch mehr sagt, nachdem sie sich die Mühe gemacht hat, ihm das Telefon zu bringen. Aber Josh bleibt stumm, bis er schließlich fragt: *Wolltest du noch etwas, Laura?* Oder wenn Laura sagt: *Ich dachte daran, chinesisch zu bestellen, wenn das für dich okay ist,* dann erwidert Josh einfach: *Chinesisch ist in Ordnung.* Dann sagt Laura etwas wie: *Oder wir könnten diesen neuen Thai ausprobieren, wenn du willst.*

Josh zog Laura gerne damit auf, dass man sie an ihrer Art, über alles zu verhandeln, leicht als Anwältin erkennt. Wenn er Thai-Essen vorschlug, das Laura nicht mag (und ich stimme ihr zu, denn Thai-Essen ist für eine Katze viel zu stark gewürzt – was bedeutet, sie sollten es nie bestellen), sagte Laura etwa: *Okay, heute Abend Thai, aber dann darf ich die nächsten drei Abende auswählen.* Worauf Josh erwiderte: *Heute Abend Thai, morgen kannst du wählen, und ich massiere dir die Füße.* Und Laura sagte: *Heute Abend Thai, eine Fußmassage und du musst für den Rest der Woche Prudences Katzenklo saubermachen.* Und Josh blinzelte und zog die Mundwinkel nach unten und sagte: *Ooh … ich weiß nicht … ich weiß nicht recht, ob ich da noch einen Profit mache.* Dann lachten sie und bestellten das Thai-Essen.

Aber wenn Laura nun Thai-Essen vorschlägt, was Josh freuen sollte, weil er der Einzige ist, der es mag, sagt er höchstens: *Bestell, was du willst, Laura.*

Als ich noch sehr jung und erst einige Monate mit Sarah zusammen war, fiel es mir schwer, meinen Schwanz das tun zu lassen, was ich wollte. Wenn ich mich zu putzen versuchte, dann schlängelte sich mein Schwanz überall herum und geriet außer Reichweite meiner Krallen, so sehr ich auch versuchte, ihn zu fangen. Ich knurrte und schnappte nach ihm, um ihm zu zeigen, dass es mir ernst war. Manchmal versuchte ich sogar, ihn zu jagen, aber er blieb immer gerade außerhalb der Reichweite meiner Zähne, und ich rannte am Ende immer nur im Kreis herum. Ich bin nicht wirklich böse auf ihn geworden. Aber es war frustrierend, einen Teil meiner selbst zu sehen, wie er Dinge tat, die ich nicht wollte oder erwartete oder verstand.

Daran erinnern Laura und Josh mich nun. Sie scheinen verunsichert und frustriert, wenn sie einander ansehen, so als könnten sie das, was dieser andere Mensch – dem sie sich so nahe glaubten – tut oder sagt, einfach nicht begreifen.

Ich wünschte, ich könnte die Sprache der Menschen sprechen und Laura sagen, dass Josh nur deshalb so verärgert reagiert, weil seine Gefühle verletzt sind, genau wie die ihren. Vielleicht würde sie dann nachts besser schlafen.

Natürlich, wenn sie gut schlafen könnte, möchte sie vielleicht nicht, dass ich bei ihr im Bett schlafe. Und wenn ich neben Laura schlafe, schlafe ich besser als je zuvor seit dem Tag, an dem Sarah wegging, ohne mir zu sagen, warum.

* * *

Heute ist Sonntag, und Laura ist früher wach als sonst an einem Sonntag. So früh, dass ich nichts von all dem tun muss, was ich sonntags tue, um sie *sanft* daran zu *erinnern,* mir zur regulären Zeit mein Frühstück hinzustellen – etwa mich auf ihre Brust zu legen und ihr direkt ins Gesicht zu sehen, bis sie die Augen öffnet, oder auf dem Uhrenradio neben ihrem Kopf zu laufen, bis es anfängt, laut Musik zu spielen. Wenn Josh das Uhrenradio am Sonntagmorgen hört, vergräbt er den Kopf unter den Kissen und brummt gereizt: *Ist heute nicht Sonntag? Kannst du nicht mal auf die Schlummertaste drücken oder so?* Und Laura erklärt ihm mit verschlafener Stimme: *Ich glaube, eine hungrige Katze hat keine Schlummertaste.*

Aber heute steht Laura zu ihrer normalen Werktagszeit auf und putzt die ganze Wohnung. Ich höre sogar das Monster im Wohnzimmer wüten, während ich in der Küche fressen soll! (Ich weiß jetzt, dass Laura und Josh mit dem Monster die Böden saubermachen. Sarah machte das mit einem normalen Besen und einem Ding, das rollte und Teppichkehrmaschine hieß. Es kommt mir dumm vor, unser aller Leben aufs Spiel zu setzen und ein Ungeheuer *in unserer Wohnung* leben zu lassen, nur damit unsere Böden sauberer sind, auch wenn ich zugeben muss, dass Laura anscheinend stark genug ist, es zu bändigen – vorerst.) Mit pochendem Herzen lasse ich den größten Teil meines Fressens stehen und renne in mein Zimmer mit den Sarah-Kartons hinauf, so schnell meine vier Beine mich tragen. Aber als ich ankomme, ist die Tür zu! Ich miaue mit meiner lautesten »Fischhändlerin«-Stimme, aber das Gekreisch des Monsters übertönt mein Schreien. Da niemand reagiert, springe ich mit beiden Vorderpfoten auf die Türklinke, halte mich fest, bis mein Gewicht die Klinke nach unten drückt und die Tür sich einen Spalt öffnet. In der Lower East Side hatten wir normale, runde Türknöpfe, aber hier in der Upper West Side haben die Türen Klinken, an die ich mich so lange klammern kann, bis die Tür aufgeht.

Josh – in Jeans, einem durchgeknöpften Hemd und mit seinen alten Turnschuhen, um nach draußen zu gehen – kommt gerade rechtzeitig aus dem Schlafzimmer, um zu sehen, wie ich an der Klinke hänge und die Tür öffne. Er lacht. »Arme Prudence! Haben sie dich aus deinem Lieblingszimmer ausgesperrt?«

Das Prudence-Schildchen an meinem roten Halsband klimpert, als ich auf dem Boden aufsetze und zu Josh hinaufschaue. Seine Lider sehen schwer aus, die Augen sind klein, und ich frage mich, ob er dasselbe herausgefunden hat wie ich – dass Laura in diesem Zimmer nicht saubermachen, aber auch die Tür nicht offen lassen will, damit niemand sieht, dass es hier drinnen staubiger ist als in der restlichen Wohnung. »Also gut«, sagt Josh, »wir lassen sie gerade so weit auf, dass du raus und rein kannst. Okay?« Er greift nach der Klinke und schließt die Tür bis auf einen kleinen Spalt. Ich bin überrascht, als ich sie mit der Seite meines Bauchs ein Stückchen weiter aufdrücken muss, um durchzukommen. Früher hätte ich leicht durch eine Öffnung dieser Größe gepasst. Plötzlich merke ich, wie lange es her ist, seit ich mich zum letzten Mal darum sorgen musste, dass ich nicht rechtzeitig gefüttert wurde, und sofort mein ganzes Fressen verschlang, sobald es vor mir stand.

»Ich gehe Brötchen und geräucherten Fisch holen«, erklärt mir Josh und lächelt. »Wenn du brav bist, kannst du später was davon haben.«

Er stapft rasch die Treppe hinunter, und das Monster hört so lange zu kreischen auf, dass er Laura sagen kann, er geht Brötchen kaufen. Sie sagt zu ihm, er solle die Einkaufsliste nicht vergessen, die sie gestern Abend gemacht hätten.

Ich flitze in das Zimmer und vergrabe mich an meinem Schlafplatz hinten im Schrank – und lausche angestrengt, um absolut sicherzugehen, dass das Monster nicht hier hereinkommt, um mich oder die Sarah-Kartons zu bedrohen. Aber in erster Linie denke ich doch an Fisch.

Mittags kommt Joshs ganze Familie, um über Geld zu reden und darüber, wer krank ist und wem es gut geht und wer noch verheiratet ist und wer nicht – obwohl sie *sagen,* sie sind wegen eines Feiertags hier. Josh umarmt seine Mutter freudig, als sie hereinkommt, und sagt: »Alles Gute zum Muttertag!« Seine Mutter umarmt Laura ein bisschen länger, als sie Josh umarmte, und reibt ihren Rücken. »Alles Gute zum Muttertag«, murmelt Laura, und Joshs Muter küsst sie auf die Wange, ehe sie sie loslässt.

Vor einem Jahr kam Laura am selben Feiertag in Sarahs und meine Wohnung in der Lower East Side. Sie brachte auch Brötchen und Fisch mit, und dazu einen Strauß rote Nelken, die Sarah in einer kleinen gelben Vase in die Mitte unseres Küchentisches stellte. Sie umarmten sich irgendwie (immer, wenn sie sich umarmten, war es, als hätten sie vergessen, wie das geht), aber Laura war nicht so steif wie sonst bei ihren Besuchen. Sie hatte rosige Wangen, und ihre Augen leuchteten. Sie lachte, als Sarah das Verschlussbändchen von der Brötchentüte in meine Richtung warf und ich hochsprang, um es in der Luft zu fangen. Sie lächelte sogar geduldig, während Sarah über das Wetter redete und über etwas Witziges, das jemand in der Arbeit zu ihr gesagt hatte, und Laura fragte, ob sie in letzter Zeit einen interessanten Film gesehen habe.

Nachdem Besteck und Essen auf dem Tisch bereit waren, sprang ich direkt in die Mitte der Platte, damit Sarah etwas Fisch auf einem Prudence-Tellerchen für mich arrangieren konnte. Laura rümpfte die Nase. »Iihh, Mom«, sagte sie, »lässt du Prudence immer auf dem Tisch fressen?«

Sarahs Schultern wurden steifer, so wie immer, wenn sie denkt, dass Laura sie kritisiert. Aber sie sagte nur: »Prudence und ich verstehen uns.« Sie strich mir ein paar Mal über den Rücken, hob mich dann sachte auf den Boden und stellte mein Fischtellerchen neben mich. Die beiden beobachteten mich. Dann begann Sarah, ihr Brötchen mit Fisch zu belegen. Mit einem Blick auf Laura meinte sie: »Manchmal denke ich, es ist verrückt von mir, dass ich sie so gerne habe.«

»Liebe ist Liebe«, meinte Laura. Obwohl ihr Essen vor ihr stand, hatte sie es noch nicht angerührt. »Wer kann schon sagen, was verrückt ist?« Ihre Mundwinkel bewegten sich zur Andeutung eines Lächelns nach oben, und ihre Wangen wurden noch röter. Sie schien scheu und selbstzufrieden zu sein, als hätte sie ein Geheimnis, an das zu denken sie glücklich machte. Plötzlich betrachtete Sarah sie näher – und dann lächelte sie, und auch ihre Augen leuchteten.

Heute hat Laura keine rosigen Wangen und leuchtenden Augen. Alle schauen verstohlen aus den Augenwinkeln auf sie, und Laura bekommt es mit, aber sie tut so, als würde sie nichts bemerken. Blicken sie alle auf sie, weil sie der einzige Mensch ist, dessen Mutter am Muttertag nicht hier ist? Aber die Mütter von Joshs Eltern sind auch nicht hier, und niemand schaut zu *ihnen,* also kann das nicht stimmen. Trotzdem ist Josh netter zu Laura, als er die letzten Wochen war; er sitzt auf der Lehne der Couch neben ihr und hat einen Arm um ihre Schultern gelegt. Sie rückt nicht weg, aber sie berührt auch nicht sein Bein oder schaut ihm ins Gesicht, so wie früher.

Auf dem Esszimmertisch steht ein riesiger Korb voller Brötchen, von dem ich gar nichts wusste, dazu Schalen mit Streichkäse und Platten mit verschiedenem geräuchertem Fisch. Nach dem Debakel des *letzten* Feiertags hüte ich mich, auf den Tisch zu springen und etwas einzufordern – auch wenn all der Fisch noch so verführerisch duftet. Ich schaue begierig auf in die Gesichter von Laura und Josh, während alle ihre Teller mit Essen beladen und damit ins Wohnzimmer zurückgehen. (Joshs Vater nimmt sich weniger als die anderen, weil seine Frau ihn ermahnt: »*Abe,* denk daran, was Dr. Stern über deinen Cholesterinspiegel gesagt hat.«) Ich reibe sogar meine rechte Wange fest gegen das Tischbein und kratze vorsichtig mit den Zähnen daran, damit sie extra sauber werden, sodass alle an meinem Geruch erkennen, dass dies jetzt *mein* Essplatz ist. Aber niemand scheint zu bemerken, wie höflich ich warte. Wenigstens benehmen sich die Wurfgeschwister heute besser als letztes Mal. Robert beugt sich nieder und bringt sein Gesicht (zu) nahe an meines, streckt eine Hand nach mir aus und fragt: »Hier, Mieze. Darf ich dich streicheln?« Aber die Hand ist leer, also weiche ich trotzig zurück und hebe zur Warnung die rechte Vorderpfote mit ausgestreckten Krallen.

Sobald die Wurfgeschwister Essen auf ihren Tellern haben (und warum bekommen *sie* ihren Fisch *vor* mir?), rennen sie damit nach oben zum Fernsehen in Lauras und Joshs Schlafzimmer. Normalerweise ist Essen oben *niemals* erlaubt. »Darum habe ich sie als Muttertagsgeschenk gebeten«, erklärt Erica trocken. »Ein ruhiges Essen mit den Erwachsenen.« Dann seufzt sie. »Ich hatte gehofft, Jeff würde einen Teil des Geldes überweisen, das er mir noch schuldet, damit ich sie heuer in ein anderes Sommerlager schicken kann.« Sie blickt zu Josh, der jetzt neben Laura auf der Couch sitzt, aber nicht so nah, dass sich ihre Arme berühren. »Weißt du noch, wie gut es uns in Pine Crest gefallen hat?«

»Acht Wochen im Gebirge, weg von unseren Eltern.« Josh grinst. »Was hätte es Besseres geben können?«

»Acht Wochen Vorstadtleben ohne Kinder«, bemerkt Joshs Mutter trocken, und alle lachen.

Josh wendet sich Laura zu. »Warst du einmal in einem Sommercamp?«

»Ich?« Laura wirkt überrascht. Sie kräuselt die Stirn und zieht einen Mundwinkel nach oben, als halte sie diese Frage für dämlich. »Die Kids von der Lower East Side kannten kein Sommercamp. Es sei denn, du nennst es so, wenn man mit Rollschuhen durch einen geöffneten Hydranten fährt. Wir nannten das Stadt-Wasserskifahren.«

»Aber was hat deine Mutter dann mit dir gemacht, wenn die Schule aus war?«, fragt Joshs Mutter.

Laura zuckt die Achseln. »Meistens habe ich in ihrem Plattenladen mitgeholfen, oder ich war bei Nachbarn in unserem Gebäude. Manchmal nahm sie mich morgens mit zum Hehlermarkt am Astor Place, um Platten zurückzukaufen, die Ladendiebe gestohlen hatten. Danach gingen wir ins Café Kiew und aßen Plinsen mit Nuss-Nougat-Creme. Das haben wir aber nur gemacht, bis ich neun oder zehn war«, fügt sie auf eine Art und Weise hinzu, die nahe legt, dass sie gerne das Thema wechseln würde. »Später bin ich im Sommer zur Schule gegangen, um mich auf die Prüfungen an der Stuyvesant vorzubereiten.«

Joshs Vater pfeift leise und zieht dabei die Brauen nach oben. Bei dem Geräusch stellen sich meine Ohren auf, denn ich denke unwillkürlich, vielleicht ruft er mich zu sich, um mir etwas Fisch zu geben. Ich laufe zu seinem Stuhl und reibe heftig den Kopf an einem Stuhlbein. Aber er sagt nur: »Deine Mutter hat sich um deine Bildung Gedanken gemacht. Stuyvesant, das ist eine wirklich renommierte Highschool.«

»Weiß ich, das kannst du mir glauben.« Laura lacht auf. »Diese Prüfungen waren alles andere als einfach.«

»Okay, warte mal«, wirft Josh ein. »Neun warst du wann – neunundachtzig?« Als Laura nickt, fährt er fort: »Das muss ein großartiger Sommer dafür gewesen sein, in einem Plattenladen rumzuhängen. Da kam *Mind Bomb* von The The raus, *Paul's Boutique,* die Pogues mit *Peace and Love.*«

Als Laura ihn ansieht, wirkt sie verblüfft, aber zum ersten Mal seit Langem auch liebevoll. »Wie kannst du das alles auswendig im Kopf haben?«

Josh grinst. »Du weißt doch, dass du einen Musikfreak geheiratet hast.«

»Hey«, unterbricht jetzt Erica. »Ist in dem Sommer nicht auch *Bleach* rausgekommen?«

»Richtig!« Josh wendet sich wieder Laura zu. »Was hielt deine Mutter von den frühen Nirvana?«

»Oh, weiß ich nicht.« Laura nimmt einen Biss von ihrem Brötchen, und ich schaue neidisch zu, wie der Fisch in ihrem Mund verschwindet. Als niemand sonst etwas sagt und alle auf eine Bemerkung von ihr warten, schluckt sie und fährt dann an Josh gewandt fort: »Anfangs war sie an denen nicht so interessiert. Das war nicht ihre Musik. Aber Anise kam in die Stadt und nahm sie mit zu Nirvana in den Pyramid Club. Das war ihr erster Auftritt in New York, und Kurt Cobain geriet sich mit einem der Rausschmeißer in die Haare. Das war am Dienstagabend.« In Lauras Lächeln liegt eine Art widerwilliger Respekt. »Am Mittwochmorgen rief sie ihren Großhändler an und bestellte eine Million Exemplare von *Bleach*. Als der Laden am Sonntag schloss, waren sie alle verkauft.«

Joshs Vater steht auf und trägt seinen leeren Teller in die Küche. Ich lege mich auf den Bauch und stecke die Nase zwischen meine Vorderpfoten, weil ich enttäuscht bin, dass er mir keinen Fisch gab. »Damals war die Lower East Side voller Gewalt«, sagt er. »Weißt du noch, Zelda? Jedes Mal, wenn man die Zeitung aufschlug, ging es da nur um Raubüberfälle, Brandstiftung und Drogenhändler.« Er kommt zurück ins Wohnzimmer und nimmt wieder auf seinem Stuhl Platz.

»Es war schon lebensgefährlich, nur durch diese Gegend zu *fahren*«, stimmt Joshs Mutter zu. »Eigentlich überraschend, dass deine Mutter entschied, dort allein ein Kind großzuziehen.«

»Ma«, sagt Josh mit einem warnenden Ton.

»Nein, ist schon okay«, meint Laura. »Es war anders, wenn man tatsächlich dort lebte«, erklärt sie seinen Eltern. »Meiner Mutter war es wichtig, die Leute zu kennen, sodass immer jemand da war, der ein Auge auf mich werfen konnte. Ich weiß noch, wie ich einmal, da war ich zwölf, mit meinem Rad auf der 14. Straße und der 2nd Avenue unterwegs war und ein Jugendlicher versuchte, mir Drogen zu verkaufen. Diese Nutten, die meine Mutter kannten, haben sich auf ihn *gestürzt.*« Sie lacht. »Eine von ihnen bestand darauf, mich zum Laden zurückzubringen und mich persönlich bei meiner Mutter abzuliefern.«

Obwohl Laura zunächst freundlich klingt, mischt sich in ihre Stimme ein harter, beschützender Ton. Als wollte sie nicht, dass Joshs Eltern irgendetwas Schlechtes über Sarah denken. Das ist eigenartig, denn Sarah sagt, Laura wird nie aufhören, wegen des Plattenladens oder ihrer Entscheidung, wo sie Laura aufziehen wollte, wütend auf sie zu sein. *Für sie ist der Laden an allem schuld,* sagte Sarah einmal zu Anise und fuhr nach einem Seufzer fort: *Eigentlich gibt sie die Schuld mir.*

Doch während Laura spricht, wird ihre Stimme weicher, und ihre Schultern lockern sich. Der Schmerz in meiner Brust, der daher kommt, dass Sarah fort ist, lässt nach, wenn ich ihr zuhöre, und ich hoffe, sie spricht weiter so über Sarah. Es ist schön, auch noch andere Erinnerungen an Sarah zu hören als die, die ich bereits habe.

Wenn Laura genügend von ihren Erinnerungen erzählt, dann denken wir vielleicht fest genug an Sarah, dass sie zurückkommt und immer bei uns bleibt.

Auch Josh hört Laura gerne zu. Seine Augen werden leuchtender und wenden sich nicht mehr von ihrem Gesicht ab, so lange sie spricht. Seine Haltung (und auch Lauras) ist entspannter, sodass sein Arm und sein Bein sie leicht berühren, ohne dass es beiden besonders auffällt – leger und so, wie sie früher zusammen waren, bevor sie anfingen, ständig aufeinander zornig zu sein.

Doch seine Eltern sind offenbar entsetzt über das, was Laura eben erzählte, und sie merkt das. Sie wird ganz rot im Gesicht, und ihr Lachen klingt wie das Gekläff eines Hundes. »Aber auf der Neunten westlich von Avenue A, wo der Laden meiner Mom war, war es völlig anders«, fügt sie schnell hinzu. »*Diese* Straße war immer ruhig. Und die Straße, in der wir wohnten, auch …« Lauras Stimme erstirbt, und als sie wieder zu sprechen beginnt, klingt sie locker. »Wie sind wir überhaupt auf dieses Thema gekommen?« Sie schaut zu Erica, die neben Joshs Mutter auf der kleineren Couch sitzt. »Wir waren doch bei deinen Plänen für die Kinder in diesem Sommer.«

»Ich habe etwas über ihre Schule für sie arrangiert, drei Tage die Woche, aber ich weiß nicht, was ich die anderen beiden Tage mit ihnen machen soll.« Erica blickt bedrückt.

»Ich kann sie zwei Tage die Woche nehmen, wenn du willst«, schlägt Josh vor.

Erica zögert. Ihre Miene verrät, wie sehr sie Ja sagen möchte, aber sie will es nicht geradeheraus sagen. »Bist du sicher? Ich weiß doch, dass du … andere Sachen zu tun hast.«

»Klar!«, sagt Josh. »Mir tut ein bisschen Zeit außer Haus doch nur gut. Und lustig wird das auch.«

Lauras Nasenlöcher weiten sich etwas. Sie steht auf und beginnt, leere Teller in die Küche zu bringen. Ich folge ihr, stelle mich neben die Anrichte und miaue Laura mit der lautesten, festesten Stimme, die ich habe, an, denn ich denke, dass ich für die bewundernswerte Geduld, die ich den ganzen Nachmittag aufgebracht habe, *gewiss* eine Belohnung verdient habe. Sie nimmt ein kleines Stück Fisch von einem der Teller und legt es für mich auf den Boden.

Ich verschlinge es rasch – aber eigentlich habe ich etwas Besseres verdient, nachdem ich so lange gewartet habe. Als Laura beginnt, die Reste von den Tellern in den Abfall zu befördern, scharre ich an ihrem Bein und miaue nachdrücklich. Daraufhin schaut sie zu mir herunter und sagt: »Werd mir nicht übermütig!«

Nachdem alle gegangen sind, trägt Josh die Teller und die Platten mit dem übriggebliebenen Fisch in die Küche. Der Fisch wird in Klarsichtfolie eingewickelt, und die Platten verschwinden im Spülbecken. Ich hoffe immer noch, dass Josh mir etwas Fisch gibt – wie er es *versprochen* hat –, aber stattdessen zieht er ein Paar gelbe Plastikhandschuhe an und dreht den Wasserhahn auf. Dampf und kleine, regenbogenfarbige Blasen vom Spülmittel steigen auf. Normalerweise würde ich gerne hochspringen und versuchen, ein paar zu fangen, aber ich will die Augen nicht von diesem Fisch abwenden.

Laura kommt mit den Gläsern und stellt sie neben dem Spülbecken ab. »Gut!«, sagt Josh fröhlich. »Du kannst mir beim Abtrocknen helfen.«

Sie stellt sich mit einem Tuch neben ihn. Ihr Rücken sagt eindeutig, dass etwas sie beschäftigt. »Was ist los?«, fragt Josh und reicht ihr einen gespülten Teller.

Laura reibt die nasse Platte so fest, dass dabei ein Quietschen entsteht. »Ich denke nur, wir hätten wenigstens darüber reden sollen, bevor du dich darauf einlässt, zwei Tage die Woche die Kinder zu nehmen.« Sie stellt die trockene Platte in einen Metallständer neben der Spüle.

Josh gibt ihr die nächste. »Was ist schon dabei? Ich habe Zeit, und ich muss *wirklich* ein bisschen rauskommen. Ich werde verrückt, wenn ich den ganzen Tag allein hier herumsitze.«

Lauras Ellbogen bewegen sich beim Trocknen rasch auf und ab. »Wie wär's damit, einen neuen Job zu suchen?«

Josh lacht kurz und angestrengt. »Vertrau mir«, sagt er, »drei Tage die Woche ist eine Menge Zeit, um Anrufe zu tätigen, die niemand erwidert, und E-Mails zu schreiben, auf die keiner antwortet.«

»Aber was ist, wenn jemand an einem Tag, an dem du die Kinder hast, ein Einstellungsgespräch mit dir machen will?« Laura nimmt ihm den nächsten Teller ab. »Oder was ist, wenn du in ein paar Wochen einen Job *bekommst* und keine Zeit mehr für sie hast?«

»Dann werden Erica und ich andere Vorkehrungen treffen. Das regeln wir, falls und wenn es so weit ist.« Er dreht den Wasserhahn zu, zieht die gelben Handschuhe mit einem schnappenden Geräusch aus und dreht sich zu Laura um. »Laura, in der nächsten Minute hätten meine Eltern angeboten, die Kinder zu nehmen. In ihrem Alter sollten sie aber nicht zweimal die Woche in die City fahren oder den lieben langen Tag hinter zwei Kindern herrennen müssen. Meine Familie braucht Hilfe, und ich bin in der Lage, sie zu leisten. Ich hätte das zuerst mit dir diskutieren sollen, da hast du recht, und das tut mir auch leid. Aber ich sehe wirklich nicht, wo das Problem liegt.«

»Ich bin auch deine Familie«, erwidert Laura leise, und zum ersten Mal habe ich das Gefühl, dass sie recht hat – Laura und Josh *sind* eine Familie. Ich hatte sie mehr als Wohnungsgenossen gesehen – wie Anise und Sarah, oder wie Sarah und mich –, weil ihre Zeitpläne so verschieden sind und sie sich nicht so verhalten wie Familien in Fernsehshows. Aber Laura und Josh sind eine Familie, und für einen Moment bin ich abgelenkt vom Gedanken an all den Fisch, weil ich mich frage, welche Rolle *ich* dann in ihrem Leben habe. »Ich hätte es gern, dass ich ein Teil der familiären Entscheidungen werde«, fügt sie hinzu.

Joshs Gesicht zittert, und ich denke, vielleicht sagt er gleich etwas Nettes zu ihr. Doch dann wird seine Miene wieder hart. »Ich bin nicht der Einzige hier, der Entscheidungen ohne Rücksprache trifft.«

Laura faltet sorgfältig das Geschirrtuch und hängt es zum Trocknen an den Griff der Kühlschranktür. »Ich gehe nach oben und ziehe mich um«, erklärt sie ihm und verlässt die Küche.

Josh seufzt, als sie weg ist, sieht sich im Raum um und bemerkt, dass ich noch immer neben der Anrichte warte. »Ich habe dir doch etwas Fisch versprochen, nicht wahr?«, fragt er, als sei es ihm eben eingefallen – als ob ich nicht *eindeutig* versucht hätte, ihn den ganzen Nachmittag daran zu erinnern! Er wickelt ein schönes, dickes Stück geräucherten Fisch aus der Klarsichtfolie aus und legt es auf seine Hand, die ein wenig zittert. Dann beugt er sich zu mir und hält mir die Hand entgegen. »Komm, Prudence«, ermutigt er mich. »Komm her zu mir.«

Ich bin verwirrt. Was will er von mir? Dass ich den Fisch direkt aus seiner Hand fresse? Aber dann müsste ich ihn ja berühren! Wieso kann er ihn nicht einfach auf den Boden legen, oder auf ein Prudence-Tellerchen (was das Beste wäre)?

»Na komm schon, Prudence«, wiederholt Josh. Sein Mund verzieht sich. »Ich möchte mich wenigstens mit einem Weibswesen in diesem Haus gut vertragen.«

Was für ein Haus? Wovon redet er? Ich versuche, mit der rechten Pfote nach dem Fisch zu grapschen in der Hoffnung, dass er zu Boden fällt. Aber er bleibt in Joshs Hand liegen.

Und nun macht Josh das Seltsamste. Er singt mir etwas vor, genau wie Sarah. »*Pru-dence, Pru-dence, gib mir bitte eine Ant-*

wort.« Ich sehe ihn konfus an. Er richtet sich auf und beginnt, sich durch die Küche zu bewegen, dreht sich im Kreis, schlägt mit den Beinen aus und fuchtelt mit den Armen. Er tanzt! Er führt ein komisches Tänzchen in der Küche auf und lässt das Stück Fisch zwischen Daumen und Zeigefinger baumeln. Ich folge seinen Bewegungen, versuche, nahe an dem Fisch zu bleiben und mich dabei von Joshs Beinen fernzuhalten. Sogar mit Hilfe meiner Schnurrhaare fällt es mir schwer, die Balance zu halten, während Josh weiter und noch lauter singt: »*Ich bin ganz verrückt nach dir, verrückt vor lauter Liebe!*« Jetzt sinkt er auf ein Knie nieder und drapiert den Fisch über das andere. »*Es wird keine extravagante Hochzeit, eine Kutsche kann ich mir nicht leisten. Aber du wirst wunderschön aussehen, auf unserem Fahrrad für zwei!*«

Er legt eine Hand auf seine Brust, wirft die andere in die Luft und hält den letzten Ton lange. Eigentlich sieht es aus, als habe er seinen Spaß dabei, so dumm dieses Herumgetue auch ist. Sogar ich muss eingestehen, dass er im Moment irgendwie unterhaltsam ist. Da er auf diese Weise abgelenkt ist, komme ich nahe genug heran, um meinen Fisch mit den Zähnen von seinem Bein zu ziehen. Während ich fresse, streicht er mir vorsichtig über den Rücken, aber ich bin so glücklich, endlich meinen Fisch zu haben, dass ich nicht einmal versuche, ihn abzuhalten.

Plötzlich hören wir ein unerwartetes Geräusch und blicken beide auf. Es ist Laura, die in der Küchentür steht. Sie hat die Lippen zusammengepresst, aber dieses Mal, um ein Lachen zu unterdrücken. Ihre Schultern beben von der Anstrengung. Als sie sich etwas beruhigt hat, sagt sie: »Das war ziemlich hinreißend.«

Josh verbeugt sich mit gespielter Bescheidenheit. »Ich tue mein Bestes.«

Er steht wieder auf, und die beiden sehen sich in die Augen. Josh atmet etwas schwerer als sonst, wegen all der Tanzerei.

Laura tritt zu ihm. »Es tut mir leid«, sagt sie und schlingt beide Arme fest um seine Taille. »Alles. Nicht nur das heute.«

»*Mir* tut es leid«, erwidert er. Einen Moment lang frage ich mich, ob sie jetzt anfangen, darüber zu streiten, wem es mehr leidtut. Er beugt sich etwas nach hinten, damit er ihr in die Augen sehen kann. »Du weißt, wie verrückt ich nach dir bin.« Er grinst. »Ich bin sogar verrückt danach, wie sehr du deinen Job liebst.«

Laura legt ihren Kopf an seine Brust. »Ich bin auch ganz schön verrückt nach dir.«

»Dann sind wir zwei glückliche Menschen«, sagt er und küsst sie auf ihr Haar.

Ich höre den Laut, als sich ihre Lippen treffen. Ich fresse weiter meinen Fisch, während die beiden nach oben in ihr Schlafzimmer gehen. Als sie wieder herunterkommen, ist es draußen schon dunkel.

9

Prudence

Ein Tag Anfang Juni war für Sarah anders als alle anderen Tage des Jahres. Sie verbrachte ihn stets damit, immer wieder dieselben zwei Lieder anzuhören. Das erste ist auf einer schwarzen Scheibe von einer ihrer Lieblingsbands, und darin fragt der Sänger, wenn er sich in dich verlieben würde (nicht in *dich,* sondern in die Person in dem Lied), würdest du versprechen, treu zu sein? Das andere Lied ist von einer Frau. Sie will, dass alle Lichter gedimmt werden, damit sie die ganze Nacht lang tanzen kann. Sarah hat allerdings nie getanzt, wenn sie sich diesen Song anhörte, und sie ließ alle Lichter so hell, wie sie immer waren. Sie nahm einige vertrocknete alte Blumen aus einem Metallkästchen, das sie im Schrank aufbewahrte, und legte sich auf die Couch mit einem Kissen, das Anise ihr aus ihrem Hochzeitskleid gemacht hatte. Das Kissen ist voll dunkler Flecken – Wasserflecken, sagt Sarah, die es bekam, als es einmal vor langer Zeit im Regen draußen lag.

Obwohl dieses Kissen nicht mehr so schön ist, und obwohl sie es nur einmal im Jahr herausholt, bedeutete es Sarah viel. Sie ließ dann oft die Finger über den Stoff gleiten, während ihre Musik lief, und am Ende streckte sie sich auf der Couch aus und schlief auf dem Kissen. Ich rollte mich neben ihr zusammen und stupste mit dem Kopf ihre Hand an, bis sie begann, mich zu streicheln und hinter den Ohren zu kraulen, so wie ich es mag. Ich wusste, wann sie schließlich eingeschlafen war, weil sich ihre Hand dann nicht mehr bewegte, sondern auf meinem Rückenfell liegen blieb. Dann schlief ich auch ein und streckte eine Pfote aus, damit sie auf Sarahs Schulter zu liegen kam. So berührten wir uns immer noch, obwohl wir beide schliefen.

Heute fand ich dieses Kissen in einem der Sarah-Kartons. Es lag unter einigen zusammengerollten Postern und einem Paar Bongo-Trommeln, mit denen mich Sarah manchmal spielen ließ; dabei lachte sie und nannte mich einen »coolen Typ«. Ich musste das Kissen mit all meinen Zehen hochwuchten, damit ich mich darauflegen und an Sarah denken konnte und daran, dass sie sagte, wenn man sich an jemanden erinnert, ist er oder sie immer bei dir. Aber als ich die Augen öffnete, sah ich Sarah nirgendwo.

Ich weiß nicht genau, welcher Tag im Juni für Sarah so wichtig war, also weiß ich auch nicht, ob er schon vorbei ist oder nicht. Ich nehme an, es ist ein Feiertag nur für Sarah und nicht für die anderen Menschen, denn das Einzige, was sich hier ändert, je weiter der Juni fortschreitet, ist, dass die Tage länger werden und Laura und Josh die Klimaanlage öfter laufen lassen. In der Lower East Side kam die kalte Luft aus einem Kasten, der in der Wand des Wohnzimmers steckte. Wenn ich ein Ohr darandrückte, konnte ich Dinge hören, die draußen passierten, oder manchmal auch Vögel, die von der anderen Seite der Mauer aus darin nisteten. Es war frustrierend für mich, das *tschilp! tschilp!* zu hören, ohne an sie heranzukommen. Aber für Sarah war es sogar noch frustrierender, denn sie musste mit der Hand auf den Kasten schlagen, bis die Vögel wegflogen. Sie sagte, ihre Federn würden den Motor verstopfen, der die kalte Luft herausblies.

Hier kommt die kalte Luft von Öffnungen unterhalb der Decke. Aber sie bläst bis zum Boden herunter, und manchmal kitzelt der plötzliche Windstoß, wenn er beginnt, mich an den Ohren, sodass ich sie mit den Hinterpfoten kratzen muss. An den Tagen, wenn Josh zu Hause und nicht mit den Wurfgeschwistern weg ist, macht er die Luft oft viel kühler, als es die meisten Katzen (mich eingeschlossen) angenehm finden. Aber wenn er es nicht sieht, dreht Laura einen kleinen Knopf an der

Wand im Wohnzimmer, der die Luft erwärmt. Sie redete einmal davon, wie teuer es sei, die kalte Luft die ganze Zeit laufen zu lassen (sogar die *Luft* kostet in der Upper West Side Geld?), aber Josh sagt, an den Tagen, wenn er hier sein muss, wird es für ihn sonst zu heiß.

Ich warte darauf, dass Laura mehr über Sarah erzählt, so wie am Muttertag. Ich dachte, vielleicht erinnert sich Laura an den Junitag, der für Sarah so besonders war, und sie kommt wie ich herauf, um die Sarah-Kartons nach Sarahs Hochzeitskleid-Kissen durchzusehen. Aber Josh ist außer mir der Einzige, der sich manchmal in meinem Zimmer aufhält; er kommt aber nur, um Sarahs schwarze Scheiben nach Musik durchzusehen, die er spielen kann, bevor Laura von der Arbeit nach Hause kommt. Ich dachte, vielleicht spielt er eines von Sarahs beiden Lieblingsliedern, aber bislang hat er das nicht getan.

Ich wünschte, ich könnte Laura dazu bringen, mehr über Sarah zu reden. Manchmal, wenn ich sie ansehe, komme ich durcheinander und denke, ich sehe Sarah. Sarah nannte das eine »Augentäuschung«, die einen flüchtigen Ausdruck auf Lauras Gesicht entstehen lässt, oder es ist der Winkel, von dem aus ich den Schwung ihrer Augenwimpern sehe, der in seiner Ähnlichkeit mit Sarah so perfekt und überzeugend ist. Aber ich weiß nicht, ob es so ist, weil Laura wirklich Sarah so ähnlich sieht, oder ob ich beginne zu vergessen, wie Sarah wirklich aussah. Ich ertappe mich dabei, dass ich Laura so beobachte, wie ich Sarah beobachtete – ihr Haar, das in der Sonne die Farbe verändert, ihr Kinn, das ein wenig zittert, bevor sie über etwas lacht, das ich gemacht habe, ihre langen Finger (die sich in meinem Fell manchmal angenehm anfühlen), wenn sie mir einen Kronkorken oder einen Strohhalm zum Spielen zuwirft. Mir ist aufgefallen, dass mehr von Lauras Geruch mit meinem vermischt ist, was sogar noch verwirrender ist – denn es ist *Sarah,* die nach mir riechen und meine wichtigste Person sein soll.

Manchmal merke ich, dass ich überhaupt keinen Schmerz

mehr in der Brust spüre davon, dass Sarah nicht da ist. Ich muss mich daran erinnern, ihn zu fühlen – obwohl es wehtut – denn *Gedanken* bedeuten gar nichts, wenn du sie nicht auch in deinem Körper fühlst. Was wäre, wenn ich Sarah ganz und gar vergäße? Es ist schon jetzt so viel, woran ich mich nicht mehr erinnere. Ich erinnere mich, wann Laura mich zum ersten Mal berührte, und wann sie mir das Kleid mit dem Sarah-Geruch zum Schlafen gab, und sogar an das erste Mal, als ich ihr begegnete und noch ganz klein war. Ich weiß, dass ich auch mit Sarah viele erstmalige Dinge hatte, aber sie ist nun schon so lange fort. Manchmal erinnere ich mich so klar an Dinge, die sie betreffen, als hätte ich sie erst gestern gesehen. Dann wieder kann ich noch so fest die Augen schließen und an sie zu denken versuchen, ohne mich an irgendetwas zu erinnern. Ich erinnere mich an die *Vorstellung* von Sarah und an all ihre Wärme und Freundlichkeit und ihre wunderschön singende Musik, aber das Erinnern dieser Vorstellung bringt kein Gefühl in meiner Brust oder in meinem Bauch mit sich.

Ich wünschte, ich könnte Laura fragen, an wie viel von Sarah sie sich erinnert. Weiß sie noch, wie Sarah riecht? Ich schon, aber vielleicht nur deshalb, weil die Sachen in den Sarah-Kartons noch immer nach ihr riechen. Das wird aber nicht ewig anhalten, und was mache ich dann? Jeden Tag wird ihr Sarah-Geruch schwächer.

Ich habe bemerkt, dass Laura ab und zu das Bild von Sarah in der Hand hält, das wir in unserer alten Wohnung hatten und das nun hier im Wohnzimmer steht. Sie starrt eine Weile darauf und stellt es dann wieder hin, mit einer fast fragenden Miene, so als würde sie gerne etwas wissen, das sie anscheinend meint herauszubekommen, wenn sie das Bild nur lange genug anschaut. Wenn sie hört, dass Josh ins Zimmer kommt, stellt sie es rasch wieder an seinen Platz und entfernt sich einige Schritte davon. Tut sich Laura auch schwer, sich an kleine Dinge in Bezug auf Sarah zu erinnern, weil sie nun schon so lange fort ist?

Es war so schwer, als Sarah fortging! Aber nun, da ich sogar meine Erinnerungen an sie verliere, ist es, als würde sie noch einmal fortgehen. Laura ist wahrscheinlich die Einzige, die mir dabei helfen könnte. Aber Laura spricht nie über Sarah.

Zwei Tage die Woche nimmt Josh einen Zug nach Washington Heights hinauf, wo seine Schwester wohnt, damit er sich um die Wurfgeschwister kümmern kann. Er riecht immer nach ihnen, wenn er nach Hause zurückkommt – nach Fruchteis und Kartoffelchips und zu süßem Kaugummi. Und er hat auch den guten Geruch frischer Luft an sich, so wie Sarah, wenn sie von einem ihrer langen Spaziergänge in der Lower East Side, die sie bei gutem Wetter so gerne unternahm, nach Hause kam. Selbst als Josh täglich in sein Büro außer Haus ging, roch er nicht so sehr nach draußen wie jetzt.

Josh nimmt die Wurfgeschwister gern zu »Ausflügen ins Grüne« mit, wie er das nennt. Zuerst war ich ein bisschen eifersüchtig, denn ich weiß, wie gerne *ich* im Grünen spielen würde. Ich habe noch nie eines in der Wirklichkeit gesehen, aber im Fernsehen. Es sind große Flächen mit Gras und Bäumen, und obwohl ich all die wunderbaren Gerüche nicht riechen kann, die es dort ganz bestimmt gibt, weiß ich doch bloß vom Sehen der Fernsehbilder, dass es dort unendlich viele Dinge gibt, die man tun oder jagen oder auf die man springen kann.

Aber abgesehen von einem Mal, als sie am Great Lawn im Central Park waren, klingen die Orte, die sie besuchen, gar nicht nach grünem Rasen. Einmal nahm Josh sie mit ins Museum of Natural History, ein anderes Mal ging er mit ihnen in ein Gebäude, wo sie Keramikteller und -töpfe selbst bemalen konnten. Neben seinen Anrufen, um einen neuen Job zu finden, telefoniert Josh auch mit Bekannten, die eigene Kinder haben, um sich Ideen geben zu lassen für Dinge, die er mit Abbie und Robert unternehmen kann.

»Ich dachte, nächste Woche gehe ich mit den Kids mal in die Lower East Side runter«, sagt er eines Abends zu Laura, nachdem sie von der Arbeit zurück ist.

Laura zieht die Augenbrauen zusammen. »Wirklich?«

»Manhattan endet schließlich nicht an der 14. Straße«, bemerkt Josh trocken.

Laura scheint diese Idee nicht zu gefallen. Ich weiß aber nicht recht, warum, denn zurück in die Lower East Side zu gehen klingt einfach *wunderbar.* Vielleicht ist Sarah dort irgendwo und wartet auf mich! Und selbst wenn nicht – selbst wenn sie noch immer das tut, weswegen sie fortgegangen ist – ich wette, all diese vertrauten Lower-East-Side-Gerüche zu riechen würde mir helfen, mich wieder an vieles in Bezug auf Sarah zu erinnern.

Ich habe keine Möglichkeit, Josh zu bitten, mich mitzunehmen, falls er in die Lower East Side gehen sollte, aber ich versuche, ihm Hinweise zu geben, indem ich in die Stoff-Schultertasche
mit »Vorräten« – Spielen und Päckchen mit Fruchtsaft – springe, die er immer mitnimmt, wenn er zu den Wurfgeschwistern geht. Manchmal muss ich kleine Spielsachen und in Plastik eingewickelte Papiertücher aus der Tasche räumen, um darin Platz für mich zu schaffen (es überrascht mich immer noch, wie unschlank ich geworden bin). Josh lacht immer, wenn er mich in seiner Tasche sitzen sieht und nur mein Kopf hervorschaut, aber er holt mich auch jedes Mal wieder heraus und setzt mich auf den Boden zurück. Es war ein Fehler, mich von ihm mit Fisch und doofem Gesinge dazu verleiten zu lassen, nicht zu fauchen, wenn er mich berührt, denn nun zögert er nicht mehr, mich hochzunehmen. Andernfalls hätte er keine Wahl, als mich in der Tasche zu lassen und immer mitzunehmen, wenn er mit den Wurfgeschwisters weggeht.

Josh lacht über manche Dinge, die ich tue (als ob ich hier wäre, um die Menschen zu *unterhalten!*), aber er lacht und grinst auch ganz allgemein viel mehr in letzter Zeit. Vermutlich habe ich zuvor nicht gut genug aufgepasst, um die kleinen Veränderungen in seinem Äußeren zu bemerken, die zeigten, wie unglücklich er durch das ständige Zuhausebleiben geworden war. Menschen verbringen gerne Zeit mit anderen Menschen. Sarah war immer am glücklichsten, wenn Anise und ich da waren, um ihr Gesellschaft zu leisten. Nun hält sich Josh gerader als nach der ersten Zeit, in der er seinen Job nicht mehr hatte, und sogar sein Gesicht sieht anders aus. Es ist dunkler, weil er mehr Zeit draußen in der Sonne verbringt, und auf seiner Nase sind winzige braune Sommersprossen.

»Ich hätte nicht gedacht, dass ich so gerne mit ihnen zusammen bin«, sagt er eines Abends zu Laura.

»Ich bin sicher, sie sind auch gern mit dir zusammen«, erwidert Laura ihm mit einem Lächeln.

Josh und Laura bestellen heute Abend Pizza, denn er sagt, er sei zu erschöpft vom Herumrennen den ganzen Tag in der Hitze, um auch nur daran zu denken, was sie in Sachen Abendessen tun sollten. Laura ist ebenfalls müde. Sie ist wieder sehr lange aufgeblieben – sogar noch länger als zu der Zeit, als ich begann, hier zu wohnen. Sie verbringt keine Zeit mit ihren Arbeitspapieren, und die kleinen geröteten Stellen an den Seiten ihrer Nase sind blasser geworden. (Vielleicht liest sie in ihrem Büro auch nicht mehr so viele Papiere. Sie hat auch längst nicht mehr so viele Tintenflecke an den Fingern wie früher.) Jetzt stellt sie meistens den Fernseher leise und setzt einen abwesenden Blick auf, als würde sie angestrengt über etwas nachdenken. Und sie legt seit einiger Zeit kleine Naschereien neben sich auf die Couch und macht dann *pss-pss-pss,* um mich anzulocken. Oft bleibe ich danach einfach auf der Couch liegen. Ich strecke mich und falle dann in einen tiefen Schlaf, und das ist seit Kurzem der erholsamste Schlaf, den ich habe.

Laura legt keinen Pizzakäse (ich *liebe* Pizzakäse!) neben sich auf die Couch, als sie und Josh essen, aber sie lässt ein wenig für mich auf den Boden fallen. Wenn eine Pizza geliefert wird, ruft uns der Mann, der unten bei der Anmeldung wohnt, normalerweise an und sagt, dass sie nach oben unterwegs ist. Das hat er heute aber nicht gemacht, und als es an der Wohnungstür klingelte, sagte Laura: »Das ist seltsam. Anscheinend ist Thomas nicht an seinem Platz.« Sie und Josh essen die Pizza trotzdem, aber ich werde das definitiv nicht tun. Es ist immer schlecht, wenn etwas anders ist als normalerweise, aber wenn etwas mit dem *Essen* anders ist, das ist das Allerschlimmste. Deshalb ignoriere ich den Käse, den Laura und Josh mir auf den Boden werfen (als würden sie erwarten, dass ich das *nächste* Stück fresse, wenn ich das *letzte* nicht gefressen habe!), und stupse stattdessen hingebungsvoll mit der rechten Vorderpfote die kleinen Plastikverschlüsse ihrer Mineralwasserflaschen auf dem Couchtisch hin und her.

»Und, was hast du heute mit den Kindern gemacht?«, fragt Laura, während sie essen.

»Wir sind zu Katz's Deli runtergefahren. Ich hatte Lust auf Cornedbeef.« Josh trinkt von seinem Glas und stellt es dann wieder auf den Tisch. »Dann sind wir eine Weile rumgelaufen und rüber auf die Avenue A zu den Alphaville Studios gegangen.« Er betrachtet Laura neugierig. »Kennst du sie?«

Laura hört auf zu kauen, schluckt aber schwer, ehe Josh es merkt. »Natürlich«, antwortet sie.

»Das dachte ich mir. Evil Sugar haben ihre ersten Alben dort aufgenommen.« Er streut Knoblauchpulver auf seine Pizzaschnitte. »Ich habe nie gewusst, wie billig es ist, dort Studiozeit zu buchen. Sie lassen sogar zu, dass viele Bands ihr Equipment dort stehen lassen, damit sie niemanden bezahlen müssen, um es hin und her zu transportieren. Und sie haben Programme für Kinder aus dem Viertel, die sich für Musik interessieren. Das sind gute Leute da unten – ein echter Gewinn für die Gegend.«

Laura kaut langsam und versucht, ganz beiläufig zu klingen, so als würde sie einfach nur die Fragen stellen, die ein Mensch an diesem Punkt des Gesprächs eben stellen würde, aber sie schafft es nicht ganz. »Was hat dich darauf gebracht, dorthin zu gehen?«

»Ich dachte, es würde Abbie und Robert interessieren, mal

ein Aufnahmestudio von innen zu sehen. Du weißt schon, so was mögen Kids einfach. Ich kannte früher mal einen ihrer Techniker, und es stellte sich heraus, dass der Typ noch immer da arbeitet. Er muss schon seit einer Ewigkeit dort sein. Hat einen Bart, der ihm praktisch bis an die Knie reicht.« Ich versuche mir vorzustellen, wie ein Mensch mit keinem Arm und keinem Bein und einem langen, langen Bart aussehen könnte. Aber noch ehe ich in meinem Kopf ein Bild zusammenbekomme, errötet Josh. »Und«, fährt er fort in diesem Ton, den die Menschen benutzen, wenn sie etwas eingestehen, dessentwegen sie meinen, sich schuldig fühlen zu müssen, »und ich habe mir einige der alten Platten deiner Mutter angesehen. In den Covertexten werden immer wieder die Alphaville Studios erwähnt.«

Dieses Mal stellt Laura ihren Teller mit ihrer halb gegessenen Pizza auf den Couchtisch und blickt ihm gerade ins Gesicht. Aber bevor sie etwas sagen kann, fährt Josh rasch fort: »Hör mal, du hast schon im März versprochen, dass wir die Platten deiner Mutter zu Hause durchsehen können. Ich habe dich nicht gedrängt. Ich habe versucht, dir Raum zu lassen, damit du deine Dinge nach deinem eigenen Zeitplan erledigen kannst. Aber diese Kartons können nicht *ewig* da oben stehen bleiben, Laura. Irgendwann einmal musst du dir klarmachen, was du behalten, was du wegwerfen und was du einlagern willst. Und ich hatte gehofft« – seine Stimme wird weicher – »wir würden etwas anderes finden, das wir mit diesem Zimmer anstellen.«

Wieso können diese Kartons nicht dort oben bleiben? Wer stört sich daran? Es ist ja nicht so, dass Josh nicht genug eigenes Zeug hätte, das sein Büro ausfüllt. Wieso kann es in dieser riesigen Wohnung nicht *ein* Zimmer nur für mich und alle *meine* Sachen geben? Eine Stelle mitten auf meinem Rücken juckt, und ich attackiere sie ärgerlich mit meinen Zähnen.

»Ich weiß nicht, Josh.« Ich sehe, wie sich die dunklen Zentren in Lauras Augen ängstlich weiten. »Zur Zeit ist einfach alles so … ungewiss.«

»Es ist nun mal der Lauf der Welt, dass die Menschen Kinder unter suboptimalen Bedingungen bekommen«, sagt er sanft.

Sie diskutieren jetzt etwas anderes, und ich verstehe nicht, was. Ich verstehe lediglich, dass Josh sich darum kümmern wird, dass die Sachen in den Sarah-Kartons wegkommen, wenn Laura nicht einen Grund findet, sich um sie zu kümmern. Ich werde zerstreut, und meine rechte Pfote – die noch immer mit den Plastikverschlüssen spielt – trifft Joshs Wasserglas heftiger als beabsichtigt und verschüttet das Wasser über den ganzen Couchtisch.

»*Prudence!*«, rufen Josh und Laura gleichzeitig und springen auf, um aus der Küche Papiertücher zu holen. Ich springe auf den Boden und kauere mich zusammen. Wirklich, das ist *ihr* Fehler, einen Flaschenverschluss direkt neben einem vollen Glas liegen zu lassen und mich dann mit seltsamen Gesprächen zu verwirren. Aber Menschen neigen nun einmal dazu, Katzen für Dinge verantwortlich zu machen, für die die Katze nicht wirklich etwas kann. Keiner der beiden hebt mich auf und küsst mich auf den Kopf, so wie es Sarah machte, als ich in der Lower East Side einmal ein volles Glas verschüttete, aber wenigstens schreien sie mich nicht an. Sie wischen einfach nur auf und werfen die nassen Papiertücher in den großen Abfalleimer in der Küche. Als sie danach wieder auf der Couch sitzen, merke ich, dass Laura beschlossen hat, über etwas anderes zu sprechen.

»Und wie war's in Alphaville?«, fragt sie Josh – und sie muss *wirklich* vom Thema der mysteriösen Bedrohung, das er aufbrachte, abkommen wollen, denn ich habe gemerkt, wie unangenehm es ihr zuvor war, über diesen Ort Alphaville zu reden. »Hat es den Kids gefallen?«

Josh zögert und wirft ihr einen raschen Blick zu. Aber er sagt nur: »Ja. Nach dem, was dieser Typ, den ich kenne, mir erzählte, kann es allerdings sein, dass es sie nicht mehr allzu lange geben wird. Der Besitzer versucht, das Gebäude zu verkaufen. Die Mieter in den Wohnungen darüber gehen deswegen auf die Barrikaden.«

»Das ist eine Schande«, sagt Laura, und in ihrem Ton liegt echtes Mitgefühl. »Aber manchmal passiert so etwas eben.«

»Ich weiß nicht«, meint Josh nachdenklich. »Es klingt, als gingen da dubiose Machenschaften vor sich. Ich dachte, ich gehe morgen mal ins Netz und versuche auf gut Glück, etwas herauszufinden.«

»Ist es wirklich so seltsam? In dieser Stadt wechseln Immobilien tagtäglich den Besitzer. Da kann man nicht wirklich etwas dagegen tun.«

»Ich weiß nicht«, wiederholt Josh. »Wenn an dem Geschäft etwas zweifelhaft ist und es ihnen helfen würde, Presse zu bekommen – Musikjournalisten kenne ich ja schließlich genug. Das wäre zumindest ein Punkt, um einzuhaken.«

»Aber wenn da wirklich etwas Zweifelhaftes vor sich geht«, argumentiert Laura, und ich merke, dass sie sich Mühe gibt, einen Grund zu finden, weshalb Josh sich nicht weiter um das Ganze kümmern sollte, »wäre die Musikpresse dann nicht schon jetzt an der Sache dran?«

»Nicht unbedingt«, erwidert er. »Alphaville ist in den letzten zirka zehn Jahren ziemlich von der Bildfläche verschwunden. Es ist schon eine ganze Weile kein bedeutendes Album mehr dort aufgenommen worden. Sie arbeiten jetzt hauptsächlich kommunal und für junge Bands, die noch nicht bei einem Label unterschrieben haben.« Josh streckt die Arme über den Kopf und gähnt. »Ich bin geschafft. Das viele Laufen in der Hitze heute hat mich wirklich erledigt. Ich denke, ich gehe mal unter die Dusche.«

Laura nickt lächelnd, aber sobald sich Josh von ihr abwendet, ist ihr Lächeln verschwunden. Sie seufzt und fährt sich mit den Fingern durch die Haare, so wie es Sarah immer machte, wenn sie über etwas nachdachte, über das sie eigentlich nicht mehr nachdenken wollte.

Ich höre die Dusche in Joshs und Lauras Badezimmer rauschen, während ich mich hektisch durch die Sarah-Kartons arbeite. Ich weiß, ich kann die beiden nicht aufhalten, falls sie wirklich entscheiden, dass diese Kartons wegkommen, aber es muss doch *irgendetwas* geben, das ich tun kann. Hüpfend und mich im Kreis drehend gehe ich von einer Schachtel zur anderen, und dabei stößt mein dicker gewordener Bauch Dinge aus den Kartons, die auf den Boden fallen. Normalerweise wäre es mir zuwider, dass Sachen aus den Kartons, in die sie gehören, herauskommen, aber dies ist ein Notfall. Ich habe jetzt Wichtigeres, worum ich mich kümmern muss.

Plötzlich sehe ich aus dem linken Augenwinkel eine Ratte auf dem Boden. *Eine Ratte!* Eine riesige schwarze Ratte mit leuchtend roten Augen und einem langen, dünnen Schwanz! Ich habe (außer in schlechten Träumen) keine gesehen seit dem Tag, an dem ich meine Wurfgeschwister verlor und Sarah und ich uns fanden. Ich weiß, wie leicht ich Mäuse töten kann, aber eine Ratte ist ein ganz anderes Kaliber – und diese ist *riesig!* Ich wirble herum, um mich ihr direkt zu stellen, mein Fell richtet sich auf, und beim Absprung stoße ich einen der Sarah-Kartons um, und es gibt einen lauten Krach! Mein Herz hämmert; an der plötzlichen Helligkeit im Raum erkenne ich, dass die dunklen Zentren meiner Augen so groß geworden sein müssen, wie es nur geht.

Die Ratte bewegt sich nicht. Sie sitzt völlig regungslos da, nicht einmal ihre Barthaare bewegen sich. Ich krieche auf sie zu – noch immer mit aufgestelltem Buckel und gesträubtem Fell –, schlage mit der rechten Pfote nach ihrem Kopf und springe dann sofort zurück. Aber die Ratte rührt sich noch immer nicht. Noch einmal krieche ich langsam auf sie zu und schlage dann blitzschnell auf ihren Kopf, doch die Ratte bewegt sich nach wie vor nicht. Als ich dieses Mal nach ihr schlage, lasse ich meine Pfote einen Moment auf ihr. Diese Ratte fühlt sich seltsam an. Und jetzt beginnt sich mein Fell wieder zu glätten. Denn dies ist gar keine richtige Ratte. Es ist eine weiche, geschmeidige Ratten-Attrappe.

Ich höre Laura die Treppe heraufkommen. »Ist alles in Ordnung, Prudence?«, ruft sie. »Was ist das für ein Lärm hier oben?« War meine Reaktion beim Anblick der falschen Ratte krass, so ist sie doch nichts im Vergleich zu der von Laura. Als sie in mein Zimmer kommt und die Ratte auf dem Boden sieht, wird sie kreidebleich und kreischt!

Ich weiß, dass eine falsche Ratte Laura nichts tun kann, aber trotzdem springe ich schützend vor sie, um sie wissen zu lassen, dass keine Ratte – echt oder falsch – ihr je nahe kommen kann, so lange *ich* hier bin.

Lauras Entsetzensschrei ist so laut, dass Josh in der Dusche aufmerksam wird. Ich höre, wie der Vorhang zurückgleitet, und dann poltern Joshs schnelle Schritte den Flur entlang. »Laura!«, ruft er. »Laura, was ist passiert? Geht es dir gut?«

Josh erscheint in der Tür meines Zimmers, klatschnass, mit einem Handtuch um die Hüften. In der anderen Hand hält er den Baseballschläger, den er neben dem Bett aufbewahrt. Doch Laura kichert leise, sie atmet schwer und legt eine Hand auf die Stelle oberhalb ihres Herzens, das wahrscheinlich ebenso pocht wie zuvor meines. »Guter Gott!«, sagt sie. »Ich habe eine Ratte gesehen!« Sie kauert sich auf den Boden, streichelt mit einer Hand meinen Kopf und ergreift jetzt mit der anderen die falsche Ratte; ihr Gummischwanz hängt über Lauras Arm herunter.

»Was ist denn *das* für ein Ding?«, fragt Josh erstaunt.

Laura dreht das Ding in ihrer Hand um. »Meine Mom bekam immer eine Menge Sachen von den Plattenlabels. Das meiste war blödes Zeug – Mini-Lavalampen und Schlüsselanhänger und so – und das schenkte sie immer mir. *Dies* hier, glaube ich« – sie lässt die falsche Ratte am Schwanz baumeln – »bekam sie, als *Hot Rats* auf CD veröffentlicht wurde.«

»Zappa.« Josh lehnt den Baseballschläger grinsend an die Wand und streicht sich die nassen Haare aus den Augen. »Das war ein klasse Album.«

Laura steht auf und lacht erneut. »Nein, für mich nicht. Dieses Ding hier hat in meinem Zimmer genau einen Tag überdauert. Ich wachte mitten in der Nacht auf und war mir sicher, dass auf meiner Kommode eine Ratte sitzen würde. Meine Mutter brauchte Stunden, bis sie mich so weit beruhigt hatte, dass ich wieder einschlafen konnte. Und am nächsten Tag brachte sie das Vieh in den Laden zurück.«

Mein Blick bleibt aufmerksam auf die falsche Ratte gerichtet, die von Lauras Hand herunterhängt, während Josh einen Arm – den, dessen Hand nicht das Badetuch hält – um ihre Schultern legt. »Du solltest sie Prudence schenken«, meint er. »Ich glaube, sie möchte damit spielen.«

Laura lehnt den Kopf an seine Schulter zurück und sieht ihm in die Augen. »Meinst du?« Josh erwidert ihren Blick. Ohne sich von ihm abzuwenden, wirft sie die falsche Ratte in meine Richtung. »Hier, Prudence«, murmelt sie.

Die beiden verlassen Arm in Arm das Zimmer. Ich schlage ein paar Mal mit meinen Krallen nach der falschen Ratte. Aber was ich gerade im Sinn habe, ist nicht dummes Spielzeug.

10

Laura

Die Frau in der U-Bahn war mittleren Alters und beeindruckend. Sie war klein, aber kräftig gebaut, hatte karamellfarbenes Haar und rote Fingernägel, die so lang waren, dass sie sich mehr als einen Zentimeter über die Fingerspitzen hinaus bogen. Und sie sprach energisch mit dem Mann, der vor ihr stand. Auch er war mittleren Alters, aber hochgewachsen und schlank, und sein Kopf schien zu groß für seinen Körper. Er beugte sich zu der Frau hin wie eine Blume, deren Kopf auf dem Stängel nach unten zu hängen begann. »*La gente cambia*«, sagte die Frau und deutete dabei mit einem roten Fingernagel auf sein Gesicht. Und dann, in einem Englisch mit starkem Akzent: »Du kennst mich nicht. Du kennst mich überhaupt nicht.« Die Reaktion des Mannes war nicht mehr als ein trauriges Nicken von Zeit zu Zeit. Ob dieses Gespräch speziell ihn betraf (waren sie vielleicht dabei, sich zu trennen, dieses Paar mittleren Alters in diesem sehr öffentlichen U-Bahnwaggon?) oder eine stillschweigende Anerkennung des wankelmütigen Mysteriums des menschlichen Herzens darstellte, konnte Laura von ihrem Platz ein ganzes Stück von den beiden weg nicht erkennen.

Die beiden hielten sich an der Stange über ihren Köpfen fest, das gelegentliche Rütteln des Zuges brachte sie leicht aus der Balance, störte ihre Konversation ansonsten aber nicht. Überall um Laura herum zitterten die Leute wegen der zu kalt eingestellten Klimaanlage und beschäftigten sich mit ihren BlackBerrys oder iPods (Laura wusste, dass sie das eigentlich auch tun sollte) oder starrten mit leerem Blick vor sich hin. Der Zug hielt an, ein übelriechender Schwall heißer Luft aus dem Bahnhof drang in das Abteil, und ein schwarzhaariger Mann in Kellnerkluft stieg ein. Es war ein schwüler Julitag, und in der Achselgegend seines weißen Jacketts hatten sich gelbliche Schwitzflecken gebildet. Er schob einen mit einem weißen Tuch drapierten Wagen vor sich her, auf dem Platten mit Früchten, Gebäck, Nudelsalaten und Sandwiches angeordnet waren, alles mit Plastikfolie abgedeckt. *Jemand, der ein Treffen nach Feierabend beliefert,* dachte Laura. *Jemand, der für so etwas noch immer ein Budget hat.* Die Menschen, die dem Wagen Platz machen mussten, sahen den Kellner leicht verärgert an, und er erwiderte ihre Blicke mit einer vage rechtfertigenden Miene, die besagte: *Tut mir leid, aber ich muss auch arbeiten.* Dann beschäftigten sich alle wieder wie zuvor, die Frau mittleren Alters redete weiter auf den Mann mittleren Alters ein, sogar als sich eine Ecke des Wagens in ihre Hüfte grub.

Die Frau hatte recht, dachte Laura. Die Menschen veränderten sich. Oder vielleicht bemerkte man im Lauf der Zeit einfach nur andere Dinge. Sie hatte darüber nachgedacht, wie drastisch sich Josh in den letzten Wochen verändert hatte, seit er sich darauf eingelassen hatte, die Alphaville Studios und das entsprechende Gebäude an der Avenue A zu retten. Nur dass der wahre Wandel langsam bereits im Verlauf der vergangenen Monate eingetreten war, räumte Laura mit dem Unbehagen eines Menschen ein, der vorsätzlich die Augen vor einer unangenehmen Wahrheit verschlossen hatte und sich dieser nun stellen musste. Sie hatte einmal geglaubt, Josh sei irgendwie immun gegen Schicksalsschläge, die Menschen wie ihr drohten, Menschen, die nicht solch einen Schutzengel hatten wie er. Nun erkannte sie, was sie auf hundertfache Weise, in kleinen Gesten und hingeworfenen Bemerkungen, hätte sehen sollen. Josh war frustriert. Der »veränderte« Josh, den sie in den letzten paar Wochen erlebt hatte, war einfach nur wieder der selbstbewusste, energische, angenehm rührige Josh, den sie vor knapp anderthalb Jahren kennengelernt hatte.

Sie war sicher gewesen, dass sein Interesse an diesem Gebäude nach ein paar Tagen nachlassen würde. Stattdessen hatte er sich voll und ganz auf dieses Projekt eingeschossen, er hatte endlos telefoniert, einen Blog und Facebook-Seiten erstellt und verschickte nach wie vor eine Menge E-Mails. Er hatte seine Nichte und seinen Neffen mit eingespannt; sie kamen einmal pro Woche in die Wohnung, um Pressemitteilungen und Infoblätter zusammenzuheften, die an Reporter, Musikjournalisten, Mitglieder des Stadtrats und Kongressangehörige verschickt wurden, und an alle möglichen Leute, die sich vielleicht engagieren würden. Sogar Prudence war in diese frenetischen Aktivitäten verwickelt worden; sie machte plötzlich wilde Sprünge auf den kleinen Klapptisch, den Josh in seinem überfüllten Büro aufgestellt hatte (er musste zuvor einige seiner eigenen Kartons in das andere Schlafzimmer schaffen, um Platz zu gewinnen), und verteilte geordnete Papierstapel gern in alle Richtungen. »Schau, Prudence hilft uns!«, kreischte Robert dann und bekam zusammen mit Abbie unkontrollierte Lachanfälle – vor allem, wenn Prudence zufällig ein Adressaufkleber an einer Pfote haftete und sie mit einem Gebaren verletzter Würde herumlief, die Pfote wütend schüttelte und niemanden nahe genug an sich heranließ, um ihr den Aufkleber abzunehmen.

»Es ist eines dieser Mitchell-Lama-Gebäude«, hatte Josh ein paar Tage, nachdem er erstmals mit den Kindern dort gewesen war, Laura erzählt. »Du weißt schon, diese Mietshäuser für Leute mit mittlerem Einkommen, die sie ab den Fünfzigern hochzogen.«

Laura wusste Bescheid. Sie und Sarah waren in den Neunzigern in einen Mitchell-Lama-Komplex weiter nördlich gezogen, als sie die Lower East Side verließen.

»Jedenfalls versucht der Eigentümer jetzt, aus dem Programm auszusteigen, damit er an einen Bauunternehmer verkaufen kann, der die Mieten ›dem Markt anpassen‹ wird. Was die jetzigen Mieten im Prinzip vervierfachen, wenn nicht verfünffachen würde. Viele der Mieter sind schon älter und beziehen kleine Renten, oder es sind Veteranen. Einer ist Polizist, und die neue Miete wäre für ihn doppelt so hoch wie das, was er im Monat nach Hause bringt!«

Laura hörte nur mit halbem Ohr zu. Warum musste sich Josh von allen Gebäuden in Manhattan ausgerechnet *dieses* aussuchen? Sie dachte an Sarah und wie sie ihr an dem Tag, als sie in die Alphaville Studios gingen, einen Kopfhörer aufsetzte mit den Worten *Damit können wir uns während der Aufnahme hören, und dann wissen wir, wie wir klingen.* Laura hatte gefragt: *Aber wissen wir denn nicht, wie wir klingen, wenn wir einfach uns selbst zuhören?* Und Sarah hatte erklärt, dass das, wie man sich selbst hört, und wie man für andere klingt, zwei ganz verschiedene Dinge sind.

»Der Immobilienwert des Gebäudes ist auf siebeneinhalb Millionen veranschlagt«, war Josh fortgefahren, »und der Mieterbund hat aus Zuschüssen der Stadt und einer Handvoll privater Zuwendungen zehn Millionen zusammengebracht. Sie wollen das Gebäude selbst kaufen, damit sie die Mieten auf dem jetzigen Stand halten können. Aber der Besitzer hat ein Angebot über fünfzehn Millionen, und darauf besteht er.«

Laura hatte versucht, eine beginnende Panik zu unterdrücken, während sie ihm zuhörte. »Das ist schrecklich«, sagte sie. »Aber solche Dinge passieren nun einmal in dieser Stadt, Josh. Es ist zwecklos, dagegen ankämpfen zu wollen. Irgendwie gewinnen die Bauunternehmer ja doch immer.«

»Und das Musikstudio!«, rief Josh, als hätte sie gar nichts gesagt. »Weißt du, wie viele große Künstler dort geprobt und aufgenommen haben? Evil Sugar, Dizzy Gillespie, Tom Waits, die Ramones, Richard Hell. Und es ist noch immer in Betrieb! Das ist nicht einfach nur Gentrifizierung, das ist Dekapitalisierung der Künste in New York.« Er hatte begonnen, vor Aufregung im Zimmer auf und ab zu laufen. »Clarence Clemons, Nile Rodgers, Dylan, all die Sessionmusiker, die mit den großen Namen auf deren Alben und in den Clubs der Stadt gespielt haben. Die Liste ist endlos!«

»Aber Josh.« Laura versuchte es noch einmal. »Das ist doch chancenlos. Das musst du doch selber sehen. Du und ich, wir *haben* Chancen. Wir brauchen *auch* etwas zum Wohnen, und wir können hier nicht ewig nur von meinem Gehalt leben. Deine letzte Abfindung kommt schon in zwei Monaten.«

»Laura«, hatte Josh erwidert, und die Art und Weise, wie er ihren Namen sagte, hatte seinen Frust offenbart. »Ich habe mir die Finger wund gewählt vor lauter telefonieren und E-Mails mit Lebensläufen versenden. Und im Augenblick, bis zum Labor Day im September, trifft sowieso niemand große Entscheidungen bezüglich Einstellungen. Zumindest könnte ich auf diesem Weg eventuell einige neue Kontakte schaffen, oder vielleicht führt es ja auch zu etwas anderem.« Josh hatte eine Pause eingelegt, um Prudence, die sich in unzweideutiger Manier vor die Couch gesetzt hatte, ein Klümpchen Thunfischsalat von seinem halb verzehrten Sandwich zu geben. »Für mich ist es einfach die Hölle, dauernd hier herumzusitzen und nichts zu tun.«

»Vielleicht solltest du versuchen, wieder zu schreiben«, hatte Laura vorgeschlagen. »Hast du das nicht gemacht, als du damals nach New York gezogen bist? Du kennst Leute bei so vielen verschiedenen Zeitschriften ...«

»Oh, bitte, Laura. Mit dem Schreiben habe ich es schon damals nicht geschafft, als tatsächlich noch Schreiberlinge eingestellt wurden. Da wird sich doch jetzt, wo alle zurückschrauben, niemals etwas ergeben.« Er hatte ihre Hand ergriffen und gesagt: »Hör mal, ich möchte nicht, dass du denkst, ich versuche, die ganze Last auf dich abzuwälzen. Ich *schwöre* dir, ich werde etwas Neues finden. Und ich weiß, es wird schwierig, aber wir schaffen es bis dahin mit deinem Gehalt und dem, was von unseren Ersparnissen noch da ist. Wie sagt man doch gleich – *absolut sicher?* Ist dein Job bei deiner Firma nicht absolut sicher?«

»Ja«, antwortete Laura. »Absolut sicher.«

* * *

Große Anwaltskanzleien wie die Firma, in der Laura angestellt war, hatten noch nie viele ihrer Leute entlassen, wie es bei anderen Unternehmen üblich war. Zum Teil hatte das mit Stolz zu tun – man wollte das Vertrauen der Öffentlichkeit und das eigene Image nicht beschädigen –, zum Teil war es aber auch eine praktische Angelegenheit. Große Fälle kamen eher kurzfristig, und dann brauchte man Partner und Mitarbeiter, auf die man sich verlassen konnte. Manchmal wurde ein Unternehmen so groß und schwerfällig, dass es unter seinem eigenen Gewicht kollabierte und wie ein schwarzes Loch jeden in seinen Abstiegsstrudel mit hineinriss. Aber typischerweise waren Jobs wie der von Laura sicher gewesen – sogar in einer Rezession oder bei einem Konjunkturrückgang.

Nun aber kursierten beunruhigende Gerüchte, Geschichten von großen Unternehmen wie dem von Laura, die tatsächlich Mitarbeiter ausstellten. Laura wusste nicht genau, wann die frühmorgendlichen Anrufe von Personalvermittlern aufgehört hatten. Sie wusste lediglich, dass sie eines Morgens, als die Telefone ungewöhnlich still waren, verblüfft bemerkt hatte, dass es schon einige Zeit her war, seit jemand nachgefragt hatte, ob sie gewillt sei, die Stelle zu wechseln. Bei Neuman Daines waren die Einstellungstermine der Mitarbeiter im ersten Jahr, deren Anstellung früher immer im September nach ihrem Examen erfolgt war, auf den nächsten Frühling verschoben worden. Einer Handvoll Mitarbeiter am unteren Ende der pro Monat verrechenbaren Stunden hatte man auf die höflichst mögliche Weise nahegelegt, dass es für alle Beteiligten besser wäre, wenn sie innerhalb etwa der nächsten zwei Monate anderweitig angestellt wären. Perry war zwar nie ein ausgesprochen herzlicher Mensch gewesen, doch in letzter Zeit war Laura bei ihm ein Unterton von Druck oder Stress aufgefallen. Sie wusste nicht, ob das mit ihr persönlich oder mit der größeren finanziellen Perspektive der Firma zu tun hatte, aber was immer der Grund auch war, es war beunruhigend.

Nichts war mehr wie zuvor, seit Joshs Firma eine Reihe ihrer

Mitarbeiter entlassen hatte. Sobald Laura die Abfindungsvereinbarung in seiner Hand gesehen hatte, war ihr klar geworden, was geschehen war. Man hatte in der Firma eine »Chinesische Mauer« um sie gezogen. Sie war von allen Vorgängen, die Joshs Unternehmen betrafen, bewusst ausgeschlossen worden – von den Unterlagen, die ihre Firma dafür vorbereitete, und auch von allem anderen, was damit in Zusammenhang stand. Es war töricht, das wusste Laura, so etwas persönlich zu nehmen. Hätte sie Perry damit konfrontiert und etwa gesagt: *Wie konntest du mir das verschweigen?*, sie hätte genau gewusst, wie er reagiert hätte. *Dir war doch klar, worauf du dich einlässt, als du anfingst, dich privat mit einem Klienten zu treffen,* hätte er gesagt. *Du wusstest, dass das zu Komplikationen führen konnte.* Wahrscheinlich hätte er dazu noch ein prägnantes Zitat aus dem Talmud über Alternativen und Konsequenzen parat gehabt. Und natürlich hätte er recht gehabt. Das Einzige, was herausgekommen wäre, wenn sie das Thema angesprochen hätte, wäre gewesen, dass sie als naiv und übertrieben emotional dagestanden wäre. Wieder eine Frau im Business, die das Persönliche nicht vom Professionellen trennen konnte.

Trotzdem tat es weh. Laura betrachtete ihre Kollegen, vor allem die anderen im fünften Jahr, und fragte sich, wer wohl was und wann gewusst hatte. Wie lange vor ihr hatten sie gewusst, dass sich ihr Leben zu Hause auf den Kopf stellen würde? Was hatten sie über sie gesagt, wenn ihr Name erwähnt worden war? Als sie aufwuchs, hatte Laura immer das starke Gefühl gehabt, anders zu sein – ein hoch aufgeschossenes weißes Mädchen in einer Grundschule, in der nur wenige Kinder auch nur eines von beidem waren. Den Großteil ihres Erwachsenenlebens hatte sie versucht, dazuzugehören, und seit der Heirat mit Josh hatte sie sich fast davon überzeugt, dass dies etwas war, worüber sie nicht mehr viel nachdenken musste. Aber wie sich herausstellte, hatte es gar nicht viel dazu gebraucht, dass sich dieses Gefühl rasch wieder einstellte. Dass sie sich wieder fragte, ob jedes gedämpfte Gespräch, das abrupt endete, sobald sie den Raum betrat, über sie gewesen war, die Eigenartige, die nicht ganz so war wie die anderen, die Mitarbeiterin, die dumm genug war, einen Klienten zu heiraten – etwas, das kein Angehöriger von Neuman Daines in der gesamten hundertjährigen Geschichte der Firma je getan hatte.

Laura dachte an einen kleinen Scherz ihrer Mutter, der in etwa lautete *Wenn sie wirklich alle gegen dich sind, dann bist du nicht paranoid.* Sie wollte nicht paranoid sein, konnte aber nicht umhin festzustellen, dass sie, wenn sie bislang 200 bis 240 verrechenbare Stunden pro Monat gehabt hatte, in den beiden letzten Monaten gerade einmal 160 im Monat zusammengebracht hatte. Das berührte zwar praktisch ihr Gehalt nicht, aber ihre Boni würden dieses Jahr zweifellos geringer ausfallen als in den Vorjahren – und Boni machten fast die Hälfte dessen aus, was sie verdiente.

Es war nicht so, dass Laura nachgelassen hätte oder nicht gewillt war zu arbeiten. Sondern es wurde ihr keine Arbeit zugewiesen. Möglicherweise gab es nicht mehr so viel Arbeit wie zu besseren Zeiten. Sie mutmaßte, dass einige im Team Arbeit »horteten«, wenngleich sie nichts dergleichen erkennen oder gar nachweisen konnte, ohne sich noch paranoider vorzukommen, als es ohnehin bereits der Fall war. Vielleicht passte Perry nicht mehr so auf sie auf wie früher. Vielleicht war er dieser Tage für jemand anderen der »Rabbi«, wiewohl sie nicht *so* wenig eingeweiht sein konnte, so etwas nicht mitzubekommen, wenn es denn wirklich so weit gekommen wäre.

Es sei denn, dachte sie dann grimmig, es war wirklich so weit gekommen.

Laura hatte sich angewöhnt, lange aufzubleiben und über diese Dinge nachzudenken. Josh sagte sie, sie habe wie immer noch zu tun, aber in Wirklichkeit ließ sie sich alles durch den Kopf gehen. Oft ermutigte sie Prudence, ihr Gesellschaft zu leisten, und lockte sie mit einem Stückchen Thunfisch, Käse oder ähnlichen Leckerbissen auf die Couch, damit sie es sich neben ihr bequem machte. Sobald die Katze eingeschlafen war, kämmte Laura sanft mit den Fingerspitzen durch ihr Fell; so war sie auf die Idee gekommen, die Katzenbürste zu kaufen, die sie heute auf dem Heimweg erstanden hatte. Noch vor ein paar Monaten (war es wirklich erst ein paar Monate her?) musste Sarah Prudence auf dieselbe Art und Weise gestreichelt haben, wie sie es nun tat. Laura betrachtete ihre schlanken Finger – Finger, die sich unter anderen Umständen mit Leichtigkeit über einen Plattenteller, ein Musikinstrument oder auch eine Schreibmaschine bewegt hätten – und dachte: *Ich habe die Hände meiner Mutter.*

Als Kind hatte Laura an heißen Julitagen wie diesem, wenn keine Schule war und ihre Mutter im Laden arbeitete, viel Zeit auf einem der Stühle in der Küche der Mandelbaums verbracht, mit Honey auf dem Schoß. Mrs Mandelbaum schnitt dann oft eine gefrorene Banane in ein Schüsselchen, streute ein Löffelchen Zucker darüber und vermischte das Ganze mit saurer Sahne aus der »Eisbox«, wie sie den Kühlschrank zu Lauras Vergnügen nannte. Honey leckte mit ihrer rauen Zunge die gezuckerte Sahne von Lauras Fingern, während Mrs Mandelbaum das Abendessen zubereitete und Mr Mandelbaum nur ein Stückchen entfernt in seinem dick gepolsterten Wohnzimmersessel ausruhte und sich die Big-Band-Alben anhörte, die Sarah aus dem Laden für ihn mitbrachte.

Einmal hatte Mr Mandelbaum mit geschlossenen Augen eine Platte des Orchesters von Count Basie angehört und dazu bemerkt: »Ah, das ruft Erinnerungen wach.« Seiner Frau in der Küche hatte er zugerufen: »Ida, kennst du das Stück noch?«

»Natürlich«, hatte Mrs Mandelbaum geantwortet. Sie teilte gerade eine Hühnerbrust in zwei saubere Hälften. »Norm Zuckerman und ich haben 1937 im Roseland Ballroom zu dieser Nummer getanzt.«

Mr Mandelbaum grummelte etwas vor sich hin, das wie *Norm Zuckerman,* gefolgt von einem bösen jiddischen Wort, klang. Doch Mrs Mandelbaum rieb davon unbeeindruckt geschickt das Hühnchen mit Gewürzen ein und erklärte Laura lächelnd: »Mister Großes Tier da drinnen hat anfangs vielleicht nicht viel von mir gehalten, aber damals hatten viele Jungs was für mich übrig, das kannst du mir glauben.«

»Kein Wunder«, prustete Mr Mandelbaum. »Du hattest schließlich die kürzesten Röcke und die längsten Beine in der gesamten Lower East Side!«

»Hörst du wohl auf, Max! Du setzt ihr nur dummes Zeug in den Kopf.« Mrs Mandelbaum schob das Hühnchen in die Röhre und wusch sich die Hände. »Ich werde was übrig bleibt in die Eisbox stellen und später vorbeibringen, wenn deine Mutter nach Hause kommt«, erklärte sie Laura. »Es gibt nichts Besseres als kaltes Hühnchen am Ende eines heißen Tages.« Sie wischte sich die Hände an ihrer Schürze ab. »Hör nicht auf das, was er sagt. Meine Mutter hat meine Röcke mit dem Zollstock gemessen, bevor ich ausging. Wenn sie weniger als fünf Zentimeter unter meinem Knie waren, musste ich wieder nach oben und mich umziehen.«

»Ah, aber das waren vielleicht Knie!« Mr Mandelbaum lächelte versonnen in seinem Sessel. »Und sind es immer noch, weißt du. Keine hat Knie wie meine Frau.« Mrs Mandelbaum tat, als würde sie ihn nicht hören, konnte jedoch nicht umhin, vor Freude zu erröten.

Laura, die ihre Fingerknöchel sanft hinter Honeys Ohren rieb, hatte darüber nachgedacht, doch sie konnte sich gar nicht vorstellen, wie es wäre, eine so strenge Mutter zu haben. Sarah hatte nie viel Wert auf Disziplin gelegt, sie hatte niemals die Hand gegen sie erhoben oder sie in irgendeiner Weise bestraft. »Haben Sie irgendwelche Bilder, wo man sieht, wie Ihre Kleider ausgesehen haben?«

»Haben wir irgendwelche *Bilder?*« Mr Mandelbaums Stimme war immer mächtig. Manchmal konnte Laura ihn auf dem Flur vor ihrem Apartment hören, die ganze Treppe hinunter. Aber sogar Honey machte jetzt die Augen auf, weil seine Stimme so laut war. »Ida, bring die Fotoalben.«

Mrs Mandelbaum holte aus dem Wäscheschrank im vorderen Flur ein paar dicke Alben heraus, breitete sie auf dem Linoleum-Küchentisch aus, und Mr Mandelbaum gesellte sich zu ihnen. Laura staunte über die winzigen Hüte und die langen Perlenketten, die die Frauen damals trugen, während Mr und Mrs Mandelbaum Geschichten über diesen Verwandten und jenen Freund erzählten. Schließlich kletterte Honey von Lauras Schoß auf den Tisch, setzte sich direkt auf eines der offenen Alben, rieb das Köpfchen an Mr Mandelbaums Wange und fuhr mit dem Schwanz über Lauras Hand. »Honey in ihrer unendlichen Weisheit erinnert uns daran, dass alle schönen Dinge einmal ein Ende haben«, erklärte Mr Mandelbaum. Dann hatte Mrs Mandelbaum die Fotoalben in den Schrank zurückgebracht und mit Lauras Hilfe begonnen, einen Strudel zu machen (»Ein Mädchen ist nie zu jung, um das Kochen zu lernen«, sagte sie immer), und Mr Mandelbaum ging ins Wohnzimmer zurück und hörte weiter Count Basie, bis das Essen fertig war.

Nach dem Essen schlief Laura oft im Bett des Sohnes der Mandelbaums ein, mit einer zufrieden schnurrenden Honey in den Armen. Von Honey hatte sie auch den Trick gelernt, schläfrig mit nur halb geöffneten Augen mehrmals langsam zu blinzeln, um eine Katze zum Einschlafen zu bringen. Irgendwann machte Sarah dann den Laden zu und kam, um Laura nach unten in ihr Bett zu bringen, wenngleich diese immer zu tief schlief, um sich an diesen Teil erinnern zu können. Sie hatte immer gut geschlafen, wenn Honey leise neben ihr schnarchte.

Wenn sie nun mit Prudence auf der Couch saß und blinzelte, konnte sie sich fast vorstellen, dass es Honey war, die einmal mehr neben ihr schlief. Die beiden sahen sich etwas ähnlich, beide waren schlank und braun getigert (wiewohl Prudence in letzter Zeit dicker zu werden schien – oder bildete sich Laura das nur ein?) mit schwarzen Streifen. Prudence hatte sogar eine Andeutung desselben winzigen schwarzen Fleckens im weißen Fell ihres Unterkiefers, den Mrs Mandelbaum immer als »Honeys Schönheitsfleck« bezeichnet hatte.

Natürlich waren Prudence und Honey ganz verschieden. Honey war nicht annähernd so komisch gewesen wie Prudence mit ihren lustigen kleinen Anwandlungen von Wichtigtuerei und ihrer gebieterischen Art, etwas zu verlangen (Honey hatte das nie getan). Auch war Prudence wesentlich zurückhaltender, als Honey es je war. Honey war so zutraulich gewesen, sie hatte jeden mit großen grünen, anbetenden Augen angesehen, sobald man sich gebückt hatte, um ihren Kopf zu streicheln. *Süß wie ein Stück Honigkuchen,* hatte Mr Mandelbaum immer gesagt. Jetzt erinnerte sich Laura mit einem plötzlichen Schock darüber, dass sie es je vergessen hatte, daran, dass auch er Honey das Lied »Daisy Bell« vorgesungen hatte – nur hatte er natürlich gesungen *Ho-ney, Ho-ney, gib mir bitte eine Antwort …*

Honey und Mr Mandelbaum und alles andere, das sie geliebt hatte, waren denselben unerbittlichen Mächten zum Opfer gefallen, gegen die Josh nun anzukämpfen versuchte. Mr Mandelbaum selbst hatte von Freunden gesprochen, die 1959 zwangsweise ihre Wohnungen in den West Sixties verlassen mussten, als die Gebäude abgerissen wurden, um für das Lincoln Center Platz zu schaffen. Das war eben der unvermeidliche Lebenszyklus einer großen Stadt. Ein paar weichherzige Menschen rangen dann die Hände und schrieben Mitleid erregende Kommentare für die Lokalzeitung, und man ließ einen armen alten Einfaltspinsel vor die Kamera treten, der seine Leidgeschichte für die Abendnachrichten zum Besten gab. Aber letztlich wurden die Häuser abgerissen, die Mieten stiegen, und früher oder später war die Sache vergessen. Städte hatten kein Gedächtnis, nur Menschen, und selbst die vergaßen irgendwann.

Und ausgerechnet auf diese Sache hatte sich Josh nun versteift. Ausgerechnet darauf richtete er all seine Zeit und Energie, anstatt sich auf das zu konzentrieren, was wirklich wichtig war – auf sich selbst und Laura und ihre gemeinsame Zukunft. Laura wollte, dass sich ihr Leben in eine Richtung bewegte:

aufwärts. Und hier war nun Josh, der sie in die Vergangenheit zurückzog.

All das war in ihrem Kopf so durcheinandergeraten, dass sie sich, als sie an diesem Morgen an Perrys Bürotür klopfte, nicht mehr sicher war, ob sie wegen Josh und mit dem Vorwand gekommen war, endlich mit Perry darüber zu sprechen, oder um ihr Gewissen bezüglich ihrer pessimistischen Beurteilung von Joshs Bemühungen zu beruhigen. Wahrscheinlich, sagte sie sich, war es eine Kombination von beidem.

Von ihrem gewohnten Platz gegenüber von Perrys Schreibtisch sah Laura das gerahmte Foto von ihm, seiner Frau und ihren beiden Töchtern von der Bat Mitzvah der älteren vor zwei Jahren. Laura war allein hingegangen und zu den wenigen anderen Leuten gesetzt worden, die Perry aus der Firma eingeladen hatte. Sie war der einzige Mitarbeiter aus dem dritten Jahr gewesen. Nächstes Jahr würde sie mit Josh bei der Bat Mitzvah der anderen Tochter dabei sein. *Falls ich eingeladen werde …*

»Was kannst du mir über die Mitchell-Lama-Gesetze und -Vorschriften sagen?«, hatte sie Perry nach dem Austausch der üblichen Eingangsfloskeln gefragt.

Perry zog die Brauen hoch. »Arbeitest du an einem Rechtsgutachten für einen Klienten?«

Laura hasste es zu lügen und wusste, dass sie nicht gut darin war. »So etwas Ähnliches«, wich sie aus und spürte, wie ihre Wangen heiß wurden.

Perry nickte und lehnte sich in seinem Ledersessel zurück. »Nun …« Seine Finger bildeten eine Spitze vor seinem Bauch, eine professionelle Geste, die viele jüngere Mitarbeiter irritierte, wiewohl Laura sie insgeheim immer gemocht hatte. »Mitchell-Lama ist ein subventioniertes Wohnungsbauprogramm, das Staatssenator MacNeil Mitchell und der Abgeordnete Alfred Lama vorschlugen und das 1955 Gesetz wurde. Es gab seinerzeit eine große Arbeiterpopulation in New York, und diese Menschen brauchten Wohnungen. Manhattan war damals ziemlich bevölkert« – Perrys kurzes Lächeln enthielt einen Anflug von Ironie – »und es herrschte ein Mangel an bezahlbarem Wohnraum zum Beispiel für Lehrer, Beschäftigte im Transportwesen oder Verkäufer. Stadt und Staat versuchten, einen Weg zu finden, diesen Menschen bezahlbaren Wohnraum zur Verfügung zu stellen. Der Gedanke dabei war, dass es nicht im Interesse der Stadt sein konnte, eine Bevölkerung nur aus sehr Reichen und sehr Armen zu haben. Man wollte eine stabile Mittelklasse, die in ihre Wohngegenden investierte, um zusätzliche Steuereinnahmen zu generieren, die Kriminalitätsrate zu verringern und so weiter.«

»Klingt logisch«, meinte Laura.

»Es *war* logisch«, erwiderte Perry. »Das Problem war, dass die Bauunternehmer sagten: *Ich baue nicht, um dann eingefrorene Mieten zu haben. Warum sollte ich Geld in ein Verlustprojekt investieren?* Deshalb schuf man als Lösung das Mitchell-Lama-Programm. Die Basis war, dass die Stadt 95 Prozent des Geldes zur Errichtung der Gebäude aufbrachte. Die Privatwirtschaft steuerte die restlichen fünf Prozent der Projektkosten bei, mit einem lächerlich geringen Zinssatz bei 35 bis 50 Jahre laufenden Hypotheken, und das schloss die Grundstückskosten, die Errichtung eines geeigneten Gebäudes und so weiter mit ein. Als Gegenleistung für dieses hervorragende Angebot der Stadt kalkulierten die Bauunternehmen die Mieten, indem sie ausrechneten, wie viel das Gebäude an Unterhalt und zur Bedienung der Schulden brauchte, und dann bauten sie eine begrenzte jährliche Rendite für die Investoren mit ein. Die genaue Zahl habe ich vergessen, aber etwas um die sieben Prozent. Die Unternehmer hatten also einen gewissen Profit, doch dieser Profit war begrenzt, damit die Mieten bezahlbar blieben. Das wussten die Unternehmer von Anfang an – aus diesem Grund bekamen sie ja so günstige Bedingungen. Das war damals ein Gewinn für alle Beteiligten.«

»Damals«, warf Laura ein, als Perry eine Pause machte, um an seinem Kaffee zu nippen. »Aber jetzt nicht mehr?«

»Wie du weißt, ändern sich die Dinge.« (Hatte der Blick, den er ihr in diesem Moment zuwarf, eine Bedeutung? Oder schaute er sie einfach nur an? Laura war schlichtweg nicht in der Lage, das zu entscheiden.) »In den letzten zirka fünfzehn Jahren sind nicht mehr viele Mitchell-Lama-Projekte realisiert worden. Bei vielen der bestehenden Gebäude, vor allem denen, die in der Anfangszeit des Programms gebaut wurden, sind die Hypotheken längst abbezahlt. Die Grundstückswerte und die Mieten auf dem freien Markt sind explodiert. Deshalb haben wir jetzt eine Welle von Eigentümern und Bauunternehmen, die aus dem Programm aussteigen, Gebäude kaufen und mit Gewinn rasch wieder verkaufen oder zumindest die Mieten kräftig erhöhen wollen. Das ist natürlich alles nicht so einfach. Man muss erst eine Genehmigung einholen, bevor man privatisieren kann.« Auf Lauras fragenden Blick hin erklärte er: »Diese Genehmigung ist allerdings nur eine Formalität. Es gibt einen vorgeschriebenen Ablauf, demzufolge die Mieter über eine potenzielle Privatisierung unterrichtet werden und die Chance bekommen müssen, gegen den Ausstieg zu protestieren und auf Probleme bei der Instandhaltung des Gebäudes und bei Reparaturen hinzuweisen, die angesprochen werden müssen, bevor das Gebäude verkauft werden kann. Dann gibt es mehrere Behörden, die mit dem Mitchell-Lama-Wohnungsbauprojekt befasst sind. Nicht alle Gebäude werden von denselben Behörden verwaltet, und einige werden von komplexen Behörden mit widersprüchlichen Bestimmungen reglementiert. Sich durch diese ganze Bürokratie zu kämpfen, das kann Hunderte von Arbeitsstunden und Zehntausende Dollar für die Anwaltsfirma eines Bauunternehmers bedeuten. Es gibt einige Gerichtsfälle und Änderungsvorschläge für die ursprünglichen Bestimmungen, die sich derzeit ihren Weg durch das System suchen, und die das ganze Prozedere signifikant verändern könnten. Wir behalten sie für einige unserer Klienten im Auge.«

»Aber normalerweise sind die Eigentümer in der Lage, ihr Gebäude zu verkaufen.« Eine Feststellung, keine Frage.

»Letztlich fast immer«, erwiderte Perry mit einem Nicken. »2007 gab es eine Situation mit einem Mitchell-Lama-Gebäude oben in der Bronx, wo sich die Mieter organisierten und dann genügend politischen Druck ausüben konnten, sodass die entsprechende Behörde den Ausstieg verbot. Das war meines Wissens allerdings das einzige Mal, dass das in den fünfundzwanzig Jahren, seit die Gebäude privatisiert werden, passiert ist.«

»Danke, Perry.« Laura schickte sich an, sein Büro zu verlassen.

»Ich nehme an, der Klient, für den du das Rechtsgutachten vorbereitest, ist daran interessiert, die Immobilie zu privatisieren?« Laura nickte und spürte erneut, wie sie errötete. Perry forderte sie mit einer Geste auf, wieder Platz zu nehmen. »Du solltest wissen, dass manchmal, *falls* die Mieterorganisation sehr gut arbeitet und genügend Publicity gegen den Eigentümer erzeugen kann, und wenn sie einen Spitzenanwalt hat – einen, der jedes Problem in dem Gebäude aufspüren kann, jeden Widerspruch in den Statuten, und der Eigentümer und Bauunternehmer mit Papierkram eindecken und den ganzen Prozess damit für sie noch schmerzlicher und kostspieliger machen kann – wenn man von einem Szenario ausgeht, in dem die Mietervereinigung über die intellektuellen und finanziellen Ressourcen verfügt, um einen so groß angelegten Widerstand aufzubauen, dann könnte es im besten Interesse des Eigentümers sein, einen Kompromiss mit ihnen einzugehen. Die Menschen sehen es nicht immer gern, wenn sich ihr Wohnviertel zu rasch verändert, und sie kämpfen hart dagegen, dass das passiert. Wie der Talmud sagt, *Bräuche sind mächtiger als Gesetze.*«

Laura dankte Perry noch einmal und stand auf. Sie hatte auf etwas gehofft – ein Wort, eine Geste –, das ihr gesagt hätte, dass zwischen ihm und ihr alles war wie immer. Aus diesem Gespräch konnte sie nichts dergleichen schließen, allerdings auch nichts Gegenteiliges. Sie hatte die Hand bereits auf dem Türknopf, als Perry grüblerisch meinte: »Ja … bei so einer Sache wären für einen Anwalt auf beiden Seiten eine Menge verrechenbarer Stunden drin.« Der Blick, mit dem er Laura dabei bedachte, war unergründlich. Für einen kurzen Moment erinnerte er Laura an Prudence.

Perry hatte eine Fähigkeit, Dinge zu wissen, die ihm nie jemand gesagt hatte. Sie fragte sich, ob er sie mit dieser letzten Bemerkung drängen wollte, mehr Stunden aus diesem womöglich lukrativen Klienten, den sie angedeutet hatte, herauszupressen, oder ob sein Instinkt ihm eingeflößt hatte, dass die Beweggründe für ihre Fragen nicht die waren, die sie ihn glauben machen wollte. Vielleicht warnte er sie auch davor, ihre Prioritäten in nicht profitable Richtungen abdriften zu lassen.

Nicht, dass Laura daran erinnert werden musste, wo ihre Prioritäten lagen. *Zumindest bekommen die Mieter ein Verfahren,* dachte sie. *Zumindest haben sie eine Chance.*

Eine Chance, das war mehr, als sie und Sarah je gehabt hatten.

Laura hatte die vergangenen sechzehn Jahre ihres Lebens mit der Sorge um Geld verbracht. An dem Tag, an dem sie und Sarah aus ihrem Apartment geworfen wurden – zusammen mit Mr Mandelbaum und ihrer besten Freundin Maria Elena und allen anderen, die dort gewohnt hatten –, hatte sie gehört, dass Leuten mit Geld so etwas nie zugestoßen wäre, dass es nie passiert wäre, wenn sie in der Park Avenue gewohnt hätten statt in der Stanton Street.

In der Highschool hatte Laura eines Tages mit einer Freundin deren Vater besucht, der in einer großen Anwaltsfirma tätig war, ähnlich der, für die sie nun arbeitete. Sie konnte das erste Mal, als sie in einem dieser riesigen, reichen Midtown-Wolkenkratzer war, nie mehr vergessen. Im Foyer war ein Atrium mit über sechs Meter hohen Bäumen gewesen. Laura hatte nur so gestaunt. Dass es dermaßen hohe Bäume gab, die *im Haus* wuchsen! Ein Gebäude, das so gigantisch war, so offensichtlich reich, so sehr auf seine Permanenz vertrauend, dass es sich die Zeit und das Geld leisten konnte, innerhalb seiner Mauern Bäume zu pflanzen und darauf zu warten, dass sie wuchsen – bestimmt konnten die Menschen, die in solch einem Gebäude arbeiteten, jeden Tag mit dem vollen Vertrauen in ihre Büros gehen, dass sie noch ein Zuhause hatten, wenn sie abends dorthin zurückkehrten. Und von diesem Tag an hatte sich Laura nichts mehr gewünscht, als zu den auserwählten, glücklichen Wenigen zu gehören, die eine solche Permanenz als selbstverständlich voraussetzen konnten. Sie stellte sich vor, eines schönen Morgens die Augen zu öffnen, ohne sich auch nur im Geringsten zu erinnern, wie es war, sich um die Dinge sorgen zu müssen, die passieren könnten, wenn sie nicht genug Geld hatte.

Lauras Lebensphilosophie war simpel. Sie lautete, dass Geld, sicheres Geld auf der Bank, genug Geld, um all deine Rechnungen bezahlen zu können, das Wichtigste auf der Welt war. Es war besser und wichtiger als Jugend oder Ruhm oder Spaß zu haben oder schön zu sein oder irgendetwas anderes außer deiner Gesundheit (das räumte sie widerwillig ein). Vielleicht war es nicht wichtiger als Liebe, aber sogar die würde sich angesichts echter Armut auflösen. *Wenn die Armut zur Tür hereinkommt, fliegt die Liebe aus dem Fenster* – so hatte Perry einmal seine Großmutter zitiert. Und Laura hatte sich an die katastrophalen Tage erinnert, nachdem sie und Sarah ihr Zuhause verloren hatten, und gewusst, dass er recht hatte.

Doch dann waren da die Mandelbaums, die immer Geldsorgen gehabt hatten, vor allem, nachdem seine Sehschwäche Mr Mandelbaum gezwungen hatte, das Taxifahren aufzugeben. *Wir kommen schon durch,* pflegte Mrs Mandelbaum zu sagen. *Denk daran, wir sollen Gott für unser Unglück ebenso danken wie für unser Glück.* Und ihr Mann hatte erwidert: *Ida, wenn ich jedes Mal, wenn ich Probleme hätte, aufhören würde, Gott zu danken, dann hätte ich keine Zeit mehr, mich am Kopf zu kratzen.* Aber in seinem Ton schwang neben dem Ärger auch immer eine liebevolle gute Laune mit.

Menschen, die sich bemühten, eine Menge teures »Zeug«

anzuhäufen, oder solche, die das Bedürfnis hatten, von dem, was sie für ihren Lebensunterhalt taten, »erfüllt« zu sein, das waren für Laura Menschen, die sich an einen Luxus gewöhnt hatten, den sie sich nie hatte leisten können. »Zeug« war nett und »erfüllt« zu sein wahrscheinlich noch schöner, aber Geld war wichtiger als beides. Ohne Geld endete man so wie Mr Mandelbaum. Ohne Geld konntest du auf der Straße verrotten oder in einem dieser erbärmlichen, öffentlich geförderten Wohnklos, wo sich niemand um einen kümmerte. Laura hatte kein Verlangen, extravagant zu leben. Sie lebte von weniger als der Hälfte ihres Nettogehalts und war so in der Lage gewesen, die Rückzahlung ihres Kredits für das Studium zu beenden, bevor sie und Josh heirateten. Und jetzt wollte sie einfach nur über genügend Geld verfügen, um anständig leben und ihre Rechnungen fristgerecht bezahlen zu können.

Aber zur Zeit tat sie nichts anderes, als sich um Geld Sorgen zu machen. Bei geschlossener Tür schritt sie während all der »zusätzlichen« Zeit, die einst dem Anhäufen verrechenbarer Stunden gegolten hatte, in ihrem Büro auf und ab, kalkulierte, wie viel sie in diesem Jahr mit ihren geringeren Boni wohl verdienen werde, und versuchte, ein Budget zu erstellen, das es Josh und ihr erlauben würde, ihre laufenden Kosten zu decken und noch etwas ins nächste Jahr hinüberzuretten für den Fall, dass Josh noch immer keinen Job gefunden hatte.

An einem gewissen Punkt hatte Laura jedoch eingesehen, dass sich zu viel um diese Dinge zu sorgen kontraproduktiv war und sie von ihrer Arbeit ablenkte. Aber selbst das verleitete sie dazu, eher mehr als weniger zu grübeln, bis sie sich zu fragen begann, ob das Grübeln über das Grübeln eine diagnostizierbare geistige Störung war.

Sie dachte an ihre Mutter, die ebenfalls eine Tendenz zu obsessiven Gedanken gehabt hatte, wenngleich Sarahs Obsessionen von einer angenehmeren Art gewesen waren. Sie hatte manchmal einen ganzen Tag lang immer dasselbe Stück angehört – etwa »Baba Jinde« von Babatunde Olatunji oder »Ten

Percent« von Double Exposure auf einer LP – wenn sie in der richtigen Stimmung war. Als Kind hatte Laura über die Intensität und Konzentration, die so etwas erforderte, gestaunt. Jetzt, als Erwachsene, verstand sie es.

Die Wohnung war still, als Laura nach einem schweißtreibenden Heimweg von der U-Bahn aufsperrte, leer bis auf Prudence, die in einem Karton zusammengerollt schlief, in dem einmal Papier gewesen war und der nun an der Tür auf jemanden (auf *mich,* dachte Laura leicht gereizt) wartete, der ihn in den Müllraum brachte. Josh war weggegangen, vielleicht zu einem Treffen der Mieter des Gebäudes in der Avenue A, oder zu einer der Netzwerk-Veranstaltungen, die er im Lauf der Monate immer weniger besuchte, weil sie keinen Job in Aussicht stellten. Womöglich hatte er ihr sogar heute Morgen davon erzählt, und sie hatte es vergessen. Angesichts dessen, wie wirr sie zur Zeit im Kopf war, hätte sie das gar nicht gewundert.

Sie ging nach oben in ihr Schlafzimmer und legte ihre Uhr und die Ohrringe in die hölzerne Schmuckkassette, mit der Josh sie in den frühen Tagen ihrer Verliebtheit überrascht hatte. Laura hatte sie in einem Antiquitätenladen bewundert, den sie bei einem ihrer Spaziergänge besucht hatten. Die Schatulle hatte sie an Mrs Mandelbaums Schmuckkästchen erinnert, das auf der Schlafzimmerkommode gestanden hatte, zwischen gerahmten Fotos von der Hochzeit der beiden, ihren Flitterwochen in Miami Beach, ihnen beiden mit ihrem Sohn Joseph als flachsblondem Knirps und später als lachender junger Mann beim Abschlussball der Highschool, und Bildern von Mr Mandelbaum in seiner Pilotenuniform aus dem Zweiten Weltkrieg. Das Kästchen selbst hatte Stücke im Jugendstil enthalten, die Mr Mandelbaum über die Jahre seiner Frau gekauft hatte; sie waren alle nicht übermäßig teuer gewesen, aber für Lauras jugendliche Augen ausnahmslos wunderschön.

Eines Nachmittags, als Laura zehn war, hatte Mrs Mandelbaum ihr eine schwere Silberbrosche mit einem Onyx in die

Hand gedrückt. Laura wollte sie ihr zurückgeben, weil sie dachte, ein solches Geschenk anzunehmen sei ungehörig, aber Mrs Mandelbaum hatte gesagt: *Max und ich lieben dich, als ob du unser Enkelkind wärst. Diese Brosche soll dich immer an uns erinnern.* Dann hatte sie sie an Lauras Kleid gesteckt und ihr vor dem trüben alten Spiegel in ihrem Schlafzimmer die Haare gekämmt. *Siehst du, wie hübsch sie an dir aussieht?* Sie waren beide Hand in Hand ins Wohnzimmer zurückgegangen, wo Mr Mandelbaum mit Kuchen und Tee wartete, Honey lag hinter ihm auf der Couch und hatte ein Pfötchen auf seine Schulter gelegt. *Holla!*, rief er. *Ich hatte ja keine Ahnung, dass sich gleich zwei elegante Ladys zum Tee zu mir gesellen.* Sein Kompliment hatte die scheue Laura erröten lassen. Die Brosche war längst verschwunden, doch Laura hatte sie nicht gebraucht, um sich an die Mandelbaums zu erinnern, nicht einmal all die Jahre später. Nicht einmal, obwohl sie sie letztlich enttäuscht hatte.

Von allen geliebten Orten ihrer Kindheit stand die Wohnung der Mandelbaums gleich an zweiter Stelle hinter ihrem eigenen Zimmer ein Stockwerk tiefer. Sie liebte die Spitzenvorhänge, die Mrs Mandelbaum genäht hatte, als Laura noch zu jung gewesen war, um sich an solche Dinge erinnern zu können, und die schöne Tapete in tiefblauen Wasserfarben und Creme- und Lilatönen, die Sarah ausgewählt hatte – schön, aber nicht süßlich. Perfekt für das Zimmer eines jungen Mädchens. Damals war Laura wesentlich unordentlicher gewesen als heute. Sie ließ Puppen und Bücher und Kleidung sich zu wahren Bergen anhäufen, bis sich Sarah irgendwann zu einem Ausbruch von Ungeduld provoziert sah, was selten genug vorkam. *Wenn du dein Zimmer nicht bald aufräumst, dann …* Aber Laura hatte es gefallen, das Chaos sich ausbreiten zu lassen, bis sogar sie es nicht mehr aushalten konnte, denn dann war die Freude des Aufräumens umso intensiver gewesen. Wenn sie alles wieder perfekt in Ordnung gebracht hatte und das goldene Licht der Nachmittagssonne schräg durch die feinen weißen Gardinen fiel (es war wichtig, das Aufräumen zeitlich so zu legen, dass es nie so früh begann oder so spät endete, dass sie diese Tageszeit verpasste), lief sie herum, berührte alles und dachte dabei: *Was habe ich für ein Glück! Ich bin das Mädchen, das hier wohnen darf.*

Auf ihrem Weg nach unten kam Laura an dem Zimmer vorbei, das sie und Josh als Kinderzimmer eingeplant hatten und in dem nun Sarahs Kartons standen. Prudence hatte sich in letzter Zeit aus Gründen, die Laura nicht recht verstand, angewöhnt, Sachen aus den Kartons auf den Boden zu werfen. Letzte Nacht hatte sie einen Teil der Sammlung kleiner Musikinstrumente zutage gefördert, die Sarah für Laura zum Spielen hinter dem Tresen ihres Plattenladens aufbewahrt hatte – eine Mundharmonika, eine Maultrommel, eine kleine Trommel an einem Stöckchen mit Holzkügelchen an Schnüren, die auf das Fell schlugen, wenn man den Stock in der Hand drehte.

Die Harmonika hatte Laura am liebsten gemocht, auch wenn sie nie gelernt hatte, sie richtig zu spielen. Sarah hatte trotz ihres geschulten Ohrs gelächelt und sich nie aufgeregt, wenn Laura damit im Laden herumgelaufen war und ihr chaotische, misstönende »Musik« entlockt hatte. Gestern hatte Laura versuchsweise ein paar Töne auf der Harmonika gespielt und war dabei von Prudence aufmerksam beobachtet worden. Anfangs hatte der Lärm sie erschreckt, doch dann war sie gekommen und hatte eine Pfote nach dem Instrument ausgestreckt, als wollte sie die Luft fühlen, die Laura hindurchblies, oder als wollte sie die Töne quasi in das Instrument zurückschieben.

Heute hatte Prudence irgendwie Sarahs altes Adressbuch freigelegt, von dem Laura geglaubt hatte, sie würde es in all dem Krimskrams ihrer Mutter nie finden, nachdem sie gestorben und die Frage aufgekommen war, wie man Anise benachrichtigen könnte, die zur Zeit in Asien auf Tournee war. Laura hatte sich damit abgefunden, Anise über ihr Management einen Brief zukommen zu lassen. In Wirklichkeit hatte sie gar keine Lust, mit Anise zu sprechen. Sie war es gewesen, die Laura zu ihrem Leben in der Lower East Side überredet hatte. Und es war Anise gewesen, die Sarah (und Laura) im Stich gelassen hatte, als dieses Leben auseinanderfiel.

In letzter Zeit jedoch, beim Durchsehen von Sarahs Sachen mit Prudence, hatte sich Laura unwillkürlich oft an früher erinnert, und dabei waren ihr Sarahs und ihr Leben mit dem Plattenladen und das Wohnen in einem alten Mietshaus vorgekommen wie etwas, das einen ganz eigenen Charme gehabt hatte. Und auch wenn sie wusste, dass die Katze sie nicht wirklich verstand, hatten diese Erinnerungen, wenn sie sie laut aussprach und Prudence sie dabei fast feierlich betrachtete, eine Substanz bekommen, die sie Jahre lang nicht gehabt hatten.

Prudence war Laura die Treppe hinauf gefolgt, saß nun im zweiten Schlafzimmer neben Sarahs Adressbuch und wartete darauf, dass Laura es in einen Karton legte, damit das Spiel des Herauswerfens wieder von vorn beginnen konnte. Doch Lauras neue Entdeckung glücklicher Erinnerungen war sehr fragil, und an Anise zu denken drohte sie zu zerstören. »Nicht jetzt«, sagte sie deshalb, als sie an dem Zimmer vorbei und die Treppe hinunter ging. Prudence blieb mit einer Art Duldermiene sitzen und wartete weiter, sodass Laura, ohne es zu wollen, lachen musste. »Na komm«, sagte sie in einem weicheren Ton, »willst du denn nicht dein Fressen?«

Prudence schien einen Moment zu überlegen. Dann streckte sie sich, machte einen großen Buckel (so als wolle sie nicht *zu* begierig erscheinen, vermutete Laura) und trottete vor Laura in den Flur. Das lustige Klappern des Anhängers an ihrem roten Halsband wurde schwächer, als sie um die Ecke zur Treppe lief.

Josh hatte entschuldigend geklungen, als er vor ein paar Wochen einige seiner Sachen von seinem Büro in das Zimmer mit den Kartons von Sarah gebracht hatte. »Es ist so voll, ich kann da gar nicht mehr nachdenken«, hatte er gesagt. »Und wir können dieses Zeug jederzeit einlagern, falls …«

Er hatte den Satz nicht beendet, und Laura hatte es auch nicht für ihn getan. Das letzte Mal, als er das Thema Schwangerschaft ansprach, hatte er gesagt, es sei nun einmal der Lauf der Welt, dass die Menschen Kinder unter »suboptimalen Bedingungen« bekämen. Als ob Laura das nicht gewusst hätte – als ob nicht Sarah genau so mit ihr schwanger geworden wäre. Aber was meinte er damit?, fragte sie sich. Dass es für sie und Sarah besser gewesen wäre, wenn sie nie geboren worden wäre?

Als kleines Mädchen war für Laura das Traurigste auf der Welt ein Kind ohne Mutter gewesen. In ihrer Klasse hatte es ein Mädchen gegeben, dessen Mutter an AIDS gestorben war. Oft lag sie nachts in ihrem Bett und weinte wegen dieses Mädchens, das nicht einmal eine gute Freundin gewesen war, dieses arme Mädchen, das nun sein ganzes Leben lang ohne eine Mutter auskommen musste. Dann tauchte in dem trapezförmigen Licht vom Flur, das auf den Boden ihres Zimmers fiel, Sarahs Schatten auf, und Sarah setzte sich an Lauras Bett und sagte: *Schhh … ist ja gut, meine Kleine, alles ist gut … du wirst mich nie verlieren … ich gehe nirgendwohin.* Und Laura begrub das Gesicht im Nacken ihrer Mutter und atmete den Blumenduft ihres Haars ein, Haar, das so viel hübscher war als das jeder anderen Mutter, die sie kannte, sie klammerte sich an ihre liebe, schöne, zärtliche Mutter, die niemals zulassen würde, dass einer von ihnen etwas zustieß. Erst nach diesem Beruhigungsritual konnte sie einschlafen.

Sie hatte nie darüber nachgedacht, wie es wäre, eine Mutter ohne Kind zu sein. Sie hatte nie überlegt, wie viele Wege es gab, einen Menschen zu verlieren. Sie hatte Sarah so lange übel genommen, dass sie die Musik und das Leben, das sie liebte, nicht aufgab, um Laura eine geschütztere Kindheit geben zu können. Und dann hatte sie sich selbst übel genommen, dass sie sich gewünscht hatte, Sarah solle das, was sie liebte, aufgeben, und sich darüber geärgert, dass Sarah es nicht früher aufgegeben hatte, selbst nachdem Laura gesehen hatte, wie das strahlende Glück in Sarahs Augen Jahr für Jahr weniger wurde, wenn sie zu und von dem tristen Schreibtisch trottete, an dem sie endlos Dokumente für andere Menschen tippte.

Und nun, da Laura alt genug war, um selbst Kinder zu haben, hatte sie Angst vor all den Dingen, die sie noch nicht einmal annähernd vorhersehen konnte und die sie und ihr Kind einmal voneinander trennen könnten. Sie hatte Angst, nicht genug Geld zu haben, um die Sicherheit ihres Kindes zu gewährleisten, und sie hatte Angst vor dem Preis, der ihr abverlangt würde (denn schließlich und endlich musste alles bezahlt werden) als Gegenleistung für das Geld und die Sicherheit, die Geld gewährleistete.

Manchmal betrachtete sie Sarahs Bild, das gerahmte Foto, das sie aus ihrem Apartment mitgenommen hatten, und fragte sich, wie sich Sarah wohl gefühlt hatte, als sie von ihrer Schwangerschaft erfuhr. War sie glücklich gewesen? Hatte sie eine lange Zukunft voller Lachen und sonniger Tage vorhergesehen, mit ihrem Mann und dem Kind, das sie zusammen haben würden? Hätte sie etwas anders gemacht, wenn sie gewusst hätte, was alles geschehen würde?

Doch Sarahs immer lächelndes Gesicht gab keine Antwort. Sie war eindeutig glücklich gewesen, als das Foto aufgenommen wurde, ihre Augenbrauen wölbten sich und in ihren Augen war die Spur eines Lachens zu erkennen, das dem galt, der die Kamera hielt – wer immer es war. Das war alles, was Laura wusste.

Prudence begrüßte Laura am Fuß der Treppe. Ihr Schwanz zuckte dreimal und stand dann senkrecht hoch, und Laura dachte, dass sie nie eine Katze mit einem derart ausdrucksstarken Schwanz wie Prudence gesehen hatte. Er konnte ärgerlich von einer Seite zur anderen sausen und sich aufplustern, wenn sie Angst hatte, oder sich nur unten aufplustern und vibrieren wie eine Klapperschlange, wenn sie sich voller Liebe fühlte (das hatte Laura in Gegenwart von Sarah gesehen), oder sich an der Spitze kringeln, wenn Prudence glücklich und zufrieden war. Dieses gerade Hochrecken in Verbindung mit einem drängenden Miauen bedeutete *Gib mir jetzt mein Fressen!* Laura kam der Aufforderung nach und putzte sorgfältig die kleinen Reste, die aus der Dose gefallen waren, von der ansonsten blitzsauberen Anrichte. Josh musste sein Mittagessen heute außer Haus eingenommen haben.

Dass Laura in letzter Zeit so viel Zeit mit Sarahs Sachen zubrachte – zwischen der Musik und den Bildern und all dem anderen Krimskrams –, hatte ihr fast schmerzlich klargemacht, wie leer ihr Zuhause verglichen mit dem ihrer Mutter schien. Sie hatte gezögert, zu der Wohnung und den Dingen darin eine zu große Bindung aufzubauen – nicht zu *dieser* Wohnung und speziell *diesen* Dingen, sondern zu der Vorstellung von Wohnungen und Dingen allgemein. Wenn sie sich die schiere Menge all dessen ansah, was Sarah im Lauf der Jahre angesammelt hatte, staunte sie über den Mut (denn auf eine ganz eigene Art war es ein Wunder an Mut, nicht wahr?), den es Sarah abverlangt haben musste, alte Schätze auszugraben und zu zeigen und sogar noch neue hinzuzufügen.

Vielleicht würde sie sich besser verwurzelt fühlen, wenn sie und Josh endlich anfangen würden, alle ihre Hochzeitsgeschenke auszupacken und etwas aus dieser Wohnung zu machen, nach der sie wochenlang zusammen gesucht hatten (»Eine mit Platz zum Wachsen«, hatte Josh mit funkelnden Augen gesagt). Wenn sie Bücherregale mit gut gebrauchten Taschenbüchern und den Hochglanz-Hardcover-Bänden über Musik füllten, die Josh so sehr liebte, und an nackte Wände Bilder und Drucke hängten, vielleicht konnten sie sich dann zurücklehnen, ihr Werk bewundern und denken *Was haben wir für ein Glück, dass wir hier wohnen dürfen!*

Nur dass nun niemand sagen konnte, wie lange sie hier noch wohnen konnten. Laura wusste, wenn sie wirklich umziehen mussten, dann würde es nicht so sein wie jenes andere Mal. Dieses Mal würden sie alles sorgfältig in beschriftete Kartons verpacken können, die ihnen zu ihrem neuen Heim folgen würden, wo immer das auch sein würde. Nichtsdestotrotz hatte sie gehofft, nie mehr zum Verlassen eines Zuhauses gezwungen zu werden, und innerlich wetterte sie gegen die Grausamkeit einer Welt, die einfach nicht zuließ, dass etwas für immer galt, selbst wenn man bereit war, für Beständigkeit vieles von sich zu opfern.

Die Wohnung war stickig wie üblich im Sommer, wenn niemand zu Hause war und die Lüftung einschaltete. In schwülen Sommernächten wie der, die heute bevorstand, hatten sie und Sarah manchmal draußen auf dem Absatz der Feuertreppe geschlafen und den Auto-Alarmanlagen, der Musik, dem Lachen und dem Geschrei gelauscht, das von der Straße heraufdrang. Es war ein großer Tag gewesen, als sie sich endlich eine kleine, gebrauchte Klimaanlage leisten konnten, auch wenn sie sie mit alten Zeitschriften so verkeilen mussten, dass sie einigermaßen in das grob ausgehauene Loch in der Wand passte.

Im Wohnzimmer öffnete Laura die obere Hälfte eines der hohen Fenster, um frische Luft hereinzulassen. Sie sah Menschen in anderen Mietshäusern vor dem Fernseher sitzen; viele verfolgten, ohne es zu wissen, in verschiedenen Wohnungen und auf verschiedenen Etagen dasselbe Programm. Weit unten auf der Straße spielten Jugendliche mit einem Basketball herum, und Laura dachte an die Jungen, die in dem Viertel, in dem sie aufgewachsen war, Basketballkörbe notdürftig aus Milchkästen zusammengebastelt und mit Klebeband an Laternenpfählen und Telefonmasten befestigt hatten. Gegenüber ruhten die kaffeebraunen Tauben aus und richteten sich für den Abend ein. Sie waren in letzter Zeit mehr geworden, und Laura fragte sich, wann Tauben ihre Paarungszeit hatten, ob ihre kleine Gruppe vielleicht auf (sie zählte sorgfältig) über dreißig angewachsen war, weil sie Junge bekommen hatten, die ihr nicht aufgefallen waren, obwohl sie jeden Tag zu ihnen hinüberschaute.

Während sie die Tauben beobachtete, öffnete sich die schwarze Tür zu dem Dach, auf dem sie saßen. Ein Besen erschien, und dann ein dunkelhaariger Mann in einem weißen T-Shirt. Er brüllte etwas und schüttelte den Besen gegen die Tauben. Die aufgeschreckten Vögel ergriffen die Flucht; sie zogen Kreise, die immer größer wurden und denen sich immer mehr Tiere anschlossen, die in panischer Angst von dem Dach aufflogen.

Laura wusste nicht, was sie überkam. Einesteils beobachtete sie mit konfuser Distanziertheit, aber gleichzeitig schob sie den Kopf aus dem Fenster und schrie lauthals: *»Lass sie in Frieden!«* Der Mann musste sie gehört, wenn auch nicht verstanden haben, denn er schaute direkt zu ihr herüber (die Verrückte aus der Wohnung gegenüber), brüllte jedoch unbeirrt weiter und fuchtelte mit seinem Besen. Laura schüttelte die Fäuste und wetterte: *»Lass sie in Frieden! Lass sie in Frieden!«* Immer wieder kreischte sie: *»Lass sie in Frieden!«,* bis sie einen rauen Hals hatte. Schließlich hatte der Mann offenbar genug und verschwand wieder durch die schwarze Tür. Die Kreise der Tauben wurden enger und enger, bis endlich einige tapfer genug waren und landeten. Wenig später waren sie alle wieder auf dem Dach versammelt, als sei nichts geschehen, das ihre Rast gestört hätte.

Laura schloss das Fenster. Sie bemerkte kleine rote Halbmonde, wo sich ihre Fingernägel ins Fleisch ihrer Handflächen gegraben hatten. Ihre Hände zitterten; sie fuhr sich durch die Haare und atmete tief, um sich wieder zu fassen. Prudence hockte vor ihr und blickte sie unverwandt an.

»Was schaust du denn so?«, fragte sie sie heiser und dachte dabei, dass sie jetzt wohl komplett den Verstand verlor. »Hat meine Mutter nie vor dir gebrüllt?«

Zu ihrer Überraschung schnurrte Prudence und drückte das Köpfchen liebevoll an Lauras Knöchel. Dann drehte sie sich und wickelte die Spitze ihres Schwanzes um Lauras Bein.

11

Prudence

Es regnet schon den ganzen Tag, unten auf dem Gehsteig kämpfen Menschen mit umgestülpten Regenschirmen, die sie nach hinten oder auf die Straße ziehen, gegen den Wind an. Manche geben schließlich auf und werfen ihren Schirm verärgert in den nächsten Abfallkorb. In der Lower East Side war unser Apartment so nahe an der Straße, dass ich aus dem Fenster schauen und sehen konnte, wann Sarah kam. Aber von hier oben kann ich nicht erkennen, ob einer der Menschen dort unten Laura oder Josh ist. Ich weiß nicht, ob Laura Probleme mit dem kleinen schwarzen Schirm hatte, den sie heute Morgen mitnahm, aber als sie nach Hause kommt, ist sie durchnässt. »Gleich, Prudence«, sagt sie, sobald sie sieht, dass ich an der Tür warte. »Lass mich nur erst aus diesen nassen Klamotten schlüpfen.« Auf ihrem Weg zur Treppe hinterlässt sie kleine Wasserpfützen.

Jemand hat heute Morgen in meinem Zimmer das Fenster offengelassen, und der Regen hat die weißen Vorhänge erwischt und auch den Boden nass gemacht. Etwas Wasser ist an einen der Kartons gekommen, die Josh aus dem Büro hierher gebracht hat, aber ich stelle erfreut fest, dass die Sarah-Kartons alle trocken geblieben sind, weil sie etwas weiter in der Mitte des Zimmers stehen. Es ist jetzt voller hier als früher, aber nicht so voll, dass ich keine Sachen mehr aus den Sarah-Kartons werfen könnte, damit Laura sie findet und mit mir darüber spricht.

Die Luft von draußen riecht wie die Rollen neuer Geldstücke, die Sarah immer an die Waschmaschinen im Keller verfütterte, und das heißt, es wird bald Blitze geben. Es bedeutet auch, dass das Zimmer nicht mehr so viel von dem Sarah-und-ich-zusammen-Duft hat, aber das ist okay. Laura zuzuhören, wenn sie über Sarah spricht, ist fast so gut wie ihren Geruch einzuatmen – meine eigenen Erinnerungen an Sarah scheinen viel wirklicher zu sein, wenn Laura mir von ihren erzählt.

Es gibt Zeiten, in denen sie nicht viel sagt. Einmal fanden wir einen kleinen Plastikbeutel mit alten Ansteckern – die runden, farbigen, die die Menschen manchmal an ihrer Kleidung befestigen. »Ich habe meine Mutter *bekniet*«, sagte Laura und nahm einen heraus, »mir diesen Menudo-Button zu kaufen, nachdem meine beste Freundin Maria Elena einen bekommen hatte.« Dann lachte sie. »Ich glaube, ich habe ihn ungefähr zwei Wochen an meinem Rucksack gehabt und dann einfach im Laden gelassen.« Das war alles, was sie zu den Ansteckern zu sagen hatte. Aber gelegentlich erzählt sie auch längere Geschichten, oder sie sagt Sachen, die mehr über Sarah sind als über andere Leute, an die sich Laura erinnert, und das sind die besten.

Anfangs hat es mich gestört, Sarahs und meine alten Sachen aus den Kartons zu werfen, weil Sarah immer sagte, wie wichtig es ist, seine Vergangenheit geordnet zu halten. Dinge auf den Boden zu werfen ist das Gegenteil von Ordnung. Aber wenn ich Laura diese Dinge nicht zeigen würde, damit sie mir mehr über ihre Erinnerungen erzählt, dann hätte Sarah gar keine Vergangenheit.

Während ich heute nach Sachen suchte, um sie Laura zu zeigen, fand ich zwei weiße Schachteln – eine kleinere und eine, die größer ist. Schachteln wie die, in denen sich Kleidung befindet, wenn ein Mensch einem anderen ein Geschenk macht. Als sich Laura zu mir auf den Boden setzt, trägt sie Sportkleidung, und sie öffnet zuerst die kleinere Schachtel. »Schauen wir mal, was du heute gefunden hast«, sagt sie. Ihre Stimme, die tagelang heiser war, nachdem sie den Mann wegen der Tauben angebrüllt hat, klingt wieder normal. Als Josh sie deswegen fragte, sagte sie, sie habe in der Arbeit ein lautstarkes Meeting gehabt und dabei ihre Stimme zu sehr strapaziert. Josh ist in letzter Zeit so sehr mit seiner eigenen Arbeit beschäftigt, dass er nicht die Augen verengt, wie er es immer macht, wenn er weiß, dass Laura etwas Unwahres sagt. Vielleicht hat er nicht einmal bemerkt, dass sie rote Wangen bekam. Ich weiß allerdings nicht, weshalb Laura ihm nicht sagen will, was sie tat, denn sogar Wesen, die so dumm sind wie Tauben, verdienen es, einen Ort zu haben, wo sie leben können – und sie verbringen so viel Zeit auf diesem Dach, dass es mittlerweile gewaltig stark nach ihnen riechen muss. Wer war dieser seltsame Mann, der versuchte, sie zu verscheuchen? Ich war stolz, dass Laura sie verteidigte, auch wenn sie gleich danach ohne ihre Hilfe wieder an ihren gewohnten Platz zurückkamen.

Die kleine weiße Schachtel ist innen mit Watte ausgepolstert. In die Watte eingewickelt ist etwas aus einem hellen Material, das Laura zufolge Elfenbein heißt. Der untere Teil besteht aus fünf langen Zähnen, und der obere hat die Form eines Fächers, in den viele verschiedene Kringel eingeschnitzt sind. »Das ist ein Kamm«, sagt Laura. »Meine Mutter hat mit einem Kamm immer die Haare hochgesteckt. Sie sah so elegant und zauberhaft damit aus, ich konnte gar nicht glauben, dass sie wirklich *meine* Mutter war.« Lauras Gesicht wurde sonst immer so hart, wenn von Sarah die Rede war, aber nun lächelt sie, und auch ihre Stimme ist weich. Sie hält den Kamm ans Licht und sagt: »Aber an den hier kann ich mich gar nicht erinnern.«

Natürlich kann ich nicht sprechen und es Laura sagen, aber *ich* erinnere mich an diesen Kamm. Sarah zeigte ihn einmal Anise und sagte, sie habe ihn vor Jahren von Mrs Mandelbaum bekommen, um ihn Laura an deren Hochzeitstag zu schenken. *Sie trug ihn zu ihrer eigenen Hochzeit,* sagte Sarah. *Sie sagte, es sei nur passend, dass Laura »etwas Altes« von ihr haben solle.* Sarah erzählte Anise, sie habe daran gedacht, ihn Laura zu ihrer Hochzeit zu schenken, doch dann habe sie sich nicht getraut, weil Laura sich immer so ärgerte, wenn die Mandelbaums erwähnt wurden. Anise sah Sarah traurig an und sagte: *Du kannst nicht dein ganzes Leben darauf warten, dass der perfekte Moment kommt, um die Dinge zu sagen, die du sagen möchtest. Du musst es so gut du kannst in den Momenten machen, die sich ergeben.* Es ist seltsam, wenn ich an die Sarah denke, an die *ich* mich erinnere, und sie mit der Sarah aus Lauras Erinnerungen vergleiche. Ich erinnere mich an eine Sarah, die mir immer genau das Richtige zu sagen wusste. Laura erinnert sich an eine Sarah, die redete und redete, aber nie das sagte, was Laura wirklich hören wollte.

Nun legt sie den Kamm in die kleine Schachtel zurück und diese wieder in einen der Sarah-Kartons, aber nicht in den, in dem ich sie fand. Mit der Zeit scheint Laura die Dinge, die wir uns gemeinsam ansehen, zu ordnen. Einige wandern in die Kartons mit den Sachen, die sie wahrscheinlich behalten will, wie dieser Kamm, und andere verschwinden in Kartons, die sie eines Tages in den Müllraum bringen wird, zum Beispiel alte Bestellzettel von Sarahs Plattenladen oder die seltsame kleine Trommel an einem Stock mit den Schnürchen daran.

Die größere weiße Schachtel, die ich fand, ist mit Tesa zugeklebt, und Laura muss erst mit einem Fingernagel an den Kanten entlangfahren, bevor sie sie öffnen kann. Es ist eine Menge raschelndes Seidenpapier (perfekt zum Spielen!) darin, und in diesem sind winzige Kleider, die sogar für die Wurfgeschwister viel zu klein sind – kleine gestrickte Pullover und Mützen, winzige Baumwolljacken voller silberner Sicherheitsnadeln und neonfarbiger Sprayfarben und Teeny-Röcke und -kleider und zerrissene T-Shirts, die farblich zu den Jacken passen. Die Pullover haben ganz schwach den Geruch einer anderen Katze und ein wenig den Duft von Sarah an sich und noch einen, der wahrscheinlich zu Laura gehörte, als sie noch jünger war.

»Oh Gott!« Laura blickt verblüfft. »Mrs Mandelbaum hat diese Pullover für meine Kohlkopfpuppe gestrickt. Und diese kleinen Rockstar-Outfits sind von Anise.« Als sie Anises Namen ausspricht, bemerke ich etwas wie Ärger in Lauras Blick, der aber rasch wieder verfliegt. »Ich habe meiner Mutter gesagt, sie soll diese Sachen wegschmeißen, als ich elf war.« Sie lacht ein wenig. »Ich habe sogar darauf *bestanden.* Ich wollte ihr klarmachen, dass ich kein Baby mehr bin.« Ihr Lächeln ist zittrig. »Ich kann es nicht glauben, dass sie diese Sachen all die Jahre aufgehoben hat.«

Vorsichtig lege ich eine Pfote auf ihr Knie und warte ab, ob sie eine plötzliche Bewegung macht – oder mich abzuhalten versucht – und krieche dann auf ihren Schoß, um näher an die kleinen Pullover heranzukommen. Ich reibe meine Wangen und die Rückseite meiner Ohren so fest an ihnen – um den Geruch dieser anderen Katze auszumerzen und auch, um diesen schwachen Sarah-Duft auf mich zu übertragen –, dass die Schnalle meines roten Halsbands an einem Faden hängen bleibt und Laura mich befreien muss. Danach reibe ich meinen Kopf sofort wieder an den Pullovern, weil ich versuchen will, diesen guten Sarah-und-ich-zusammen-Duft wiederherzustellen. Laura beginnt, mich sanft hinter meinen Ohren zu kraulen. Ich schließe die Augen, lehne die Seite meines Kopfes in ihre Hand und schnurre. Sie macht ihre Hand hohl und fährt von der Spitze meiner Nase kräftig über meinen ganzen Rücken, sodass die Haut unter meinem Fell kribbelt.

Plötzlich hören wir unten Schlüssel klappern. Das bedeutet, Josh ist zu Hause. Wenn er so spät heimkommt, hat er sich normalerweise mit den Menschen getroffen, die in dem Gebäude mit dem Musikstudio wohnen – er sammelt ihre Geschichten, sagt er. Wir hören seine Schritte die Treppe heraufkommen, und Laura verdeckt mit dem Deckel der weißen Schachtel die kleinen Kleidungsstücke, die nicht unter meinem Kopf sind. Im nächsten Moment steht Josh in der Tür, seine Jeans ist nass vom Regen, und er sagt: »Hallo, Ladys.«

Manchmal kommt Josh immer noch hierher und sieht Sarahs schwarze Scheiben durch. Das kümmert mich inzwischen nicht mehr, denn er wäscht sich zuvor stets die Hände und behandelt sie sehr respektvoll. Er sucht nach Musik, die in diesem Studio aufgenommen wurde, erzählte er Laura einmal. Sarah hat Hunderte schwarzer Scheiben, also braucht er eine Weile, bis er sie alle durchgesehen hat. Doch in den Sarah-Kartons, in denen keine schwarzen Scheiben sind, fasst er nie etwas an.

Aber jetzt ist er nicht hier, um die schwarzen Scheiben durchzusehen. Er lächelt, wie er es immer tut, wenn er sieht, wie Laura und ich hier Sarahs Sachen ansehen, und sagt zu ihr: »Ich habe von Defonte ein Jumbo-Thunfisch-Sandwich mitgebracht. Magst du die Hälfte?«

»Woher hast du gewusst, dass ich fürs Abendessen an kalten Thunfisch gedacht habe?«, fragt Laura grinsend zurück.

Josh lehnt sich an den Türrahmen. »Du weißt, dass wir in ein paar Wochen unseren Hochzeitstag haben. Wir sollten was Tolles unternehmen.«

»Nicht zu toll«, entgegnet sie.

»Wie viele erste Hochzeitstage werden wir erleben?«, fragt er. »Und ich rede von einem schönen Abendessen im Restaurant. Nicht von einer Woche Paris.« Er blickt sie hoffnungsvoll an. »Na komm. Wie waren schon lange nicht mehr schön zum Essen aus, und ich bekomme immer noch ein paar Wochen meine Abfindung.« Er sagt das, als wäre es eine gute Nachricht, doch die größer werdenden Falten in Lauras Gesicht bedeuten, dass sie das anders sieht. Sie erwidert jedoch nur: »Ich komme in einer Minute zum Essen.«

Josh geht ins Schlafzimmer, Laura wirft die kleinen Kleidersachen wieder in die weiße Schachtel und verstaut diese dann in einem der Sarah-Kartons. »Du willst bestimmt auch dein Abendessen«, sagt sie zu mir. Dann kratzt sie mich am Kinn, wo Haare meines Fells ausfallen, und fügt hinzu: »Und später bürste ich dich vielleicht ordentlich.«

Ich schaue einen Moment zu den Sarah-Kartons zurück. Aber dann denke ich an mein Abendessen *und* Thunfisch *und* eine schöne, lange Bürstenbehandlung und folge Laura die Treppe hinunter.

* * *

Josh hat früher nie viel über seine Arbeit geredet, aber nun spricht er davon, wann immer er einen Zuhörer findet. Laura runzelt meistens die Stirn und wechselt das Thema. Oder sie sagt Dinge wie *Mm-hm* oder *Wirklich,* und zwar so, als wolle sie nicht, dass Josh weiter darüber redet. Aber die Wurfgeschwister wollen viel von ihm wissen. Josh bringt sie einen Tag in der Woche hierher, und sie helfen ihm, seine Papiere zu ordnen und sie in Umschläge zu stecken. Ich helfe für gewöhnlich auch, indem ich die Papiere auf dem Boden verteile und sicherstelle, dass sich keine Ratten darin verstecken – seit wir diese Ratte in einem der Sarah-Kartons fanden, bin ich extra vorsichtig, auch wenn sie sich als Attrappe herausstellte. Josh ist allerdings nicht immer so dankbar für meine Arbeit, wie er sein sollte. Er reagiert genervt und sagt: »Ach, Prudence, warum machst du denn das!?«, und dann schiebt er die Papiere wieder zu einem ordentlichen Stapel zusammen. Aber man merkt, wie glücklich und erleichtert die Wurfgeschwister sind, denn sie lachen und loben mich für meine Hilfe. Manchmal tut Josh so, als wolle er mir einen *Gefallen* tun, knüllt ein Blatt Papier zu einem Ball zusammen und wirft ihn für mich, damit ich mein Mäusefangen trainiere. Allerdings haben die Wurfgeschwister ein dummes »Spiel« erfunden. Es heißt »Prudence-fang-den-Ball«, und sie werfen den Papierball über meinem Kopf hin und her und schreien »Pfoten weg! Pfoten weg!«, bis ich irgendwann hoch genug springe, um ihn zu erwischen, und dann nehme ich ihn mit nach unten und verkrieche mich damit unter der Couch.

Die Wurfgeschwister einen Tag in der Woche hier zu haben stört mehr als die fünf Tage, die Josh anfangs zu Hause war, nachdem er seinen Job verloren hatte. Es fällt ihnen schwer, die vernünftigen Dinge zu tun, die Katzen (und ältere Menschen) tun, zum Beispiel längere Zeit ruhig an einer Stelle sitzen zu bleiben, wichtige Dinge zu denken und durch unsere Fenster die Upper West Side zu beobachten. Ihre dauernden Bewegungen wirbeln die Luft um mich herum auf, und dann kitzeln meine Schnurrhaare. Und sie streiten *immer* mit mir um meinen Lieblingsschlafplatz auf der Couch. Josh und Laura haben gelernt, dass der bevorzugte Schlafplatz einer Katze nur ihr gehört und respektiert werden sollte. Aber die Wurfgeschwister lassen sich auf meinen Platz plumpsen, sogar wenn ich dort schlafe, was bedeutet, ich muss aus wunderschönen Träumen mit grünem Gras und Sarahs Gesang aufwachen, damit ich vor ihren mir nahe kommenden Hintern flüchten kann, bevor ich erdrückt werde. Nicht einmal wenn ich schnaube und sie anfauche nehmen sie Rücksicht auf mich. Man sollte meinen, dass so junge Menschen dankbar wären, eine Katze zu haben, die ihnen gute Manieren beibringt. Aber sie haben noch nicht *einmal* zu mir gesagt *Danke, Prudence, dass du versuchst, uns Höflichkeit beizubringen.* Wenn ich nicht jedes Mal, wenn sie da sind, der Verlockung raschelnden Papiers im Büro erläge, dann würde ich mich ganz und gar von ihnen fernhalten.

Mit Josh benehmen sie sich zum Glück besser. Vielleicht, weil er so geduldig und nett mit ihnen ist, so wie Sarah mit mir. (Wiewohl ich Freundlichkeit und Geduld auch mehr verdiene als die Wurfgeschwister.) Wenn sie an dem kleinen Tisch in Joshs Büro sitzen, heben sie sogar die Hand, bevor sie etwas fragen. *Jemand* hat ihnen also offensichtlich doch beigebracht, sich zu benehmen.

»Onkel Josh«, fragt Robert mit erhobener Hand, »warum müssen die Leute in dem Mietshaus eigentlich ausziehen?«

»Sie müssen nicht – noch nicht«, antwortet Josh ihm. »Es gibt Vorschriften, wie viel Geld die Leute, denen das Haus gehört, von den Bewohnern als Miete verlangen dürfen. Jetzt wollen sie diese Vorschriften verändern und das Gebäude so teuer machen, dass sich die Leute das Wohnen darin nicht mehr leisten können.«

»Das ist uns auch passiert.« Abbie macht ein ernstes Gesicht. »Als Mom und Dad geschieden wurden, konnten wir es uns nicht mehr leisten, in unserem Haus bei Nana und Pop-pop zu wohnen. Wir mussten in eine Wohnung umziehen, weil Dad Mom kein Geld mehr gab.«

Josh legt einige Papiere in eine cremefarbene Mappe, doch er hält plötzlich inne, so wie eine Katze erstarrt, wenn sie etwas sieht, worauf sie springen will. Er schaut so skeptisch, dass ich denke, vielleicht hat es eine Maus doch geschafft, sich in all dem Papier zu verstecken, und ich sehe mich von meinem Platz neben Robert aus um und versuche sicherzustellen, dass mir keine Bedrohung entgangen ist. »Wer hat dir das über deinen Vater erzählt?«, fragt Josh ruhig Abbie.

Die Wurfgeschwister sehen einander an, dann sagt Abbie: »Manchmal hören wir Mom telefonieren, auch wenn die Tür ihres Zimmers zu ist.« Roberts Augen werden groß und rund, als würde das, was Abbie eben sagte, ihm Angst machen. »Wir wollen ja gar nicht lauschen«, sagt sie schnell. »Aber manchmal hören wir sie, da können wir einfach nichts dafür.«

Joshs Blick wird traurig, und auch wütend. Aber seine Stimme ist freundlich, als er zu ihr sagt: »Ihr beide habt Glück, dass eure Mom einen guten Job gefunden hat, und dass ihr Nana und Pop-pop und Tante Laura und mich habt, die ihr helfen, damit ihr nie mehr umziehen müsst. Aber die Leute, die in diesem Mietshaus wohnen, haben schon jetzt so wenig Geld, sie könnten sich keine schöne Wohnung leisten, wenn sie umziehen müssten. Und sie wohnen schon sehr, sehr lang in diesem Haus. Einige haben da schon gewohnt, bevor *ich* auf die Welt kam.« Abbies und Roberts Augen werden noch größer, so als könnten sie sich nicht vorstellen, wie lange das schon her sein muss.

»Haben irgendwelche von den Leuten, die dort wohnen, eine Katze wie Prudence?«

»Einige schon«, antwortet Josh lächelnd. »Und sie haben Angst, dass sie keine Wohnung finden würden, in die sie ihre Katze mitnehmen könnten, wenn sie umziehen müssten.«

Na so was! Man stelle sich vor! Was für eine verrückte Wohnung soll das sein, die nicht *will,* dass Katzen in ihr wohnen?

Wer würde sie vor all den Mäusen und Ratten schützen, wenn es keine Katzen gäbe? Es wäre ein großes Glück, einen *Hund* zu finden, der das so gut und so gründlich kann wie eine Katze! Just wenn ich denke, ich hätte alles Lächerliche gehört, was Menschen tun und sagen können, kommt mir noch etwas Derartiges zu Ohren, und ich begreife, dass die Dummheit der Menschen keine Grenzen kennt.

Als die Wurfgeschwister das nächste Mal kommen, bringt Joshs Vater sie in seinem Wagen, und dann fahren sie alle zusammen zum Mittagessen. Ich flitze nach oben, um auf dem Katzenbett im Büro ein Nickerchen zu machen. Sobald ich sie zurückkommen höre, springe ich auf den Boden, rolle mich unter Joshs Schreibtisch zusammen und gebe vor, ich hätte die ganze Zeit da geschlafen. Wenn sie alle oben sind, lecke ich mir die rechte Vorderpfote und wasche damit scheinbar träge mein Gesicht, damit mein Täuschungsmanöver absolut perfekt ist.

»Puh!«, macht Joshs Vater und lässt sich auf einen der Stühle sinken, auf denen sonst Abbie und Robert sitzen. Sein Gesicht ist bleicher, als ich es in Erinnerung habe, und auf seiner Stirn sind kleine Schweißperlen zu sehen. »Hier in der Stadt ist die Hitze viel schlimmer als bei uns draußen in New Jersey. Das ist hart für einen alten Mann.«

»Alles in Ordnung, Dad?« Josh klingt besorgt. »Brauchst du ein Glas Wasser?«

»Es geht schon, es geht schon.« Sein Vater wedelt mit den Händen vor dem Gesicht. »Sag Mutter nicht, dass mir schwindlig wurde«, fügt er streng hinzu. »Sie macht sich seit dieser Sache mit meinem Herzen letztes Jahr Sorgen. Ich bin fünfundsiebzig Jahre alt, und sie denkt noch immer, dass ich nicht auf mich aufpassen kann.«

»Ich bringe dir ein Glas Wasser, Pop-pop«, sagt Abbie. »Robert und ich haben auch Durst.« Die beiden rennen aus dem Zimmer (*gehen* tun die Wurfgeschwister anscheinend nie), und ich höre sie die Treppe hinuntertrampeln.

»Erzähl mir mal von der Arbeit, die du jetzt machst«, sagt

Joshs Vater. »Die Kinder reden in letzter Zeit von nichts anderem mehr.«

»Ich spiele da nur eine kleine Rolle.« Zum ersten Mal scheint es Josh fast peinlich zu sein, über seine Arbeit zu sprechen. »Es gibt Organisationen, die nur den einen Zweck haben, das Mitchell-Lama-Wohnungsbauprojekt zu erhalten. Und da helfe ich eben ein bisschen mit, so weit ich das kann.«

»Zeig es mir«, beharrt sein Vater. »Das interessiert mich.«

»Also …« Josh sucht einige der Papiere zusammen, die Abbie und Robert sonst immer in Kuverts stecken. »Ich schreibe Pressemitteilungen, die ich an Zeitungsreporter und verschiedene Webseiten schicke, damit sie wissen, was los ist. Und ich habe alle Mieter des Gebäudes interviewt und ihre Geschichten gesammelt. Zusammen mit alten Fotos, die sie mir geben konnten, mache ich daraus ein Buch. Ich denke, diese Seite des Problems aufzuzeigen, könnte etwas bewirken.« Er reicht die Papiere seinem Vater, der sie langsam durchsieht.

»Außerdem habe ich eine Geschichte des Musikstudios im Souterrain des Gebäudes zusammengestellt. Es hat hier in der Gegend im Lauf der Jahre tatsächlich eine ziemliche Bedeutung erlangt. Ich versuche, ihnen zu helfen, als gemeinnützige Institution anerkannt zu werden, damit sie einen gesetzlichen Status haben, falls wir es schaffen, die Sache bis zu einer Verhandlung zu bringen.« Josh geht in mein Zimmer und kommt mit einem Stapel von Sarahs schwarzen Scheiben zurück. Ein Anflug von Sarah-Duft folgt ihnen. Ich habe eine plötzliche, lebhafte Erinnerung an Sarah in unserem alten Apartment; sie trägt ein langes, dünnes Sommerkleid und steht vor den Regalen mit ihren schwarzen Scheiben und sagt: *Ich glaube, heute möchte ich Betty Wright hören. Was denkst du, Prudence?* Aber so schnell die Erinnerung in meinen Kopf kommt, hüpft sie auch wieder hinaus und geht irgendwohin, wo ich sie nicht finden kann.

»Wenn du dir die Covertexte ansiehst« – Josh reicht seinem Vater die schwarzen Scheiben und zeigt auf einige der winzig klein geschriebenen Worte auf den Papphüllen – »dann weißt du, wie viele wichtige Alben dort aufgenommen wurden. Also habe ich auch dazu etwas zusammengeschrieben und mit Fotos von einigen der Bands an die Herausgeber meiner alten Zeitschrift und ein paar unserer – ich meine *ihrer* – Konkurrenten geschickt. Dann habe ich eine Webseite und eine Facebook-Seite für das Gebäude erstellt, und wir ermutigen Anwohner und die Besitzer kleiner Läden in der Nachbarschaft, die letztlich von denselben wirtschaftlichen Faktoren bedroht werden, ihre Geschichten und Erinnerungen beizusteuern. Und wir haben eine Online-Petition eingerichtet. Bislang haben wir ungefähr fünftausend Unterschriften.«

»Einige dieser Fotos erinnern mich an früher«, sagt Joshs Vater. »Deine Mutter und ich haben das Haus, in dem wir dich und deine Schwester großzogen, ungefähr zur selben Zeit gekauft, in der dieses gebaut wurde, so wie es aussieht.«

»Wahrscheinlich.« Josh lächelt ein wenig. »Manche der Mieter wohnen schon seit den sechziger Jahren dort.«

Sein Vater schließt halb die Augen. »Wenn ein Mensch fünfzig Jahre lang in einer Wohnung gelebt und da eine Familie gehabt hat«, sagt er, »dann will er nicht gehen, wenn er nicht seine ganz eigenen Beweggründe hat.«

»Das sehe ich auch so«, meint Josh leise.

Sein Vater öffnet die Augen. »Du hast da eine Menge Arbeit reingesteckt. Das muss doch viel Zeit beansprucht haben, mit jedem zu reden und all das zu recherchieren und zu schreiben.«

Josh errötet ein wenig. »Na ja, die Zeit hatte ich ja.«

Sein Vater legt die Papiere und Fotos mit einem Seufzer auf den kleinen Tisch. »Ich habe diesen Job, den du hattest, nie wirklich verstanden. Ich habe gesehen, dass er dir Geld einbrachte, aber er ist mir nie wie eine wirkliche Arbeit vorgekommen. Aber *dies* hier, das verstehe ich. Leuten zu helfen, die ihre Wohnung behalten wollen, so etwas versteht man. Und all die Arbeit, die du gemacht hast« – er deutet auf die Papiere – »das ist etwas, das du anschauen und anfassen und am Ende des

Tages in den Händen halten kannst. Ich bin sicher, alle diese Leute, die du jetzt anrufst, denken jetzt anders über dich, weil du zu ihnen kommst und eine Arbeit *machst,* anstatt um Arbeit zu bitten.«

»Es so zu sehen, wäre eine feine Sache.« Joshs Lächeln ist etwas schief.

»Glaub mir«, sagt sein Vater. »Einer, der hart arbeitet und sein Geld spart, wird immer respektiert.«

»Es ist schwierig, Geld zu sparen, wenn man keines verdient.«

»Das Geld wird schon kommen.« Joshs Vater klingt sehr überzeugt, als er dies sagt. »Weißt du, für deine Mutter und mich war es auch nicht immer leicht. Sie musste diesen Job beim Juwelier machen, damit wir dich und deine Schwester aufs College schicken konnten. Aber wir haben hart gearbeitet, und irgendwie ist das Geld immer reingekommen.«

Abbie und Robert kommen zurück, mit einem Glas Wasser für ihren Großvater. Während er trinkt, fragt Robert: »Hey, wo ist Prudence, Onkel Josh?«

»Ich glaube, die liegt unter dem Schreibtisch«, antwortet Josh und bückt sich, um nachzusehen. Sein Blick aus seitlich verdrehten Augen trifft meinen. »Prudence, willst du rauskommen und meinem Vater Hallo sagen?«

Eigentlich nicht. Aber Josh versucht (endlich!), mich richtig vorzustellen, was bedeutet, dass *nicht* zu kommen schlechtes Benehmen wäre.

»Hallo, Prudence!« Joshs Vater tätschelt mich unbeholfen am Kopf, und ich bin erleichtert, denn das ist anscheinend alles, was er tun will. »Erinnerst du dich noch an Sammy?«, fragt er Josh. »Du und deine Schwester, ihr wart verrückt nach dem Hund. Er konnte den ganzen Tag lang Katzen jagen.«

Ich bleibe stehen und lasse ihn meinen Kopf streicheln, obwohl ich nicht umhin kann, ihn ein bisschen weniger zu mögen dafür, dass er einen dieser elenden Hunde hatte, die glauben, es sei ein Spaß, Katzen zu jagen, nur weil sie nicht schlau genug sind, mit ihrer Zeit etwas Vernünftiges anzufangen. Joshs Vater weiß nicht so viel über Katzen, wie ich über Menschen weiß, denn er sagt: »Ich glaube, Prudence mag ihren Pop-pop.«

Josh lacht laut. »Heißt das, Prudence ist ab jetzt deine Enkelin?«

»Jedenfalls kommt sie einer Enkelin, die du und Laura mir bislang noch nicht geschenkt habt, am nächsten.« Jetzt klingt er wieder streng.

Joshs Lächeln verblasst. »Wir arbeiten daran, Dad.«

»Ich mag ja ein alter Mann sein, Josh«, erklärt ihm sein Vater. »Aber ich weiß noch, wenn du es als Arbeit siehst, dann machst du etwas falsch.«

Josh ist in guter Stimmung, als sein Vater aufbricht. Er läuft in der Wohnung herum, summt Musik vor sich hin und schnippt mit den Fingern. Er geht in sein Büro und hämmert eine Weile auf das Katzenbett ein, aber ich merke, dass er zu viel Energie hat, um lange stillsitzen zu können. Schon bald höre ich etwas, das danach klingt, als würden in dem Schrank im Büro schwere Dinge herumgeschoben, und dann kommt Josh mit einem großen Stapel schwarzer Scheiben in mein Zimmer. An ihrem Geruch erkenne ich, dass diese nie Sarah gehörten – er muss mehr schwarze Scheiben gehabt haben, als ich wusste, die er die ganze Zeit im Schrank des Büros aufbewahrt hatte.

Josh sitzt mit gekreuzten Beinen da und beginnt, die schwarzen Scheiben über den ganzen Boden zu verteilen; er ordnet sie und verändert die Anordnung, ohne dass ich ein Muster darin erkennen kann. Ich springe in einen der Sarah-Kartons, damit ich ihm nicht im Weg bin, und bald ist der ganze Boden bunt von lauter Papphüllen von schwarzen Scheiben. Dann rutscht er hinüber zu den Sarah-Kartons mit den schwarzen Scheiben und beginnt, auch die herauszuholen und auf dem Boden zu verteilen. Dabei schaut er bei jeder auf die geschriebenen Worte und entscheidet dann, welche er wohin legt.

Sarah hat das manchmal gemacht, sie holte alle ihre schwarzen Scheiben heraus und breitete sie auf dem Boden unseres Apartments aus. Immer wieder hat sie sie neu in die Regale eingeordnet – nach dem Erscheinungsjahr, oder nach Dingen, die sie »Genre« oder »Einfluss« nannte. Beim letzten Mal, während wir zusammenlebten, arrangierte sie sie alle in »alphabetischer« Ordnung, wie sie es nannte. Ich kann verstehen, dass Josh dasselbe mit seinen schwarzen Scheiben machen will, aber es beunruhigt mich, Sarahs Scheiben alle ausgebreitet zu sehen, ohne dass sie hier ist, um aufzupassen. Vorsichtig klettere ich aus dem Sarah-Karton, in dem ich gelegen bin, und versuche, auf meinem Weg aus dem Zimmer in die kleinen Räume zwischen den Papphüllen zu treten, aber es gibt kaum welche. Sarah würde mich *niemals* auf ihren schwarzen Scheiben laufen lassen! Die Cover fühlen sich unter meinen Pfoten glatt und rutschig an, aber ich habe Angst, meine Krallen zu benutzen.

Während ich versuche, einen guten Weg aus dem Zimmer zu finden, höre ich an der Wohnungstür Laura. »Josh?«, ruft sie.

»Hier oben«, antwortet er.

Das Klappern von Lauras Schuhen, die sie zur Arbeit trägt, kommt die Holztreppe herauf. Ihr Gesicht scheint irgendwie einzufallen, als sie an die Tür kommt und sieht, was Josh macht. »Was soll das hier?«

»Keine Sorge«, erwidert er und blickt grinsend zu ihr auf. »Ich weiß, welche mir gehören und welche deiner Mom.«

»Aber was machst du da?«, will Laura wissen.

»Ich versuche, einen visuellen Eindruck davon zu bekommen, welche von diesen in den Alphaville Studios aufgenommen wurden, welche von Künstlern beeinflusst sind, die aus Alphaville kamen, auf welchen Sessionmusiker spielen, die *andere* Alben in Alphaville aufgenommen haben.« Er geht in die Hocke und bewundert sein Werk. »Eine passable Geschichte für ein Studio, das schon mal bessere Tage gesehen hat, was?«

»Hier sieht es ja aus wie in einem Plattenladen«, meint Laura schwach.

Ich denke nicht, dass sie wirklich mit ihm übereinstimmt, aber offensichtlich glaubt Josh das, denn er grinst ihr erneut zu. »Weißt du, einige von denen sind echtes Geld wert.«

»Wahrscheinlich.« Laura kneift die Lippen zusammen.

Josh blickt auf und bemerkt endlich ihre Miene. »Ich sage ja nicht, dass wir sie verkaufen sollen. Tut mir leid, falls das unsensibel klang. Das ist einfach nur der Musikfreak in mir – ich werde nervös, wenn ich all dieses Zeug hier sehe.«

»Ich dachte nicht, dass du das bist.« Ich glaube, sie meint, was sie sagt, aber ihre Lippen bleiben dünn.

Josh hat beschlossen, das Thema zu wechseln, denn als nächstes erzählt er: »Mein Dad war heute hier. Wir sind mit den Kindern zum Mittagessen gegangen, und danach habe ich ihm alles gezeigt, woran ich arbeite. Worauf er am deutlichsten reagiert hat, war die persönliche Seite der Geschichte – die Leute, die in diesem Gebäude wohnen, die ausziehen müssen und entwurzelt werden. Ich glaube, auf den Teil der Sache bin ich noch nicht genügend eingegangen. Ich dachte, vielleicht könntest du mir dabei helfen.«

»*Ich?*« Laura ist völlig überrascht. »Wie könnte *ich* dir dabei helfen?«

»Na ja, an dem Abend, als wir uns kennenlernten«, meint Josh. »Du kannst dir nicht vorstellen, wie rührend du warst, als du über das Haus sprachst, in dem du aufgewachsen bist, und über die Leute, die du dort kanntest. Ich weiß, dass ihr alle ausziehen musstet, als es abgerissen wurde. Du hast einen wesentlich besseren Zugang zur emotionalen Seite dessen, was auf diese Leute zukommt, als ich.«

Lauras Gesicht zieht sich noch mehr zusammen. Kleine Buckel erscheinen auf der Oberfläche ihrer Schuhe, weil sich ihre Zehen einrollen. Ihre Stimme klingt sonderbar, als sie sagt: »Was möchtest du von mir hören?«

»Ich weiß nicht.« Josh zuckt die Achseln. »Wie ihr herausgefunden habt, dass ihr ausziehen müsst. Wie es deiner Mom und euren Nachbarn damit ging. Wie es war, von Freunden und all den Leuten, die ihr seit Jahren kanntet, wegziehen zu müssen. Es muss nicht unbedingt nur das Schlimme sein«, fügt er mit Bedacht hinzu. »Ich weiß, dass du in letzter Zeit mit Prudence die Sachen deiner Mutter durchgesehen hast. Dabei sind doch bestimmt auch ein paar schöne Erinnerungen hochgekommen.«

Laura zuzuhören, wenn sie über ihre Sarah-Erinnerungen spricht, ist zu einer meiner Lieblingsbeschäftigungen geworden. Ich springe in den nächsten Sarah-Karton und schiebe mit Nase und Pfoten bereitwillig das Erstbeste heraus, damit Laura etwas hat, womit sie zu reden anfangen kann. Die Plastiktüte, die ich auf den Boden ausleere, enthält kleine weiße und blaue Keramikbecher, ein sogenanntes »Sake-Set«, das Anise für Sarah aus einem Ort namens Japan mitbrachte. Sie klappern aneinander, als sie aus der Tüte und über die auf dem Boden verteilten Plattenhüllen rollen. Von den vielen Covern ist der Boden jetzt so bunt, dass nur schwer zu sehen ist, wo einige der Sake-Becherchen hinrollen.

»Siehst du?« Josh grinst. »Prudence hält das auch für eine gute Idee.« Sein Lächeln wird wehmütig. »Du siehst mich die ganze Zeit mit meiner Familie. Aber ich weiß kaum etwas darüber, wie es mit dir und deiner Mutter war, als ihr zusammen wart. Darüber würde ich liebend gern mehr erfahren.«

Sie sehen einander lange an. Dann sagt Laura: »Ich muss diese Arbeitsklamotten ausziehen.« Während ihre Schuhe den Flur entlangklappern, ruft sie zu uns zurück: »Gib mir Bescheid, wenn du essen willst!«

12

Prudence

Ende August ist ein langes Wochenende, das Labor Day heißt. Die Menschen brauchen Feiertage und Kalender, die ihnen Dinge sagen, die Katzen längst wissen – zum Beispiel, wann der Sommer endet und wann die Luft beginnt, nach Rauch zu riechen und sich kühler anzufühlen. Nach Labor Day gehen die Wurfgeschwister wieder in die Schule und kommen nicht mehr hierher.

Um diese Zeit etwa fängt es an, dass Laura morgens oft krank ist. Die letzten zwei Wochen war sie *jeden* Morgen krank. Mein Magen ist auch manchmal verstimmt (und ich versuche das immer zu verheimlichen, denn es ist peinlich, wenn die Menschen danach aufwischen müssen), aber Lauras Magen ist jeden Tag verstimmt. Nachdem Josh nach unten gegangen ist, um Kaffee zu machen, übergibt sich Laura im Badezimmer – ich höre es durch die Tür durch. Dann wäscht sie sich das Gesicht und putzt die Zähne, und danach gehen wir beide nach unten, damit sie mir mein Frühstück geben kann. Manchmal, wenn sie meine Dosen öffnet, bekommt Laura ein Gesicht, als würde sie gleich noch einmal krank werden. Sogar ihr Geruch ist anders – seit drei Wochen, bevor sie anfing zu brechen, ist er stärker und süßlicher.

Ich glaube aber nicht, dass Josh weiß, wie schlecht es ihr geht, denn wenn er das wüsste, würde er bestimmt darauf bestehen, dass sie zu einem Bösen Ort für Menschen geht. Wahrscheinlich hasst Laura den Bösen Ort genauso wie ich und hat Josh deshalb noch nichts gesagt.

Trotzdem wünschte ich, dass Josh etwas merken würde,

denn wegen ihres Krankseins hat Laura auch schlechte Laune. Seit jenem Abend, an dem Josh die schwarzen Scheiben auf dem Boden meines Zimmers ausbreitete, scheint Laura nicht mehr so interessiert daran zu sein, die Sarah-Kartons mit mir durchzusehen. Ich versuche dennoch, mir auszudenken, wie ich sie dazu ermuntern kann. Heute Morgen zum Beispiel. Ich finde einen der Schuhkartons mit Sarahs Streichholzbriefchen und bugsiere ihn aus dem großen braunen Karton, damit Laura und ich sie uns ansehen können und sie mir von Sarah erzählen kann. Es stimmt schon – wenn einige der Briefchen herausfallen, fange ich an, die anderen herumzuschubsen, bis sie alle über den ganzen Boden verteilt und einige unter den Kartons eingeklemmt sind. Aber ich bin mir ziemlich sicher, wenn sie sieht, wie viel Spaß es macht, diese Briefchen herumzuschießen, dann will sie bestimmt mitmachen.

Das passiert jedoch nicht. Laura geht rasch an meinem Zimmer vorbei, aber als sie all die verstreuten Streichholzbriefchen sieht, bleibt sie stehen. Ich schiebe ein paar hoffnungsvoll mit der Nase auf sie zu, aber ihre energischen, schnellen Schritte sagen mir, dass sie wütend ist, als sie ins Zimmer kommt.

»*Nein!*«, schreit sie. »Nein, Prudence! Hör auf, ständig Sachen aus den Kartons zu schmeißen und so ein Chaos zu veranstalten! *Warum kannst du mich nicht einfach in Ruhe lassen?*« Sie wirft die Briefchen in die kleinere Schachtel, in die sie hineingehören, und befördert diese dann in einen der großen Sarah-Kartons. Sie geht von einem Karton zum anderen und steckt die Deckel so ineinander, dass sie nicht mehr aufgehen. Dann schlichtet sie sie aufeinander und macht aus ihnen zwei Stapel, die so hoch sind, dass ich unmöglich hinaufkomme. Vor lauter Anstrengung atmet sie schwer, und Schweiß steht auf ihrer Stirn.

Noch nie zuvor hat ein Mensch meine Gefühle verletzt, aber nun bin ich gekränkt – und auch verwirrt. Was habe ich denn Schlechtes getan? Was war falsch daran, dass ich mit Sarahs Streichholzbriefchen spielen wollte, dass Laura mich anschreien musste und *alle* Sachen von Sarah und mir so verräumte, dass ich nicht mehr an sie herankomme? Wie soll ich mich so gut an Sarah erinnern, dass sie zurückkommt und dann immer bei mir bleibt, wenn ich nichts habe, *womit* ich mich an sie erinnern kann?

Ich strecke meine Vorderkrallen aus, kratze über den Boden und hinterlasse lange, zornige Striche in dem dunklen Holz, mit dem sich Laura so viel Arbeit macht. Ich hatte gedacht, sie und ich würden uns nahe kommen, vielleicht *fast* so, als wäre ich ein Teil der Familie, die aus ihr und Josh besteht. Das habe ich also davon, dass ich vergessen habe, dass ich hier nur ein *Immigrant* bin, und dass *Sarah* meine einzige wichtigste Person ist.

Josh hat schon lange keine Eier mehr für Laura gemacht, aber dies ist der Morgen ihres ersten Hochzeitstags, und ich rieche den Duft von Rührei, der aus der Küche nach oben zieht. Es riecht auch so, als würde Josh Schinken braten und Orangensaft einschenken – all die Dinge, die Laura am Sonntagmorgen so sehr mochte.

Als Laura in die Nähe der Küche kommt und die Eier riecht, muss sie wieder nach oben rennen – wahrscheinlich, um erneut zu brechen. Josh pfeift beim Kochen, anscheinend merkt er nichts. Er gibt die Eier auf Teller und dann ein wenig davon auf ein Prudence-Tellerchen, das er auf den Boden stellt. Lauras Gesicht ist um vieles bleicher als sonst, als sie wieder in die Küche kommt und Platz nimmt.

Josh unterbricht seine Kocherei und kommt mit einem Teller Eier und Schinken zu ihr. »Alles Gute zum Hochzeitstag«, sagt er und küsst sie auf den Mund.

»Alles Gute zum Hochzeitstag«, erwidert sie mit einem Lächeln, das ihr Gesicht irgendwie noch bleicher wirken lässt. Sie schiebt die Eier mit der Gabel auf dem Teller herum.

»Geht's dir gut?«, fragt Josh sie. Seine Stirn legt sich besorgt in Falten.

Laura versucht ein neuerliches Lächeln. »Es geht mir gut«, sagt sie. »Ich habe einfach nur keinen rechten Hunger, schätze ich.«

»Ich hoffe, heute Abend wirst du Hunger haben. Ich habe für acht reserviert, wenn du also bis spät arbeitest, können wir uns auch gleich da treffen.«

»Ich habe nachgedacht.« Das Quietschen, das Lauras über den Teller kratzende Gabel erzeugt, ist so hoch, dass Menschen es nicht hören können, aber meinen Ohren tut es so weh, dass sie zucken. »Das Del Posto ist zurzeit vielleicht ein bisschen … zu hoch gegriffen für uns. Vielleicht sollten wir darauf verzichten.«

»O-kay«, meint Josh gedehnt. Er klingt etwas verwirrt. »Möchtest du lieber woanders hingehen?«

»Ich weiß nicht.« Sie schluckt ein paar Mal schwer, als könnte ihr vom Geruch der Eier vielleicht wieder schlecht werden. »Ich denke, darüber können wir später reden.«

»Wenn du das möchtest.« Laura blickt auf ihren Teller, während Josh in ihr Gesicht schaut, als sähe er zum ersten Mal, dass mit ihr vielleicht etwas nicht stimmt.

Sie schweigen beide, bis er sagt: »Hör mal, ich wollte dich schon seit einiger Zeit mal nach Anise Pierce fragen. Ich habe gedacht, vielleicht würdest du gern Kontakt mit ihr aufnehmen.«

Laura schaut überrascht auf. »Anise Pierce? Wieso sollte ich mit ihr Kontakt aufnehmen wollen?«

»Sie hat in den Alphaville Studios ein paar Alben aufgenommen. Wir haben mit der Online-Petition jetzt zehntausend Unterschriften gesammelt, und ich habe einige Pressekanäle, die für uns recherchieren. Ich dachte, wenn jemand ihres Kalibers mit an Bord käme, dann könnten wir etwas bewegen.«

»Ich will mit Anise nichts zu tun haben.« Laura nimmt die gefaltete Papierserviette von ihrem Schoß und legt sie auf den Teller mit dem ungegessenen Rührei. Ich weiß schon jetzt, dass sie Josh ihre schlechte Laune zeigen wird, wie sie sie oben mir gezeigt hat – und ich denke, wie viel mehr Glück Josh hat, weil er mit ihr sprechen kann.

Er wirkt wieder für einen Moment verwirrt. »Ich meine nur, es würde uns wirklich helfen, wenn …«

»Ich sagte, ich will das nicht«, unterbricht sie ihn. »Meiner Ansicht nach sollte dieses Gebäude an der Avenue A jetzt nicht deine Priorität sein. Wir haben hier genug, worüber wir uns Gedanken machen sollten.«

»Was denn? Wovon redest du?«

»Wenn du dir Gedanken darüber machen willst, wer es sich leisten kann, wo zu wohnen«, erklärt sie ihm, »dann solltest du dir vielleicht Gedanken darüber machen, wo *wir* wohnen werden, wenn deine Abfindung nächste Woche ausläuft und wir es uns nicht mehr leisten können, diese Wohnung zu behalten.«

Jetzt fühlt sich *mein* Magen krank an, als würde jemand ihn zusammendrücken. Wir müssen vielleicht aus dieser Wohnung ausziehen? Wie ist das möglich? Warum hat mir niemand gesagt, dass so etwas passieren könnte? Wenn Sarah nicht weiß, wo sie Laura finden soll, wie soll sie dann wissen, wo sie mich findet?

»Jetzt mach mal halblang, Laura«, erwidert Josh. »Ich weiß, dass wir einen Teil unserer Ersparnisse verloren haben, aber davon, die Miete für diese Wohnung nicht mehr zahlen zu können, sind wir noch weit entfernt.«

»Mach *du* jetzt mal halblang, Josh!« Lauras Stimme wird lauter. »Ich weigere mich, hier die einzige Person zu sein, die sich um Arbeit und Einkommen kümmert. Denkst du je mal darüber nach, was passieren könnte, falls *ich* plötzlich meinen Job verliere? Hast du auch nur eine Ahnung, wie schlecht es in der Firma in letzter Zeit läuft?«

»Woher sollte ich denn?« Nun wird auch Josh lauter. »Du sprichst mit mir nicht über deine Arbeit. Du sprichst über gar nichts mit mir. Seit Monaten versuche ich, so gut ich es kann, dich dazu zu bringen, dass du dich mal irgendwie öffnest – dass du über deine Mutter redest, über deine Arbeit, über irgendetwas – aber alles, was du tust, ist, mich auflaufen zu lassen. Bin ich vielleicht Gedankenleser?«

»Ich wusste nicht, dass man Gedankenleser sein muss, um die Grundrechenarten zu kapieren«, kontert Laura. Sie klingt jetzt sogar noch zorniger als damals, wenn sie auf Sarah wütend war. »Ich wusste nicht, dass man Gedankenleser sein muss, um die *null* Dollar, die du verdienen wirst, zu unserem monatlichen Budget hinzuzuaddieren und dann mit *null* Dollar für die Miete anzukommen!« Jetzt ist Laura wirklich laut. Sie steht auf und schiebt ihren Stuhl so heftig gegen den Küchentisch, dass er zurückprallt, umkippt und auf den Boden fällt. Der Lärm und ihr Schreien machen mir entsetzliche Angst, ich rutsche aus, als ich mich blitzschnell unter die Couch flüchte. Von hier aus sehe ich Laura und Josh noch, aber ich fühle mich sicherer. Mein Rückenfell zuckt und zuckt. Laura lacht, aber es ist ein Lachen, das überhaupt nicht so klingt, wie wenn ein Mensch etwas lustig findet. »Das wirklich *Tolle* an dem Ganzen ist ja, dass *ich* eine so große und teure Wohnung sowieso nie haben wollte!«

»Verschone mich bitte mit deiner revisionistischen historischen *Scheiße!*«, höre ich Josh schreien. »*Wir* haben diese Wohnung zusammen ausgesucht. *Wir* haben wochenlang etwas gesucht, was groß genug ist, um eine Familie zu gründen. Du hattest gegen all das nicht ein Wort einzuwenden, aber jetzt wirst du jedes Mal sauer, wenn das Thema Kinder aufkommt. Vielleicht bin ich kein Gedankenleser, und vielleicht bin ich zu blöd für die Grundrechenarten, aber ich bin nicht *blind,* Laura!«

»Wie können wir denn an Kinder auch nur denken, wenn wir kein Geld haben!«

»Oh, und du fandst es ja *so* toll, als du das erste Mal schwanger wurdest.« Jetzt klingt er gemein. »Dein Glück und deine absolute *Begeisterung* standen dir ja geradezu ins Gesicht geschrieben. Für wie blöd hältst du mich eigentlich?«

»Bring hier nicht alles durcheinander! Das war damals, und

dies ist jetzt, und jetzt können wir keine Kinder haben, weil wir nicht wissen, wie wir das alles bezahlen sollen!«

»*Jetzt reicht's!*«, brüllt Josh. »Bei dir geht es doch immer nur ums Geld! Hör auf damit! Wir *haben* Geld!«

»Aber nicht genug!«, brüllt Laura zurück. »Du hast einfach keine Ahnung, wie schlimm es ist, absolut kein Geld zu haben! Du weißt nicht, wie das ist, wenn ...« Plötzlich hört Laura auf zu schreien und verstummt.

»Wenn *was?*«, will Josh wissen. »Wenn *was,* Laura? Was ist dir passiert, das so schrecklich war, dass du nicht einmal darüber reden kannst?«

Laura schweigt. Als sie wieder spricht, ist ihre Stimme leise, aber sie klingt kalt. »Was passiert ist, ist, dass mein Mann anfing, sich mehr um Fremde zu kümmern und darum, den Babysitter für seine Nichte und seinen Neffen zu spielen, als sich um unsere Zukunft zu kümmern.«

Auch Joshs Stimme ist leiser, als er darauf antwortet, aber irgendwie macht das seine Worte noch grausamer. »*Du* bist nicht die Person, die *mir* beibringt, wie man mit seiner Familie umgeht. *Du* hast deine Mutter in diesem erbärmlichen Apartment alleingelassen, und du konntest dich kaum aufraffen, sie auch nur einmal im Monat zu besuchen. Du hast dir nicht einmal von deiner Arbeit freigenommen, als sie starb! Denk *darüber* mal nach, Laura. Und komm *du* mir nicht mit Familie!«

Lauras Atmung wird laut und schwer, so wie meine, wenn ich keuche. »*Was zum Teufel weißt du denn schon davon?*«, kreischt sie, und davon stellt sich mein Rückenfell total auf, und so schnell ich auch zucke, es will sich nicht mehr legen. »Was weißt *du* denn schon von mir oder meiner Mutter oder von *irgendwas? Du* mit deiner normalen, glücklichen, *perfekten* Familie, wo sie alle zusammenhalten und einander helfen und sich *sooo* lieb haben!«

»Ist dir eigentlich klar, was du da von dir gibst?«, schreit Josh. »Ist es *das,* was du denkst? Du meinst, es gibt so was wie die perfekte Familie? Manchmal ist mein Dad der tollste Typ auf Erden, ja, aber manchmal kotzt er mich einfach so an, dass ich ihn *erwürgen* könnte, aber ich werde nicht den Rest meines Lebens damit verbringen, *ihm* für alles die Schuld zu geben, was bei mir schiefläuft!« Ich höre Joshs Schritte, wie er auf den Fliesen hin und her tigert. »Was immer deine Mutter tat, das deiner Meinung nach so schrecklich war, komm darüber hinweg! Ich kann ja beinahe *hören,* wie du in deinen Gedanken mit ihr streitest, als wäre sie noch immer hier und du noch immer vierzehn. *Deine Mutter ist* tot, *Laura!* Wach auf und werde erwachsen!«

Jetzt begreife ich es – was Josh vorhin sagte, dass Laura sich nicht von der Arbeit frei nahm. Sarah ist tot! Sarah ist tot, und niemand hat mir etwas gesagt. Sarah ist tot, und ich werde sie nie mehr sehen. Sie wird mich nie mehr füttern oder im Arm halten oder mein Fell streicheln. Nie nie nie nie mehr. Auch wenn ich noch so viel Zeit mit ihren Kartons oder mit meinen Erinnerungen verbringe, nichts wird mir Sarah wieder zurückbringen. Der Schmerz in meiner Brust davon, dass Sarah fort ist, reißt so plötzlich wieder auf, dass ich nicht atmen kann. Ich rolle mich unter der Couch zu einer festen Kugel zusammen, die Nase an den Schwanz gepresst, damit meine aufgerissene Brust nicht entzweibricht.

»Zuerst trauere ich nicht genug«, schreit Laura, »und jetzt komme ich nicht darüber hinweg. Was denn nun!?«

»Hör mit den Logikspielchen auf, Ratgeberin. Ich bin nicht dein Klient, und wir wissen beide, dass du nicht mein Anwalt bist.«

»Vielleicht musst *du* ja mal erwachsen werden! Hör auf, den großen Aktivisten des Stadtviertels zu spielen und *such dir einen Job!* Wohltätigkeit beginnt zu Hause.«

»Hast du eine Ahnung, wie schwer es im Moment ist, einen Job zu finden?«, schreit Josh. »Hast du eine Ahnung, wie es ist, wenn du zusehen musst, wie dein Beruf zerbröckelt und sich in nichts auflöst, wenn Leute dir tagtäglich sagen, dass der einzige Job, den du beherrschst, nicht mehr existiert? Wenn du fast *vierzig* bist? Hast du irgendwann während der fünfzehn Stunden am Tag, die du *nicht* hier bist, schon mal darüber nachgedacht, wie sich *das* anfühlt? Oder bist du zu beschäftigt, dir mal *genau* auszurechnen, was du beiträgst und was ich genau beitrage?«

»Wer denkt denn hier nicht nach, Josh?«, schreit Laura zurück. »Wann war das letzte Mal, dass ich fünfzehn Stunden gearbeitet habe? Hast *du* dich jemals gefragt, was mit *meinem* Job passieren könnte?«

»Nein, ich frage mich nicht, was mit deinem Job ist!« Anscheinend hat Josh mit der Faust wütend auf den Tisch geschlagen. Ich rolle mich unter der Couch im Wohnzimmer noch fester zusammen und denke *Bitte hört auf, bitte hört auf, bitte hört auf. Sarah ist tot. Ich kann das nicht auch noch aushalten.* »Genau wie du nicht in deinem Büro hockst und dich den ganzen Tag lang fragst, was mit *mir* los ist. Willst du wissen, was ich mich frage? Ich frage mich, warum ich nie zum Essen ausgehen kann oder mit meinen Freunden Pläne machen oder über einen Urlaub reden kann. Ich frage mich, warum ich Abend für Abend allein hier herumsitze. Ich denke an den Abend, an dem wir uns kennenlernten – wir tanzten, wir redeten, wir hatten *Spaß*. Wir hatten viele solche Abende. Wann haben wir zum letzten Mal irgendetwas Derartiges gemacht? Und ich vermute, an unserem Hochzeitstag brauchen wir auch nichts zu machen, weil ein weiterer Abend zu Hause ja so was *Tolles* ist! Wenn du jemals nach Hause kämst und vorschlagen würdest, dass wir ausgehen und etwas *unternehmen,* ich glaube, dann bekäme ich einen Herzinfarkt.« Ich höre, wie Laura heftig einatmet, als Josh das Wort *Herzinfarkt* ausspricht. »Ich weiß, wie wichtig es für dich ist, Partner zu werden. Aber was machen wir denn hier?«

»Das ist nicht fair.« In Lauras Stimme liegen Tränen. »Du *wusstest,* wie sehr mein Job mich fordert. Du hast mir gesagt, das ist eines der Dinge, die du am meisten an mir liebst, und jetzt kritisierst du es, wenn *mein Job* das Einzige ist, was Geld in diesen Haushalt bringt. Wie können wir irgendetwas von diesen Dingen tun, wenn wir kein Geld dafür haben?«

Nun ist Joshs Stimme ruhiger. »Was nützt es, alles Geld der Welt zu haben, Laura, wenn es uns miserabel geht?«

Als Laura ihm erwidert, klingt sie heiser. »Ich wusste nicht, dass es dir mit mir miserabel geht«, sagt sie.

»Laura, ich …«, setzt Josh an, doch sie lässt ihn nicht ausreden.

»Ich muss gehen«, erklärt sie. »Ich muss in meine Arbeit, solange ich noch eine habe.« Sie geht zum Schrank, und ich höre, wie sie ihn öffnet und ihre Handtasche und die schwere Schultertasche herausnimmt. Dann geht sie hinaus und schlägt die Eingangstür hinter sich zu.

Die Wohnung ist still, als Laura fort ist. Das Einzige, was ich höre, ist Josh, der auf und ab geht, und der Regen, der an unsere Fenster trommelt. Josh läuft zwischen Küche und Wohnzimmer hin und her, dann die Treppe hinauf und wieder hinunter und erneut hinauf. Ich höre, wie er Schubladen öffnet und laut wieder schließt, und einmal hört es sich an, als hätte er gegen etwas getreten. Immer wieder höre ich ihn »*Verdammt!*« vor sich hin sagen. Ich glaube nicht, dass er bei seinem Herumlaufen und Schubladenziehen etwas Bestimmtes sucht. Ich glaube, er versucht einen Weg zu finden, weniger ängstlich und besorgt zu sein. Er *muss* besorgt sein, denn ich glaube nicht, dass *ich* schon einmal so verärgert war. Ich habe Menschen nicht mehr so schreien gehört, seit ich mit meinen Wurfgeschwistern draußen lebte. Es klingelt an der Tür, und ich höre Josh aufmachen und ein kurzes »Danke« sagen. Er geht in die Küche, und ich höre, wie er etwas auf die Anrichte stellt. Dann packt er grob, als wäre er wütend auf ihn, einen Schirm in dem großen Ständer neben der Wohnungstür und geht hinaus. Die Wohnung ist wieder still.

Sarah ist tot. Sarah kommt nie mehr wieder. Ich werde sie nie wiedersehen. Wir haben vielleicht nur zusammen gewohnt, aber wir liebten uns. All die Male, die Laura mir von ihr erzählte, wie konnte sie mir da gerade *dies* verschweigen? Und dann habe ich einen noch schlimmeren Gedanken: Was ist, wenn Laura und Josh keine Familie mehr sein wollen wegen der bösen Worte, die sie einander eben sagten? Was ist, wenn sie nicht mehr zusammen wohnen wollen? Was ist, wenn keiner von ihnen mehr mit mir zusammenleben will? Sie lieben mich vielleicht nicht so wie Sarah, aber wenn Sarah wirklich für immer fort ist, dann gibt es auf der ganzen Welt niemanden, der sich auch nur ein bisschen darum kümmert, wo ich lebe oder was mit mir geschieht.

Ich sollte jetzt mein Frühstück beenden, so wie jeden Morgen. Wenn ich alles so wie immer tue, dann müssen Laura und Josh zurückkommen und zusammen glücklich sein, so wie sie es normalerweise sind. Meine Brust schmerzt, und mein Bauch ebenso. Das Loch in meiner Brust, weil Sarah nicht hier ist, hat sich in meinen Bauch hinunter bewegt. Jetzt ist es an beiden Stellen.

Der neue Geruch aus der Küche lockt mich schließlich unter der Couch hervor. Auf der Anrichte steht ein Strauß Blumen in einer gläsernen Vase. Auf den Blüten sind kleine Wassertropfen vom Regen draußen, und ihr würzig-erdiger Duft erfüllt den ganzen unteren Teil unserer Wohnung.

Ich weiß, was das für Blumen sind. Es sind dieselben, die Laura auf den Bildern von ihrer Hochzeit in den Händen hält.

Der Duft der Blumen zieht mich an. Fast noch ehe ich entschieden habe, es zu tun, sitze ich auf der Anrichte neben ihnen. Ich denke an das Katzengras, das Sarah für mich hatte, als wir zusammenlebten. Wenn mein Magen verstimmt war, so wie jetzt, half mir das Katzengras, mich wieder besser zu fühlen.

Josh muss wissen, wie verstimmt ich bin, deshalb ließ er von dem Mann an der Tür Blumen bringen, die ich fressen kann. Er weiß, dass ich die Sachen, die er auf der Anrichte stehen lässt, gern fresse.

Also stecke ich das ganze Gesicht mitten in diese Blumen und atme ihren herrlichen Duft ein. Dann beginne ich zu fressen. Ich kaue an den Blättern und Stängeln und an den weichen Teilen der Blüten. Ich fresse und fresse und warte darauf, dass mein Magen aufhört, sich zu drehen, und als es ihm nicht sofort besser geht, fresse ich noch etwas mehr …

… und nun ist überall nur noch ein Schlechtsein. Ich spüre das Schlechtsein in meinem ganzen Körper. Mein Magen hebt sich und dreht sich im Versuch, das Schlechtsein aus mir herauszubekommen, aber es funktioniert nicht. Ich übergebe mich und verschnaufe und breche noch einmal, aber ich bringe das Schlechtsein noch immer nicht aus mir heraus. Ich habe Durst und versuche, aus meiner Wasserschale zu trinken, aber das Schlechtsein kommt hoch und befördert das Wasser aus meinem Maul, kaum dass es drinnen ist. Das Schlechtsein lässt alles komisch aussehen. Kleine Dinge sehen zu groß aus, und solche, die weit weg sind, scheinen zu nah zu sein, und meine Beine funktionieren nicht richtig, und es sabbert unaufhörlich aus meinem Maul. Ich stoße mich an Dingen, weil ich sie nicht richtig sehe und sie mich hereinlegen, sie kriechen näher, wenn ich nicht hinschaue, absichtlich, damit ich über meine eigenen Füße falle. All diese Dinge geschehen, aber sie lassen das Schlechtsein nicht vergehen.

Ich versuche, um Hilfe zu miauen, damit mich jemand hören kann wie an jenem Tag, als Sarah und ich uns fanden. Aber wenn ich die Schnauze öffne, breche ich wieder, und mir wird noch mehr schwindlig. Ich versuche, in einen kühleren Teil des Raums zu gehen, vielleicht unter die Couch oder den Flur hinunter, weg von den großen Fenstern, aber meine Beine wollen mich nicht richtig tragen. Ich falle hin, und dann noch einmal, und merke schließlich, dass ich dem, wo ich hin will, nicht näher komme, weil ich im Kreis herum laufe.

Als ich mit Sarah lebte und mein Magen sich verstimmte, streichelte sie meine Stirn und sagte: *Schhh, mein Mädchen.*

Mach dir keine Sorgen. Alles ist gut. Alles wird wieder bestens …

Aber es wird alles nicht wieder bestens, denn zum Schlechtsein kommt nun auch noch das Dunkel hinzu. Es ist, als ob man mir einen schwarzen Sack über den Kopf geworfen hätte. Nur dass sich nach einigen Augenblicken mein Körper leichter fühlt, als würde ich nichts mehr wiegen. Je näher das Dunkel kommt, desto weiter geht das Schlechtsein weg.

Und dann, und das ist das Seltsamste, dann ist Sarah hier! Ich kann sie nicht sehen oder hören oder riechen, aber ich spüre sie im Raum, wie das leise Brummen, wenn ein Fernseher eingeschaltet wird, selbst wenn es keinen Ton und kein Bild gibt. *Sarah!,* denke ich. Aber nun geht das Dunkel wieder weg, und irgendwie weiß ich, wenn es geht, dann geht auch Sarah. Ich bemühe mich, meine Augen geschlossen zu halten, im Dunkel zu bleiben, wo Sarah und ich uns finden können.

Sarah!, denke ich. *Verlass mich nicht, Sarah! Ich wusste, dass du zurückkommen würdest! Ich wusste, dass du mich finden würdest! Ich wusste, du …*

Und dann ist alles Dunkel und Stille.

Teil 3

13

Sarah

Im Herbst 1994 wurde Laura vierzehn und kam in die Stuyvesant Highschool unten in Battery Park City. Zum ersten Mal benutzte sie täglich selbstständig Bus und U-Bahn. Früher hätte mir das Angst gemacht. Aber inzwischen war Giuliani Bürgermeister geworden, und er hatte begonnen, Dingen wie Graffiti, Straßenkriminalität und Obdachlosen, die einfach mit einem Gummiwischer an dein Wagenfenster kamen, wenn du an einer Kreuzung anhalten musstest, den Kampf anzusagen. Er feuerte die korrupten Polizisten, die jahrelang die Straßendealer unbehelligt ihren Geschäften nachgehen ließen. Es war keine Frage, dass New York City ganz allgemein und die Lower East Side im Besonderen mit jedem Tag cleaner und sicherer wurden.

In der Lower East Side herrschten bezüglich all dessen gemischte Gefühle. Natürlich war niemand für Kriminalität, und wir stellten mit Erleichterung fest, dass unsere Straßen weniger gefährlich wurden. Andererseits waren wir auf unsere Graffiti ziemlich stolz. Leute wie Cortes und Keith Haring waren als legitime Künstler anerkannt, die eine legitime Kunstform ausübten. Es gab Leute, die Giuliani als Faschisten bezeichneten. Vielleicht ist er das, sagte ich ihnen, aber weißt du was? Drogendealer sind auch Faschisten. Nun belästigte niemand mehr meine Tochter, wenn sie mit ihren Freunden die Straße hinunterging, und niemand musste ihr mehr sagen, an welchen Ecken sie sich aufhalten konnte und wo nicht.

»Lebensqualität« nannte Giuliani seine Kampagne. Viele von uns hielten sie anfangs für gut. Aber allmählich kamen wir darauf, wie nebulös ein Begriff wie »Lebensqualität« ist. Wenn du wolltest, konntest du ihn so interpretieren, dass er fast alles bedeutete.

Später, nachdem sich der Staub gelegt hatte, versuchten Anwälte und Reporter, eine Chronologie der Ereignisse des 3. Juni 1995 zu erstellen. Wir konnten einige eindeutige Fakten sichern – dass tatsächlich der Notruf eines besorgten Bürgers das Ganze ins Rollen gebracht hatte, dass sich tatsächlich einige Ziegel von der rückwärtigen Fassade unseres Mietshauses gelöst hatten. Niemand stritt ab, dass unsere Vermieter über die Jahre notwendige Reparaturen nicht hatten ausführen lassen. Margarita Lopez, die für uns zuständige Stadträtin, bestätigte später achtundneunzig ernste und sehr ernste (innerhalb von vierundzwanzig Stunden zu behebende) Verstöße gegen diverse städtebauliche Vorschriften. Wir Mieter hatten in der Vergangenheit zusammengehalten, Vertreter gewählt, uns formell bei der Stadt beschwert. Aber die Stadt hatte nichts für uns getan. Wir alle, die dort lebten, waren entweder alt oder Immigranten oder arme Leute. Wir arbeiteten. Wir zahlten jeden Monat unsere Miete und jedes Jahr unsere Steuern. Aber letzten Endes brauchte uns keiner.

Wir würden Geld bekommen, erklärten die Anwälte immer wieder. Jemand müsse für das, was geschehen war, bezahlen. Ich ging zu ein paar Treffen, aber mit dem Herzen war ich nicht dabei. Was sollte schon herauskommen? Und als wir am Ende nichts, oder fast nichts, bekamen, war ich nicht überrascht oder gar enttäuscht. Wir waren zu dieser Zeit schon zu kaputt. Wir waren ein Häuflein gebrochener Menschen, und es gab in ganz New York niemanden, der uns noch hätte helfen können.

Es war ein Samstagmorgen. Laura war mit forschen Schritten in der Wohnung unterwegs, sie hatte noch ihr Nachthemd mit dem Cartoon an, das ein Mädchen vor einem Fenster eines Mietshauses ähnlich unserem zeigte. Das Mädchen in der

Zeichnung hatte eine Uhr aus dem Fenster geworfen. Die Schrift dazu besagte *Jane wollte die Zeit fliegen sehen.* Es war ein Kinder-Nachthemd, obwohl Laura im letzten Jahr so viel gewachsen war, dass ich kaum glauben konnte, dass sie noch dasselbe Mädchen war. Ich hätte in ihrem Alter ein solches Nachthemd nicht mehr angezogen. Aber als ich so alt war wie Laura, versuchte ich bereits, mich älter zu machen. Laura würde in nur fünf Monaten fünfzehn werden. Ich hatte mit fünfzehn Anise kennengelernt. Ein zufälliges Treffen, das schon ein ganzes Leben her war, in einem Second-Hand-Laden, in den ich gar nicht hatte hineingehen wollen. Und irgendwie hatten sich die Ereignisse von jenem Tag an eines aus dem anderen entwickelt und mich dahin gebracht, wo ich nun stand. Ich hatte eine Tochter im Teenageralter, und wir lebten hier.

In den Laden musste ich erst am Nachmittag. Trotzdem war ich früh auf, weil Laura früh aufgestanden war, und ich sang in der Küche, während ich für uns beide Toast und Müsli machte. Laura wartete darauf, dass Mr Mandelbaum aus der kleinen alten Synagoge zurückkam, nur zwei Häuser von unserem entfernt. Er war in den vergangenen fünfzig Jahren jeden Samstagmorgen zum Beten dorthin gegangen. Aber heute war es anders. Es war Schawuot, das Wochenfest, mit dem die Juden den Empfang der Zehn Gebote von Gott feiern. Das Jiskor, das jüdische Totengebet, wird viermal im Jahr rezitiert. Eines dieser vier Male ist an Schawuot, und Mr Mandelbaum betete heute das Jiskor für seine Frau, die im vergangenen Winter für immer eingeschlafen war.

Seither war Mr Mandelbaum nicht mehr derselbe. Wenn man mit ihm redete, schaute er im Raum umher anstatt in deine Augen. Seine Stimme war nur mehr ein Flüstern – früher war sie die Flure entlanggedonnert und bisweilen sogar noch ein Stockwerk tiefer in unserem Apartment zu hören gewesen. Manchmal vergaß er tagelang, seine Medikamente einzunehmen. Sogar Honey schien die Veränderung zu bemerken. Sie war ihm immer nahe gewesen, war immer »seine« Katze gewesen – seine und Lauras –, aber nun wich sie ihm nicht mehr von der Seite. Jedes Mal, wenn wir hinaufgingen und ihn besuchten, saß Honey auf seinem Schoß oder direkt neben ihm auf der Lehne seines Sessels. Ihr sanfter Blick wirkte verängstigt und folgte jeder kleinsten seiner Bewegungen. Wenn Mr Mandelbaum nicht daran gedacht hätte, für Honey einzukaufen, ihr Fressen zu besorgen und ihr die kleinen Truthahn-Leckerbissen aus dem Laden an der Ecke zu bringen, die sie so sehr liebte, hätte er das Einkaufen vielleicht ganz und gar vergessen.

Laura und ich versuchten, so viel Zeit wie möglich mit ihm zu verbringen. Aber wir mussten zu viele Stunden des Tages auf Schule und Arbeit verwenden. Zu viele Stunden saß Mr Mandelbaum allein in dieser Wohnung voller Bilder von seiner Frau und dem Sohn, die er nun beide verloren hatte. Zu viele Stunden hatte er nur seine Katze als Gesellschaft. Das Buch, aus dem ihm Mrs Mandelbaum an dem Abend, bevor sie starb, vorgelesen hatte, lag noch immer auf dem Couchtisch, wo sie es vor dem Zubettgehen hingelegt hatte. Laura hatte ihn erst gestern gesehen, von Gram gezeichnet, weil seine Frau nicht in der Küche war, wo sie jedes Jahr für Schawuot Käseplinsen gemacht hatte. Lauras Idee für heute war, mit Mr Mandelbaum spazieren zu gehen, vielleicht zu Katz's Deli, wo man auch Plinsen bekam.

Nur um etwas zu unternehmen, damit er nicht den ganzen restlichen Tag allein in seiner Wohnung saß.

Aber draußen regnete es in Strömen. Laura sorgte sich bei dem Gedanken, Mr Mandelbaum bei diesem Wetter mit nach draußen zu nehmen, und es beunruhigte sie auch, dass er womöglich nicht daran gedacht hatte, einen Schirm mitzunehmen, als er früh am Morgen in die Synagoge gegangen war. Zur Zeit vergaß er derlei Dinge gern.

Es war neun, als es an unserer Tür klopfte. Laura, die bereits angezogen war und hoffte, dass es Mr Mandelbaum sein würde, machte auf. Ich war in meinem Schlafzimmer und wollte mich gerade anziehen. Ich hörte die Stimme eines fremden

Mannes und dann Laura, die ihm eine Frage stellte. »Mom?«, rief sie dann. »Kannst du mal kommen?«

Ich fummelte an den Knöpfen meines Hemds herum. »Sofort«, rief ich zurück.

In der Eile hatte ich mein Hemd falsch geknöpft. An der Tür waren zwei Feuerwehrmänner. Der jüngere schien mein Missgeschick zu bemerken, sagte aber nichts. »Ist noch jemand in der Wohnung, Ma'am?«, fragte er mich. Die gelbschwarzen Plastikjacken der beiden glänzten regennass, und ich weiß noch, dass ich dachte, ihre schmutzigen Stiefel würden den Flur total besudeln.

»Wieso?«, fragte ich zurück. »Was ist los?«

»Wir evakuieren das Gebäude«, sagte der andere. »Ein Teil der rückwärtigen Fassade wurde durch den Regen beschädigt. Es könnte sein, dass das ganze Gebäude einstürzt.«

Ich hörte, was er sagte, aber mein Gehirn wies diese Information sofort zurück. »Wie bitte?«, fragte ich.

»Wir evakuieren das Gebäude«, wiederholte der ältere Feuerwehrmann geduldig. »Dieses Haus könnte jederzeit zusammenbrechen, Ma'am.«

»Oh mein Gott.« Mit einem Mal spürte ich in meinem Hals eine Ader pochen. Mein Hirn rotierte und hüpfte wie eine Plattenspielernadel, die versuchte, die richtige Rille zu finden. Ich hatte ein plötzliches, unerträgliches Bild meiner Tochter vor mir, begraben unter einem kollabierten Gebäude, ihr Körper von einem Haufen Ziegel und Balken entstellt. Aber ich wusste, dass ich der Panik Einhalt gebieten, den heftig pochenden Schmerz in meiner Brust unterdrücken, mein Handeln der nächsten Minuten beschließen musste. Ich musste dieses Bild für eine Sekunde gewaltsam wegdrücken. Ich musste innehalten und nachdenken.

Du kannst die Frage, was du mitnehmen würdest, wenn jemand an deine Tür klopfen und dir sagen würde, dass dein Zuhause und alles, was darin ist, in den nächsten paar Minuten zerstört sein könnte, unmöglich abstrakt beantworten. Es ist unmöglich, denn wenn dieser Moment kommt, ist er immer unerwartet, und du kannst nicht überlegen. Erst später denkst du an Dinge wie Lieblingsalben oder den Ehering deiner Großmutter oder die Metallschatulle mit deinen persönlichen Wertgegenständen, die auf dem oberen Brett des Schranks steht. Wenn du Mutter bist, gehen deine ersten Gedanken dahin, wo sie immer hingehen – was du für dein Kind benötigst. Essen, Kleidung, Unterkunft, was immer du brauchst an Sachen in Ordnern und Brieftaschen, Versicherungsunterlagen und dergleichen mehr. Und hier blieben auch meine Gedanken hängen, als sie aufhörten, wie wild herumzuspringen. *Sag Laura, sie soll genug Klamotten für ein paar Tage einpacken, und hol die Brieftasche, dein Adressbuch und die Sachen für die Versicherung.*

»Schnell«, sagte ich zu Laura, und ich hörte, wie der Regen an unsere Fenster peitschte. »Auf dem obersten Brett des Wäscheschranks ist ein Koffer. Hol ihn runter und wir …«

»Dazu ist keine Zeit, Ma'am«, unterbrach mich der jüngere Feuerwehrmann. »Dieses Gebäude kann jede Sekunde einstürzen.« Laura blickte zu mir auf, in ihren Augen standen Furcht und Verwirrung, aber auch Vertrauen. Sie zweifelte nicht daran, dass ihre Mutter genau wusste, was wir tun sollten.

Es war ihr Blick, der mir zu meinem Entschluss verhalf. »Zieh dir Schuhe an«, sagte ich zu ihr. »Beeil dich!« Ohne ein Wort rannte sie in ihr Zimmer. Dann fragte ich die Feuerwehrleute: »Ist wirklich keine Zeit, noch etwas mitzunehmen?«

»Wir werden es bald stabilisiert haben«, versicherte mir der jüngere. »Wahrscheinlich könnt ihr in ein paar Stunden wieder rein. Die Evakuierung ist in erster Linie eine Vorsichtsmaßnahme. Nehmen Sie nur mit, was Sie jetzt unmittelbar brauchen.«

Seine Worte verringerten meine Panik ein wenig. Doch das Bild von Laura in einem einstürzenden Gebäude war zu qualvoll, um einfach wieder zu verschwinden.

»Mom!«, rief Laura, während sie eilig ihre Turnschuhe schnürte, »was ist mit …«

»Es wird schon alles gut werden.« Ich versuchte, tröstlich zu klingen. »Aber wir müssen jetzt gehen.«

»Aber ...«

»*Jetzt,* Laura. Keine Diskussionen.«

Ich redete normalerweise nicht so streng mit ihr. Sie warf mir einen überraschten Blick zu, schnürte aber weiter ihre Schuhe.

Heute kann ich fast darüber lachen, wenn ich daran denke, wie Laura und ich rannten, um Schlüssel, Brieftaschen, Schirme an uns zu reißen. Auf mein Drängen hin (»Schnell!«, sagte ich zu ihr und zog an ihrem Arm, »*lauf!*«) flitzten wir die Treppe hinunter, als sei das Gebäude um uns herum bereits am Zusammenbrechen. Wir waren außer Atem, als wir den Gehsteig erreichten.

Die meisten unserer Nachbarn waren da. Wir flüsterten miteinander und liefen im Regen umher. »Ein paar Ziegel sind von der Rückseite des Hauses abgefallen«, erzählte mir der Performancekünstler aus dem Erdgeschoss. »Wegen dem Regen. Jemand hat den Notruf angerufen. Die sollten das ziemlich flott wieder hinkriegen.«

Das war ein tröstender Gedanke. Dann traf die Polizei ein, mit Barrikaden und Absperrbändern, und die Ader in meinem Hals begann erneut zu pochen. All das wegen ein paar heruntergefallener Ziegel? Eine Menge, die größer war als die fünfundzwanzig-oder-so Leute, die in unserem Gebäude wohnten, sammelte sich.

Es war Laura, die Mr Mandelbaum zuerst sah, in dem dreißig Jahre alten Anzug, den er zur Beerdigung seiner Frau getragen hatte, und mit einer Plastiktüte in der Hand. »Wir sind hier drüben!«, rief sie ihm zu und winkte. Laura und ich hielten unsere Schirme zusammen, damit wir alle drei darunterpassten, während der Regen nur so auf den Stoff über unseren Köpfen niederprasselte. Lauras Gesicht war bleich und verkniffen, aber in Gegenwart von Mr Mandelbaum wurde sie lockerer, und sie erzählte ihm rasch, was vor sich ging.

Mr Mandelbaums Blick schweifte über die Polizei hinweg,

die nun geschäftig mit Barrikaden und Bändern eine Absperrung um das Haus errichtete. Die Barrikaden reichten um die Ecke und bis zu der schmalen Gasse zwischen unserem und dem Gebäude daneben. Dann blickte Mr Mandelbaum zu unserem Haus hinauf. Die in den grauen Himmel aufragenden roten Ziegelmauern sahen so solide aus wie jedes andere Gebäude in unserem Block.

Im ersten Moment freute ich mich, dass sein Blick wieder so fokussiert war wie seit Monaten nicht mehr. Es war herzergreifend, sogar unter Umständen wie diesen, zu sehen, wie seine Augen vor Leben und Interesse zuckten. Doch dann merkte ich, dass es nicht Verstehen war, was seinen Blick fokussierte. Es war Angst.

»Honey«, sagte er.

Es ist interessant, darüber nachzudenken, wie Gerüchte beginnen. Wie eine Menge dazu kommt, etwas zu wissen, das kein Individuum erklären kann. Wann ist es passiert? Wann war der Augenblick der Gewissheit? Und wie kam es, dass wir es sicher wussten?

Man hatte uns gesagt, dass das Gebäude jede Sekunde einstürzen könnte, aber zwei Stunden später war noch kein einziger Ziegel gefallen, und nicht ein sichtbarer Riss hatte sich gebildet. Sie hatten uns gesagt, wir könnten »bald« wieder hineingehen, aber bis Mittag war noch nicht einem erlaubt worden, seine Wohnung wieder zu betreten. Polizisten und Angehörige des Katastrophenschutzes gingen ungehindert ein und aus, offenbar gleichgültig gegenüber den Gefahren, vor denen man uns gewarnt hatte. Viele trugen nicht einmal Schutzhelme. Die Leute tuschelten miteinander. *Kommt dir das nicht auch seltsam vor?*

Wir standen da, im Regen, einer flüsterte mit dem anderen, und warteten ab, was geschehen würde. Die Leute redeten über SROs, Billigquartiere, deren Mieter mitten in der Nacht aus ihren Betten geholt und wie Ungeziefer auf die Straße geworfen worden waren. Die Gebäude wurden am nächsten Morgen abgerissen, um Platz für teure neue Eigentumswohnungen und Restaurants zu schaffen. Es gab Hausbesetzer, die sich in Mietshäusern einquartierten, die nominell der Stadt gehörten, weil die Eigentümer nicht in der Lage gewesen waren, Reparaturen oder Steuern zu zahlen. Gebäude, die die Stadt aufgab und verkommen ließ, bis die Drogenszene sie in Beschlag nahm. Die Hausbesetzer verjagten die Dealer und die Süchtigen, verlegten Leitungen, besserten Wände und Dächer aus, legten Gärten an und machten das Gebäude und manchmal ganze Blocks wieder bewohnbar. Du konntest Kinder sehen, die auf einer Straße Schlagball spielten, auf der sich nur Monate zuvor keines gefahrlos hätte bewegen können. Und dann kam eines Tages die Polizei und verjagte die Hausbesetzer, ohne sie ihre persönlichen Habseligkeiten mitnehmen zu lassen. Die Stadt »reklamierte« das Gebäude für sich und verkaufte es mit Gewinn.

Aber diese Leute waren anders als wir. Die Menschen, die in SROs wohnten, hatten keine Mietverträge; sie zahlten pro Nacht, vielleicht auch pro Woche. Die Hausbesetzer hatten keinen eigentlichen Rechtsanspruch auf ihre Quartiere. *Wir* aber hatten unterschriebene Mietverträge, die auf unsere Namen lauteten. *Wir* bezahlten unsere Miete jeden Monat, so formell und vertragsgemäß wie jeder Millionär für seine Zweitwohnung in der Park Avenue. Was diesen anderen Leuten zugestoßen war, das konnte *uns* nie passieren.

Vielleicht war es, als Bürgermeister Giuliani in einer Limousine vorfuhr. Zu diesem Zeitpunkt war die versammelte Menge bereits enorm groß. Zuerst fanden es die Leute lustig, wie der Bürgermeister selbstbewusst das Gebäude betrat. Auch er trug keinen Schutzhelm. Wie gefährlich konnte dieses Haus sein, wenn der Bürgermeister persönlich hineinging?

Doch dann begann wieder das Gemurmel: Wieso *war* der Bürgermeister hier? Warum sollte er sich mit *uns* befassen, mit unserem einen, kleinen Gebäude? Vielleicht war es eine Geste des guten Willens, ein Versuch, in einem Viertel, das bei der letzten Wahl nicht für ihn gestimmt hatte, Wähler zu gewinnen?

Aber dann … warum stellte er nicht einmal einen Augenkontakt mit uns her? Oder winkte zum Abschied, als er herauskam und wieder in seinem Wagen verschwand?

Ein Mitglied unserer Kommunalvertretung, ein Architekt, ging herum. »Macht euch keine Sorgen«, erklärte er den Leuten. »Ich bin nach hinten gegangen und habe mir den Schaden angesehen, von dem sie reden. Zwei, vielleicht drei Ziegel, und diese Rückwand ist mindestens sechs Ziegel stark. Dieses Gebäude bricht auf gar keinen Fall zusammen.«

Das schien nur wenige zu trösten, bemerkte ich. Und ich bemerkte auch, dass die Menge an einem gewissen Punkt begonnen hatte, den Glauben an den Gedanken zu verlieren, dass das, was immer sich hier heute abgespielt hatte, ein Rettungseinsatz gewesen war. Eine Brise kam auf, ich zitterte und zog Laura fester an mich.

Ich erinnere mich nicht an alle Ereignisse dieses Tages so deutlich, wie ich es sollte. Vielleicht will ich das einfach nicht. Vielleicht hat sich wunderlicherweise auch zu viel meiner Erinnerung an den falschen Stellen verbraucht. Denn die Teile, die sich mir am stärksten eingeprägt haben, sind die, die zu vergessen ich alles geben würde – mein ganzes Leben, das ich noch vor mir habe. An den Rest erinnere ich mich nur mehr fragmentarisch.

Die Menge seufzte und drängte und schwoll an und fiel in sich zusammen, nur um dann wieder zu expandieren. Der Regen wurde stärker, und die Leute drückten sich unter Schirmen zusammen oder standen einfach reglos da und wurden nass, und dann ließ das Unwetter nach. Gesichter verschwammen und veränderten sich um mich herum, als stünde ich still vor einem Karussell. Das Paar aus Bengalen aus dem vierten Stock wand sich durch die Menge, ihre drei Kinder folgten ihnen in einer Reihe wie im Gänsemarsch. Die Polin, die uns gegenüber auf demselben Flur wohnte und zu Hause schneiderte, murmelte etwas vor sich hin über die Anziehsachen, die sie noch im Wohnzimmer liegen hatte.

»Fünftausend Dollar habe ich in dem Apartment«, sagte Consuela Verde, Maria Elenas Mutter, zu mir. Die beiden jüngsten ihrer fünf Kinder klammerten sich an sie unter einem riesigen Schirm mit Blumenmuster, sie hatten noch ihre Schlafanzüge an. In ihrem runden Gesicht spiegelten sich Wut und Angst. »Unser Leben lang haben mein Mann und ich für dieses Geld gearbeitet. Es ist alles Geld, das wir haben. Wir trauen den Banken nicht. Und jetzt werden diese *hijos de la gran puta*« – sie spuckte auf den Gehsteig – »jetzt werden die es uns nehmen. Du wirst schon sehen.«

Die Stunden verstrichen. Vom Regen gespeiste Pfützen wurden tiefer und verbanden sich zu Rinnsalen, die über Füße flossen und tanzendes, totes Laub mitnahmen. Mein Magen rumorte im Rhythmus mit den Bewegungen der Menge, ihren ängstlichen Kreisen, dem wachsenden Gefühl, dass etwas nicht stimmte. Es war Stunden her, seit ich Toast und Müsli gegessen hatte. Jemand drückte mir einen Pappbecher mit heißem Kaffee in die Hand. Doch mein Magen schreckte davor zurück, und so stellte ich den Becher vorsichtig neben mir auf den Asphalt.

Nichts geschah, was darauf hingewiesen hätte, dass an unserem Gebäude irgendwelche Reparaturen durchgeführt wurden. Warum mussten wir im Regen stehen und warten? Warum konnten wir nicht wenigstens hineingehen, wenn es nun schon so viele Stunden stehen geblieben war, und einige unserer Sachen herausholen?

Immer wieder verlagerte ich das Gewicht von einem Bein auf das andere, weil das lange Stehen schmerzte. Jedes Mal, wenn der Wind die Richtung wechselte, schwang ich meinen Schirm halbherzig herum. Trotzdem war ich durchnässt. Ich versuchte, mein falsch geknöpftes Hemd neu zu knöpfen, aber ich machte es nur noch falscher. Meine Schultertasche wurde immer schwerer; ich hängte sie von der rechten Seite auf die linke um. Dann kam mir der Gedanke, dass ich ja schon längst im Laden sein sollte, dass sich Noel bestimmt Sorgen um mich machte. Aber ich wollte nicht weg, um eine Telefonzelle aufzusuchen. Der Gedanke verblasste. Manchmal beschloss ich zu zählen, wie viele in der Menge blonde Haare hatten und wie viele rote oder braune. Das war leicht, denn ich konnte alle Köpfe überblicken. Ich blieb in der Menge, weil ich hören wollte, was passierte, und behielt Laura im Auge, die mit Mr Mandelbaum auf der anderen Straßenseite stand.

Laura wich nie von Mr Mandelbaums Seite. Er saß auf einer umgestülpten Orangenkiste, und sie hielt ihren Schirm über ihn, damit er nicht nass wurde. Stundenlang stand sie schützend neben ihm, außer mir die größte Frau in der Menge. Lauras glatte, weiße Hand vor dem schwarzen Plastik des Schirmgriffs. Mr Mandelbaums knorrige Hände, die die Plastiktüte zu- und wieder aufdrehten, die er noch immer festhielt. Gelegentlich ging Maria Elena zu Laura hinüber und sprach mit ihr. Einmal, glaube ich, versuchte sie, Laura zu überreden, mit ihr irgendwohin zu gehen. Ich erkannte das an den Gesten ihrer Hände. Doch Laura lächelte matt, schüttelte den Kopf und deutete auf Mr Mandelbaum. Maria Elena verschwand wieder in der Menge.

Ich blieb so nahe bei den Barrikaden, wie ich konnte, ohne völlig von der Menge verschlungen zu werden. Leute aus unserem Haus drängten immer wieder an das Absperrband und die Polizisten dahinter. Sie baten, tobten, argumentierten, weinten. Die, die nicht Englisch sprachen, oder nicht gut genug, ließen ihre Kinder dolmetschen. Auch ich versuchte, mit den Bullen zu sprechen. Ich spürte die Spannung in meiner Brust überdeutlich, aber ich zwang mich, ruhig zu bleiben. Durch die jahrelange Arbeit im Laden hatte ich gelernt, ruhig und mit einem Lächeln mit unvernünftigen Leuten zu sprechen. Ich hätte ein Kind, sagte ich ihnen. Mein Kind brauche etwas zum

Anziehen. Es brauche seine Schulbücher. So viele Leute seien den ganzen Tag über schon ins Haus hineingegangen und unversehrt wieder herausgekommen. Wenn wir ein paar Minuten haben könnten, nur ein paar Minuten, um …

»Wir lassen euch ja wieder rein«, erklärten uns die Polizisten wieder und wieder. »Sobald das Gebäude als sicher deklariert ist, könnt ihr wieder hinein. Ihr braucht euch um nichts Sorgen zu machen.«

Ungefähr jede halbe Stunde half ich Mr Mandelbaum, durch die Menge zu den Barrikaden vorzugehen. Ich übernahm ihn von Laura, als wären wir Eltern, die sich in der Aufsicht abwechselten. Beim Gehen hielt ich meinen Schirm mit einer Hand über seinen Kopf; mit der anderen umfasste ich ihn, damit er von der Menge nicht geschubst wurde und am Ende ausrutschte und hinfiel. Ich musste mich erinnern, langsam zu gehen, meine langen Schritte seinen schlurfenden anzupassen.

Mr Mandelbaum flehte mit verzweifelter Miene die unnachgiebigen Polizisten auf der anderen Seite der Barrikaden an. Doch sie wandten ihre Blicke von ihm ab.

»Bitte«, sagte Mr Mandelbaum immer wieder. »Bitte, lassen Sie mich meine Katze herausholen. Sie ist allein da drinnen. Bitte, ich muss Sie holen.«

Mehr als einmal versuchte ich, mich für Mr Mandelbaum einzusetzen. Ich ging an den Barrikaden entlang und versuchte, neue Gesichter zu finden, Beamte, mit denen ich noch nicht gesprochen hatte. »Er ist ein alter Mann«, sagte ich. »Seine Tabletten, die er verschrieben bekommen hat, sind im Haus. Er muss sie nehmen.«

Nichts. Absolut keine Reaktion.

»Hören Sie.« Ich versuchte es halblaut und in einem vertraulichen Tonfall, als seien dieser Bulle und ich Verbündete, Partner ein und desselben Verhandlungsteams. »Die Frau dieses Mannes ist erst gestorben. Er hat hier *fünfzig Jahre lang* mit ihr zusammengelebt. Diese Katze ist sein ein und alles. Lassen Sie ihn seine Katze einfach holen. Das ist schließlich auch ein Lebewesen.« Ich wiederholte diesen Satz oft, als enthalte er Zauberworte. Ein unwiderlegbares Argument. Ein *Lebewesen.* »Kann nicht wenigstens jemand sie *für ihn* holen? Ich könnte seine Schlüssel besorgen. Ich sehe doch, dass die ganze Zeit Leute ein und aus gehen, und …«

Schließlich rollte einer der Bullen mit den Augen. »Lady«, sagte er in einem entnervten Ton, »wir haben uns hier um Wichtigeres zu kümmern als um die Katze eines alten Mannes.«

Die Menge wuchs immer noch an. Und sie wurde im Verlauf des Tages zunehmend unruhig – Vertreter der Kommune, Freunde und Verwandte, Mieter aus der Nachbarschaft vergrößerten unsere Zahl, bis wir über zweihundert waren und auf der Stanton Street keine Autos mehr durchkamen. Es wurde gedrängelt und geschoben. Aus Gemurmel wurden laute Rufe. Sprechchöre wurden angestimmt. Wer initiierte sie? Wie kam es, dass alle plötzlich gleichzeitig dasselbe sagten? »*Gebt uns fünfzehn Minuten!*«, intonierte die Menge wie mit einer Stimme und mit hochgereckten Fäusten. »*Gebt uns fünfzehn Minuten!*« Oder die Leute schrien: »*Moriarty, stopp die Party!*« Damit war John Moriarty gemeint, der zweite Chef des Katastrophenschutzes der Stadt, der an diesem Tag vor Ort war.

Ich versuchte, Laura zum Weggehen zu bewegen. Das Rote Kreuz hatte ein paar Blocks weiter ein Hilfszentrum eingerichtet, dort wollte ich sie hinschicken. »Nein«, erklärte sie klipp und klar und legte eine Hand auf Mr Mandelbaums Schulter. »Wir gehen hier nicht weg, bis wir wissen, dass Honey in Sicherheit ist.«

»Laura …«

»*Nein!*« In ihrer Stimme schwang Panik mit. »Ich gehe nicht! Du darfst das nicht!«

Du darfst das nicht. Das Argument eines Kindes. Aber Laura und ich hatten nie gestritten. Wir waren uns so nahe wie zwei Finger derselben Hand, sie und ich.

Schließlich kam jemand mit einer Petition zu mir. Und es kam jemand mit einer eidesstattlichen Erklärung. Ich unterschrieb beides. Man sagte mir, in der Mittelschule ganz in der Nähe würden Schriftstücke vorbereitet und notariell beurkundet. Ein Richter war gefunden worden, der sich bereit erklärte, die Schriftstücke am Samstag zugestellt zu bekommen. Zum ersten Mal in den neun Stunden, seit unser Gebäude evakuiert worden war, erlaubte ich mir ein Gefühl der Hoffnung.

Plötzlich war Laura neben mir. Sie hielt Mr Mandelbaum am Arm. Was wollte sie hier, in der Nähe der Barrikaden? Ich hatte gedacht, ich war mir sicher gewesen, dass wir beide unsere unausgesprochene Vereinbarung verstanden hatten. Sie sollte mit Mr Mandelbaum auf der anderen Seite der Straße bleiben, wo sie sicher waren. Falls er noch einmal versuchen wollte, mit der Polizei zu reden, würde *ich* ihn zu den Beamten bringen. Für *sie* gab es keinen Grund, hier zu sein. Absolut keinen.

Aber nun war sie eben hier. »Fünfzig Jahre habe ich hier gewohnt«, sagte Mr Mandelbaum jetzt. Seine Stimme war nicht mehr die eines Bittstellers. Sie hatte zugelegt, sie klang zum ersten Mal ungehalten. »Alles, was ich auf dieser Welt habe, ist in dieser Wohnung, aber das ist mir egal. Es ist mir egal! Ich will nur zu meiner Katze. Ich flehe Sie an!« Er fuhr sich mit dem nassen Ärmel seines Mantels über das Gesicht.

Die Bullen ignorierten ihn weiter. Er war schließlich nur ein alter Mann. Für so einen rührten sie keinen Finger. Sie hatten nur Augen für Laura, ihre Blicke tasteten sie geradezu ab, ein langbeiniges, schlankes, wunderschönes Mädchen in Jeans und einem roten T-Shirt, das regennass an ihrem Körper klebte.

Ich sah Lauras angespannte Miene, die Falte zwischen den Augenbrauen, die für ein Mädchen ihres Alters viel zu tief war, und wie sie kämpfte, um die Tränen zurückzuhalten. Tränen für diesen Mann, den sie liebte, und die Katze, die sie fast ebenso sehr liebte wie ihn. Ich hörte nicht, was sie sagte, aber ich wusste, sie fügte ihre eigene, leise gemurmelte Bitte hinzu.

Ein Windstoß kam auf. Er blies Mr Mandelbaums Mantel zurück, presste Lauras T-Shirt noch fester an ihre Brust. Die Blicke der Polizisten wanderten nach unten. Verstohlenes Grinsen huschte über ihre Mienen.

In mir legte sich ein Schalter um. Meine Hände ballten sich zu Fäusten, mein Herz schlug so stark, dass es in meinen Ohren dröhnte. Eine Woge des Zorns brandete heftig und so unerwartet in mir auf, dass sie für einen kurzen Moment nicht von überspannter Freude zu unterscheiden war.

Die Menge kam wieder in Aufruhr, Chaos machte sich breit. Ich wurde von allen Seiten geschoben und musste kämpfen, um mich auf den Beinen halten zu können. Mir kam der abenteuerliche Gedanke, dass ich das ausgelöst hatte, dass meine Wut übergeschwappt war und ich die Menschen um mich herum damit angesteckt hatte.

Aber es hatte nichts mit mir zu tun. Ich hatte meine Aufmerksamkeit für eine Sekunde von der Menge abgewandt, und in dieser Sekunde hatte sie einen Konsens erreicht, von dem ich nichts wusste.

Ein Kran war eingetroffen.

Er kam die Clinton Street herunter und hatte einen gelben Hals. Langsam streckte sich der Hals aus, bis er ans Dach unseres Gebäudes reichte. Von seinem Ende hing ein graubrauner Schnabel mit einer Reihe dicker Metallzähne herunter, die länger waren als das Bein eines Menschen. Die untere Hälfte des Schnabels war eine Art Bodenwanne, die auffing, was die Zähne ausrissen.

Große Eisencontainer und Beleuchtungsmasten wurden in Stellung gebracht. Es war den ganzen Tag schwer gewesen, bei diesem grauen Himmel die Zeit einzuschätzen, aber jetzt bemerkte ich irgendwie benommen und ganz überrascht, dass es schon bald dunkel sein würde. Maschinen wurden ein- und ausgeschaltet. Dann war nur mehr der tiefe, langsam tuckernde Dieselmotor des Krans zu hören.

Der Schnabel öffnete sich und schwebte wartend über dem Dach.

Die Menge brüllte und wogte und brandete in Wellen an die Polizeiabsperrungen. Doch unter diesen Wellen, tiefer im Gemenge, gab es Strömungen und Gegenströmungen, die mit den Wellen in Beziehung standen, ohne direkt von ihnen beeinflusst zu sein.

Eine Nachricht verbreitete sich. Der Richter würde eine einstweilige Verfügung ausstellen. Die einstweilige Verfügung war auf dem Weg! Diese Neuigkeit wurde in Lichtgeschwindigkeit von einem zum anderen kommuniziert. Jemand rief sie John Moriarty vom Katastrophenschutz zu. Er holte ein Handy heraus und telefonierte. Nickte ein paar Mal als Antwort auf das, was immer sein Gesprächspartner sagte. Dann legte er auf und sprach in sein Walkie-Talkie.

»Macht es gleich jetzt«, sagte er.

Das Rattern des Dieselmotors wurde von einem neuen Lärm übertönt – einem lauten, anhaltenden Brummen. Die Leute brüllten und schluchzten. Ich hörte Kinder jammern. Zum ersten Mal schien die Polizei fast überwältigt von der Macht der Menge, die sich bemühte, Absperrbänder und Barrikaden zu durchbrechen.

»Meine Katze!«, schrie Mr Mandelbaum. Dicke Tränen rannen über sein runzliges Gesicht. »Sie ist ein Lebewesen! Sie ist noch da drinnen! Bitte! *Sie ist doch alles, was ich habe!*«

»Laura!«, rief ich und beugte mich zu Mr Mandelbaum. »Laura, hilf mir!« Ich schaute auf, und dann verstummte ich.

Laura war nicht da.

»Laura?« Ich richtete mich zu voller Größe auf, stellte mich auf die Zehenspitzen. Wir waren beide groß. Sogar in einer solchen Masse sollte es mir möglich sein, ihren Kopf zu sehen.

Warum sah ich ihn nicht? Ich überließ Mr Mandelbaum Hugo Verde, Maria Elenas Vater. *Pass auf ihn auf,* formte ich mit den Lippen und deutete von meinem Auge auf Mr Mandelbaum. Hugo nickte und beugte sich zu dem alten Mann, um ihm zu helfen. Mr Mandelbaum weinte noch immer, und er war wacklig auf den Beinen. Ich kämpfte mich durch die Menge, drehte mich seitwärts und zwängte mich durch Spalten zwischen Körpern, schob Menschen mit beiden Händen aus meinem Weg. Ich fühlte mich nicht mehr von der Menge, von ihrem Entsetzen und ihrer Aufregung getrennt. Ich war ein Teil davon. »Laura!«, schrie ich. »Laura, wo bist du? Laura, antworte mir!« Ich dachte daran, als sie drei war und mir auf einem Straßenfest einmal entwischte. Ich hatte sie an diesem Tag wiedergefunden, seitdem aber immer wieder Alpträume gehabt. Alpträume wie diesen. Laura in einer Menge verschwunden, und ich konnte sie nicht finden. Alles mögliche hätte ihr zustoßen können. Was, wenn sie hingefallen wäre? Was, wenn die Menge sie tottrampelte? »*Laura!*« Der heftige Schmerz in meiner Brust war nun Panik, ein schwarzes Loch. »Ich bin deine *Mutter!* Antworte mir, verdammt!«

Der Kran war nun voll einsatzfähig und machte gerade seinen ersten Test am Dach des Gebäudes. Das ohrenbetäubende Krachen von Metall gegen Ziegel hallte über die Köpfe der Menschen hinweg.

Dann waren an einem Fenster im zweiten Stock Kopf und Schultern eines Mädchens zu sehen. Ein hellhäutiges Mädchen mit langen braunen Haaren und einem roten T-Shirt. Der Himmel war jetzt schwarz, die Wolken hatten sich fast verzogen, und das Mädchen, das Gebäude, die Eisencontainer, die unten auf dem Boden darauf warteten, alles zu verschlingen, alles wurde grell von den blendenden Strahlern auf den Leuchtmasten erhellt, die unwirklich, wie in einem Traum, vor dem schwarzen Himmel aufragten. Das Mädchen ruderte wild mit den Armen. »Wartet!«, rief sie. »Wartet, ich bin hier drinnen!«

»LAURA*!*« Wieder wühlte ich mich durch die Menge, so unerbittlich dieses Mal, dass ich einige, die mir zu spät auswichen, umstieß. Lieber Gott, was, wenn ich nicht rechtzeitig bis zu den Barrikaden vorkam? Schon schwang der Kran wieder nach hinten, um für einen zweiten Schlag auszuholen. Seine Kiefer klafften auseinander, glänzten im künstlichen weißen Licht. »*Anhalten!*«, brüllte ich und brüllte und brüllte. »*Anhalten! Haltet sie doch auf!*« Aber die Menge übertönte meine Schreie. Endlich erreichte ich die Barrikade und packte den nächstbesten Polizisten am Arm. »*Meine Tochter ist in dem Haus!*«

Der Mann sah mich an und sagte kurz etwas zu seinem Kollegen neben ihm, der mit einem Augenrollen antwortete. Beide gaben einem dritten Beamten zu verstehen, für sie zu übernehmen, und dann rannten sie in das Gebäude. Der Mann vom Katastrophenschutz schnauzte etwas in sein Walkie-Talkie, und der Kran stand still.

Nadeldünne, silberne Regentropfen schossen durch das Licht der Leuchtmasten. Die Menge, durch die unerwartete Pause des Krans ermutigt, drosch abermals voller Rage auf die Polizeibarrikaden ein. Meine Hände wurden zu Fäusten, die Finger verkrampften sich im Rhythmus meiner Qual. Wie viele Regentropfen noch, wie viele Sekunden, Minuten, Ewigkeiten, bis Laura sicher in meinen Armen sein würde.

Endlich erschienen die Polizisten wieder am Eingang, zwischen ihnen eine sich sträubende Laura. Sie hatten ihr Handschellen angelegt; das Metall glänzte grausam an ihren hellen, zarten Gelenken. Mir blieb vor Entsetzen fast das Herz stehen. *Mein Kind, mein Kind.*

Sie erreichten die Barrikade, und einer der Männer öffnete die Handschellen und schubste Laura heftig zu mir. Ich stolperte, als das Gewicht ihres Körpers unsanft auf meinen fiel, und meine Arme umschlossen sie wie von selbst. Meine Hände strichen von ihrem Kopf über die Schultern ihre Arme hinab, prüften, ob irgendetwas gebrochen oder verletzt war. »Wir könnten sie wegen Unruhestiftung einsperren«, erklärte mir der Polizist. »Also werfen Sie gefälligst ein Auge auf sie, verstanden?!«

Meine Kiefer waren so verkrampft, dass es schmerzte. »Fassen Sie *mein Kind* nicht an.« Ich presste die Worte so gewaltsam zwischen den Zähnen hindurch, dass mir Spucke das Kinn hinunterlief. Der Bulle sah mich einmal an und machte kehrt.

»Mom!«, sagte Laura verzweifelt, »Mom, ich hatte sie! Ich hatte Honey! Diese Bullen haben sie erschreckt, und sie sprang mir aus den Armen, als sie mich packten! Sie rannte unter das Bett. Ich weiß genau, wo sie ist! Sag es ihnen! Sag ihnen, wo sie ist, damit sie zurückgehen und sie rausholen können!«

Mein Arm holte aus, und meine geöffnete Hand landete mit einem lauten Klatschen in Lauras Gesicht. Die Wucht des Schlages warf ihren Kopf nach hinten und zur Seite. Sie strauchelte, griff instinktiv ans Hemd einer Person hinter ihr, um nicht zu stürzen.

Lauras ohnehin helle Haut wurde weiß. Kreideweiß bis auf den roten Flecken, der die Kontur meiner Hand annahm. Ihre Augen weiteten sich. Regentropfen sammelten sich in ihrem Haar und liefen an den Seiten ihres Gesichts hinab.

»BIST DU WAHNSINNIG?«, kreischte ich. Nur dass *ich* es war, die wahnsinnig klang. Und sogar während ich schrie, sogar als ich sie das erste und einzige Mal in ihrem Leben schlug, sogar dann dachte ich noch *Oh, mein Kind, mein Mädchen. Dass du so einen Tag erleben musst.* Ich packte sie an den Schultern und schüttelte sie, bis ihre Zähne laut klapperten. »EINE KATZE?«, gellte ich. »*Du riskierst dein Leben, um eine Katze zu retten? Wen kümmert eine Katze!* ZUM TEUFEL MIT DIESER BLÖDEN KATZE!«

Ich meinte es nicht so. Natürlich meinte ich es nicht so. Was ich meinte war *Ja, wir lieben diese Katze, aber* du *bist wichtiger als jede Katze.* Was ich meinte war *Bitte, wenn du mich liebst, mach so etwas nie mehr. Ich könnte nicht mehr leben, wenn dir irgendetwas zustoßen würde.* Aber ich sagte das alles nicht. Nicht in diesem Moment. Wie hätte ich das gekonnt? Wie hätte ich ruhig sprechen können, wenn ich keuchte und um Atem rang? Wenn meine Beine so zitterten, dass sie mich kaum mehr tragen konnten? Wenn mir das Herz so wild in der Brust schlug, dass es Schmerzen durch meinen ganzen Körper jagte?

Alles, was ich wollte, war, dass Laura von hier weg kam. Alle meine Instinkte verlangten danach, dass sie gehen sollte, danach, sie wegzuschaffen, weg, weg, weg. Weg von der Maschine mit ihren gefräßigen Metallkiefern, die etwas töten wollten. Die schon einmal versucht hatten, sie zu töten. Weg von der Menge, die nun ebenso etwas töten wollte.

Aber Laura ging nicht. Sie stand da mit Tränen in den Augen und starrte mich an, als würde sie mich nicht kennen. Nicht erkennen. Das absolute Vertrauen in ihrem Blick, das ich noch heute Morgen gesehen hatte, war verschwunden. Und ich wusste, als ich da stand, dass ich es nie mehr sehen würde. Etwas zwischen uns hatte sich verändert. Ich wusste es, wenn ich auch nicht wusste: *weshalb.* Wie konnte meine eigene Tochter, das Kind aus meinem Körper, mir misstrauen, wo ich doch der einzige Mensch war – der einzige in dieser ganzen Menge –, der versuchte, sie zu schützen? Ich spürte, dass ich kurz davor war, jegliche Kontrolle über mich zu verlieren. Ich packte sie am Arm und zog sie bis an den Rand der Menge, wo die Menschen weniger dicht standen. Ich sah Hugo Verde, der seinen Kindern und Mr Mandelbaum half, in einen Bus des Roten Kreuzes zu steigen. Später erfuhr ich, dass dieser Bus Bewohner unseres Gebäudes in ein Motel in Queens brachte, in der Nähe des Flughafens LaGuardia.

Und dann stand Noel neben mir. »Ich habe mir Sorgen gemacht, weil du nicht gekommen bist. Ans Telefon bist du auch nicht gegangen. Ich kam, sobald meine Schicht zu Ende war.« Er starrte mich an – mein Gesicht war verzerrt, ich keuchte schwer – und verstummte. »Kann ich irgendetwas tun?«, fragte er unsicher.

Ich schubste Laura unsanft zu ihm. »Nimm sie«, stieß ich hervor. »Nimm sie mit in deine Wohnung. Oder sonst wohin. Nur dass sie von hier wegkommt.«

Hätte Laura geweint, vielleicht wäre es dann noch okay gewesen. Wenn sie geweint hätte, wenn ihr Gesichtsausdruck weicher geworden wäre, natürlich hätte ich dann die Arme um sie geschlungen. Ich hätte sie fest umarmt und geflüstert: *Es tut mir leid. Es tut mir so leid, Baby. Ich hatte Angst, das ist alles. Ich liebe dich. Ich liebe dich so sehr.* Und Laura hätte mich umarmt, sie hätte an meiner Schulter geschluchzt, und ich hätte sie getröstet, so gut ich es gekonnt hätte.

Aber Laura weinte nicht. Die Tränen in ihren Augen vertrockneten, ohne zu fließen. Ihr Mund wurde zu einem dünnen Strich. Noel versuchte, seinen Arm um ihre Schultern zu legen, doch sie schüttelte ihn ab. »Es geht mir gut«, erklärte sie ihm kategorisch.

Noel warf mir einen Blick zu, der um Nachsicht bat. *Gib ihr eine Chance,* bat dieser Blick. »Na komm«, sagte er sanft zu Laura. »Es wird schon alles wieder. Deine Mom bleibt hier und sorgt dafür, dass alles wieder gut wird.« Er legte eine Hand leicht auf ihren Rücken und führte sie von der Menge fort.

Ich schaute ihnen nach. Als sie einen halben Block weit weg waren, löste sich Laura von Noel, drehte sich abrupt um und sah mich an. »*Ich hasse dich!*«, brüllte sie – schleuderte die Worte mit aller Kraft auf mich, die sie hatte.

Dann bedeckte sie mit beiden Händen das Gesicht und warf sich an Noels Schulter. Er legte seine Arme um sie, und sie gingen weiter, bis sie meinem Blick entschwunden waren.

Der Kran brauchte dreizehn Stunden, um unser Gebäude niederzureißen, Stück für Stück, und es dem Erdboden gleichzumachen. Dreizehn Stunden lang fraßen sich seine Metallkiefer in das Haus hinein und rissen es auf. Es kollabierte zu keinem Zeitpunkt. Diejenigen von uns, die zusahen und die darin gewohnt hatten und es kannten, waren nicht überrascht. Diese Gebäude war hundert Jahre lang gestanden.

Man sah in die Wohnungen der Leute hinein, als die Wände abgerissen wurden. Beim ersten riesigen Brocken, den der Kran abtrug, flog eine große Bibel durch die Luft. Das war die Wohnung der Verdes. Laura hatte mir einmal von dieser Bibel erzählt. Auf das Deckblatt hatten sie die Namen aller Familienmitglieder der letzten vier Generationen geschrieben.

Möbel sahen in dem grellen Licht exponiert und nackt aus, wie Menschen, die man beim Umziehen ertappt hatte. Teppiche rutschten in Spalten, die sich im Boden auftaten, nahmen Couchen und Tische mit sich, bis sich alles ineinander verwinkelte und kippte und taumelte wie in einem Lachkabinett. Küchenschränke wurden zwischen den Kiefern der Maschine erdrückt, bis sie Frühstücksmüslis und Besteck auskotzten und Porzellan und Plastikschüsseln für Kinder. Gelegentlich brachen sich die gleißenden Lichter an einem Schmuckstück oder einer Glasscherbe, und ein überraschender Strahl blendete mich.

Ein kleiner blauer Pullover verfing sich in einem der Zähne des Krans und blieb dort eine Ewigkeit lang hängen, als klammerte sich jemand mit aller Macht an dieses Ding und versuchte verzweifelt, es aufzuhalten. Doch den Kran kümmerte das nicht; er kannte keine Pause. Er hatte noch die ganze Nacht vor sich, um sein Werk zu vollenden.

Ich stand da und schaute wie betäubt zu. Erst als sich der Kran bis zum zweiten Stock vorgefressen hatte, wo Mr Mandelbaum wohnte, musste ich gehen. Ich redete mir ein, dass ich Hunger hatte, dass ich den ganzen Tag nichts gegessen hatte. Ich ging in ein Lokal an der First Avenue und saß dort zwei Stunden lang mit einem Sandwich und einem großen Kaffee vor mir. Ich biss einmal von dem Sandwich ab, aber die Bissspuren, die meine Zähne hinterließen, erinnerten mich zu sehr an die Löcher, die der Kran in unser Gebäude gerissen hatte. Mein Kopf hämmerte, mein Gesicht war heiß, und ich beugte mich vor, um eine Wange auf die kühle Tischplatte zu legen.

»Alles okay, Miss?«

Ein Kellner stand mit besorgter Miene neben mir. »Es geht schon.« Meine Stimme klang rau, ich musste mich räuspern. »Gibt es hier ein Münztelefon?«

»Hinten. Neben den Toiletten.« Er deutete in Richtung der Küche. »Ist wirklich alles okay mit Ihnen?«

Ich suchte in meinem Geldbeutel nach ein paar Scheinen und Kleingeld zum Telefonieren, und dabei fielen meine Haare nach vorn. Als ich aufblickte, stand der Kellner mit immer noch besorgtem Gesichtsausdruck da. Ich lächelte matt. »Ich hatte einfach nicht so viel Hunger, wie ich dachte.«

Jemand hatte an dem Telefon die Worte VEREHRE GOTT eingraviert. Es schluckte zwei meiner Quartermünzen; erst bei der dritten bekam ich ein Zeichen am anderen Ende der Leitung zu hören. Noel hob mitten im ersten Klingelton ab. »Wie geht es ihr?«, fragte ich.

»Sie schläft«, antwortete er. »Sobald sie die nassen Klamotten ausgezogen hatte, kippte sie aus den Latschen. Ich habe versucht, sie aufzuwecken und ihr etwas zu essen zu geben, aber dann dachte ich, sie braucht den Schlaf jetzt wohl mehr.«

»Danke, Noel.« So sehr ich mich auch räusperte, meine Stimme wollte nicht normal werden. Ich klang nicht dankbar, auch wenn ich es war. Ich klang nicht einmal nach mir. »Ich komme sie morgen früh abholen.«

»Wo schläfst du heute Nacht?«

Ich lachte – ein heiserer, bellender Laut. »Nirgendwo«, sagte ich ihm.

Ich konnte dort zwar nichts tun, aber ich ging trotzdem in die Stanton Street zurück. Der Kran war noch immer am Arbeiten, er hatte das erste Stockwerk erreicht. Ich sah seine Zähne durch die Wand von Lauras Zimmer kommen und die Puppen und Brettspiele verschlingen, die sie in ihrem Schrank aufbewahrt hatte, nachdem sie zu alt dafür geworden war. Die Gardinen, die Mrs Mandelbaum für sie genäht hatte. Die Tapete, die wir tagelang ausgesucht und stundenlang in diesem Zimmer angeklebt hatten, das einmal mit Notenblättern tapeziert worden war. Der Kran fraß alles, ohne eine Pause zu machen.

Jahrelang wartete ich darauf, dass Laura mir zu dieser Nacht

Fragen stellte. Es gab eine Menge Fragen, die ich von ihr erwartete, doch sie fragte nie. Aber ich dachte immer, wenn sie mich fragen sollte, warum ich zurückgegangen war, warum ich die Nacht über und bis zum nächsten Morgen dort blieb, in meinen feuchten, zerknitterten Klamotten, die ich den ganzen Tag getragen hatte, dass dies die eine Frage sein würde, für die ich keine Antwort gehabt hätte, die für ein praktisch denkendes Mädchen wie Laura einen Sinn ergeben hätte. Ich hätte ihr nicht erklären können, weshalb ich blieb, warum ich alles mit ansehen musste – unser ganzes gemeinsames Leben –, wie es Stück für Stück auseinandergerissen wurde. Warum ich das Gefühl hatte, dass diese Vernichtung einen Zeugen brauchte. Nicht einen Zeugen in dem Sinn, wie ein Rechtsanwalt das Wort verwendet. So nicht genau.

Ich blieb aus demselben Grund, aus dem du die ganze Nacht am Bett eines sterbenden Freundes aufbleibst. Weil die Freundschaft das von dir verlangt. Und weil nichts alleine sterben sollte.

Derselbe Bus, der alle zu dem Motel draußen beim Flughafen gebracht hatte, brachte sie am nächsten Morgen wieder zurück. Die Polizei hatte einen flüchtigen Versuch unternommen, einige persönliche Habseligkeiten aus dem Schutt des abgetragenen Gebäudes zu retten. Durchnässte Möbel und Kleidung, triefende Kissen, zerrissene Fotos, kaputte Bilderrahmen, Töpfe mit zerzausten Pflanzen, eine alte, silberne Haarbürste, meterweise Band von zerstörten Videokassetten, eine Gitarre mit gebrochenem Hals, einen Lockenstab, eine Katzenbürste, endlos viel zerbrochenes Porzellan, eine zersprungene Keramikplatte zum Gedenken an die Hochzeit von Prinz Charles und Lady Diana. Die Sachen, die die Bullen herausgefischt hatten, lagen auf einem feuchten Schutthügel, wo zuvor unser Gebäude gestanden hatte.

Noel brachte Laura zurück, und ich bestieg diesen Hügel und sah alles durch, aber ich sorgte dafür, dass er sie wieder wegbrachte. Ich wollte nicht, dass sie mich einen Haufen kaputter Dinge durchwühlen sah wie ein Plünderer. Und ich suchte ja ohnehin nur nach einem Gegenstand.

Es dauerte fast fünf Stunden, bis ich ihn fand, und es hatte wieder angefangen zu regnen. Meine Hände waren inzwischen aufgerissen und blutig, und ich wusste nicht, ob es Staub oder der Drang zu weinen war, was mir die Atemwege verstopfte und mir Wasser in die Augen trieb. Meine ehemaligen Nachbarn – die, die sich die Mühe gemacht hatten, den Hügel ebenfalls zu durchwühlen – waren längst verschwunden. Nur ich allein war noch da, als ich fand, wonach ich suchte. Und sobald ich es hatte, ging ich zu Laura.

Am Ende bekamen die von uns, die in dem Airport-Motel gewohnt hatten, diese drei Nächte bezahlt, und alle erhielten über das Rote Kreuz Geschenkgutscheine im Wert von 250 Dollar für Kleidung von Sears. Das war alles. Zweihundertfünfzig Dollar für ein Zuhause. Zweihundertfünfzig Dollar für ein Leben. Mietern mit Kindern, die fragten *Aber wohin soll ich mit meinen Kindern? Wo können wir hin?* wurde gesagt, sie müssten in eines der städtischen Obdachlosenheime gehen und dort vierzig Tage bleiben, dann könnten sie offiziell als obdachlos anerkannt werden und staatliche Hilfe bekommen. Ich glaube, niemand hat dieses Angebot in Anspruch genommen. Aber sicher weiß ich es nicht. Die meisten sah ich nie wieder, bis auf Mr Mandelbaum – und als ich ihn fand, wusste ich, dass er von niemandem mehr Hilfe annehmen würde. Da es sich die Eigentümer des Gebäudes nicht leisten konnten, die Abrisskosten zu bezahlen, ging das Eigentumsrecht an dem Grundstück automatisch an die Stadt zurück. Sie verkaufte es für Millionen an Bauunternehmer. Letztendlich wurden dort Eigentumswohnungen gebaut, von denen die kleinsten – ein Schlafzimmer – 1,2 Millionen kosteten.

Doch der Bau begann nicht sofort. Er begann lange, lange nicht.

Laura und ich blieben einige Tage bei Noel und seiner Frau und den beiden Kindern, aber wir konnten ihre Freundlichkeit unmöglich ausnutzen, indem wir endlos in ihrer ohnehin übervollen Wohnung im East Village blieben. Wir wechselten ein paar Wochen lang zwischen Couchen von Freunden und Schlafsäcken hin und her, und ich versuchte, meinen Laden am Laufen zu halten und wartete darauf, dass meine Versicherung mir einen Scheck schickte. Laura war die meiste Zeit fast katatonisch; wenn sie schlief, warf sie sich hin und her und rief immer wieder nach Honey und Mr Mandelbaum. Und wenn sie nicht stumm war oder schlief, wütete sie gegen mich und wollte eine Lieblingsdecke oder ein Lieblingsnachthemd zurückhaben, ohne die oder das sie angeblich nicht eine weitere Nacht schlafen konnte.

Manchmal wetterte ich zurück, weil ich dachte, dass sie mich nur quälen wollte – schließlich musste sie ja wissen, dass es mir absolut unmöglich war, irgendetwas von unseren verlorenen Sachen wieder herzuzaubern. Wie viel hätte ich dafür gegeben, das zu schaffen. Heute ist mir klar, dass sie jemanden brauchte, auf den sie zornig sein konnte, damit dieser Zorn ihr die Kraft gab, diese schweren Tage zu überstehen und nicht aufzugeben. In erster Linie übte sie jedoch ihr kindliches Vorrecht aus (denn sie war noch ein Kind, wenn sie es auch nicht mehr lange sein würde), zu verlangen, dass ihre Mutter tat, was von einer Mutter erwartet wird – dass sie alles besser macht.

Aber das konnte ich nicht. Ich konnte nichts besser machen. Unsere Ressentiments wurden mit jedem Tag stärker, wenngleich ich die ihren nur erahnen konnte. Wenn wir einander nicht anschrien, redeten wir überhaupt nicht, außer dass ich ihr jeden Tag sagte, ich würde alles versuchen, um mit Anise Kontakt aufzunehmen, dass Anise in der Lage sein würde, uns zu helfen, dass sie das ganz bald tun werde. Anise war auf Tournee in Europa. Damals hatte noch kaum jemand eine E-Mail-Adresse oder ein Handy. Ich hinterließ Nachrichten bei ihrem Management, das mir versicherte, man werde alles tun, um sie zu erreichen. Aber jedes Mal schien es, als hätten sie sie gerade verpasst – als sei sie gerade aus dem einen Hotel ausgezogen und auf dem Weg in die nächste Stadt. Wahrscheinlich war ich ihnen einfach nur lästig, und sie wollten Anise nicht behelligen.

Erst nach fünf Wochen bekam ich Nachricht von meiner Versicherung. Sie schrieben mir, meine Mieterpolice würde einen rechtmäßigen Notabriss durch die Stadt nicht abdecken. Laura und ich wohnten inzwischen in billigen Hotels in der Lower East Side, und mein Kreditrahmen war fast ausgeschöpft. Ich organisierte bei Ear Wax einen »Notverkauf«, bei dem ich alles anbot, was sich zu irgendeinem Preis an die besessenen Sammler, die ohnehin meine besten Kunden waren, verkaufen ließ. Am Ende übergab ich die Schlüssel und die Pacht an Noel. Ich hatte noch immer Hunderte von Platten, die verkratzt oder beschädigt waren oder für die sich kein Sammler interessiert hatte, und vielleicht zwei Dutzend, von denen ich mich einfach nicht trennen konnte. Wert waren sie sowieso nicht viel (obwohl ich nicht denke, dass Laura das glaubte, als sie sah, wie viele davon unverkauft blieben), aber heute könnte man sie wahrscheinlich gut verkaufen, einfach weil sie alt sind. Ich brachte sie alle, und auch meine persönliche Habe aus dem Laden, in denselben Speicher, den ich damals angemietet hatte, als Laura geboren worden war. Damit war eine weitere Phase meines Lebens verpackt und in einen dunklen Raum weggesperrt, um dort Schimmel anzusetzen und zu verstauben.

Wir wohnten in einer Billigabsteige oben in Harlem. Mehr konnte ich mir zu diesem Zeitpunkt nicht leisten, und von dort waren die Stellenvermittlungen in Midtown, bei denen ich mich gemeldet hatte, mit der U-Bahn besser erreichbar. Anfang August hörten wir endlich etwas von Anise. Ich nahm Laura zu jedem Schreibmaschinentest und jedem Vorstellungsgespräch mit – denn wo hätte ich sie lassen können? –, und das wie auch der Umstand, dass ich keine »richtige« Adresse hatte, war bei meiner Arbeitssuche nicht eben hilfreich. Das meiste, was Anise über ihr Management zu sagen hatte (das sich wie vermutet keine große Mühe gemacht hatte, meine Nachrichten an sie weiterzuleiten), war nicht wiederholbar. Sie feuerte die Firma ein paar Tage später, und dass sie das »aufgrund kreativer Differenzen« tat, obwohl sie sich gerade mitten in einer internationalen Tournee befand, beschäftigte sogar die Presse. Ihr neues Management arrangierte, dass Laura und ich in einer Firmenwohnung unterkamen. Anise bot mir an, noch wesentlich mehr für uns zu tun, doch das ich wollte ich nicht. Ich wusste, dass ich nie in der Lage sein würde, mich zu revanchieren.

Sobald ich eine Adresse hatte, fand ich einen Job als Tippse bei einer kleinen Immobilienfirma. Der Stundenlohn war gut, und wenn ich mich bereit erklärte, auch nach Feierabend zu arbeiten – zum Beispiel spätabends –, konnte ich ihn sogar verdoppeln. Vom Laden her war ich es gewohnt, zu allen möglichen Zeiten zu arbeiten, und so passte mir das gut.

Einen Job zu haben bedeutete, dass ich nun die tausend Anträge für eine Wohnung in einem Mitchell-Lama-Gebäude in den East-Twenties ausfüllen konnte. Nur dreizehn Blocks von meinem alten Viertel, aber dennoch eine Welt davon entfernt. Als Lauras Schuljahr begann, hatten wir uns mehr oder weniger eingerichtet, aber es wurde Weihnachten, bis ich es mir leisten konnte, richtige Möbel zu kaufen – von den beiden Matratzen, für die ich meinen letzten Kredit verbrauchte, als wir einzogen, einmal abgesehen.

Laura sprach in dieser Zeit kaum ein Wort mit mir. Und mit ihrer Stimme ging mir auch die Musik in meinem Kopf verloren. Oder es war eher so, dass die Musik in meinem Kopf die Stimme meiner Tochter *war.* Laura war meine Musik. Es war, als würde ich wieder mit meinen Eltern leben, nur dass jetzt ich als Einzige die Schuld hatte. Ich wusste, meine einzige Chance, die Dinge wieder ins Lot zu rücken, zu retten, was sich von unserem alten Leben überhaupt noch retten ließ, war, Mr Mandelbaum zu finden.

Jeden Abend nach der Arbeit und jeden Morgen vor dem Büro fuhr ich in unser altes Viertel. Ich zeigte den Leuten das Foto von Mr Mandelbaum und Laura, das ich hatte. All den Huren und Hausbesetzern und Obdachlosen, die ich im Lauf der Jahre kennengelernt hatte. Nur dass da nicht mehr so viele von ihnen waren. Wie mir das auffiel? Ich ging sogar zu den Streifenpolizisten, die ich von meinem Laden her kannte. Bullen, die an jenem Tag nicht auf der anderen Seite der Barrikaden gewesen waren. Am Ende war es Povercide Bob an seinem Lieblingsplatz vor Ray's Süßwarenladen in der Avenue A, der mich auf ein heruntergekommenes Mietshaus in der Bowery verwies – nachdem er eine zwanzigminütige Tirade über die Verschwörung von Regierung und CIA zur Ermordung der Armen über mich ergehen ließ, wofür das, was mit unserem Gebäude geschehen sei, doch der beste Beweis sei.

Ich dachte (dummerweise, wie ich heute weiß), wenn ich mit einem Plan zu Mr Mandelbaum ginge, ihn aus dieser Hütte herauszuholen, dann würde alles wieder in Ordnung kommen. Ich sagte mir, dass keinem von uns etwas zugestoßen sei, das die Zeit und die Ruhe, Ordnung und Sauberkeit eines neuen Zuhauses nicht heilen könne. Ich rief in meinen Mittagspausen städtische Behörden an, um eine neue Wohnung für ihn zu finden, und wurde viel hin- und hergeschoben. Schließlich verwies man mich an das Jüdische Altersheim, über das Mr Mandelbaum eine Wohnung für nur hundert Dollar mehr bekommen könne, als er in seiner alten Wohnung bezahlt hatte. Natürlich sind hundert Doller im Monat für jemanden mit einer kleinen Rente ein Vermögen. Aber ich verdiente jetzt mehr Geld, mehr, als ich mit dem Plattenladen verdient hatte. Mein größeres Einkommen, unsere bessere, größere Wohnung, all das lag zwischen mir und Laura in der Luft wie unausgesprochene Vorwürfe. Ich musste etwas tun. Ich musste es in Ordnung bringen.

Der Mann an der Pforte des Gebäudes verwies mich auf ein Zimmer im vierten Stock. Wie schaffte es Mr Mandelbaum, ohne Lift jeden Tag vier Etagen hinauf- und hinunterzusteigen? Sein Eingang lag am Ende eines tristen Korridors neben einer großen Mülltonne aus Plastik und unter einer nackten Glühbirne. Die Böden waren wahrscheinlich irgendwann einmal gefliest gewesen, doch jetzt waren da nur mehr große rote, blaue und braune Flecken.

Mr Mandelbaums Zimmer enthielt eine Schlafstelle und eine alte Anrichte aus Holz. Eine dünne Wand aus Sperrholz trennte diesen Raum vom nächsten. Mr Mandelbaum lag auf dem Bett, er trug noch immer den braunen Anzug, den er an dem Tag für die Synagoge angezogen hatte, als wir unser Zuhause verloren. Auf der Anrichte stand ein übervoller Aschenbecher. Das Zimmer stank nach Rauch, ungewaschener Kleidung und dem Müll im Flur. Ich hatte mir Lauras Freude vorgestellt, wenn sie Mr Mandelbaum wiedersehen würde. Das war die einzige wirklich glückliche Erwartung gewesen, die ich mir für jeden von uns in den vergangenen Monaten hatte ausmalen können. Aber nun war klar, ich konnte sie niemals für ein Wiedersehen hierherbringen.

»Ich habe auf Sie gewartet«, sagte er schleppend. Er musste sich etwas bemühen, um sich halbwegs aufzurichten, und er sah mich nicht an. »Ich wollte Ihnen etwas geben.« Seine Hand tastete sich die dicht an das Bett gerückte Anrichte entlang. »Ich habe das für Honey gekauft, aber ich hatte keine Gelegenheit, es ihr zu geben.« Er reichte mir eine zerknitterte Plastiktasche. »Jemand anderes sollte es bekommen.«

Ich nahm die Tasche, setzte mich neben ihn auf das Bett und überlegte, wie ich beginnen sollte. »Ich wusste gar nicht, dass Sie rauchen«, sagte ich schließlich. Ich wollte nicht, dass es wie ein Vorwurf klang, aber irgendwie tat es das. Es war der falsche Beginn gewesen.

»Tue ich nicht.« Er schien verwirrt. »Ich habe wegen Ida vor dreißig Jahren aufgehört. Sie würde mich umbringen, wenn ich wieder anfangen würde.«

Ich ließ es damit bewenden. »Wir sollten darüber reden, was

Sie nun machen wollen.« Ich versuchte, tatkräftig und gut gelaunt zu klingen. *Alles ist bestens,* insistierte meine Stimme. *Es ist alles nur eine Frage der Logistik.* »Ich habe über das Jüdische Altersheim eine Wohnung für Sie gefunden. Sie kostet ein bisschen mehr als Ihre alte, aber ich habe jetzt einen guten Job. Laura und ich können Ihnen mit der Miete helfen. Das möchten wir.«

Er blickte beharrlich weiter an die Wand. »Ich habe schon ein Zuhause verloren«, sagte er. »Ich ziehe nicht mehr in ein neues Viertel. Nicht in meinem Alter.«

»Aber hier können Sie doch nicht bleiben.«

»Was macht es für einen Unterschied, wo ich sterbe?«

»Mr Mandelbaum …« Ich ergriff seine Hand. »Max«, sagte ich sanft. »Es gibt immer noch Menschen, die Sie lieben und brauchen. Ich zum Beispiel. Und auch Laura. Für Laura sind Sie wie …« *Wie der Vater, den sie hätte haben sollen,* dachte ich. »Wie Familie.«

»Jedes Mal, wenn Laura mich ansieht, wird sie an diesen Tag denken«, sagte Mr Mandelbaum. »Aber sie sollte sich nicht daran erinnern. Sie ist noch jung genug, um zu vergessen.«

Ein scharfer Schmerz schoss mir in die Brust. *Wenn sie es nur könnte!* »Das stimmt nicht. Laura braucht Sie jetzt mehr denn je. Ihr braucht euch beide. Bedeutet Sie Ihnen denn gar nichts?« Mein Ton wurde drängender. »Die Welt ist noch immer dieselbe wie vor drei Monaten. Es gibt noch immer Dinge, für die es sich zu leben lohnt.«

Endlich wandte er sich mir zu. »Oh, Sarah.« Tränen standen in seinen Augen, und in seinem Blick lag Erbarmen. Als sei es in diesem Moment ich und nicht er, der nicht verstand. »Sie wissen doch, dass ich schon nicht mehr leben will, seit Ida tot ist.«

Ich spürte einen dicken Klumpen im Hals. Darauf konnte ich nichts sagen.

Seine Hand drückte leicht die meine. Ich spürte, wie sie zitterte, wie sie kalt und wie Papier und von dicken Adern durchzogen war. Ihre Haut glitt locker über die Fingerknöchel, als sei sie nicht mit ihnen verbunden.

»Solange ich Honey und meine Erinnerungen hatte, ja …« Er zog seine Hand zurück und wischte sich damit über die Augen. »Ihnen und Laura wird es auch ohne mich gut gehen«, sagte er. »Als sie meine Katze begruben, und alles, was mich an meine Frau erinnerte, da haben sie auch mich begraben.« Er drehte sich wieder zur Wand. »Es ist schon jetzt, als wenn ich nie existiert hätte.«

Laura war immer eine gute Schülerin gewesen. Aber jetzt lernte sie *nur* noch. Sie hatte diese grimmige, entschlossene Miene, wie eine Gefangene, die versuchte, sich durch feste Erde ihren Weg in die Freiheit zu buddeln. Obwohl das womöglich gar nicht so sehr der Wahrheit entspricht, wie ich denke. Vielleicht unterhielt sie sich mit Freundinnen und traf sich mit Jungs und dachte über einige andere Dinge nach, über die sich hübsche Mädchen im Teenageralter Gedanken machen. Ich weiß es nicht. Ich arbeitete sehr oft bis spätabends und verdiente so viel ich konnte, um Geld für Lauras College auf die Seite zu bringen. Wir sahen uns nicht viel. Wir waren wie Zimmergenossinnen, sagte ich Jahre später einmal zu Anise. Wie Zimmergenossinnen, nicht wie eine Familie. Zwei Leute, die zufällig Wohnraum miteinander teilten, weil es bequem und finanziell sinnvoll war.

In gewisser Weise war es wieder wie damals mit meinen Eltern. Unser Zuhause war still – keine Gespräche, keine Musik. Ich wusste, dass Laura meine Musik nicht mochte, ich wusste, sie nahm mir übel, dass ich meine Musik so sehr liebte, dass ich sie so aufgezogen hatte, wie ich es eben getan hatte. Einmal brüllte sie mir das ins Gesicht. Einen Monat, nachdem ich Mr Mandelbaum aufgesucht hatte, musste ich ihr sagen, dass er gestorben war. Nachdem ich ihn gefunden hatte, war ich jeden Tag bei ihm gewesen, hatte ihm Essen und Seife gebracht und was immer er sonst noch brauchte. Ich konnte ihn dazu bewegen, dass er wenigstens die saubere Kleidung anzog, die ich ihm besorgt hatte. Aber ich konnte ihn nicht dazu überreden, diese schäbige Bleibe zu verlassen.

Es ging nicht darum, dass Laura mich für seinen Tod verantwortlich machte, sie gab mir vielmehr für alles die Schuld – vor allem dafür, dass wir in diesem Gebäude in diesem Viertel gewohnt hatten. »Wegen deiner *Musik!*«, hatte sie mich angeschrien. »Weil dir deine Musik wichtiger war als ich! Du hättest dir Arbeit besorgen können, du hättest deine Mutter um Hilfe bitten können, du hättest *sonst was* tun können, als ich auf die Welt kam, damit ich aus diesem Haus herausgekommen wäre. Aber du hast nichts getan!«

Und was hätte ich sagen können? Ich *hatte* meine Musik für sie aufgegeben. Ich hatte den Wunsch aufgegeben, als DJ oder Performerin zu arbeiten, und war auf die geschäftliche Seite dieser Branche gewechselt. Erst jetzt, nachdem alles zu Ende war, konnte ich meine Fehler erkennen. Ich wollte ihr sagen: *Aber ich war doch erst neunzehn! Nur vier Jahre älter als du jetzt! Musik war das Einzige, worüber ich damals etwas wusste.* Ich wollte sagen: *Ich wollte nicht eine dieser alleinerziehenden Mütter sein, die den ganzen Tag im Büro sitzt und ihre Kinder nie zu Gesicht bekommt. Ich wollte jede Sekunde, die ich konnte, mit dir verbringen. Ich wollte, dass wir nicht nur* leben, *sondern dass wir ein* richtiges Leben *haben. Ich habe das Beste getan, was ich konnte, das Allerbeste, das ich damals tun konnte …*

Ich wollte ihr diese Dinge sagen, aber ich konnte es nicht. Das Schwerste auf der Welt ist, offensichtliche frühere Fehler zuzugeben. Nicht, weil das Eingeständnis der Schuld so schwer ist – ich hätte gestanden, hätte mich entschuldigt, hätte alles getan, um Lauras Liebe wiederzugewinnen. Sondern weil angesichts dessen, wie dumm du dagestanden hättest, deine Rechtfertigung am Ende lediglich wie eine Entschuldigung klingt. Eine lahme Entschuldigung noch dazu.

Jahrelang dachte ich, ich sei auf Laura böse wegen der Schuld, die sie mir aufbürdete. (Als ob ich nicht schon genug zu tragen gehabt hätte.) Schuld für Dinge, die ich nicht zu verantworten hatte, für Entscheidungen, die ich vor so langer Zeit (und aus so guten Gründen!) getroffen hatte, dass es nicht fair erschien, mich nun für sie zu bestrafen. Zum ersten Mal in meinem Leben sehnte ich mich nach der Stille, mit der ich aufgewachsen war. Ich lernte, meine Mutter besser zu verstehen, zu verstehen, wie sich eine Frau dafür entscheiden konnte, nicht mit ihrem eigenen Kind sprechen zu wollen. Es gab Zeiten, in denen ich einen Blick in Lauras Gesicht erhaschte, als wollte sie gleich etwas Substanzielleres sagen als *Ich gehe in die Bibliothek. Komme später wieder.* Vielleicht, wenn ich sie ermutigt hätte … aber ich weiß nicht. Ich machte ihr nie Mut. Ich wollte sie nicht die Vorwürfe wiederholen hören, die ich mir selbst tagtäglich machte. Manchmal dachte ich, dass nichts mehr in mir war außer Tränen, und dass ich, wenn Laura ein falsches Wort sagte, den Kopf hängen lassen und alle diese Tränen herausweinen würde, bis überhaupt nichts mehr von mir übrig war.

Vielleicht hätte es sowieso nichts ausgemacht. Laura musste auf jemanden zornig sein. Auf wen sollte sie wütend sein, wenn nicht auf mich? Die Stadt? Die Bauunternehmer, die nach mehr Land gierten, das sie überteuert verkaufen konnten? All das waren anonyme Instanzen, nichts weiter als tausend Worst-Case-Szenarios, über die nicht genügend nachgedacht zu haben sie mir vorwarf. Und dann werden Zorn und Schweigen eines Tages zur Gewohnheit. Irgendwann ist es so lang her, dass du mit jemandem geredet hast, dass es nicht mehr möglich ist, die Dinge zu sagen, die du vor Jahren hättest sagen sollen.

Vielleicht texte ich Laura deshalb andauernd zu, wenn sie mich heute besuchen kommt. Ich habe zu spät erkannt, wie heimtückisch das Schweigen ist. Manchmal denke ich, dass ich vielleicht, durch puren Zufall, einmal das eine richtige Wort zu sagen finde, das eine richtige Wort, das es schafft, dass Laura mich wieder so anblickt, wie sie es früher getan hat.

* * *

Nachdem Laura ausgezogen war, weil sie das College beendet hatte, galt sie laut Gesetz nicht mehr als Familienangehörige, und ich durfte nicht mehr in dem Mitchell-Lama-Gebäude wohnen. Nicht, dass mir das viel ausgemacht hätte. Diese Wohnung war für mich ohnehin nie zu einem echten Zuhause geworden.

Ich zog wieder in die Lower East Side. Ich musste ganz hinaus bis zur Avenue B – früher ein undenkbarer Wohnort, vor allem für eine alleinstehende Frau –, um etwas zu finden, was ich mir leisten konnte. Es war nicht mehr ganz dasselbe, dort zu wohnen (»Es führt kein Weg zurück«, wie es so schön heißt) – eigentlich nicht einmal annähernd. Aber es war der einzige Ort, wo ich Spuren dessen finden konnte, was gewesen war und was vielleicht geworden wäre, wenn da nicht ein Regentag und ein paar heruntergefallene Ziegel gewesen wären.

Ich schaffte es noch immer nicht, mir meine Musik wieder anzuhören. Aber ich konnte es auch in der Stille nicht mehr aushalten. Ich begann, viel fernzusehen. Und ich machte lange, ausgedehnte Spaziergänge. Ich kam mir vor wie ein Geist, der die Gegend heimsuchte. Es war seltsam zu sehen, wie sehr sich in acht Jahren alles verändert hatte. An der Stelle des Mietshauses, in dem Anise und ich gewohnt hatten, stand nun ein Luxus-Wolkenkratzer, in dem eine Einzimmerwohnung mit unter fünfzig Quadratmeter bei viertausend Dollar pro Monat begann. Eine hohe silberne Kiste, in Dutzende kleinerer silberner Kisten aufgeteilt, eine so unpersönlich wie die andere. Lofts von der Größe dessen, das Anise und ich uns geteilt hatten, wurden nun für drei Millionen Dollar verkauft – etwas, das mir sogar noch jenseits allen Wahnsinns vorkam. Das Billig-Mietshaus, in dem Mr Mandelbaum gestorben war, war nun ein Highend-Boutique-Hotel, ein Hotel der »gehobenen Klasse«. Die Bar in seiner Lobby war nachts von jungen Mädchen bevölkert, die sehr schön waren und sehr teuer aussahen.

Aber es gibt immer noch Spuren des Orts, den ich von früher kannte. Ein gelegentliches STIRB-YUPPIE-ABSCHAUM!-

Graffiti an einer Ziegelmauer etwa. Oder Chicos *Loisaida*-Wandbild an der Avenue C. Durch diese Straßen zu laufen, die ich so gut kannte, das ist, als würdest du einem Mädchen aus deiner Schule nach zwanzig Jahren und jeder Menge plastischer Chirurgie beim Klassentreffen wieder begegnen. Sie sieht älter aus und trotzdem auch jünger. Wie sie selbst, aber auch wie eine andere Person als die, an die du dich erinnerst.

Eines Tages ging ich die Stanton Street hinunter, wo Laura und ich gewohnt hatten. Es regnete, und vielleicht war es das, was mich bewog, diese Richtung einzuschlagen. Wo unser Gebäude gestanden hatte, war nun eine Baustelle mit Betonblocks, Bauholzstapeln und Stahlträgern und einem reglosen Kran. Bunt gestreifte Transparente verkündeten, hier würden Luxus-Lofts entstehen.

Ich stand da im Regen und sah mir das Areal an, so wie ich damals nachts dagestanden und zugesehen hatte, wie unser Gebäude niedergerissen wurde. Ich konnte mich nicht mehr an den Namen von Mr Mandelbaums Katze erinnern, dieser Katze, die Laura so sehr geliebt hatte, dass sie für sie ihr Leben riskierte. Ich sage mir die ganze Zeit, dass ich zu jung bin, um so vergesslich zu sein, auch wenn ich schon eine erwachsene Tochter habe. Ich bin noch nicht einmal fünfzig. Aber mein Gedächtnis ist schrecklich lückenhaft geworden.

Dieser Tag war nicht so regnerisch, wie es damals gewesen war. Nach einem intensiven Schauer verschwanden die Wolken, und die Sonne brannte wieder herunter. Gerade als ich weitergehen wollte, bemerkte ich, dass sich bei einem der Zementblöcke etwas bewegte.

Es war ein Kätzchen. Ein winzig kleines Ding, wahrscheinlich nicht mehr als ein paar Wochen alt. Es kauerte hinter diesem Block, war völlig durchnässt und versuchte offenbar, sich zu verstecken. Im ersten Moment dachte ich, es sei wohl besser, die kleine Kreatur allein zu lassen. Aber dann – das war doch sicher eine Art Wunder, oder nicht? Dass ich ein Kätzchen fand – eines, das mich so sehr an die Katze der Mandelbaums erinnerte, an *dieser* Stelle, auf *diesem* Fleck? Sie hatte dieselben grünen Augen, dieselben schwarzen Tigerstreifen und kleinen weißen Socken an den Pfoten. Bestimmt war das eine zweite Chance für mich, nun zu retten, was ich vor all den Jahren für Laura nicht retten konnte.

Und musste ich nicht auch gerettet werden? Brauchte ich nicht auch jemanden, den ich lieben konnte? *Das ist Fügung, Schicksal,* flüsterte eine Stimme in meinem Kopf.

Ich kauerte nieder und streckte eine Hand aus. »Hey, Kitty«, flüsterte ich. »Hast du dich verlaufen?« Die Kleine zuckte erschreckt zurück. *Armes Tierchen,* dachte ich, und etwas in meiner Brust, das jahrelang hart und gefroren gewesen war, begann zu schmelzen. Ich streckte noch einmal die Hand nach ihr aus, doch sie zog sich zurück und rollte sich fest zusammen, eine Kugel misstrauischen Flaums, gerade jenseits der Reichweite meiner Finger. Wahrscheinlich, sagte ich mir, ist es klug von so einem jungen Ding, einem fremden Menschen mit Misstrauen zu begegnen. Bei diesem Gedanken dachte ich an Anises Katzen, die alle nach Songs der Beatles benannt gewesen waren, und ich musste lächeln. »Prudence?«, sagte ich. »Heißt du so?«

Das Kätzchen blickte mich aus riesigen, furchtsamen, grünen Augen an. Und dann, ohne darüber nachzudenken, begann ich zu singen. Zum ersten Mal seit vierzehn Jahren fand ich meine Stimme wieder. »*Dear Prudence*«, sang ich leise, »*won't you come out to play?*«

Zuerst blickte die Kleine verwirrt. Das überraschte mich nicht. Meine Stimme klang kratzig, und sie war tiefer als früher. Ich klang nicht einmal mehr wie ich. Aber beim Singen gewann meine Stimme an Stärke, und allmählich erkannte ich sie wieder. »*The sun is up, the sky is blue … it's beautiful, and so are you …*«

Schüchtern, vorsichtig, kroch das Kätzchen aus dem Schatten des Betonblocks hervor. Es schnupperte an meinen Fingern, schob sich langsam vor und ließ zu, dass ich es hochhob. Die Kleine war klatschnass, und ich steckte sie behutsam unter meine Jacke, an meine warme Brust. Vorsichtig drückte sie ein Pfötchen an meine Wange. Ich bemerkte, dass sie anscheinend eine kleine Zehe zu viel hatte.

»Gehen wir nach Hause, Prudence«, flüsterte ich. Das Kätzchen antwortete mit einer Reihe piepsender Miaus, als wolle sie mir ebenfalls singend antworten.

Eines Tages kam Laura zu mir mit der Nachricht, dass sie verlobt sei. Ich freute mich für sie, natürlich freute ich mich für sie, aber trotzdem dachte ich auch *Meine einzige Tochter ist mit einem Mann verlobt, den ich noch nicht einmal gesehen habe.* Laura erzählt mir so wenig von ihrem Leben. Aber ihre blauen, blauen Augen, die denen ihres Vaters so ähnlich sind, strahlten nur so vor Glück. Ich kenne meine Tochter gut genug, um zu wissen, wann sie glücklich ist. Und als sie mich einlud, mit ihr und ihrem Verlobten essen zu gehen, und ich ihn kennenlernte, sah ich auch, warum.

Danach begegnete ich Josh einmal vollkommen zufällig. Es war abends, vielleicht um elf oder so, bei einem meiner endlosen Spaziergänge. Ich kam an einem kleinen Club mit Live-Musik vorbei und ging spontan hinein. Es war ein Akustik-Trio, und sie spielten »Can't Find My Way Home« von Blind Faith.

Es gibt Momente, in denen ein Song dich auf eine gewisse Weise berührt. Du weißt, er ist bombastisch und gefühlvoll, aber selbst das zu wissen hält die Tränen nicht auf. Und plötzlich war ich so müde, eine bis in die Knochen reichende Erschöpfung, die ich in letzter Zeit mehr und mehr gespürt hatte. Ich setzte mich an die Bar; ich brauchte einen Augenblick, um mich zusammenzunehmen.

Und dann war plötzlich Josh neben mir. »Was für eine Überraschung!«, rief er und küsste mich auf die Wange. »Ich bin mit zwei Schreiberlingen von meiner Zeitschrift hier, wir hören uns diese Band an. Komm doch mit rüber, ich stelle dich vor. Ich bin sicher, ihr drei könntet euch stundenlang über Musik unterhalten.«

Josh war nur neun oder zehn Jahre jünger als ich. Trotzdem sah er aus, als würde er hierher gehören. Ich schaute mich um, sah all die jungen Gesichter und wurde mir plötzlich meines Alters bewusst – wie viel zu alt ich war für Lower-East-Side-Kneipen, wo junge Künstler auftraten in der Hoffnung, entdeckt zu werden. Eines Tages siehst du dich um und merkst, dass alle in New York jünger sind als du. »Oh«, sagte ich zu Josh. »Ist schon okay. Ich wollte nur schnell was trinken und dann nach Hause.«

»Dann trinke ich was mit dir.« Er setzte sich neben mich an die Bar und bestellte einen Maker's Mark on the rocks.

»Wie geht's deiner Familie?«, fragte ich, weil mir etwas Besseres nicht einfiel. »Ich freue mich darauf, sie kennenzulernen.«

»Gut«, antwortete er. »Meine Eltern wohnen noch immer draußen in Parsipanny, in dem Haus, in dem ich aufgewachsen bin. Mein Vater geht jetzt bald in Pension. Meine Schwester hat ein Haus in der Nähe, aber sie will in die Stadt ziehen, näher zu ihrer Arbeitsstelle.« Seine Miene wurde fast unmerklich härter. »Sie und ihr Mann haben sich getrennt, und er … tut nicht gerade viel für die Kinder. Sie zieht sie praktisch allein groß.« Dann seufzte er. »Na ja. Wahrscheinlich wachsen sie und die Kinder dadurch fester zusammen.«

»Ja«, sagte ich zaghaft. »Manchmal läuft es darauf hinaus.«

Hinter der Bar war ein Spiegel. Der Josh, der neben mir auf dem Barhocker saß, schaute hinein. Doch der Josh, der im Spiegel zu sehen war, blickte mich an. Ich senkte meinen Blick und rührte mit dem Strohhalm in meinem Drink herum.

»Hey«, sagte er. »Weißt du eigentlich schon, wie Laura und ich uns kennengelernt haben?«

»Nein.« Ich versuchte ein Lächeln. Versuchte, nicht an all die kleinen Wege zu denken, wie ich schon vor langer Zeit aufgehört hatte, an Lauras Privatleben teilzuhaben. »Ich glaube nicht.«

»Sie kam eines Tages in mein Büro. Ihre Firma vertritt meinen Verlag, und sie hatten irgendeine Besprechung. Jedenfalls, ich war auf dem Weg, um mich mit jemandem zu treffen, als ich diese tolle Frau vor dem Aufzug sah. Sie hatte diese unglaublichen *Augen,* weißt du? Und sie mühte sich mit zwei riesigen Aktentaschen ab.« Er lachte. »Ich meine, die sahen echt schwer aus. Vielleicht schwerer als sie selbst. Also ging ich ganz selbstverständlich zu ihr hin, um zu helfen, aber sie wollte das nicht. Und sie sagte nicht einfach nur *Nein danke, ich schaff es schon.* Sie wollte *wirklich* nicht, dass ich diese Taschen für sie trug. Ich merkte, dass sie verlegen war. Es war ihr ein echtes Anliegen, diese zwei schweren Taschen selbst zu schleppen.

Danach ging sie mir tagelang nicht mehr aus dem Kopf. Wieso kümmert sich jemand derart um so eine simple Sache? Es war nicht Dickköpfigkeit, das erkannte ich, aber etwas war da. Ich dachte die ganze Zeit darüber nach und versuchte, es herauszukriegen. Am Ende habe ich sie im Büro angerufen und gefragt, ob sie mit mir ausgeht.« Er nahm einen Schluck von seinem Drink.

»Später erzählte sie mir, sie sei auf dem Weg zu ihrer ersten Besprechung mit einem Klienten gewesen. Anscheinend ist es üblich, dass ein Mitarbeiter die Aktentaschen eines Partners trägt, wenn sie zu solchen Sitzungen gehen. Ich sagte zu ihr: *Aber dieser Typ, mit dem du da warst, der war ja ganz hinten im Konferenzraum. Er hätte nicht gesehen, wenn ich dir geholfen hätte.* Und sie sagte dauernd: *Aber es wird* erwartet, *dass der Mitarbeiter die Aktentaschen trägt. Das gehört zu seinem Job. Es wird* erwartet, *dass man das tut.* Und ich dachte, dass ich wahrscheinlich noch nie jemand kennengelernt habe, der sich so sehr darum kümmert, alles richtig zu machen, und zu tun, was *erwartet* wird – bis hin zu Kleinigkeiten.

Ich konnte das bei diesem ersten Mal, als ich sie sah, nicht wissen. Aber irgendwie *habe* ich es gewusst, weißt du? Manchmal schaust du jemandem ins Gesicht, und du weißt nicht, was genau du siehst, aber du weißt, es ist wichtig. Laura denkt, sie hat so ein Pokerface.« Er lachte wieder. »Ich weiß, wie viel Mühe sie sich gibt, um sicher zu sein, dass sie immer alles unter Kontrolle hat. Aber man merkt es, wenn ihr etwas wirklich am Herzen liegt. Das steht ihr dann deutlich ins Gesicht geschrieben.« Sein Blick im Spiegel traf den meinen. »Ich habe es gesehen, als sie dich beim Mittagessen ansah«, fuhr er fort. »Ich weiß nicht, vielleicht denkt ihr beide, dass ihr euch nicht so nahe seid, wie ihr es gern hättet. Laura spricht darüber nicht viel. Ich habe eine ältere Schwester. Ich weiß, dass es zwischen Mutter und Tochter manchmal schwierig ist. Meine Schwester liebt meine Mutter, und die beiden reden die ganze Zeit miteinander. Aber ich sehe in ihrem Gesicht nie, was ich in dem von Laura sah, als sie dich anblickte.«

Ich musste mich zur Seite drehen und räuspern, weil es mir peinlich war, vor Josh zu weinen. Er schwieg, als ich ein Taschentuch herausholte und mich schnäuzte. Dann lächelten seine Augen im Spiegel mir zu.

»Nehmen wir noch einen«, meinte er. »Dieses Mal möchte ich auf das Wohl meiner Schwiegermutter trinken.«

Letzte Woche hatte ich so starke Schmerzen in der Brust, dass ich in die Notaufnahme musste. Nach einer Serie von Untersuchungen kamen die Ärzte mit ihren Ergebnissen: Angina pectoris. Und Bluthochdruck. Wer hätte das gedacht? Sie sagen, das ist ungewöhnlich für eine Frau meines Alters, aber der verfrühte Herzinfarkt-Tod meines Vaters würde bedeuten, dass ich stärker gefährdet sei. Manchmal passiert so etwas eben. Ich muss jetzt alles Mögliche tun, um mit meinem Zustand zurechtzukommen. Sie sagen, wenn ich Diät halte, Sport treibe und medizinisch betreut werde, würde es keinen Grund geben, weshalb ich nicht ein normales Lebensalter erreichen sollte.

Dieses Gespräch, das ich mit Josh hatte, kommt mir immer wieder in den Sinn. Und irgendwie weiß ich, dass die Ärzte nicht recht haben. Ich habe nicht mehr viel Zeit auf dieser Welt. Damit meine ich nicht, dass ich mich krank fühle. Mir geht es die meiste Zeit gut. Aber es ist, wie Josh sagt: Manchmal weißt du etwas, wenn du es siehst.

Letzte Nacht sah ich in meinem Schrank einige der Sachen durch, die ich aus dem Speicher geholt hatte, nachdem Prudence mir meine Musik wiedergeschenkt hatte. Ich zog die alte »Love Saves the Day«-Tasche heraus, in der ich einige alte Zeitungen und Zeitschriften und ganz unten die zerbeulte Metallschatulle verstaut hatte, die ich im Schutt unseres alten Gebäudes gesucht und gefunden hatte. Ich tat mich schwer, sie aufzubekommen. Alte, kaputte Sachen geben ihre Geheimnisse nicht so leicht preis. Unter dem Krimskrams in diesem Kästchen war auch das rote Halsband, das Mr Mandelbaum an dem Morgen, als unser Gebäude abgerissen wurde, für Honey gekauft hatte. Ich legte es Prudence an und sagte ihr: »Morgen kaufen wir dir einen Anhänger mit dem Namen PRUDENCE darauf. Und vielleicht lassen wir uns von Sheila unten zusammen fotografieren. Würde dir das gefallen, meine Kleine?« Ich vergrub meine Finger in ihrem Nackenfell, und Prudence drückte ihren Kopf in meine Hand und schnurrte.

Heute weiß ich, was Laura schon an dem Tag wusste, als sie ihr Leben für Honey riskierte – dass Liebe Liebe ist, egal, ob sie auf zwei Beinen geht oder auf vieren. Eines Tages wird Prudence Laura lieben. Prudence wird sie an den Tagen lieben, wenn es scheint, dass niemand sonst sie liebt. Sie wird Laura zum Lachen bringen, wenn niemand sonst sie auch nur zu einem Lächeln verleiten kann. Prudence wird meine Liebe für Laura in ihr neues Zuhause und in ihr neues Leben tragen. Und sie wird auch meine Erinnerungen zu Laura zurückbringen – Erinnerungen an vierzehn Jahre voller Liebe und Musik und an ein Leben, das zu gut war, um vollkommen zerstört zu werden, selbst durch diesen einen schrecklichen Tag. Sie wird Laura helfen, ihren Weg zurück zu diesen Erinnerungen zu finden – Erinnerungen an uns alle, an Honey und die Mandelbaums, die sie auch liebten, und an Tage in einem staubigen

Plattenladen, als nichts auf der Welt von Bedeutung war außer einer Mutter und einer Tochter, die immer dann am glücklichsten waren, wenn sie zusammen waren. Sie wird Laura eine Liebe bringen, die nie starb, auch wenn sich ihre Gestalten veränderten.

Es *war* mir bestimmt, Prudence an jenem Tag zu finden. Ich weiß das jetzt, und es scheint mir, als hätte ich es immer gewusst.

Ich habe immer gewusst, dass ich sie letztlich für Laura gefunden habe.

14

Laura

Laura war in einer Zehn-Uhr-dreißig-Sitzung in Clayton Newells Büro, als sie der Anruf erreichte. Ein 250-seitiger Vertrag für einen ihrer besten Klienten war zu überprüfen, und dieser wollte bis zum Abend Mitteilung. Die Angelegenheit war so drängend, dass Clay sich persönlich eingeschaltet hatte.

Das Telefon auf Clays Schreibtisch summte, und seine Assistentin sagte über die Sprechanlage: »Ein Anruf für Ms. Dyen, Mr Newell.«

»Worum geht es?«, fragte Clay, bevor Laura etwas sagen konnte.

»Es ist ihr Mann«, antwortete Clays Assistentin. »Er sagt, es sei ein Notfall.«

»Ich habe mein Handy in meinem Büro gelassen«, erklärte Laura. Ihre Anspannung, die sich nach ihrem Streit mit Josh an diesem Morgen durch die gewohnte Routine in der Arbeit wieder gelöst hatte, stellte sich schlagartig wieder ein. »Wenn es nicht wirklich wichtig wäre, würde er diese Nummer nicht anrufen.«

Clay nickte. »Stellen Sie durch, Diane.« Laura dachte an den Tag, an dem sie den Anruf vom Büro ihrer Mutter bekommen hatte, das war erst sechs Monate her. Sie verließ die Sitzecke, in der sie mit Clay und Perry Platz genommen hatte, und durchquerte den Raum zu dem klingelnden Telefon auf Clays Schreibtisch. Ihre Hand zitterte, als sie abhob.

»Josh«, sagte sie. »Josh, was ist passiert?«

»Es ist Prudence.« Der Zorn von vor zwei Stunden war nicht mehr in seiner Stimme zu hören, stattdessen aber eine kontrollierte Panik. »Ich war spazieren, und als ich zurückkam, lag sie bewusstlos da. Wie es aussieht, hat sie überall in der Wohnung gebrochen.«

Laura, die nicht wusste, was zu hören sie erwartet hatte, aber zumindest nicht dies, brauchte einen Moment, um ihre Gedanken in Ordnung zu bringen. »Atmet sie?«

»Ich glaube schon«, antwortete Josh. »In welche Tierklinik soll ich sie bringen?«

»St. Mark's Vet, unten an der 9. Straße Ecke First Avenue«, erwiderte Laura sofort und versuchte, die Panik, die nun in ihr aufstieg, einzudämmen. »Dahin hat meine Mutter sie immer gebracht.«

»Das ist aber ziemlich weit. Sollte ich sie nicht irgendwo hier in der Nähe hinbringen?«

»Was, wenn sie Beschwerden hat, die sie kennen und wir nicht?« *Wie meine Mutter,* dachte sie. »Sag dem Taxifahrer, dass du den Preis verdoppelst, wenn er dich in einer Viertelstunde hinbringt. Oder verdreifachst, wenn er es in zehn Minuten schafft.«

»Laura, ich …«

»Fahr einfach los«, unterbrach sie ihn. »Jetzt sofort. Ich bin unterwegs dorthin.« Sie legte auf und blickte zu Clay und Perry, die dasaßen und sie aufmerksam beobachteten.

»Ist alles in Ordnung?«, fragte Perry.

»Meine …« Laura hielt inne; sie hörte in ihrem Kopf, was sie sagen wollte, und wusste sofort, wie es sich für Clay und selbst für Perry anhören würde. Aber sie straffte die Schultern und sagte es trotzdem: »Meine Katze ist krank.«

Zuerst schaute Clay mehr verblüfft als sonst irgendwie. »Was?«, fragte er.

»Meine Katze ist krank«, wiederholte Laura. »Sie ist bewusstlos und wird in die Tierklinik gebracht. Ich muss dorthin und mich um sie kümmern.«

Nach diesem Statement kam sie sich erst einmal albern vor. Nicht wegen dem, was sie gesagt hatte, oder weil sie sich sofort zur Tierklinik aufmachen wollte. Sie wusste einfach nicht, wie sie aus dem Zimmer kommen sollte. Hätte sie ein Kind gehabt und gesagt *Meine Tochter ist krank, sie ist bewusstlos,* sie hätte sofort gehen können. Niemand hätte etwas anderes von ihr erwartet. Aber dies war anders. Instinktiv wartete sie entweder auf eine Erlaubnis, wie es sich für eine gute Untergebene gehörte, oder auf die Konfrontation, die eine Erlaubnis irrelevant machen und sie vor die Tür hinaus befördern würde.

»Sie scherzen, nicht wahr?« Clay blickte zu Perry. Dann wandte er sich wieder Laura zu und fragte: »*Was* haben Sie gesagt?«

Laura hatte an diesem Morgen bereits mit ihrem Ehemann gestritten. Sie hatte sogar mit Prudence gestritten, die (ihr Herz zog sich vor Schuld und Angst zusammen) jetzt in die Klinik gebracht wurde. *Dann kann ich auch gleich alles bereinigen,* dachte sie grimmig. »Ich glaube, Sie haben mich richtig verstanden«, sagte sie zu Clay.

»Nein, das glaube ich nicht«, entgegnete dieser. »Denn das klang so, als würden Sie, eine Mitarbeiterin, von der Überprüfung eines Multimillionen-Dollar-Vertrags mit zwei Senior-Gesellschaftern zurücktreten, weil Ihre *Katze* krank ist.«

»Sehen Sie?« Laura sammelte ihre Unterlagen zusammen. »Ich wusste doch, dass Sie mich verstanden haben.«

Eine Sekunde lang starrte Clay sie mit offenem Mund an. Es war undenkbar, dass *irgendjemand* den Nerv hatte, so mit Clayton Newell in seinem Büro zu sprechen. Dann wurde sein Blick stählern. »Natürlich habe ich Sie verstanden.« Seine Stimme war frostig. Es gab keinen Mitarbeiter in der Firma, der nicht zitterte, wenn Clay so klang. »Ich hatte bloß nicht gedacht, dass Sie das ernst meinen.«

Laura dachte an all ihre langen Abende im Büro, die vielen Male, die sie zwölf, dreizehn, vierzehn Stunden gearbeitet hatte, während Josh allein zu Hause saß, weil Clay ihr ein Last-Minute-Projekt auf den Schreibtisch gelegt hatte mit der Forderung nach sofortiger Bearbeitung, obwohl sie beide wussten, dass er am nächsten Morgen erst Stunden nach dem Termin erscheinen würde, den er ihr gesetzt hatte.

»Clay«, sagte Laura und sah ihn an, »Sie wissen, wie sehr ich mich für diese Firma einsetze. Ich habe mir nicht einmal frei genommen, als meine Mutter starb.« Sie hörte ihre Worte in ihrem Kopf widerhallen. *Ich habe mir nicht frei genommen, als meine Mutter starb. Meine Mutter* starb, *und ich kam sofort wieder zur Arbeit. Als wäre nichts geschehen.* »Ich habe nie etwas wichtiger genommen. Das wissen Sie. In all den Jahren nicht, die ich nun hier bin. Aber dies ist etwas, das ich tun muss, und deshalb muss ich jetzt gehen.«

»Schleudern Sie mir nicht Ihr Engagement ins Gesicht, als wäre das ein besonderer Gefallen, den Sie uns erwiesen hätten!« Jetzt war Clay zornig. »Sie haben sich eingesetzt und hart gearbeitet, weil das der Preis dafür ist, in einer Firma wie dieser arbeiten zu können, und das *wissen* Sie!«

»Clay …«, versuchte sich Perry einzuschalten, doch Laura unterbrach ihn.

»Nein, Perry, er hat recht. Ich war eine Stunde nach der Beerdigung meiner Mutter zurück in diesem Büro. Ich wollte nicht, dass jemand dachte, ich könne mit dieser Situation nicht fertig werden.«

»Du hättest dir frei nehmen können, so lange du es gebraucht hättest«, protestierte Perry vorsichtig. »Wir hätten nichts dagegen gehabt. Ich hätte dir das gerne zugestanden. Du hättest einfach nur fragen müssen.«

»Ich weiß.« Laura atmete bebend ein. »Das weiß ich. Ich beschuldige ja niemanden. Aber ich bin trotzdem hierher zurückgekommen. Und ich kam auch hierher zurück, als mein Mann seinen Job verlor, obwohl mir klar war, dass jeder Einzelne von euch wusste, dass es passieren würde, und keiner mir etwas gesagt hat. Ich dachte, ich wüsste, wo meine Loyalität liegen sollte. Ich habe eine Wahl getroffen.« Sie dachte an den Tag, an dem Sarahs und ihr Apartment abgerissen worden war. *Du darfst das nicht!,* hatte sie geheult, als Sarah versuchte, sie zum

Weggehen zu bewegen. Sie dachte an Josh, der sie erst heute Morgen angeschrien hatte, weil sie nie ausgingen, nie genug Zeit zusammen hatten, wegen ihrer Arbeit. Sie war außer sich gewesen, hatte es nicht glauben können, dass Josh so unvernünftig sein und sich verhalten konnte, als habe sie in dieser Sache irgendeine Wahlmöglichkeit, irgendeinen Einfluss auf die Zahl der Stunden, die sie im Büro verbrachte.

Nur dass sie sehr wohl eine Wahl hatte. Immer gehabt hatte.

»Ich habe eine Wahl getroffen«, wiederholte sie. »Und ich treffe auch jetzt eine.« Sie schritt zur Tür.

»Gehen Sie nicht davon aus, dass Sie hier willkommen sind, falls Sie die Wahl treffen, morgen wiederzukommen«, hörte sie Clay hinter sich sagen. »Ich habe die Lebensläufe von mindestens hundert Leuten, die so gut sind wie Sie und dafür morden würden, Ihren Platz einzunehmen!«

»Clay«, sagte Perry ruhig. Immer die Stimme der Vernunft. »Sagen Sie nicht Dinge, die Sie nicht meinen.«

Laura hielt in der Tür inne, drehte sich aber nicht um. Was hatte sie denn erwartet, hier zu finden? Hatte sie gedacht, Perry sei ihr *Vater?* Perry hatte seine eigene Familie, eigene Kinder. Wenn sie Josh verlor, wenn sie nicht über die Dinge hinwegkamen, die sie heute Morgen zueinander gesagt hatten, und wenn sie diese Schwangerschaft verlor wie die letzte … Wenn dieses Büro tatsächlich alles war, was sie noch hatte, was würde sie dann letztlich haben? Ein bisschen Geld. Etwas dürftige Sicherheit, solange sie immer zur rechten Zeit *Ja* und *Nein* sagte und folgsam war, wie es sich gehörte. Spätabends übernächtigt heimstolperte in eine Wohnung und zu einem Telefon, welches das ganze Wochenende nicht einmal klingelte.

Sie dachte an den Tag, an dem sie das offizielle Angebot von Neuman Daines bekommen hatte. Wie stolz sie gewesen war! Sie hatte Sarah angerufen, um es ihr zu sagen, aber nicht so, wie eine Tochter die Mutter anruft, um sie am Glanz ihrer Leistungen teilhaben zu lassen. Sondern einfach nur sachlich. *Da werde ich arbeiten. Da kannst du mich erreichen, falls du mich brauchst.* Bloß dass Sarah sie tatsächlich gebraucht *hätte.* Und sie hätte Sarah gebraucht. Es war keine Irritation wegen Telefonnummern gewesen, was sie voneinander ferngehalten hatte.

»Sie war die Katze meiner Mutter, Clay.« Laura argumentierte jetzt nicht mehr. »Sie ist alles, was ich von meiner Mutter noch habe.«

Sie wartete nicht darauf, ob Clay oder Perry etwas erwiderten, sondern verließ den Raum.

Im Fond des Taxis, das die regennasse Park Avenue hinunterjagte, presste Laura den rechten Fuß ungeduldig auf den Boden, als sei darunter ein imaginäres Gaspedal, mit dem sie den Wagen noch beschleunigen könne. Als es hinter einem anderen Taxi, das abbog, langsamer wurde, lehnte sie sich nach vorne und sagte verzweifelt zu dem Fahrer: »Fahren Sie um ihn herum, fahren Sie *herum!*« Irgendwie wusste sie, dass es ihre Schuld war. Sie hatte Prudence erst heute Morgen angeschrien. *Warum kannst du mich nicht einfach in Ruhe lassen?* Lauras Magen zog sich qualvoll zusammen, und sie presste ihre vom Regen kühle Hand an die Stirn. Wenn das ihre Schuld *war,* wenn *sie* das Prudence irgendwie zugefügt hatte, dann konnte sie es sicher wiedergutmachen, was immer es war, wenn sie nur schnell genug in die Klinik kam.

Wann war es passiert – wie lange war es her, dass sich Prudence fast unbemerkt in ihr Herz eingeschlichen hatte, dorthin, wo einst Honeys Platz gewesen war, an einen Ort, den sie so viele Jahre lang resolut verschlossen gehalten hatte? Prudence mit ihren schwarzen Tigerstreifen und den niedlichen weißen Pfoten. Prudence, die geduldig vor dem Badezimmer wartete, wenn ihr morgens übel war, ihr dann auf den Fersen folgte und erwartungsvolle Kreise zog, während sie ihr das Fressen herrichtete. Prudence, die Nacht für Nacht mit ihr auf war, wohlig neben ihr auf der Couch schnurrte, ihr einziger Trost – und der einzige Grund, weshalb sie schließlich einschlafen konnte – an so vielen Abenden in den letzten Monaten. Laura dachte an

Prudences gebieterisches, gutturales Miauen, wenn sie ein Häppchen Thunfisch oder Käse verlangte. Warum hatte sie ihr solche Leckereien nicht vom ersten Tag an gegeben, den sie bei ihnen war? Warum hatte sie erst gebeten werden müssen? Sie hatte doch gewusst, was Katzen lieben, was sie glücklich macht. Und sie hatte auch gewusst, wie es war, Sarah zu verlieren.

Das Taxi passierte die grüne Markise eines Mietshauses, unter der eine Frau die Hand eines pummeligen Babys in Windeln hielt, das gerade begann, auf krummen Beinchen laufen zu lernen. Laura dachte daran, wie Prudence als Babykätzchen in der Küche ihrer Mutter herumgetapst war, wie sie mit flauschigen, unsteten Beinchen aufstand, um einen Leckerbissen aus Sarahs ausgestreckter Hand zu ergattern. Nun fuhren sie die Second Avenue hinunter, an Baby Bo's Cantina vorbei. Sarah hatte die Quesadillas dort geliebt. Sie waren für sie ein Sonntagsritual gewesen, ebenso wie die gebackenen Kochbananen, die Laura so gern gemocht hatte. Sarah wusste das natürlich und hatte sie deshalb immer bestellt, wenn Laura sie besuchen kam. Laura hatte bemerkt, wann Sarah aufhörte, die Quesadillas mit nach Hause zu nehmen und die saure Sahne und zerteilte Hühnerbrust mit Prudence zu teilen. Aber sie hatte nicht daran gedacht zu fragen, weshalb.

Ein Müllwagen bog ein und kam vor ihnen zum Halten. Der Taxifahrer musste heftig bremsen, und Laura – die sich noch immer nach vorne lehnte – stieß an die Plexiglasscheibe, die den Fond des Wagens vom vorderen Teil trennte. Sie rieb sich die Stirn und wollte den Mann schon wieder anflehen, doch zu überholen, doch er schaute bereits über die linke Schulter und fädelte sich in die nächste Spur ein. Danach kamen sie besser vorwärts, bewegten sich im Rhythmus der Ampeln und schafften einige gerade noch in letzter Sekunde bei Gelb. Auf der rechten Seite flog die St. Mark's Church vorbei, in die sie und Sarah jede Silvesternacht gegangen waren, um Dichterlesungen zu hören. An der Ecke Second Avenue und 9. Straße kamen sie an Veselka vorbei, dort waren sie und Sarah manchmal hingegangen – im Sommer, um Borscht zu essen, und im Winter bestellten sie Pilz-Gersten-Suppe. Das Restaurant und die Kirche gab es noch, aber Laura würde nie mehr mit ihrer Mutter zu den beiden Orten gehen.

Mit einem Verlust, erkannte Laura, gingen viele weitere einher. Plötzlich sehnte sie sich so verzweifelt nach ihrer Mutter, dass sie kaum mehr Luft bekam. Sie wollte die Arme ihrer Mutter um sich spüren, sie wollte ihr Gesicht in die anmutige Beuge zwischen Sarahs Hals und Schulter drücken und den beruhigenden Duft ihres Haars einatmen. Und am meisten wünschte sie sich, ihre Mutter singen zu hören. Sie hatte Sarah sechzehn Jahre lang nicht singen gehört, seit jenem Tag im Juni nicht mehr, als Laura erst vierzehn gewesen war. Aber sie würde ihre Mutter nie mehr singen hören. Zum ersten Mal, seit Sarah gestorben war, begriff Laura wirklich – *spürte* es bis in die Magengrube – die schreckliche Endgültigkeit des Wortes *nie.* Sie würde Sarahs Stimme nie mehr wieder hören. Sie würde nie mehr Trost von ihrer Mutter bekommen. Sie hatte diesen Verlust nicht so tief empfunden, weil sie Prudence gehabt hatte, ein lebendiger Teil ihrer Mutter, der noch immer da war. Und nun wusste sie nicht, ob Prudence diesen Tag überleben würde.

Monatelang war Laura nicht in der Lage gewesen, den Tod ihrer Mutter zu beweinen. Einen schrecklichen Moment lang fühlte sie sich am Rande eines totalen Zusammenbruchs, hier auf dem Rücksitz dieses Taxis. Sie beugte sich vor und steckte den Kopf zwischen die Knie in dem Versuch, sich zur Beherrschung zu zwingen.

Das Taxi kam mit auf dem nassen Asphalt quietschenden Reifen zum Stehen. »Zwölf Dollar, Miss«, sagte der Fahrer. Laura gab ihm zwanzig und murmelte hastig: »Behalten Sie den Rest.« Dann zog sie ihr Jackett über den Kopf, um die Haare vor dem Regen zu schützen, und lief die kurze Metalltreppe zum Souterrain-Eingang der Tierklinik hinunter.

* * *

Das Wartezimmer war nicht groß. Helle Holzböden und versenkte Leuchten schufen eine Atmosphäre, die wahrscheinlich durchaus angenehm gewesen wäre. Doch an einem grauen Regentag wie diesem schienen sogar die eingeschalteten Lampen die Düsternis eher zu steigern als sie zu vertreiben.

Während Laura den Regen von ihrem Jackett abschüttelte, entdeckte sie Josh, der in dem kleinen Raum auf und ab ging. Am Morgen war er ihr wie ein Fremder vorgekommen. Es war ganz genau wie an jenem Tag gewesen, als ihre Mutter sie mit dem Blick einer Fremden angesehen und ihr ins Gesicht geschlagen hatte. Schlimmer als die Zerstörung ihres Zuhauses mit anzusehen, schlimmer sogar als Honey und Mr Mandelbaum zu verlieren, war es gewesen, einen Menschen mit dem Gesicht ihrer Mutter zu sehen, den sie nicht kannte. Nach dem, was sie und Josh einander gesagt hatten, war es ihr unmöglich vorgekommen, dass sie je wieder freundlich, gar liebevoll, miteinander würden reden können.

Doch Laura bemerkte sofort, dass all das beiseitegeschoben war, zumindest für den Moment. Josh war so angespannt wie sie, er hatte gerötete Augen. »Josh«, stieß sie hervor, ging rasch zu ihm und legte, ohne nachzudenken, eine Hand auf seinen Arm. Sie spürte seine Körperwärme unter dem Hemd. »Josh, was ist passiert?«

»Es waren die Lilien«, sagte er, und Laura brach fast das Herz, als sie seinen verhärmten Blick bemerkte.

»Was für Lilien? Was ist *passiert?*«

Josh sank auf eine der Bänke, Holzbänke, die an fröhliche Aktivitäten im Freien denken ließen, zu denen die Leute ihre Hunde mitbrachten, mit geflochtenen Körben, in denen sich Zeitschriften für Hunde- und Katzenliebhaber befanden. »Ich ging wegen unseres Hochzeitstags zu dem Floristen, bei dem wir dein Bouquet bestellt hatten. Ich ließ das gleiche noch einmal machen. Es sollte heute Morgen kommen, noch bevor du zur Arbeit gingst.« Er lachte freudlos. »Heute Morgen ist nichts so gelaufen, wie ich es geplant hatte.«

Laura spürte die Tränen aufsteigen. »Oh, Josh«, murmelte sie und sank neben ihn.

»Prudence hat einige der Lilien gefressen.« Josh schien mit der Anschlagtafel mit Zetteln über entlaufene Hunde und zur Adoption ausgeschriebene Katzen zu sprechen, die auf der anderen Seite des Raums an der Wand hing; er konnte oder wollte sie nicht ansehen.

»Okay«, meinte Laura verwirrt. »Katzen fressen manchmal Pflanzen.«

»Ja«, sagte Josh. »Aber Lilien sind für Katzen *giftig.* Sie enthalten etwas, das ihre Nierenfunktion blockiert.«

»Aber sie wird wieder gesund, ja?« Laura wollte Josh dazu bringen, sie anzusehen, doch sein Blick blieb auf die Wand fixiert. »Du hast Prudence schnell hierhergebracht, und sie schaffen es … sie wieder gesund zu machen, nicht wahr?«

Josh bedeckte das Gesicht mit den Händen. »Ich weiß es nicht. Sie behandeln sie noch immer. Bisher konnte mir noch niemand etwas sagen.« Er stand auf und begann, im Zimmer auf und ab zu gehen. Als er sich endlich Laura zuwandte, war sein Blick voller Empörung. »Warum *sagt* einem niemand so etwas? Es sollte ein … ich weiß nicht, eine *Anleitung* oder einen Zettel mit einer Warnung geben, der mit jeder Katze mitgeschickt wird, mit dem Bild einer Lilie in einem dieser großen roten durchgestrichenen Kreise. Ich wusste das nicht!« Seine Stimme war rau. »Ich hatte keine Ahnung. Ich hätte diese Blumen niemals ins Haus gelassen, wenn … wenn ich …«

»Das konntest du nicht wissen, Josh«, sagte Laura leise. »Ich hatte schon als Kind eine Katze und wusste es auch nicht. Du hast das Richtige getan. Du hast sie hierhergebracht, und das ist das Beste, was du für sie tun konntest.«

Josh nickte, doch er wirkte nicht überzeugt. Er setzte sich wieder zu ihr.

Die Minuten verstrichen, angezeigt von einer übergroßen Uhr über der Rezeption, bis Laura von dem ewigen Ticktack-Ticktack so genervt war, dass sie glaubte, gleich schreien und das Nächste, was ihr in die Finger kam, danach schleudern zu müssen. Zweimal ging sie an die Rezeption und fragte halblaut, ob es schon eine Nachricht über Prudence Broder gebe? Beim ersten Mal drückte die dunkelhaarige Frau – sie trug einen blauen Arztkittel und hatte einen Nasenring – ihr die Hand und sagte: »Es hat mir wirklich leidgetan, das von Ihrer Mutter zu hören.« Laura konnte nur nicken und ihre Hand für einen Moment in der der Rezeptionistin liegen lassen. Als sie zu ihrem Platz zurückging, trat ein schwarzhäutiger Mann in einem weißen Leinenhemd ein. Auf seiner Schulter saß ein grüner Papagei. »*Hallo, ich heiße Oliver. Hallo, ich heiße Oliver*«, krächzte der Vogel. »Hallo Oliver«, begrüßte die Rezeptionistin ihn fröhlich, und die drei – Mann, Frau und Vogel – verschwanden durch eine Schwingtür in einem Untersuchungszimmer. Die Rezeptionistin kam gerade rechtzeitig zurück, um eine dicke Frau mit einem winzigen Hündchen ungewisser Rasse zu begrüßen, das einen pinkfarbenen Pullover trug und an einer mit Glitzersteinen besetzten Leine lief. »Dr. Luk wartet auf Sie und Pancake in Untersuchungsraum drei«, erklärte die Rezeptionistin der Frau. »Sie können gleich nach hinten durchgehen.«

Laura ging noch einmal zur Rezeption. Ob man jetzt schon etwas sagen könne? Ob es irgendeine Nachricht betreffs Prudence gebe? »Sie wird eben von Dr. DeMeola behandelt.« Die Frau klang so mitfühlend, dass Lauras Herz ins Schlingern geriet, weil sie glaubte, dass die Nachricht nur schlecht sein könne. »Sie kommt so bald sie kann, um Ihnen das Neueste mitzuteilen.« Laura nickte wieder und kehrte an Joshs Seite zurück. Sie versuchte, eine Zeitschrift aus einem der Körbe durchzublättern, doch eine Hochglanzseite nach der anderen mit glücklichen, gesunden Katzen anderer Leute konnte ihr auch nicht helfen, den Knoten in ihrem Bauch loszuwerden. Sie gab auf und steckte das Blatt wieder in den Korb.

»Du hast mir nie erzählt, dass du als Kind eine Katze hattest«, sagte Josh plötzlich.

»Na ja, es war die der Leute, die über uns wohnten.« Laura

lächelte fahl. »Aber wir mochten uns. Sie … starb. Als ich vierzehn war.«

Josh hatte die langen Beine vor sich ausgestreckt, und Laura betrachtete seine Jeans. Eines Sonntagnachmittags waren sie nach Hause gekommen und hatten Prudence gefunden, wie sie selig darauf schlief, so wie Josh die Hose auf das Bett geworfen hatte, und er hatte es nicht übers Herz gebracht, sie zu verjagen. Ein paar Fäden waren gezogen; offenbar hatten hier Prudences Klauen »zugeschlagen«. »Ich hatte als Kind auch mal eine Katze«, sagte Josh nach einer Pause. »Für ungefähr fünf Minuten.«

»Wovon redest du?«

»Ich war fünfzehn. Ich hatte meinen ersten Schülerjob in einem Restaurant bei uns in der Nähe, aber noch keinen Führerschein. Also hat mein Dad mich am Ende meiner Schicht abgeholt. Eines Abends fanden wir diese Katze, sie saß mitten auf der Straße. War von einem Auto angefahren worden. Sie schüttelte nur leicht den Kopf, weißt du? Die Leute hupten und hupten, aber sie rührte sich nicht von der Stelle. Ich stieg aus und wickelte sie in die Decke, die wir immer im Kofferraum hatten. Mein Vater fuhr zur nächsten Notaufnahme für Tiere, so schnell er konnte.«

Josh lehnte den Kopf zurück an die Wand. »Ich weiß noch, wie ich diese Katze hielt, ihre Augen waren offen, und sie starrte mich an und keuchte so schwer. Sie muss einen Schock gehabt haben. Und die ganze Zeit, während mein Vater fuhr, dachte ich *Stirb nicht. Stirb nicht. Stirb nicht.* Der Veterinär in der Klinik meinte, er könne sie retten, aber es würde eine Menge Geld kosten, und sie werde viel Aufmerksamkeit brauchen, so lange sie sich erhole. Mein Dad erklärte, dass das nicht unsere Katze sei und dass wir sie wegen unseres Hundes auch nicht mit nach Hause nehmen könnten. Da sagte der Tierarzt, dann sei es wohl das Beste, das Tier einzuschläfern, damit würde es wenigstens nicht mehr leiden.«

Josh verstummte. Laura wusste nicht, ob das Mitleid, das ihr die Kehle zuschnürte, der Katze in der Geschichte oder dem

Jungen galt, der Josh einmal gewesen war – der Junge, der nun ein Mann war und noch immer nicht verstand, warum es so etwas wie Leiden auf der Welt geben musste.

»Aber ich dachte *Nein.* Ich dachte, wenn ich nach Hause fahren und meine Freunde fragen könnte, einer würde diese Katze bestimmt nehmen. Ich hatte eine Freundin, Cindy, die Katzen hatte, und ich dachte, vielleicht sind ihre Eltern einverstanden, diese mit aufzunehmen. Mein Vater wollte sie sofort einschläfern lassen, aber ich überredete ihn, sie mit nach Hause zu nehmen und es mich versuchen zu lassen. Ich dachte, ich müsste es zumindest *versuchen.*

Aber natürlich fand ich niemanden«, fuhr Josh fort, »der die finanzielle Belastung für eine Katze auf sich nehmen wollte, die man nicht kannte und die womöglich auch noch eine lange Zeit speziell betreut werden musste. Ich rief alle an, die mir einfielen, aber sie sagten alle Nein. Wahrscheinlich war es dumm von mir zu denken, dass jemand sie nehmen würde. Ich war erst fünfzehn, was wusste ich damals schon? Mein Dad rief den Tierarzt an und sagte, sie sollten sie einschläfern. Aber dazu musste er erst kommen und etwas unterschreiben. Und mein Dad, der den ganzen Tag gearbeitet hatte, war so wütend. Es war fast Mitternacht, und er musste den ganzen Weg zur Tierklinik wieder zurückfahren. Ich telefonierte in meinem Zimmer mit Cindy, und mein Vater kam herein und schrie mich an wegen all der Umstände, die ich ihm bereitete, und er sagte mir, wie egoistisch ich gewesen sei.

Cindy hörte ihn schreien. Ich glaube, ich hatte mich nie schlechter gefühlt. Die Katze würde sterben. Ich hatte meinem Vater all den zusätzliche Stress gemacht, und er brüllte mich an. Und meine Freundin konnte ihn brüllen hören. Du weißt ja, wenn du Teenager bist, ist es das Peinlichste auf der Welt, wenn deine Eltern dich anschreien und deine Freunde bekommen es mit.« Laura, die von Sarah nur ein einziges Mal angeschrien worden war, und nie vor ihren Freunden, nickte trotzdem. »Als er ging, sagte Cindy, *Hör mir zu, Josh. Hör mir zu.*

Du bist ein guter Mensch. Du bist ein guter *Mensch, Josh, und du hast etwas Gutes getan. Hör nicht auf das, was dein Vater sagt.*« Er schüttelte den Kopf. »Ich glaube, ich war nie so nahe dran, meinen Vater zu hassen, wie damals.«

»Das kann ich verstehen«, sagte Laura leise.

Josh sah zu ihr auf. »Meine Eltern hatten zu dieser Zeit Geldprobleme, auch wenn sie uns das damals nicht sagten. Deshalb hat er so viel gearbeitet, deshalb war er abends immer so müde. Er sorgte sich um mich, damit ich mir den Luxus leisten konnte, mich um eine streunende Katze sorgen zu können.« Er blickte Laura in die Augen. »Ich kann es verstehen, wenn du vielleicht denkst, dass ich dasselbe auch jetzt mache – dass ich dich für das Geld sorgen lasse, damit ich mich um andere Dinge kümmern kann. Das tue ich *nicht,* aber ich verstehe, wenn es für dich womöglich so aussieht.«

Laura schwieg einen Augenblick. Dann sagte sie: »Diese Geschichte hast du mir nie erzählt.«

»Nein«, stimmte Josh ihr zu. »Vermutlich neige ich dazu, dir nur die guten zu erzählen.«

Er zupfte an den Falten seines Pullovers, und dabei bemerkte Laura das Funkeln seines Eherings. »Es gibt viele Geschichten, die du *mir* nicht erzählt hast«, sagte er. »Ich würde sie gern hören.«

Ihre Brust und ihre Kehle waren so schwer von Tränen, die nicht herauskommen wollten, dass sie kaum sprechen konnte. Sie blickte auf ihre Hände. »Und wenn meine Geschichten auch keine guten sind?«, flüsterte sie.

Er lachte. Ein Lachen, das in der feuchten Luft des Wartezimmers irgendwie fehl am Platz war. »Was meinst du, dass ich geheiratet habe, um für den Rest meines Lebens *interessante* Geschichten zu hören?« Laura blickte ihn an und bemerkte, dass er sie anlächelte.

Josh rutschte näher zu ihr, er umarmte sie und zog sie an seine Brust. Sie legte den Kopf an seine Schulter und roch die vertrauten Gerüche seines Aftershaves und ihres Zuhauses. »Sie wird schon wieder, Laura«, murmelte er. Sie wusste nicht, ob er versuchte, sie oder sich selbst zu überzeugen. »Prudence ist zäher, als wir glauben. Wir nehmen sie mit nach Hause, und sie wird gleich wieder Sachen auf den Boden schmeißen und uns herumkommandieren.« Laura versuchte zu lachen, aber es klang etwas erstickt. Sie spürte, wie Josh über ihre Haare strich. »Wir lieben sie zu sehr, als dass ihr etwas Schlimmes passieren könnte.«

»Das spielt nicht immer eine Rolle.« Lauras Stimme war noch immer belegt. »Manchmal reicht Liebe nicht aus.«

»Aber dies ist nicht eines dieser Male.« Er küsste sie auf den Kopf. »Du wirst sehen«, flüsterte er.

Die Tür hinter dem Rezeptionsschalter öffnete sich, und eine junge Frau im weißen Kittel und mit braunen Locken erschien. »Mr und Mrs Broder?«

»Ja«, sagte Laura und stand rasch auf.

Josh folgte ihrem Beispiel. »Wie geht es Prudence? Wird sie wieder gesund?«

»Wir haben für sie getan, was wir tun können. Wir mussten dafür sorgen, dass sie alles erbrach.« Auf Lauras bestürzte Blicke hin fuhr die Ärztin freundlich fort: »Das ist für dic Katze wirklich unangenehm, aber es war unumgänglich. Wir wollen verhindern, dass die Toxine der Lilien in ihren Organismus gelangen und ihre Nieren erreichen. Wir haben sie jetzt an einem Tropf hängen, um alles auszuspülen und ihre Nieren zu unterstützen. Dazu kommt noch ein zweiter mit medizinischer Aktivkohle als Schutzschicht für die Gedärme, damit nicht noch weitere Toxine absorbiert werden. Wir haben ihr auch etwas Blut abgenommen, aber die Ergebnisse der Untersuchung bekommen wir erst morgen.« Sie machte eine Pause, und auf ihrer Stirn erschien eine kleine Falte. »Prudence ist im Moment bewusstlos, und das ist ungewöhnlich. Wir wissen nicht genau, warum. Ich würde mich, was ihre Chancen anbelangt, um vieles besser fühlen, wenn sie wach wäre.« Sie zögerte. »Normalerweise behalten wir sie bei Lilien und Nierenproblemen gern wenigstens drei Tage hier. Wir würden auch gerne einige zusätzliche Tests durchführen, und das kann ein bisschen teuer werden. Falls Geld eine Rolle spielt …«

»Geld spielt überhaupt keine Rolle«, sagte Laura sofort. »Machen Sie mit ihr, was immer Sie müssen. Können wir sie sehen?«

»Eigentlich lassen wir nur ungern jemanden in den technischen Bereich.« Die Tierärztin fixierte Laura und Josh direkt, und Laura wusste, dass ihre Miene all ihre Angst verriet. »Und mir wäre wirklich wohler, wenn Prudence wach wäre. Ihre lebenswichtigen Organe sind stärker angeschlagen, als sie es allein von der Toxizität der Lilien sein sollten. Ich denke, es wäre okay, wenn einer von Ihnen mit nach hinten käme. Manchmal können ihre Moms mehr für sie tun als wir.« Sie berührte den Ärmel von Lauras Jackett und fügte hinzu: »Es hat uns allen so leidgetan, vom Tod Ihrer Mutter zu erfahren, Mrs Broder. Sarah war so ein guter Mensch. Alle haben sie wirklich gemocht.«

»Danke«, murmelte Laura. Sie drückte Joshs Arm noch einmal und folgte Dr. DeMeola durch die Schwingtür und eine schmale Treppe hinauf, die in einen großen, weißen Raum mit vielen Käfigbettchen führte. In einem davon lag Prudence, still wie der Tod. Laura konnte das Auf und Ab ihres Unterleibs beim Atmen kaum wahrnehmen. Ihre Vorderpfoten waren rasiert worden, um Infusionen und Schläuche anzuschließen; das ansonsten unter ihren weißen Socken verborgene Fleisch sah rosafarben und sehr verletzlich aus. Laura wusste nicht mehr, wann sie Prudence zum letzten Mal ohne ihr rotes Halsband gesehen hatte. Jetzt wirkte das Fell an ihrem Hals geradezu nackt.

»Ich lasse Sie ein paar Minuten mit ihr allein«, sagte Dr. DeMeola. Sie öffnete die Tür zu Prudences Käfig und verließ geräuschlos den Raum.

Laura kauerte nieder, um Prudence näher zu sein. »Hi Prudence«, sagte sie leise. »Hallo, mein süßes Mädchen.« Tränen stiegen ihr in die Augen, als sie sah, wie still und stumm Prudence blieb. »Die Ärztin sagt, in ein paar Tagen geht es dir wieder gut, und dann kannst du wieder nach Hause. Aber uns allen ginge es besser, wenn du aufwachen und mal Hallo zu uns sagen würdest.« Sie wartete auf ein Zeichen, dass Prudence sie hören konnte, ein winziges Miau, eine zuckende Pfote, irgendetwas. Doch Prudence blieb vollkommen still.

Laura brachte ihr Gesicht an Prudences Nacken. »Es tut mir leid, Prudence«, flüsterte sie in das Fell hinein. »Es tut mir so leid, dass ich dich heute Morgen angeschrien habe. Ich will nicht wirklich, dass du mich in Ruhe lässt.« Laura streichelte ihr den Rücken und kämmte mit den Fingern durch Prudences Fell, so wie sie es mochte. »Ich würde es nicht aushalten, wenn du mich verließest. Bitte, Prudence. Kannst du nicht mal versuchen, deine Augen für mich zu öffnen? Nur ein bisschen? Josh und ich lieben dich so sehr. Bitte verlass uns nicht, Prudence. Du weißt nicht, wie viel du von mir mitnehmen würdest, wenn du das tätest.«

Laura blickte auf Prudences reglose, stille Gestalt und dachte an ihre Mutter, daran, wie Prudence es sich in Sarahs Armen gemütlich gemacht und ihr die Liebe geschenkt hatte, die Laura immer in sich gespürt hatte, sogar nachdem sie die Worte verloren hatte, um es ihrer Mutter zu sagen. Sie hatte die Mauer aus Worten, die Sarah zwischen ihnen aufgerichtet hatte, immer überwinden wollen, sie hatte verzweifelt etwas *Echtes* sagen wollen. Aber alles, was sie ihrer Mutter mitzuteilen versuchte, kam am Ende falsch heraus. Warum konnten Dinge wie Liebe und Vertrauen mit einer Katze so unverblümt sein? War das so, weil eine Katze dich deines besseren Selbsts wegen lieben konnte, wegen des Selbsts, das du sein wolltest und deines Wissens nach auch sein konntest, wenn nur die endlosen Komplikationen menschlicher Beziehungen es nicht verhinderten?

Ihre Moms, hatte die Veterinärin gesagt. War sie eine »Mom« – konnte sie dem Baby, das sie in sich trug, eine Mom sein? Denn nun wurde ihr klar, dass sie dieses Kind wollte, selbst wenn sie, auch das erkannte sie nun, jetzt nur schwanger war, weil sie vor ein paar Monaten zwei oder drei Mal morgens vergessen hatte, die Pille zu nehmen. Sie hatte die Mandelbaums verloren, und Honey, und ihre Mutter. Laura konnte es nicht ertragen, noch etwas – jemanden – zu verlieren, das sie liebte.

Es war Sarah, die eine Mutter sowohl für sie wie auch für Prudence gewesen war, die eine Großmutter für dieses noch ungeborene Kind geworden wäre. Es war Sarah, die eigentlich nun hier sein sollte, für sie alle. Es war nicht fair … es war absolut nicht fair …

Bei allem in Lauras jungem Leben und bei allem, was speziell zwischen ihr und ihrer Mutter falsch gelaufen war – was sie in ihrer kleinen Welt am meisten getröstet hatte, war gewesen, wenn ihre Mutter gesungen hatte. Sie streichelte Prudences Köpfchen, und plötzlich hörte sie aus ihrer Kehle die Stimme ihrer Mutter. »*Dear Prudence*«, sang sie. »*Open up your eyes …*« Laura hörte auf, denn noch mehr Tränen drohten ihr die Kehle zuzuschnüren. Sie stellte sich vor, dass ihre Mutter neben ihr stand, ihre Hand hielt und sie im Duett sangen, so wie sie in dem Musikstudio zusammen gesungen hatten, als Laura noch ein Kind gewesen war. Laura sang, und sie hätte schwören können, die Stimme ihrer Mutter zu hören, die mit ihr hier in diesem Raum sang. »*The wind is low, the birds will sing … that you are part of everything …*« Dann beugte sie sich vor und küsste Prudence auf die Stirn, wo ihre Tigerstreifen ein kleines »M« formten. »Liebe, liebe Prudence«, flüsterte sie. »Willst du nicht die Augen öffnen?« Ihre Stimme war jetzt wieder ganz ihre eigene. Verzweifelt presste sie die Lippen an Prudences Ohr und flüsterte: »Komm schon, mein kleines Mädchen. Meine kleine Liebe. Öffne deine Augen für mich.«

Und Prudence kam ihrer Bitte nach.

15

Prudence

Neben dem Wohnzimmerfenster mit der Feuertreppe davor steht eine hohe grüne Pflanze. Das hereinfallende Sonnenlicht ist heute heller als sonst, so grell, dass ich die Augen zusammenkneifen muss. Aber deshalb macht das Spiel nicht weniger Spaß. Es ist das Lieblingsspiel von Sarah und mir.

Sarah geht vom Schlafzimmer in die Küche. Gleich kommt sie an meinem Versteck in der Pflanze vorbei, und als ich mich tiefer ducke und die Blätter deshalb rascheln, dreht sie den Kopf. Es ist eine so kleine Bewegung, dass nur eine Katze sie bemerkt. Ich weiß, dass sie weiß, dass ich hier bin, aber sie geht weiter.

Gerade als sie an der Pflanze vorbeigeht, springe ich heraus und stürze mich auf ihre Knöchel. Sarah tut, als sei sie sehr überrascht. Sie denkt, ich wüsste nicht, dass sie wusste, dass ich springen würde, aber das So-tun-als-ob ist es ja, warum uns beiden dieses Spiel solchen Spaß macht. Jetzt umfassen meine Pranken ihren rechten Knöchel, meine Zähne sitzen auf der Haut ihrer Ferse auf (aber ich beiße natürlich nicht *wirklich* zu). »Oh nein!«, jammert sie. »Der tödliche Angriff der Killer-Katze!« Nun umklammere ich ihren linken Knöchel. Aber Sarah wusste, dass ich das tun würde, denn sie beugt sich bereits auf die linke Seite, um mich in ihre Arme zu nehmen. »Wer ist die wilde, gefährliche Katze?«, sagt sie mit der Stimme, die sie nur benutzt, wenn sie mit mir spricht. »Wer ist mein tapferer kleiner Jäger?« Sie bringt mein Gesicht näher zu sich, und ich presse meine Stirn an ihre. Aber sie weiß, dass ich nicht zu lange in der Luft gehalten werden will, und so stellt sie mich wieder auf meine Beine. Sie schüttelt einige Haare aus meinem

Fell von ihren Händen und sagt: »Ich glaube, da könnte jemand eine gute Bürstenbehandlung brauchen. Was meinst du?« Aus einer Schublade in der Küche holt sie die besondere Bürste heraus, die nur für mich ist, und wir setzen uns auf die Couch, ich auf Sarahs Schoß.

Die Borsten der Bürste fühlen sich gut an auf meiner Haut, und Sarahs Hand, die der Bewegung der Bürste über meinen Rücken folgt, sogar noch besser. Sarahs Duft ist in meiner Nase noch wunderbarer als sonst immer. *Ich wusste, dass du nicht wirklich tot bist!*, denke ich. *Ich wusste, dass du zu mir zurückkommen würdest!* Ich weiß allerdings nicht, warum ich das denke. Wer hat je etwas davon gesagt, dass Sarah tot ist?

»Geh nicht weg«, sagt Sarah. »Bitte, verlass uns nicht.« Ihre Stimme klingt anders, vielleicht ein wenig tiefer als normalerweise, und ich frage mich, weshalb sie mich bittet zu bleiben. Wo sollte ich denn hin? Und warum sagt sie *uns?* Es gibt sie doch nur einmal. Als ich zu ihr aufblicke, sind ihre Augen voller Sorge. Die Haut auf ihrer Stirn zwischen ihren Brauen legt sich ein wenig in Falten. Aber die Bürste fühlt sich so angenehm an, und Sarah riecht so warm und sicher, dass sich meine Augen schließen, bevor ich darüber weiter nachdenken kann. Ich spüre, wie in meiner Kehle ein Schnurren beginnt und seine Wärme sich in meine Brust ausbreitet.

In diesem Moment beginnt Sarah zu singen. Ihre Singstimme klingt auch anders, vielleicht so wie die Stimme von jemandem, den ich schon einmal habe sprechen, aber noch nie singen gehört habe. Das ist seltsam, denn singen ist fast das Erste, was ich von Sarah gehört habe. Die Stimme ist Sarah und gleichzeitig nicht Sarah. Aber trotzdem ist es eine Stimme, von der ich weiß, dass ich sie immer hören und dabei glücklich sein könnte. Sie klingt so, wie sich Liebe anfühlt.

Prudence, singt die Stimme, *open your eyes.* Ich will sie aber nicht öffnen. Ich bin zu bequem und zu schläfrig. Aber die Stimme singt weiter, sie singt *Liebe, liebe Prudence … willst du nicht die Augen öffnen? Meine kleine Liebe.* Sie ist so beharrlich, dass ich keine Wahl habe. Ich muss gegen meine Lider ankämpfen, die schwer und eigensinnig geworden sind. Über meinem Kopf ist ein starkes Licht, das meinen Augen wehtut und die Lider nach unten drückt. Schließlich breche ich sie auf, und es dauert einen Moment, bis ich die Dinge um mich herum klar sehen kann.

Als ich aufblicke, sehe ich nicht Sarahs Gesicht, sondern Lauras.

»Dr. DeMeola!«, schreit Laura. »Sie ist wach!« Die verschwommene Gestalt einer bekannt aussehenden Frau erscheint in meinem Blickfeld, irgendwo hinter Laura. Laura lächelt, und sie hat Tränen in den Augen. Ich merke nicht, dass ich auf der Seite liege, bis ich ihre Hand sanft hinter meinem rechten Ohr reiben spüre, das nicht auf meine Unterlage gepresst ist. Es sind schlechte Gerüche an diesem Ort – Gerüche, die Angst machen – aber solange Laura mich weiter hinter meinem Ohr und dann meinen ganzen Körper hinab streichelt, ist ihr Geruch stärker. Ich versuche, meine Hinterseite anzuheben, so wie ich es immer mache, wenn mein Rücken so gekrault wird. Aber mein Körper bewegt sich nicht, als ich es ihm sage, und so blinzle ich ihr stattdessen langsam einmal zu.

Laura bringt ihren Mund nahe an mein Ohr. »Mach uns nicht noch einmal solche Angst, kleines Mädchen«, murmelt sie. »Wir brauchen es doch, dass du bei uns bleibst. Kannst du das tun, Prudence?« Ihre Augen sehen in meine, und ich erkenne ihren Ausdruck. Es ist derselbe, den ich manchmal sah, wenn sie Sarah anblickte. Ich habe mich immer gefragt, was dieser Blick bedeutete, aber nun weiß ich es. Es ist ein Blick voller Liebe.

Meine Kehle ist rau und kratzig. Es fühlt sich an, als sei etwas Schlechtes mit ihr geschehen. Aber ich schaffe es trotzdem, mit einem schwachen *Miau* zu antworten.

»Gut«, murmelt Laura und küsst mich auf die Stirn.

* * *

Von dem Käfig, in dem ich schlafen muss (ja, ich muss in einem *Käfig* schlafen!), rieche ich überall um mich herum nervöse Katzen. Sie stehen da und laufen auf und ab in der Hoffnung, eine neue warme Ecke zu finden oder einen Weg nach draußen, den sie noch nicht entdeckt haben. Sie bewegen die Luft, sodass meine Schnurrhaare kitzeln. Nachts, wenn die meisten Menschen, die hier arbeiten, fort sind, schreien manche der Katzen, weil sie möchten, dass ihre Menschen kommen und sie mit nach Hause nehmen. Aber ich schreie nie. Sarah kommt nie mehr, um mich zu holen.

An meinen Vorderpfoten, da, wo mein schönes weißes Fell war, sind große Stellen von rosafarbenem Fleisch zu sehen. Einer der Stechermenschen hier rasierte das Fell ab, und sie legten tropfende Schläuche an mich an. Sarah war der erste Mensch, der sagte, meine weißen Pfoten würden wie Menschensocken aussehen. Jetzt, wo so viel Fell fehlt, sehen sie gar nicht mehr wie Socken aus. Ich lecke und lecke an den Stellen, wo Fell sein soll, und denke *Das passiert also, wenn der Mensch, den du liebst, stirbt. Teile von dir gehen verloren.*

Aber Laura wird immer zu mir zurückkommen. Ich sah es in ihren Augen, als sie für mich sang und mich aufweckte. Wenn ich an Laura denke, wie sie das Lied *Dear Prudence* singt, beginnt sich das Loch in meiner Brust zu füllen, das durch Sarahs Verlust entstand. Es wächst dort etwas. Bald wird es alles aufgefüllt haben.

Drei Tage lang muss ich hier wohnen, und jeden Tag kommen Laura und Josh mich besuchen. Eine Frau mit lockigen Haaren befreit meine Vorderpfoten von dem Klebeband, das Tropfschläuche an ihnen befestigt, und dann wickelt sie mich in eine komische Decke, die nicht einmal nach mir riecht, und trägt mich in einen der kleineren Räume, in den mich Sarah einmal im Jahr brachte, um mich mit Nadeln stechen zu lassen. Das Zimmer riecht wie das Metall des hohen Tisches, auf dem Nadeln in Katzen gestochen werden. Es riecht auch wie Laura und

Josh, wenn sie frisch von draußen kommen, unter ihren Mänteln leicht schwitzen und zu nahe beieinander stehen müssen, wenn die Stecherin kommt und ihnen sagt, wie es mir geht. Sie sagt, ich bin nicht wirklich krank, dass sie mich nur »als Vorsichtsmaßnahme« hier lassen. Vorsichtsmaßnahme gegen was? Wenn mich etwas krank macht, dann, dass ich die ganze Zeit in einem Raum mit kranken Katzen eingesperrt bin, weg von meinem eigenen Fressen und meinen Prudence-Schüsselchen. Ich versuche, Josh und Laura zu zeigen, wie wenig sie der Stecherin vertrauen sollen, indem ich diese jedes Mal anfauche, wenn sie mir nahe kommt, aber sie lachen dann nur und sagen Dinge wie: *Schau, wie munter Prudence ist! Es wird ihr in kürzester Zeit wieder besser gehen, nicht wahr, kleines Mädchen?*

Ich erkenne diese Stecherin – es ist dieselbe, die Sarah einmal zustimmte, als sie sagte, meine Vorderpfoten würden wie Socken aussehen. Josh bleibt stehen, aber Laura sitzt mit gekreuzten Beinen auf dem Boden neben mir und streichelt mir den Rücken, während ich lecke. »Es wächst wieder dran, Prudence«, sagt sie sanft. »Es wächst alles wieder dran.« Sie summt das *Dear-Prudence*-Lied, während sie mich streichelt. Dabei klingt ihre Stimme so sehr wie die von Sarah, dass ich aufhöre, meine Pfoten zu lecken, und auf ihren Schoß klettere, mich auf die Hinterbeine setze und eine ganze Seite meines Gesichts an ihre Brust drücke. Ihre Arme legen sich um mich, und eine Hand reibt die empfindliche Stelle unter meinem Kinn, bis ich schnurre.

»Meine Süße«, murmelt sie. »Wer ist meine kleine Liebe?«

Sarahs Augen blickten traurig in meinem Traum, denn sie wusste, dass sie an jenem Ort bleiben musste, ohne mich, so wie ich ohne sie hier bleiben muss. Doch Lauras Augen strahlen, als sie jetzt zu mir herunterschaut. »Morgen kannst du mit uns nach Hause kommen«, sagt sie, und dabei finden ihre Finger immer wieder gute Stellen unter meinem Kinn. Ich weiß, dass »nach Hause« ist, wo immer ich mit Laura wohne.

Ich glaube, ich war nie glücklicher, in meinen Tragekorb zu

kriechen, als am nächsten Morgen. Josh und Laura kommen, um mich abzuholen. Die Menschen am Bösen Ort denken daran, mir mein rotes Halsband und das Prudence-Schild anzulegen, bevor ich gehe, und an meinen Vorderpfoten ist kein Klebeband mehr, aber ein ganz klein wenig weißes Fell auf der rosafarbenen Haut. Sogar in meinem Korb und in dem alten Sarah-Hemd zusammengekuschelt, das Laura für mich mitgebracht hat, fühlt sich die Luft draußen kalt an und kratzt an den Stellen ohne Fell. Es hat seit dem Tag, an dem ich krank wurde, nicht geregnet, aber die kleinen Flecken Erde um die Bäume auf dem Gehsteig herum riechen noch immer feucht. Es ist die Jahreszeit, in der die Blätter der Bäume ihre Farbe verändern und abzufallen beginnen. Manchmal kam Sarah mit roten und orangefarbenen Blättern im Haar oder an ihrer Jacke nach Hause, und sie legte sie für mich auf den Boden, damit ich auf ihnen herumrollen konnte, und sie machten raschelnde Geräusche und zerfielen in kleine Stücke. Als ich an Sarah denke, flammt der Schmerz in meinem Bauch wieder auf, bis ich durch die Stäbe meines Tragekorbs schaue und sehe, dass Josh und Laura sich an den Händen halten.

Laura trägt meinen Korb, als wir den Bösen Ort verlassen. Ich wohne jetzt in der Upper West Side schon so lange hoch oben in der Luft, dass ich fast vergessen habe, wie hier unten auf der Straße alles aussieht und riecht. Laura muss direkt neben einer Taube vorbeigelaufen sein, denn es flattert eine mit einem Gurren an meinem Korb vorbei. Ich vernehme das Piepsen von Mäusen, für Menschen zu hoch, um es zu hören, die sich in weiche Erde eingraben, und auf der Straße sausen Autos vorbei. Eine Frau geht rasch vorüber, sie spricht in ein winziges Telefon. Ihre Stimme geht am Ende jedes Satze nach oben, aber es klingt nicht, als würde sie Fragen stellen. *Also habe ich ihm gesagt? Ich dann, na ja, wenn du meinst, du könntest mit* mir *so umspringen? Dann bin ich die Falsche für dich.*

Die Ziegel der Gebäude hier riechen älter als früher, und ich weiß nicht, ob das so ist, weil ich so lange nicht mehr in der

Lower East Side war, oder ob ich mich an die neueren, größeren Gebäude in der Upper West Side gewöhnt habe. Ich merke, dass ich kein Immigrant mehr bin – dass die Upper West Side das Land ist, in dem ich nun lebe. Laura bleibt vor einem Haus stehen und sagt zu Josh: »Hier war der Plattenladen meiner Mutter.« Die beim Sprechen von ihrer Brust ausgehenden Vibrationen wandern ihren Arm hinab und bringen die Wände des Tragekorbs ganz fein zum Schwingen. Der Laden, auf den sie zeigt, hat winzige Kleider im Schaufenster, wahrscheinlich für menschliche Babys.

»Das ist ein netter Block«, meint Josh.

»Das war schon immer so. Der Typ, dem dieses Haus gehörte, hat Schachspiele verkauft, die er selbst herstellte« – Laura zeigt auf ein anderes Schaufenster – »und hier nebenan war ein Kerzenladen.« Ihr Arm schwenkt zurück, nach links. »Und dort unten, an der Second Avenue, war Love Saves the Day.« Sie verstummt für einen Moment. »Ich glaube, ich habe gehört, dass da jetzt ein Pastaladen ist.«

Josh legt einen Arm um ihre Schultern, sodass mein Korb näher an ihr Bein kommt. »Möchtest du von dort was zum Mittagessen mitnehmen?«

»Nö«, erwidert sie. »Kaufen wir uns etwas, das Prudence auch mag. Thunfisch-Sandwiches vielleicht.«

Sie gehen bis zum Ende des Blocks, und Josh streckt den Arm in die Luft, bis ein gelbes Auto neben uns anhält. Wir steigen alle drei hinten ein, und Laura stellt meinen Tragekorb auf ihren Schoß. Ich denke den ganzen Heimweg lang an Thunfisch-Sandwich.

Es ist eigenartig, wie ein Ort, den man gut kennt, sich so anders anfühlen kann, wenn man nach einer langen Zeit zurückkommt. Dazu gehört unter anderem zu merken, wie schlecht ich jetzt rieche (wie der Böse Ort), nachdem ich zu Hause alles mit meinem normalen Prudence-Geruch gerochen habe. Aber die ganze Wohnung sieht an manchen Stellen größer und an anderen kleiner aus, und ganz allgemein einfach *seltsam.* Vielleicht war es das Zusammensein mit Sarah in unserem alten Apartment, als ich schlief, was alles hier anders aussehen lässt als früher, und so, als wäre ich länger weggewesen, als ich es war. Trotzdem ist es gut, wieder zu Hause zu sein. Anfangs verbringe ich lange Momente damit, meinen Kratzbaum neu zu markieren (am Bösen Ort hatte ich gar nichts zum Kratzen). Meine Prudence-Schälchen sind gefüllt und stehen genau da, wo ich sie zurückgelassen habe. Ich bin sogar froh (nur für einen Augenblick), diese grässliche blaue Matte mit den falschen glücklichen Katzen unter ihnen zu sehen. Die Wasserschale schubse ich deshalb an, weil ich nur sich bewegendes Wasser trinken kann, nicht mehr, weil ich mich über die Matte ärgere.

Laura und Josh müssen einkaufen gewesen sein, während ich am Bösen Ort war, denn auf dem Boden im Wohnzimmer liegen lauter gekaufte Katzenspielsachen. Es gibt kleine Spielzeuge, die wie Mäuse aussehen – mit Fell und allem –, die piepsen, wenn ich sie beiße, und Kugeln mit winzigen Glöckchen, die in alle Richtungen rollen und mich an das klingelnde Spielzeug erinnern, das Sarah nach Hause brachte, als ich bei ihr einzog. Josh und Laura haben daran gedacht, die große Papiertasche aufzuheben, in der die Spielsachen kamen. Ich krieche ganz hinein, und mit einer meiner Mäuse zwischen den Zähnen schlage ich immer, wenn sie vorbeilaufen, mit den Vorderpfoten nach ihren Füßen. Eines der Spielzeuge ist ein langer Stock mit Federn – wie die von Sarahs Vogelkleidern –, die von einer Schnur am Ende herunterbaumeln. Laura hält das Ende des Stocks über meinen Kopf und bewegt ihn herum, und ich versuche, die baumelnden Federn zu fangen. Sie lacht, wenn ich mich auf die Hinterbeine stelle und mit den Vorderpfoten nach ihnen schlage, und ich frage mich, wer mit diesem Spielzeug Spaß haben soll – sie oder ich?

Sie brachten auch etwas nach Hause, das Katzenminze heißt und ein wenig wie die Küchenkräuter aussieht, mit denen Sarah unser Essen machte, aber es riecht *viieel* besser. Josh verteilte etwas davon auf dem Boden des Wohnzimmers, und anfangs atmete ich nur diesen Duft ein und bemerkte, wie herrlich er war. Als Nächstes rollte ich mich dann auf den Rücken, und alles, was ich denken konnte, war nur *Das ist soooo gut.* Das ist natürlich kein würdevolles Benehmen für eine Katze. Etwas Würde konnte ich wiedergewinnen, als Laura vorbeikam, während ich noch immer herumrollte, und ich auf ihre Knöchel sprang. Sie schien sich über diese Zurschaustellung kätzischen Jagdgeschicks nicht weniger zu freuen als Sarah. Sie hob mich sogar wie Sarah vom Boden auf und fragte: »Wer ist mein glückliches Mädchen?« Ich rieb meine Stirn an der ihren, wie ich es bei Sarah machte, als wir in der Lower East Side wohnten.

Die Tage vergehen, ich weiß nicht genau wie viele. Laura geht tagsüber nicht in ihr Büro, und sie liest abends keine Papiere. Sie verbringt jetzt viel Zeit damit, Nickerchen zu machen, und ich schlafe bei ihr. Manchmal legen wir uns zusammen in das große Bett oben, und manchmal schlafen wir auf der Couch ein, bis Josh kommt und eine Decke über uns ausbreitet. Er ist immer sehr ruhig und versucht, uns nicht zu stören. Er scheint sich zu sorgen, dass Laura genügend Ruhe hat, obwohl sie jetzt morgens nicht mehr krank wird.

Sie und Josh reden und schauen sich Filme an und gehen zum Essen aus, sogar an Tagen, die nicht Sonntag sind. Gestern Abend gingen sie aus, um etwas wegen dieses Gebäudes an der Avenue A zu feiern. »Wir haben eine Story!«, sagte Josh immer wieder. »Eine Story in der *New York Times!*« Aber er sagte nicht, *wie viele* Zeiten oder *was für* Male, deswegen ist es schwer zu wissen, was daran so großartig war. Für Laura muss es verständlicher gewesen sein als für mich, denn sie legte ihre Arme um Josh und sagte »Ich bin stolz auf dich«. Die Haut auf ihrer Stirn legte sich nicht einmal in Falten so wie sonst immer, wenn Josh dieses Gebäude erwähnte.

Später an diesem Abend, als sie nach Hause kamen, erzählte Laura ihm eine Geschichte aus der Zeit, als sie vierzehn war und das Mietshaus, in dem sie und Sarah gelebt hatten, abgerissen wurde. Ich lag auf der Lehne der Couch hinter Lauras Kopf, und sie langte mit einer Hand zurück und drückte mein Gesicht an ihres, als sie davon erzählte, was mit der Katze Honey passiert war.

Josh saß am anderen Ende der Couch. Sein Blick wandte sich nie von Lauras Gesicht ab, und er rückte näher, als sie zu dem Teil mit Honey und Mr Mandelbaum kam, ergriff ihre Hand und drückte sie fest. »Es tut mir leid«, sagte er, als sie ausgeredet hatte und ihr Gesicht an seine Schulter presste. »Oh Laura, es tut mir so leid. Aber du *musst* wissen«, er drückte ihre Hand noch fester, »du musst wissen, dass uns nichts dergleichen je passieren kann.«

»Wie kannst *du* das wissen?« Lauras Stimme klang, als sei sie kurz davor zu weinen. »Wie willst du denn wissen, was mit uns einmal geschehen wird?«

Josh atmete laut durch die Nase aus, ließ ihre Hand los und strich sich über den Kopf. »Du hast recht. Ich weiß es nicht mit absoluter Sicherheit. Es könnte ein Feuer ausbrechen oder zu einer Überschwemmung kommen. Oder ein monströser Tornado könnte New York verwüsten. Aber wir haben Ressourcen. Und wir haben einander.« Laura starrte auf ihre Hände, während Josh dies alles sagte, und er verstummte, bis sie ihm in die Augen sah. »Nichts dergleichen wird jemals uns zustoßen, oder unserem Kind.«

Laura sagte nichts. Sie lehnte den Kopf zurück, ihre Haare streiften meine Schnurrhaare, und Josh legte wieder einen Arm um sie. Er hielt sie, bis ihre Augen zufielen und sie und ich in einen friedlichen Schlaf versanken.

* * *

Zwei Tage später beim Frühstück liegt Joshs Stirn in Falten, als würde er intensiv über etwas nachdenken. Er spielt mit dem Verschluss der Tüte herum, in der sein Toastbrot aufbewahrt wird, und als ich eine Pfote hochstrecke, um danach zu greifen, lässt er ihn auf den Boden fallen, sodass ich ihn packen und in die Luft werfen kann. Ich jage ihn in die Ecke hinter dem Küchentisch, wo er sich vor mir zu verstecken versucht. Laura und Josh schauen zu. »Ich muss dir etwas sagen«, erklärt Josh schließlich. Laura versteift sich ein wenig. »Okay.« Ihre Stimme klingt tiefer als sonst, so wie die Stimme eines Menschen, der nervös ist, es aber nicht zeigen will.

»Ich habe eine Menge Anrufe bekommen, seit der *Times*-Artikel herauskam«, erzählt er ihr. »Zeitschriften und andere Blätter, die Folgeartikel herausbringen möchten, solche Sachen. Ich bekomme auch Resonanz von vielen der Künstler, die im Lauf der Jahre in dem Musikstudio aufgenommen haben. Ein paar von denen sind ziemlich groß herausgekommen.« Er legt eine Pause ein. »Anise Pierce rief gestern Abend an, als du schon im Bett warst. Sie hat den Artikel auch gelesen. Sie will herkommen und helfen.«

Laura legt ihre linke Hand, die in ihrem Schoß ruhte, auf den Tisch. Sie trommelt mit zwei Fingern auf die Platte. Unter dem Tisch, wo ich mit meinem Verschluss-Spielzeug sitze, höre ich das leise *Dum-dum* ihrer Finger auf dem Holz. »Anise«, wiederholt sie. »Anise Pierce will *hierher* kommen, den ganzen Weg von Asien, um bei der Rettung eines Studios zu helfen, in das sie seit dreißig Jahren keinen Fuß mehr gesetzt hat.« Ich denke, dass Laura vielleicht eine Frage stellt, aber ich bin mir nicht sicher. Ihre Stimme wird am Ende nicht höher, wie es normalerweise der Fall ist, wenn die Menschen etwas fragen.

»Sie ist jetzt in Kalifornien«, sagt Josh. »Sie ist vor ein paar Wochen zurückgekommen. Um ehrlich zu sein, ich glaube, sie will eher herkommen, um dich zu sehen, als wegen Alphaville.«

Laura erwidert nicht sofort etwas, aber ich sehe, wie sich ihre Zehen in den Socken anspannen. Schließlich sagt sie: »Du hast selbst gesagt, dass sich alle möglichen Leute gemeldet haben, seit der Artikel in der *Times* stand. Brauchst du Anises Hilfe wirklich?«

»Vielleicht wäre es gut für dich, sie wiederzusehen«, meint Josh. »Wie viele Leute kannten deine Mutter so gut wie sie?«

»Lass uns später darüber reden.« Laura schiebt ihren Stuhl zurück und steht auf. »Ich möchte jetzt gerne ein paar Lebensmittel einkaufen, und ich bin nicht sicher, ob ich etwas für draußen zum Anziehen habe, das mir noch passt.«

Laura ist in letzter Zeit dicker geworden, wahrscheinlich, weil sie viel mehr schläft und keinen Kaffee mehr trinkt. In der Tür bleibt sie stehen und sagt zu Josh, ohne sich umzudrehen: »Du kannst Anise anrufen und ihr sagen, sie kann kommen, wenn sie will.«

Laura geht die Treppe hinauf, und ich folge ihr. Wenn sie nicht weiß, was sie anziehen soll, wird sie meine Meinung einholen wollen, so wie Sarah auch immer.

* * *

Tagelang attackiert Laura unsere Wohnung. Auf Rollbrettern bugsiert sie alles herum, damit sie jeden kleinen Winkel scheuern kann, verschiebt Teppiche und beseitigt, was immer sich an Staub darunter verstecken könnte; und sie steht auf Leitern, um Regale und die Oberseiten von Möbeln zu wischen, die ohnehin zu hoch sind, um von einem auf dem Boden stehenden Menschen gesehen zu werden. Eine blaue Flüssigkeit aus einer Sprühflasche macht Regenbogen im Sonnenlicht, wenn sie in der Nähe des Fensters putzt, aber sie riecht künstlich-süß und fällt auf mein Fell, wenn ich zu nahe komme. Ich kneife die Augen zusammen und lasse das Maul offen hängen, damit dieser Gestank nicht in meine Nase eindringt. Sogar das Monster holt Laura aus seinem besonderen Schrank. Ich verstecke mich oben im Büro – dem einzigen Raum, den zu putzen Josh ihr nicht erlaubt hat –, bis es wieder sicher in seiner Höhle zurück ist.

»Vielleicht sollten wir jemanden anstellen, um das alles zu machen«, meint Josh.

Laura liegt auf dem Bauch auf dem Boden ihres Schlafzimmers, halb unter dem Bett, und versucht, etwas loszuwerden, das »Wollmäuse« heißt. Ich sehe kleine Knäuel aus Fell und Menschenhaar, aber nichts, das einer Maus gleicht. »Wir brauchen niemanden anzustellen«, sagt Laura. »Es ist ja nicht so, dass ich zur Zeit irgendetwas anderes zu tun hätte.«

Josh steht im Türrahmen und sieht zu, wie Laura die unsichtbaren Mäuse jagt. Jetzt wendet er sich zum Gehen. »Anise Pierce wird nicht unter das Bett schauen«, sagt er über die Schulter.

»Ach ja? Danke, dass du mich dran erinnerst«, kontert sie in ihrem »trockenen« Ton.

Als es am nächsten Abend an der Tür klingelt, ist alles so sauber, dass es gar nicht mehr riecht, als ob hier jemand wohnen würde. Ich bin damit beschäftigt, meinen Prudence-Geruch wieder an die Wohnzimmercouch zu reiben, als Josh öffnet. Laura sitzt steif auf der Couch und hat die Hände in den Schoß gelegt. Nachdem sie viel Zeit mit der Frage verbracht hat, was sie anziehen soll, entschied sie sich schließlich für Jeans und einen weichen, leichten Pullover, der groß genug ist, um ihren wachsenden Bauch zu verstecken. Die Farbe des Pullovers passt wunderbar zu ihren Augen.

Ich höre Josh Hallo sagen und dann Anises bekannte, tiefe Reibeisenstimme, die ihm antwortet. Sie kommt hinter ihm ins Zimmer. Ihr Gesicht wiederzusehen und ihren Anise-Duft zu riechen, erfüllt mich so rasch mit Erinnerungen an Sarah und unser altes Apartment, dass ich mich für einen Augenblick auf den Bauch legen und das kühle Holz spüren muss. Ich sehe Sarah und Anise zusammen zu schwarzen Scheiben singen und über die alten Zeiten plaudern, Sarah erzählt Anise über Laura und Josh aus der Zeit lange bevor ich wusste, dass eines Tages Laura meine wichtigste Person werden würde. Ich erinnere mich an Sarah, die mich in ihrem Schoß hielt, während sie Anise erzählte, dass mit ihrem Herzen etwas nicht in Ordnung sei, und Anise sagte: *Du solltest das Laura sagen, Sarah. Sie möchte das bestimmt wissen. Sie liebt dich mehr als ihr beide euch das vorstellen könnt.*

Laura steht auf, und Anise und Laura betrachten sich einen langen Moment. Ich erkenne an Lauras groß werdenden Augen, dass auch sie sich an Dinge erinnert. »Mein Gott«, sagt Anise endlich. »Du siehst aus wie sie. Ich hatte das vergessen.«

»Nicht die Augen«, erwidert Laura. »Sie sagte immer, ich hätte die Augen meines Vaters.«

Anises Lachen ist laut und heiser. »Das werden wir dir nicht übel nehmen.« Sie durchquert mit nur drei langen Schritten den Raum und umarmt Laura. Sie scheint größer zu werden, so groß, dass Laura ganz und gar in ihrer Umarmung verschwindet. »Es tut mir so leid, Baby. Es tut mir so leid. Es ist etwas Schreckliches, seine Mutter zu verlieren, vor allem wenn sie noch so jung war.« Anise schaut über Lauras Schulter, und in ihren Augen glänzen Tränen. »Ich kann es noch immer nicht glauben, dass sie gegangen ist.« Sie blickt Laura in die Augen. »Es tut mir auch leid, dass ich nicht zu ihrer Beerdigung hier sein konnte.«

Laura tritt einen Schritt zurück. »Ich weiß, wie schwer es sein kann, dich zu erreichen, wenn du im Ausland bist.«

»Ich habe jetzt ein Handy«, sagt Anise. »Ich glaube, du hättest mich schon erreichen können, wenn du es wirklich gewollt hättest.«

Anise sieht Laura an, die ein wenig zu schrumpfen scheint, bis es fast so aussieht, als wären die beiden gleich groß. Anises Worte klingen wie eine Anschuldigung, doch dann lächelt sie und fügt hinzu: »Deine Sturheit musst du auch von deinem Vater bekommen haben.«

Laura scheint nicht zu wissen, was sie darauf erwidern soll. Josh, der die beiden beobachtet hat, fragt: »Anise, was möchtest du trinken?«

»Nur einen Tee mit Zitrone, wenn ihr welchen habt«, antwortet sie, und Josh verschwindet in die Küche.

»Setz dich«, sagt Laura, und Anise nimmt auf dem kürzeren

Teil der Couch Platz. Hier ist sie mir näher, und ich merke, wie vertraut mir ihr Geruch ist. Ein Hauch davon war an den Vogelkleidern, die Sarah hinten in ihrem Schrank aufbewahrte.

Anise bemerkt, wie ich ihr Bein beschnuppere, und grinst. »Prudence!« Sie hält eine Hand unter meine Nase und sagt: »Lange her, seit ich dich gesehen habe, meine Süße.« Noch ehe ich richtig begreife, was passiert, streichelt sie mich, doch ihre Finger sind so geschickt und finden alle guten Stellen hinter meinen Ohren und unter meinem Kinn, dass ich keine Chance habe zu protestieren. Ich lasse mich auf den Boden fallen, drehe mich auf den Rücken und bedaure es, dass Anise ihre Hand bald zurückzieht. »Schau dir diese Wohnung an«, sagt sie und lässt den Blick aus ihren leuchtenden Augen umherwandern. Dann lacht sie. »Sarah muss es hier *gehasst* haben.«

Auch Laura lacht, aber auf eine unreflektierte Art, die sie selbst zu überraschen scheint. »Stimmt«, pflichtet sie Anise bei. »Meine Mutter sagte, Gebäude wie dieses sehen eher wie Hotels aus denn wie Häuser. Aber«, fügt sie dann hinzu, »ich weiß auch noch, wie sie geklagt hat, wie sehr ihr beim Treppensteigen in ihrem Haus die Knie schmerzten, wenn es regnete.«

»Es ist ein Kreuz, alt zu werden«, stimmt Anise fröhlich zu. Die kleinen Linien um ihre Augen werden zu Fältchen, wenn sie lacht. »Dein ganzes Leben lang bist du jung, und du kennst nichts anderes. Du kannst dich an nichts anderes *erinnern*. Alles, was man dir sagt, beginnt mit *Du bist jung. Du bist jung, deshalb weißt du es nicht besser. Du bist zu jung, um zu wissen, wie es ist, müde zu sein.* Und eines Tages hören sie dann auf, das zu sagen. Du merkst, dass es Jahre her ist, seit jemand zu dir sagte, du bist jung. Zur Zeit fängt alles, was die Leute zu mir sagen, an mit *In unserem Alter. Wer hat in unserem Alter noch die Energie, mit einer Rockband in Asien rumzudüsen?*« Josh kommt mit zwei Tassen Tee zurück und gibt sie Anise und Laura. Anise nippt an ihrer Tasse. »Ich glaube, ich werde nie so erwachsen, wie es deine Mutter schon mit neunzehn war«, sagt sie, »aber sie hatte auch ein Talent, jung zu bleiben. Das fertigzubringen, das ist schwer. Ich bewundere es mit jedem Tag mehr.«

Auch Laura trinkt von ihrer Tasse, aber sie erwidert nichts. Josh geht zum Fernseher und macht sich mit etwas daneben zu schaffen, und Musik erfüllt den Raum. Auch Anise schweigt einen Moment und fragt dann: »Ist das Sarahs *Country Life*-Platte?«

Josh ist überrascht. »Ja«, antwortet er. »Woher weißt du das?«

»Weil ich sie ihr geschenkt habe.« Sie stellt ihre Tasse auf dem Couchtisch ab. »Bevor ich nach Kalifornien zog. Die Kratzer auf deinen eigenen Platten erkennst du immer sofort.«

»Wir haben einige ihrer Platten und auch andere Sachen oben«, sagt Josh. »Ihr solltet euch das alles mal ansehen.«

Lauras Miene verhärtet sich. Doch Anise sagt: »Würde ich liebend gerne, wenn das für euch okay ist?«

Sie blickt zu Laura, die zögert, bevor sie nickt und ihre Tasse neben der von Anise abstellt. »Komm«, sagt sie. »Ich zeige dir, wo alles ist.«

Mein Fell prickelt, als ich ihnen in das Zimmer mit den Sarah-Kartons folge. Ich war seit vor meiner Krankheit nicht mehr in diesem Zimmer. Sogar jetzt, wo ich weiß, dass es nichts ausmacht, wenn in den Kartons alles an Ort und Stelle bleibt, weil Erinnerungen Sarah nicht zurückbringen werden, ist es schwer für mich zuzusehen, wie Anise Sachen herausnimmt.

Trotzdem ist es schön, sie über Sarah reden zu hören. Sie hat Erinnerungen, die anders sind als Lauras und meine. Sie ist verwundert über die Schachtel mit den Spielzeug-Streichholzbriefchen (*Ich kann nicht glauben, dass sie die die ganzen Jahre aufgehoben hat!*) und erzählt Laura Geschichten über die Orte, die sie und Sarah aufsuchten, und darüber, was ihnen dort alles passierte. Sie erzählt auch Geschichten, an die sich Laura nicht erinnern kann, weil sie zu jung war. »Deine vierte Geburtstagsparty haben wir im Ear-Wax-Laden gefeiert. Du wolltest andauernd Plattencovers aufreißen, und das hat deine Mom zum

Wahnsinn getrieben. Aber sie hatte immer unglaublich viel Geduld mit dir. Mehr als ich gehabt hätte.«

Sie sieht Sarahs Sammlung schwarzer Scheiben durch, als wären es alte Freunde. »An *dich* erinnere ich mich!«, ruft sie ein paar Mal. Lachend zieht sie etwas aus einer steifen Kartonhülle. Es ist keine schwarze Scheibe, sondern eine farbige, die genau wie Anise aussieht, nur kleiner! Es ist eine Scheibe mit einem Bild von Anise mit zurückgeworfenem Kopf und fliegenden Haaren, die eine Gitarre hält. In der Mitte ist ein Loch, damit man sie genau wie die schwarzen Scheiben auf den speziellen Tisch legen kann, den Sarah hatte. »Ich habe deiner Mutter immer gesagt, dass diese Bildplatten nie einen Wert bekommen würden«, sagt sie zu Laura. »Aber sie bestand darauf, sie zu behalten.«

»Sie hat den Großteil dieser Sachen eingelagert, als wir in das Apartment in der Stanton Street zogen.« Laura schüttelt den Kopf. »Ich habe nie kapiert, warum sie das alles überhaupt behalten hat.«

Anise blickt etwas verwirrt. »Warum behält man etwas? Damit man sich erinnern kann.« Dann sieht sie sich in diesem Zimmer um, das bis auf die Sarah-Kartons noch leer ist, und sagt nichts mehr, bis sie den schwarzen Müllsack mit den Vogelkleidern sieht. »Das gibt es nicht!«, ruft sie überschwänglich. »Sieh dir das an! Die meisten von denen habe ich für deine Mom gemacht, weißt du. Wenn wir in einen der Clubs gingen, die sie mochte« – Anise zieht eine Grimasse – »dann nur im Disco-Outfit, und all diese kleinen Punkrock-Mädchensachen, die trugen wir, wenn sie mit mir dahin ging, wo wir spielten.« Sie hält eine Bluse hoch, die wie von Krallen zerfetzt aussieht und mit silbernen Sicherheitsnadeln zusammengehalten wird. »Wusstest du, dass deine Mom damals einmal für ungefähr dreißig Sekunden ein Drag King war?«

Laura sitzt im Schneidersitz auf dem Boden mit mir auf ihrem Schoß, ohne viel zu tun, und schaut zu, wie Anise alles durchsieht. Ich spüre ihre Überraschung in einer plötzlichen leichten Bewegung ihrer Arme und Schultern, als sie sagt: »Warte, was?«

Anise lacht. »Damals wollte niemand einem weiblichen DJ eine Chance geben. Es hat mich immer fertiggemacht zu sehen, wie viele Stunden Sarah in Alphaville zubrachte, um Demotapes zu machen, die dann niemand anhören wollte. Deshalb kam ich eines Tages auf den Gedanken, ihr Männerklamotten anzuziehen. Wir hatten beide nicht viel Busen« – sie sieht an sich hinab – »und sie war sowieso so groß, dass nur ein bisschen Schneidern nötig war. In den Sachen, die ich für sie machte, und mit den Haaren unter einem Hut sah sie aus wie ein sehr hübscher Junge.« Anise lächelt sanft. »Ich habe nie einen Menschen kennengelernt, der so schön war wie deine Mutter und sich seiner Schönheit so wenig bewusst war. Als sei das rein gar nichts. Das erste Mal, als ich ihr begegnete, das war in einem Laden, in dem sie Kleider anprobierte. Sie kam aus dieser Umkleidekabine raus und sah aus wie ein Model, aber man hat ihr angesehen, dass sie das nicht erkannte, wenn sie in den Spiegel schaute.« Anise zieht eine Grimasse und streckt die Zunge heraus. »Ich dachte, irgendeiner sollte ihr sagen, wie umwerfend sie aussah.«

Laura klingt zögerlich. »Aber warum hat sie damit aufgehört? Ein DJ zu sein, meine ich«, fügt sie hinzu, als Anise sie fragend ansieht. »Sie hat manchmal darüber gesprochen, und sogar als Kind habe ich gemerkt, wie sehr sie das geliebt hat. Warum hat sie es einfach so aufgegeben?«

Anises Augen werden groß. »Deinetwegen«, sagt sie. »Als du ankamst, gab es nichts mehr, was ihr wichtiger gewesen wäre. Nicht einmal ihre Musik. Sie sagte immer, *du* bist ihre Musik.«

Laura streichelt mein Fell, und jetzt wird der Druck ihrer Fingerspitzen etwas stärker, als würden sich ihre Finger anspannen. Ich beginne zu schnurren, um ihre Beklommenheit womöglich zu lindern. »Aber warum hatte sie dann diesen Plattenladen? Warum hat sie mich in dieser Gegend aufwachsen lassen?« Laura klingt jetzt zunehmend verärgert. »Warum haben wir so gelebt, wenn ich ihr wichtiger war als alles andere?«

»Sing dieses traurige Lied deinem Mann vor. *Meine Mutter hat mich nicht genug geliebt.*« Anise blickt so ärgerlich, wie Laura eben klang. »Du vergisst – *ich* war dabei. Welches Kind war jemals glücklicher als du? Welches Kind hatte je eine Mutter, die es *anbetete,* so wie deine Mutter dich anbetete?« Anise hebt die Hände hoch, sie beginnt zu gestikulieren. »Deine Mutter hat dir eine *Familie* gegeben«, beharrt sie. »Sie hat dir ein *Leben* gegeben. Ist es nicht das, was alle Eltern wollen – ihren Kindern zu geben, was sie selbst nie hatten? Glaubst du, ich wüsste nicht, was *du* deinen Kindern zu geben hoffst, einfach indem ich mir diese Wohnung ansehe?«

»Du hast mich fünfzehn Jahre lang nicht gesehen.« Lauras Stimme ist leise, aber messerscharf. »Du weißt nichts über mich oder das, was ich versuche zu tun.«

»Nein?« Anises Stimme wird nicht wirklich lauter, aber sie klingt kraftvoller. »Ich weiß, dass du *einen schrecklichen Tag* in deinem Kopf herumspuken lässt wie ein Monster, das du nicht töten kannst und das du nie sterben lassen willst. Und ja, ich weiß, wie schlimm dieser Tag für dich war«, fügt sie hinzu, als Laura sich anschickt, sie zu unterbrechen. »Schlimme Dinge geschehen, und die Leute brauchen Monate, manchmal Jahre, um darüber hinwegzukommen, weil sie anders als deine Mutter keine Hilfe von Freunden haben. Hilfe, die sie nicht von deinen Großeltern bekam, an die du dich nicht einmal erinnern kannst, weil sie sich nicht einmal so weit kümmerten, dass sie dich kennenlernen wollten. Du hattest die Mandelbaums als Großeltern, und dieses Mädchen, das über euch wohnte – wie hieß sie noch? Maria irgendwas? – als Schwester, und Noel vom Laden und alle im Viertel, die zu kennen deiner Mutter wichtig war, damit sie alle auf dich aufpassten. Du hattest eine Mutter, die dich jeden Nachmittag von der Schule abholte und ihr ganzes Leben darauf ausrichtete, Zeit mit dir verbringen zu können. Und sie hatte Glück, denn nicht jeder hat die Chance oder die Möglichkeiten, all das zu tun, was sie tat.«

Laura sagt nichts, als Anises Redeschwall aufhört. Ich schaue hinauf und sehe, wie sich die Haut an ihrem Hals spannt, wie damals, wenn sie etwas zu Sarah sagen wollte und es nicht konnte.

»Weißt du«, fährt Anise fort, »es steht mir zwar nicht zu, dir zu sagen, was du von deiner Mutter denken sollst, Laura. Aber denke niemals, dass sie dir nicht genug gegeben hätte. Sarah hat dir *alles* gegeben. Sie hat dir eine Familie gegeben. Und hier sitzt du – schick, erfolgreich und glücklich verheiratet, also hat sie offensichtlich *etwas* richtig gemacht. Ich glaube nicht, dass du je begreifen wirst« – sie beugt sich nach vorn und berührt Lauras Hand – »wie stolz sie auf dich war.«

Lauras Finger berühren leicht die von Anise, dann streichen sie weiter durch mein Fell. Ich presse meine Stirn an ihren Arm und denke über Anises Worte nach, und über Laura und Josh, und darüber, wie Sarah auch mir eine Familie gegeben hat.

Als Laura spricht, klingt ihre Stimme fast so heiser wie Anises Lachen. »Ich habe noch immer nicht um sie geweint.« Sie fährt sich mit einer Hand durch die Haare, genau wie es Sarah gemacht hat. »Ich weiß nicht, was mit mir verkehrt ist. Aber ich kann es nicht. Ich habe es nicht fertiggebracht.«

Anise zieht die Augenbrauen hoch, und dadurch wird ihre Miene weicher. »Sarah wäre stolz auf das gewesen, was du mit Josh für Alphaville und für die Leute tust, die in diesem Haus wohnen.«

»Das ist nur Josh.« Laura räuspert sich. »Ich habe da gar nichts gemacht.«

Anise lächelt und legt den Kopf schräg. So hat sie manchmal Sarah angeschaut. »Dann kommt es noch.«

Später an diesem Abend, nachdem Anise gegangen ist und nur Josh und Laura und ich zusammen im Wohnzimmer sitzen, sagt Laura zu Josh: »Ich möchte bei dem, was du für dieses Gebäude an der Avenue A machst, mithelfen.«

Sein Mund verzieht sich zu einem breiten Grinsen. »Wirklich?«

Auch Laura beginnt zu lächeln, und ihre Stimme klingt ungezwungen, aber ihr Blick ist ernst. »Warum nicht?«, sagt sie. »Zwölf Stunden am Tag zu schlafen, das wird völlig überbewertet.«

Gerade als ich denke, ich hätte die Menschen verstanden, erkenne ich von Neuem, welch rätselhafte Kreaturen sie in Wirklichkeit sind.

16

Prudence

Das Telefon klingelt mit zwei kurzen Tönen statt einem langen. Das tut es, wenn der Mann, der unten in der Lobby wohnt, anruft, um zu sagen, dass jemand uns besuchen kommt. Laura schaut überrascht von ihrem Platz auf der Couch auf, wo sie sitzt, mit mir auf einer Seite und auf der anderen einem Stapel Papieren, der größer ist als ich. Auf dem Couchtisch liegen viele dicke Bücher, die Laura eines Abends von ihrem Büro abgeholt hat. Josh ist zu einer Sitzung gegangen, und so sind nur Laura und ich in der Wohnung.

»Ja?«, sagt Laura in das Telefon, und nach einer Pause: »Natürlich, schicken Sie ihn rauf.« Dann läuft sie in das kleine Badezimmer im kurzen Flur bei der Eingangstür, wo sie kurz ihre Haare bürstet und sich kaltes Wasser ins Gesicht spritzt. Ich strecke mich und gehe zur Küchentür, die auch gleich beim Eingang ist, um Laura zu helfen, falls sich diese Überraschung als böse herausstellt. Sie trocknet sich gerade das Gesicht, als es an der Wohnungstür klingelt.

»Perry!«, sagt Laura beim Öffnen der Tür. »Was für eine Überraschung!« Ein Lächeln liegt auf ihrem Gesicht, und sie bietet dem Fremden die Hand, doch ihr Blick zeigt etwas Argwohn.

In Perrys Augen liegt kein Argwohn wie bei Laura. Er sieht sie indessen genau an, aber ohne es sich anmerken zu lassen. Als er sagt: »Du siehst gut aus, eigentlich sogar besser als gut«, errötet Laura. Seine Lider schließen sich so kurz, dass es fast nicht merkbar ist, so als hätte Lauras Erröten etwas bestätigt, das er vermutete. »Darf ich reinkommen?«, fragt er.

»Natürlich.« Sie führt ihn ins Wohnzimmer, wo er in einem der Sessel gegenüber der Couch Platz nimmt. »Kann ich dir etwas anbieten?«

»Ein Glas Wasser wäre nett«, antwortet er, und Laura geht in die Küche, um es ihm zu holen. Ich stelle mich in die Nähe des anderen Eingangs in die Küche – dem zur Essecke und dem Wohnzimmer –, und von hier aus schaue ich mir Perry genauer an. Manche Menschen, die eine Katze sehen, wollen sie sofort streicheln und etwas sagen wie *Komm her, Mieze, komm doch her.* Manche Menschen schauen verärgert (vor allem wenn sie allergisch sind), und manche bemerken Katzen nicht einmal. Perry tut nichts dergleichen. Er sitzt in seinem Sessel und hält Schultern und Wirbelsäule auf eine Weise, die Wachsamkeit zeigt, aber er ist dennoch völlig entspannt und von einer Beherrschung, die Katzen eigen ist, Menschen aber nur selten. Er erwidert meinen Blick mit seinen dunkelbraunen Augen, und ich sehe darin einen Anflug von Erheiterung.

Ich bemerke seine Kleidung, ein Jackett und eine Hose aus demselben Stoff, der wunderbar weich aussieht, aber nicht knittert so wie die Kleidung vieler Menschen, wenn sie sitzen. Um den Hals trägt er ein Stück dunkelgelben Stoff wie manche der Männer im Fernsehen, obschon ich Josh nie mit so etwas gesehen habe. Seine Schuhe sind schwarz und perfekt sauber; Sarah hätte das »makellos« genannt. Ich verstehe, warum es Laura so wichtig war, Perry mit ihrer Arbeit glücklich zu machen, und plötzlich bin ich froh, dass das Fell an meinen Pfoten fast schon wieder ganz nachgewachsen ist.

Laura kommt mit zwei Gläsern in den Raum und reicht eines Perry. Die beiden unterhalten sich eine Weile. Laura sagt die Namen von Menschen, die im Büro der beiden arbeiten und fragt, wie es ihnen geht. Sie scheinen beide zu wissen, dass Perry uns nicht besuchen gekommen ist, um Laura zu sagen, dass der Haarschnitt ihrer Assistentin zu kurz ausgefallen ist oder dass jemand namens Greg allen Fotos von seinem neuen Baby zeigt. Doch Perry scheint sich wohl zu fühlen und es nicht eilig zu haben, den wahren Grund seines Kommens zu nennen.

»Und, wie geht es Josh?«, fragt er. »Ich glaube, ich habe ihn seit eurer Hochzeit nicht mehr gesehen. Ich hatte eigentlich gehofft, ihm Hallo sagen zu können.« Seine Stimme ist tief und kräftig, ohne laut zu sein. Sie ist so tief, dass ihm zuzuhören ein schwaches Rumoren in meinem Bauch auslöst, wie ein Schnurren, das von außerhalb meines Körpers kommt.

»Er kommt erst in ein paar Stunden wieder«, sagt Laura. »Er arbeitet an einem Projekt, und sie haben ein Treffen, zu dem er gehen musste.«

»Ah ja. Das Mitchell-Lama an der Avenue A. Ich habe in der *Times* darüber gelesen.«

Laura lacht. »Ich vergesse immer, dass du alles weißt«, scherzt sie. »Ja, er trifft sich mit den Besitzern des Musikstudios im Souterrain des Gebäudes. Sie gründen eine Nonprofit-Organisation, um rechtlich besser dazustehen, falls es zu einer Verhandlung kommt. Und dabei hilft Josh mit dem Papierkram.«

Perry nickt. »Du wirst einem alten Freund seine Neugier vergeben, aber welche Pläne hat Josh, wenn diese Sache mal vorbei ist?«

»Wenn alles unseren Vorstellungen gemäß läuft« – Perry zieht die Augenbrauen hoch, als Laura *unseren* sagt – »dann hoffen wir, dass er schließlich genügend Gelder für die kommunale Öffentlichkeitsarbeit zusammenbringt, um eine bezahlte Position zu rechtfertigen. Wenn nicht …« Sie spreizt die Hände vor sich. »Wer weiß? Der Arbeitsmarkt ist schwierig zur Zeit. Wir versuchen, die Dinge eines nach dem andern anzupacken.«

Perry neigt den Kopf in ihre Richtung. »Du sagst zwar, ich weiß alles, aber ich habe keine Ahnung, warum du dich in fast vier Wochen nicht einmal im Büro hast blicken lassen.«

»Ich bin im Urlaub«, antwortet Laura langsam. »Wenn du in der Personalabteilung nachfragst, werden sie dir sagen, dass alles sauber geregelt und abgesegnet ist.«

Perry beugt sich noch mehr nach vorn. »Na komm, Laura. Ich habe immer gedacht, wir beide könnten wirklich miteinander reden. Natürlich ist der Papierkram in Ordnung. Danach frage ich dich doch gar nicht.«

Laura strafft die Schultern und setzt sich gerade auf. »Um ehrlich zu sein, es überrascht mich zu hören, dass man mich zurück haben *will.* Ich dachte, Clay hat sich diesbezüglich ziemlich klar ausgedrückt, als wir das letzte Mal miteinander sprachen.«

»Clay weiß so gut wie ich, wie gut du bist«, erklärt Perry ihr. »Manchmal überarbeiten sich die Leute eben, und dann fliegen die Fetzen. Wir wissen doch alle, wie es ist in diesem Geschäft. Jeder in der Firma möchte, dass du zurückkommst. Wenn man es genau nimmt« – Perry lächelt – »bist du sogar zu so etwas wie einer Legende geworden. Etwa wie der Mann, der Liberty Valence erschoss. Du bist die Mitarbeiterin, die Clay in seinem eigenen Büro die Meinung gesagt und es überlebt hat.«

Laura lächelt neckisch. »Ich verstehe. Du willst, dass ich zurückkomme, damit du beweisen kannst, dass Clay meine Leiche nicht im East River versenken ließ.«

Er schaut ihr in die Augen. »Wir wollen, dass du zurückkommst, weil wir glauben, dass du bei uns eine große Zukunft vor dir hast.«

»Die Art große Zukunft, die eine Gehaltserhöhung beinhaltet?« Lauras Lächeln wird breiter, obwohl sich ihre Augen verengen, während sie Perry fixiert.

»Eine Gehaltserhöhung, ja.« Jetzt lächelt auch Perry. »Aber eine, die groß genug ist, um dieses Grinsen über beide Ohren zu rechtfertigen? Wahrscheinlich nicht.«

»Eine großzügigere Spesenregelung könnte mich schon halbwegs zum Zurückkommen bewegen.« Laura klingt noch immer neckisch.

»Verhandeln wir also jetzt? Ich weiß vielleicht von einem Eckbüro, das im Begriff ist, frei zu werden. Normalerweise würden wir es für einen neuen Partner reservieren, aber …«

Perry lacht. »Wir könnten wahrscheinlich etwas austüfteln. Wenn du es ernst meinst.«

Lauras Miene ist freundlich, doch ihr Lächeln verblasst. »Ich weiß nicht, Perry. Es geht nicht *wirklich* um Clay oder mein Gehalt oder darum, in welchem Büro ich sitze oder dergleichen. Ich habe mir frei genommen, weil ich darüber nachdenken musste, in welche Richtung mein Leben geht. Ich weiß nicht, ob ich heute noch dasselbe will wie vor ein paar Jahren. Im *Moment* will ich meinem Mann helfen, dieses Gebäude zu retten. Du weißt«, fügt sie hinzu, »dass das deine Idee war.«

Perry schaut zum ersten Mal überrascht. »*Meine* Idee?«

»Weißt du das nicht mehr?« Laura entspannt sich und lehnt sich etwas zurück. »Als ich dich damals nach Mitchell-Lama-Gebäuden fragte, warst du es, der sagte, dass ein Anwalt, der ein Ass in punkto Formsachen ist und der über sämtliche widersprüchlichen Bestimmungen und Probleme zur Erhaltung von Gebäuden Bescheid weiß, es fertigbringen könnte, die Eigentümer an den Verhandlungstisch zu zwingen.«

»Ich verstehe.« Perry schüttelt den Kopf. »In meiner eigenen Schlinge gefangen.«

»Jedenfalls«, fährt Laura fort, »ist das für mich gerade anscheinend das Richtige. Und was danach kommt, habe ich wirklich noch keine Ahnung. Mein Privatleben … verändert sich gerade ziemlich. Eine Position in einer kleineren Firma wäre da vielleicht passender.«

»So etwas habe ich schon vermutet«, meint Perry. »Ist es für eine Gratulation noch zu früh?«

Laura errötet wieder etwas, wenngleich ich nicht recht erkennen kann, weshalb sie verlegen sein sollte. Für gewöhnlich sind Gratulationen doch etwas, was die Menschen gerne hören. »Offiziell werden wir es erst in ein paar Wochen bekannt geben.« Laura klingt zögerlich. Dann lächelt sie und legt eine Hand auf ihr Bäuchlein. »Aber – nein, es ist nicht zu früh.«

»Man kann über alles reden«, meint Perry. »Flexible Arbeitszeiten, verringerte Arbeitstundenzahlen. Das hatten wir alles schon.« Laura will offensichtlich etwas sagen, doch er insistiert: »Ich möchte nur, dass du dir überlegst, was du aufgeben würdest. Mit einer kleinen Firma wirst du nie das Geld machen, das du schon in ein paar Jahren verdienen wirst, wenn du bei uns bleibst.«

Lauras Mund verzieht sich zu einem halben Lächeln. »Ich weiß«, sagt sie. »Aber Geld ist nicht alles auf der Welt.«

Perry nickt wieder ein bisschen. Er nippt ein letztes Mal an seinem Glas, dann steht er auf und streicht über sein Jackett. Laura steht ebenfalls auf. »Ich muss zurück.« Mit einem Seufzer fügt er hinzu: »Es ist Monatsende, und ich glaube, bis jetzt hat noch keiner in unserer Gruppe seine Zeitpläne abgegeben. Sie können nicht alle so sein wie du.«

An der Wohnungstür hält er noch einmal inne. »Eines hätte ich jetzt fast vergessen«, sagte er. »Ich hatte gehofft, die berühmte Katze zu treffen, die diesen ganzen Rabatz angefangen hat.«

Laura schaut sich um und sieht mich am Eingang zur Küche sitzen. »Hey, Prudence«, sagt sie. In letzter Zeit spricht sie manchmal mit derselben besonderen Stimme mit mir wie Sarah. So sagt sie auch jetzt meinen Namen. »Möchtest du herkommen und meinen Freund Perry kennenlernen?«

Erst als ich näher komme, bemerke ich, dass Laura größer ist als Perry, wenn sie sich auch beide nicht so verhalten. Jetzt bemerke ich auch zum ersten Mal Perrys Parfum. Normalerweise mag ich künstliche Menschen-Parfum-Gerüche nicht, aber der von Perry ist anders. Er ist dunkel und schwer, wie Erde und andere Tiere und Blumen, die ihren Duft nur nachts in die Luft abgeben. Perry riecht so gut, dass ich unwillkürlich meinen Kopf an seinen Knöcheln reibe, ohne darauf zu warten, dass er eine Hand nach mir ausstreckt, damit ich daran schnuppern kann, und dann laufe ich zwischen seinen Beinen hindurch und reibe meinen Kopf noch einmal an einer seiner Waden.

»Donnerwetter!«, meint Laura. »Ich habe Prudence noch nie

so freundlich mit jemandem erlebt, den sie nicht kennt.« Sie lächelt auf eine Art, die mir sagt, dass sie scherzt, und fährt fort: »Vielleicht möchte sie mit dir nach Hause gehen.«

Auch Perry grinst zu mir herunter, und er bemerkt, wo etwas vom weißen Fell meiner Brust an seinem Hosenbein haften geblieben ist. »Wie es aussieht«, meint er mit einem Lachen, »nehme ich schon etwas von ihr mit.« Er bückt sich und hält eine Hand unter meine Nase, und ich lehne meinen ganzen Kopf dagegen. »Sie ist einfach schön«, sagt er zu Laura.

»Sie ist perfekt«, erwidert Laura und fährt dann ernster fort: »Beinahe hätten wir sie verloren. Wir hatten einen Schutzengel.«

»Daran zweifle ich nicht.« Perry richtet sich wieder auf und sieht Laura an. »*Jeder Grashalm hat seinen Engel, der sich über ihn beugt und flüstert: Wachse, wachse.*«

Lauras Augen glänzen, und sie umarmt ihn spontan. »Danke, Perry«, sagt sie mit fast erstickter Stimme. »Danke für alles.«

Auch er legt seine Arme um sie. »Du kannst mich jederzeit anrufen. Falls du es dir anders überlegst und zu uns zurückkommen möchtest, oder auch, wenn du irgendetwas brauchst. Das weißt du hoffentlich, ja?«

Laura tritt einen Schritt zurück und nickt. Perry küsst sie einmal auf die Stirn, dann geht er.

Laura ist morgens jetzt immer müder als sonst, weil sie keinen Kaffee mehr trinkt. Doch heute beim Frühstück scheint sie munter zu sein, denn sie sagt zu Josh: »Ich habe heute Nachmittag ein Treffen mit den Anwälten, die die verschiedenen Seiten dieser Sache vertreten. Ich hoffe, wir können formelle Verhandlungen beginnen.«

Josh stellt verblüfft seinen Kaffee auf dem Tisch ab. »Sind wir denn schon so weit?«

»Na ja …« Sie legt eine Hand auf den Papierstapel, in dem sie gelesen hat, während er seinen Toast machte. »Ich habe von den Mietern eine vollständige Liste aller Instandhaltungs- und

Reparaturprobleme. Es sind tatsächlich an die zweihundert.« Sie verzieht das Gesicht. »Und ich habe jede Rechtsvorschrift notiert, die durch das geplante Geschäft zwischen dem Eigentümer und der Baufirma, die das Objekt erwerben will, verletzt würde. Hauptsächlich deshalb, weil diese Vorschriften so widersprüchlich sind, dass niemand sie *alle* einhalten könnte.« Sie reibt sich unter der Lesebrille die Augen. »Ehrlich gesagt, ich weiß nicht, wer dieses Zeug schreibt. Aber zum Glück profitieren wir von diesem ganzen Vorschriftenwirrwarr. Du sagtest, die Immobilie ist auf siebeneinhalb Millionen geschätzt, und die Mieter haben zehn Millionen durch Kredite und Subventionen aufgetrieben?« Josh nickt. »Die Baufirma bietet fünfzehn. Wir werden acht anbieten und versuchen, alle Parteien davon zu überzeugen, dass ein langwieriger Rechtsstreit schmerzlicher wäre und teurer käme, als was das Gebäude wert ist.«

Josh schiebt seinen Teller mit dem Toast weg und legt dann ein Stück auf den Boden, damit ich die Butter ablecken kann. »Und du meinst, das könnte alles schon heute abgeklärt werden?«

Laura schüttelt den Kopf. »Nein. Wir wollen lediglich den Ball ins Rollen bringen und ihnen zeigen, wie ernst es uns damit ist, gegen dieses Geschäft zu kämpfen. Wir lassen uns vom Eigentümer bis auf zehn Millionen hochsteigern, wenn es sein muss. Hoffentlich wird entweder die Baufirma ihr Angebot fallen lassen, oder der Eigentümer entscheidet sich dafür, unsere zehn Millionen jetzt zu nehmen, anstatt Monate oder Jahre für die fünfzehn Millionen der Baufirma kämpfen zu müssen.«

Joshs Blick verrät noch immer Zweifel. »Was ist mit einer Verhandlung mit der zuständigen städtischen Behörde? Die Stadt hat fünfundneunzig Prozent dieses Gebäudes bezahlt. Eigentlich muss sie da doch bestimmen können, ob es aus dem Mitchell-Lama-Programm herausgenommen wird oder nicht.«

»Sie haben ein Mitspracherecht, und prinzipiell sollten sie dieses Recht vielleicht öfter wahrnehmen«, erklärt Laura. »Aber praktisch gesehen tun sie das im Allgemeinen nicht. Das Problem mit einer solchen Verhandlung ist, dass das etwas Einmaliges ist, eine Sache, bei der mit Ja oder ein Nein entschieden wird. Und wenn unsere Seite das Nein bekommt, dann ist das Spiel aus.« Sie nimmt einen Schluck von ihrem Orangensaft. »Ich weiß«, fährt sie dann in einem sanfteren Ton fort, »du hast diese romantische Vorstellung von einer großen Verhandlung und anfeuernden Massen, aber realistischerweise ist ein Kompromiss fast immer die beste Lösung. Der Besitzer bekommt mehr, als das Gebäude eigentlich wert ist, die Mieter bekommen sämtliche Eigentumsrechte und -privilegien, und die Kommune kann bezahlbare Wohnungen erhalten, und dazu sämtliche Dienstleistungen des Musikstudios. Das wäre eine gute Sache für alle Beteiligten.«

Josh steht auf, wirft den Rest seines Toasts in den Abfall und gibt mir ein wenig von dem Käse, der verpackt auf der Anrichte liegt. »Du hast recht«, sagt er. »Ich glaube, ich habe mich in den vergangenen Monaten so sehr in diese Sache reingehängt, dass es mir schwerfällt, zu sehen, dass meine Rolle darin vorbei ist.«

Laura sieht ihn überrascht an. »Aber das stimmt doch gar nicht! Für dich ist es jetzt wichtiger denn je, den Druck an der Publicity-Front aufrechtzuerhalten. Das wird den Besitzer überzeugen, dass er verlieren könnte, wenn er uns rundweg ablehnen und den Verhandlungstisch verlassen würde. Jede Kamera eines Nachrichtensenders, jeder Zeitungsartikel ist ein Grund mehr für ihn, die Stärke seiner Position zu hinterfragen.«

Ich habe nie gewusst, dass ein Mensch, den man selbst kennt, im Fernsehen erscheinen kann. Aber eine Woche, nachdem Anise uns besuchte, war sie in unserem Fernseher, zusammen mit anderen Menschen, die, wie Josh sagte, berühmte Musiker sind. Sie waren in einem Raum ohne Fenster und mit vielen Musikinstrumenten, und Josh und Laura waren auch dort! Sie standen im Hintergrund, und ein Mann mit einem Mikrophon sprach mit Anise und einigen anderen Leuten. Laura und Josh waren schon zu Hause, als die Sendung lief, und es war seltsam, sie hier mit mir im Zimmer zu sehen und gleichzeitig winzige Bilder von ihnen auf dem Fernsehschirm.

Danach klingelte das Telefon wochenlang andauernd. Die Leute riefen Josh an, um mit ihm über weitere Auftritte im Fernsehen und mehr Zeitungsartikel über das Gebäude zu reden, und die, denen das Gebäude gehört, wollten von Laura wissen, was sie damit machen sollten. Laura war in diesen wenigen Wochen kaum zu Hause; sie musste immer zu Treffen mit den Anwohnern und anderen Anwälten gehen. Irgendwann kam sie dann mit der Nachricht an, dass die Verhandlungen nun vorbei seien. Sie hängte gerade ihren Mantel in den Schrank, als Josh mit besorgter Miene die Treppe herunterkam. »Und?«, fragte er.

»Es ist geschafft.« Laura klang sehr ernst, und Joshs Gesicht wurde bleich. »Der Eigentümer ist bereit, von der Mietervereinigung neun zu akzeptieren. Der Bauunternehmer ließ sein Angebot fallen. Der Anwalt der Mietervereinigung und ich müssen noch einigen Schreibkram erledigen, um es offiziell zu machen, aber …« Das Grinsen auf ihrem Gesicht war breiter als so ziemlich jedes, das ich je gesehen habe. »Es ist vorbei.«

Josh ließ einen lauten Schrei los und umarmte sie so stürmisch, dass er sie fast vom Boden hochgehoben hätte. Ich glaube, Laura mag es ebenso wenig wie ich, hochgehoben zu werden, denn sie verlor fast das Gleichgewicht und schlug ein paar Mal auf Joshs Schulter, bis er sie losließ. »Wir haben es geschafft!«, schrie Josh.

»*Du* hast es geschafft«, sagte Laura. »Die Mietervereinigung hat es geschafft. Ich bin ja sozusagen erst ganz am Ende dazugestoßen.« So wie sie das sagt, stelle ich sie mir allerdings eher wie eine Taube vor, die hoch oben Kreise zieht. Aber ich glaube nicht, dass sie das wirklich meint, auch wenn es das ist, was sie gesagt hat.

An diesem Abend gingen die beiden auf eine Party, die die

Bewohner jenes Hauses veranstalteten, und jetzt, eine Woche später, feiern sie noch immer, als Joshs Eltern und seine Schwester mit den Wurfgeschwistern wieder zu einem besonderen Festessen kommen. Josh hat zwei Tage lang einen riesigen Truthahn zubereitet, und bis seine Familie eintrifft, werde ich wohl noch verrückt, wenn mir nicht jemand gleich etwas von diesem Truthahn gibt. Es ist unerträglich, zu sehen, wie Laura und Josh mit allen reden und Drinks einschenken und kleine Teller mit kleineren Sachen zu essen aus der Küche bringen, als ob da nicht ein *ganzer Truthahn* in der Röhre läge und nur darauf wartet, gefressen zu werden! Ich mache es mir zur Aufgabe, vor dem Backofen zu stehen und jeden anzumiauen, bis sie sich an den wichtigsten Teil des Tages erinnern. Ehe sie sich dann (endlich) hinsetzen, um zu essen, gehen alle um den Tisch herum und sagen, wofür sie dankbar sind. Ich bin dafür dankbar, dass sie mir dieses Mal etwas Truthahn und anderes Fressen auf einem Tellerchen servieren, *bevor* sich alle setzen.

Und dann verkündet Josh, dass Laura ein Baby bekommt. Ich nehme an, das erklärt, weshalb sie immer dicker wird. Es überrascht mich, wie aufgeregt Joshs Eltern sind, denn es klingt, als würde Laura nur *ein* Baby bekommen. Wenn sie fünf oder sechs auf einmal bekäme, *das* wäre eine wirklich große Sache. Aber nur eines zu haben, das ist eben typisch dafür, wie ineffizient die Menschen fast alles machen. Für mich ist es wahrscheinlich besser, wenn Laura nur ein Baby auf einmal bekommt, weil es mir leichter fällt, einem Baby gute Manieren beizubringen als gleich einem ganzen Rudel.

»Ich muss dich mal etwas fragen«, sagt Joshs Mutter (Joshs Mutter beginnt Sätze gerne mit *Ich muss dich mal etwas fragen.*) »Wisst ihr schon, ob es ein Junge oder ein Mädchen wird?«

Laura und Josh lächeln sich zu. »Wir wollen uns überraschen lassen«, sagt sie dann. »Manchmal sind Überraschungen ganz gut.«

»Von mir aus könnte es ein Marsmensch sein, solange es nur gesund ist«, meint Joshs Vater. »Wir beide haben es doch auch nicht gewusst, bis wir im Kreißsaal waren«, erinnert er Joshs Mutter.

»Aber ihr habt schon an Namen gedacht«, insistiert sie.

»Ein paar«, erwidert Laura. »Wenn es ein Mädchen ist, möchten wir sie Sarah nennen.«

»So ist es recht.« Joshs Vater nickt. »Und wenn es ein Junge ist, könnt ihr ihn auch nach deiner Mutter nennen. Samuel ist ein schöner Name, den man heute nicht mehr oft hört.«

»Dad«, meint Joshs Schwester, »ich bin sicher, sie können selber einen Namen auswählen.«

»Wir sollten heute Abend dein Adressbuch durchgehen«, sagt die Mutter zu ihrem Mann. »Wenn es ein Junge ist, werden sie eine Beschneidung machen. Wir müssen überlegen, wen wir einladen.«

»Dafür ist noch genügend Zeit, Zelda«, sagt er und fügt augenzwinkernd hinzu: »Deine Mutter braucht nur eine Entschuldigung, um alle anzurufen, die sie kennt, und es ihnen zu sagen.«

»Ich bin einfach so aufgeregt!« Joshs Mutter steht auf, geht um den Tisch herum und umarmt Laura. »Hör mal, wenn du irgendwelche Fragen hast, oder wenn sich etwas nicht richtig anfühlt, oder wenn du möchtest, dass jemand mit dir zum Doktor geht, dann rufst du mich oder Erica an. Wir hatten zusammen vier Babys.«

»Glaubst du, dass Prudence das neue Baby mag?« Es ist Robert, der diese Frage stellt und dazu einen Arm hochreckt. Und Abbie fügt hinzu: »Meinst du, Onkel Josh? Uns hat sie nicht so gemocht am Anfang.«

»Das stimmt«, wirft Joshs Mutter ein. »Manchmal kommen Katzen und Babys nicht miteinander aus.«

Josh lacht. »Ich glaube, Prudence wird es lieben, ein Baby zu haben, das sie herumkommandieren kann.«

»Was meinst du, Prudence?«, fragt Laura. Ich sitze neben meinem inzwischen leeren Teller und warte darauf, Aufmerksamkeit zu bekommen. Es ist nur höflich, einem bei einem

Festessen den Teller noch einmal zu füllen, sobald er leer ist. Als ich sehe, dass Laura zu mir schaut, stakse ich in die Küche und setze mich vor die Anrichte, wo der restliche Truthahn wartet. Über das Baby und ob ich es mag oder nicht, kann ich mir Gedanken machen, wenn es hier ist, aber um etwas zu fressen, das man mag, sollte man sich immer kümmern, so lange man es noch vor sich hat.

Die Bewohner des Gebäudes in der Lower East Side, das Josh und Laura gerettet haben, müssen nicht umziehen, aber wir. Laura und Josh sagen, dass diese Wohnung für uns zu teuer ist, wenn er keinen Job findet, vor allem nun, da Laura in einer kleineren Anwaltsfirma arbeiten wird, die ihr weniger bezahlt. Früher hat sich Laura immer ganz verspannt, wenn sie mit Josh über diese Vorstellung sprach. Aber jetzt scheint sie glücklich zu sein. Wir ziehen an einen Ort namens Greenpoint, in einem Land, das Brooklyn heißt, und Laura sagt, sie wird jeden Abend rechtzeitig zum Essen zu Hause sein können. Unsere neue Wohnung wird wie diese auch zwei Etagen haben, aber sie ist im »Erdgeschoss«, und es gibt keine Lobby und keinen Mann an der Haustür. Laura und Josh sagen sogar, sie hat einen kleinen Hinterhof mit einem hohen Zaun, und dass ich manchmal mit ihnen hinausgehen kann! Zu viel Veränderung auf einmal ist nie ideal, aber bei dem Gedanken, mit Laura und Josh zusammenzubleiben und manchmal auch draußen im Gras in der Sonne zu liegen, denke ich *fast,* dass *dieser* Umzug eine gute Sache sein könnte.

Im Moment leben wir allerdings alle in einem Chaos, wie Laura sich ausdrückt, und werfen Sachen weg und verpacken den Rest in Kartons. So viele Kartons herumstehen zu haben, ist mit Abstand das Beste am Umziehen. Kartons sind so ziemlich der beste Platz zum Schlafen, denn sie sind klein und sicher, und wenn du in einem Karton bist, siehst du jeden, der auf dich zukommt, bevor er dich sieht. Mein neues Lieblingsspiel ist, mich in einen Karton zu ducken, zu warten, bis Laura oder Josh vorbeikommt und sie dann anzuspringen. Sarah gab vor, überrascht zu sein, wenn ich mich in der großen Pflanze versteckte und dann auf sie sprang, aber ich glaube, Laura und Josh sind wirklich überrascht, wenn ich sie anspringe. Was nur zeigt, weshalb ein Karton für eine Katze so ein perfektes Versteck ist. »Das wird schön sein, wenn wir in der neuen Wohnung auspacken und die ein für alle Mal loswerden«, sagte Josh gestern Abend, als ich mit beiden Pfoten an seinem Knöchel hing. Ich denke daran, wie viel Zeit ich in Kartons verbrachte – ich war die ganze Zeit in welchen, seit ich in der Upper West Side gewohnt habe. Ich werde sie vermissen, wenn sie weg sind. Aber manchmal muss man seine Erinnerungs-Kartons wegschaffen, damit man beginnen kann, seine Zukunft zu leben.

Es ist jetzt kalt draußen, und die Tauben auf dem Dach gegenüber sind im Schnee fast nicht zu sehen. Ich möchte wissen, ob Laura sie vermissen wird. Sie sagt, bis Neujahr werden wir in unserer neuen Wohnung sein.

Neujahr ist eine weitere erfundene Geschichte – wie Stunden und Minuten –, die sich die Menschen erzählen. Jahre beginnen und enden nicht, weil alle zur gleichen Zeit zusammenkommen und sagen, dass es so ist. *Wirklich* beginnt ein Jahr dann, wenn einem wichtige Dinge passieren. Wenn du geboren wirst. Wenn du den Menschen findest, mit dem du für immer zusammenleben wirst. Dein Leben beginnt, wenn es wichtig wird. Wie zum Beispiel der Tag, als Sarah mich fand. Ich zähle meine Jahre seither von diesem Tag an.

Laura und Josh haben alle Sarah-Kartons ins Wohnzimmer gebracht, damit wir alles durchsehen und entscheiden können, was wir mitnehmen und was wir bei unserem Auszug zurücklassen. Ihr Sarah-Duft steigt mir in die Nase und geht direkt in den Teil von mir, der manchmal noch von ihr träumt. Laura und Josh verteilen alles auf drei Haufen – einen »Ja«-Haufen, einen »Nein«-Haufen und einen »Vielleicht«-Haufen. Josh stellte alle von Sarahs schwarzen Scheiben sofort auf den »Ja«-Haufen. Laura stellte Dinge wie Sarahs Adressbuch und ihre

Bongotrommeln auf den »Nein«-Haufen. Die Streichholzbriefchen und Vogelkleider sind auf dem »Vielleicht«-Haufen. »Ich werfe sie nur ungern weg«, sagt Laura, »aber wir haben einfach so viel Zeug.«

»Wir könnten alles für eine Weile einlagern«, erwidert Josh.

Lauras Blick zeigt Unschlüssigkeit. »Schon. Wahrscheinlich müssen wir so und so einen Speicherplatz mieten. Wie kommt das, dass man mit jedem Umzug mehr Zeug hat anstatt weniger?«

»Ich glaube, es ist ein physikalisches Gesetz, dass sich Dinge in Schränken und Kartons mit der Zeit ausdehnen.« Seine Stimme klingt sehr ernst, als er das bemerkt, aber sein Gesicht zeigt ein breites Grinsen.

»Apropos ausdehnen ...«, sagt Laura und holt mich aus einem Karton. »Jemand hat in den letzten Monaten ganz schön Gewicht zugelegt.« Ich denke, wie unfair es von ihr ist, über *mein* Gewicht zu reden, wenn sie doch mit jedem Tag dicker wird. Aber ihre Augen funkeln so, wie sie es tun, wenn sie etwas für lustig hält, also will sie mich wohl nicht wirklich beleidigen. Sie stellt mich auf einen Stapel schwarzer Scheiben, was mich überrascht, denn Sarah ließ mich ihre Scheiben *nie* berühren. Auch Josh blickt überrascht. Aber Laura lacht nur und sagt: »Na, Prudence kommt doch mit uns mit, nicht wahr?«

Die steifen Papphüllen der schwarzen Scheiben fühlen sich kühl und glatt unter meinem Bauch an, und ich bin froh, eine Weile hier liegen zu können. Plötzlich springt Josh auf und schreit: »Hätte ich beinahe vergessen!« Ich höre, wie er die Treppe hinaufrennt, und dann kommt er mit der »Love Saves the Day«-Tasche zurück. »Die habe ich in mein Zimmer gebracht, nachdem ich eines Tages Prudence fand, wie sie alles darin zerfetzt hat.«

Zerfetzt! Ich erinnere mich an diesen Tag. Es war einer meiner ersten Tage hier, und ich wollte nur einen bequemen Platz, an dem ich mit meinen Erinnerungen an Sarah einschlafen konnte!

Ich versuche, Josh mit meinem empörtesten Blick anzustarren, aber er sitzt bereits auf dem Boden und wühlt in der Tasche. »Ich glaube, das sind nur alte Zeitungen und so was«, erklärt er Laura und legt die Tasche auf den »Nein«-Haufen. Aber jetzt erinnere ich mich, dass ich damals noch etwas anderes in der »Love Saves the Day«-Tasche gefunden habe. Ich springe von dem Stapel schwarzer Scheiben herunter, schlüpfe in die Tasche hinein und beginne, die alten Zeitungen alle herauszuräumen. (Bei so etwas macht sich eine »extra« Zehe ganz gut.) Laura und Josh lachen, während immer mehr von mir in der Tasche verschwindet, aber als ich zu der Metallschatulle ganz unten komme – aus der Sarah damals mein rotes Halsband nahm – ist sie zu schwer für mich; ich bringe sie nicht heraus. Ich ziehe und ziehe daran und mache einen so starken Buckel, dass ich das kräftige Papier der Tasche fast zerreiße.

Endlich merkt Laura, was ich tue, und kommt mir zu Hilfe. Als mein Kopf und ihre Hand zusammen auftauchen, hält sie das Kästchen darin. Es ist eingedellt und zerbeult, und ich erinnere mich, wie schwer es sogar für Sarah war, es zu öffnen. Ich sehe Lauras Miene nicht, denn sie blickt nach unten, aber sie hält es in den Händen und dreht es ziemlich lange hin und her.

»Was ist das?«, fragt Josh.

»Das ist aus unserem alten Apartment.« Lauras Stimme ist gedämpft. »Ich habe immer gedacht, es ging beim Abriss verloren.«

»Weißt du, was drin ist?« Josh schaut neugierig und dann besorgt, weil Laura nicht gleich antwortet.

»Nicht wirklich.« Sie dreht das Kästchen noch immer in den Händen und sucht nach einer Möglichkeit, es zu öffnen. »Wie hat sie das überhaupt wiederbekommen?«

»Es sieht aus, als ob es einen Krieg mitgemacht hätte«, meint Josh. »Ich hole einen Hammer, und dann sehen wir mal, wie wir es aufbekommen.«

»Ich glaube, ich schaffe es.« Laura probiert noch ein wenig herum, und gerade, als Josh sich anschickt, ihr zu helfen, springt der Deckel auf. Mit zitternden Händen beginnt sie, das Kästchen zu leeren. Es enthält einige rote Seidenschleifen und ein altes, zusammengeknülltes T-Shirt mit einem lustigen Bild eines künstlichen Ohrs, von dem schwarze Scheiben herunterhängen, und darüber steht etwas geschrieben. Laura sagt, die Schrift bedeute EAR WAX RECORDS. Außerdem findet sie Fotos einer sehr jung aussehenden Sarah mit einem Mann, der Laura ein bisschen ähnlich sieht. Sarah hält ein Baby auf dem Arm und lächelt uns an. Auf einem anderen Bild, das zerknittert ist und anscheinend einmal gefaltet war, umarmt eine jung aussehende Laura einen alten Mann.

Josh hat sich hinter Laura gesetzt und schaut über ihre Schulter. Als Nächstes findet sie einen kleinen Samtbeutel mit einem schlichten Goldring darin. »Das war der Ehering meiner Mutter.« Laura blickt sich um zu Josh. »Ich glaube, sie hat meinen Vater nie überwunden. Sie hat sich nie mit anderen Männern getroffen. Und jedes Jahr an ihrem Hochzeitstag zog sie alte Platten heraus und hörte sich ihre ›gemeinsamen‹ Lieblingslieder an.«

Josh legt seine Arme um sie. »Das ist das Problem mit Romantikern. Wenn sie sich einmal verlieben, dann fürs ganze Leben.« Aber er erweckt nicht den Eindruck, als würde er das wirklich für ein »Problem« halten, als er Laura auf den Kopf küsst.

Das Letzte in der Schatulle ist ein kleines Rechteck aus Plastik mit zwei Löchern darin. »Eine Kassette«, sagt Josh. »Was ist darauf?«

»Ich … ich bin mir nicht sicher.« Laura betrachtet die Kassette von vorne und hinten, aber sie ist nicht beschriftet. »Sie hat in ihrer Zeit als DJ so viele Mixtapes gemacht. Das könnte eines davon sein, oder …«

Sie beendet den Satz nicht, und deshalb sagt Josh: »Ich hole meinen alten Kassettenrekorder. Er ist oben im Büro.« Er rennt wieder die Treppe hinauf, und dann höre ich, wie er Sachen herumräumt. Nach kurzer Zeit kommt er mit etwas zurück, das aussieht wie ein schwarzes Radio mit einem Fenster vorne dran. Es ist staubig, als sei es lange nicht benutzt worden. Er drückt einen Knopf, der das Fenster öffnet, und legt die Kassette ein.

Zuerst hört man ein langgezogenes *Sssssss.* Dann kommt Musik. Eine Stimme, die wie Sarah klingt, nur etwas höher, fragt *Bist du so weit?* Eine Kleinmädchenstimme antwortet *Aber ich kann nicht so schön singen wie du.* Sarahs Stimme sagt *Wir singen zusammen. Probier es einfach.*

»Oh mein Gott«, flüstert Laura und bedeckt mit einer Hand ihren Mund. »Das haben wir zusammen gemacht, im Alphaville-Studio. Ich war erst ein paar Jahre alt.«

Sarahs Stimme summt ein bisschen, als wolle sie der kleinen Laura zeigen, wie die Melodie klingen soll. Dann singen die beiden zusammen:

Der Winter ist zu Ende
fort ist aller Schnee
die Natur erblüht wieder
kalte Zeit, ade!

Sarahs Stimme zu hören ist, wie jetzt den Tag wieder zu erleben, an dem wir uns fanden. Sarahs Singen war mein erstes wunderschönes Erlebnis, das Erlebnis, von dem all die anderen schönen Erlebnisse in unserem Leben herrührten. Es ist der Klang von kalten Nächten zusammengekuschelt unter der Decke, von Sonnenlicht, das golden durch das Fenster auf Sarahs Haare fällt, und der Hand, die mich streichelte, wenn mir etwas Angst machte. Es ist das Geräusch von Schuhen auf der Treppe zu der Tageszeit, wenn Sarah nach Hause kam und ich in der kleinen Keramikschüssel an der Tür auf sie wartete. Es ist der Klang von Sarahs Stimme, die sagt *Wer ist meine Liebe? Wer ist meine kleine Liebe?*, und die Antwort auf diese Frage zu wissen, auch wenn ich sie ihr nicht in Menschenworten sagen konnte. Mein erstes schönes Erlebnis. Es ist hier, in dieser anderen Wohnung, in einem ganz anderen Land.

Jetzt weiß ich, was Sarah meinte, als sie sagte, wenn man sich an jemanden erinnert, dann ist er oder sie immer bei einem. Sarah ist jetzt hier bei uns. Während ich ihr zuhöre, wie sie singt, weiß ich, dass sie nie fortgegangen ist.

Die Tränen, die Lauras Augen füllen, lassen sie dunkler aussehen, bis sie dieselbe Farbe haben wie Sarahs Augen. Als sie das Gesicht wieder mit ihren Händen bedeckt und ihre Schultern zu beben beginnen, weiß ich, dass es ihr ebenso geht wie mir. Sarahs Stimme war auch für Laura das erste schöne Erlebnis.

Es ist Lauras Schluchzen, das Josh und mich gleichzeitig veranlasst, zu ihr zu gehen. Josh legt wieder die Arme um sie, und ich krieche auf ihren Schoß. Es ist nun schwerer, mich dort bequem einzurichten, weil ihr Bauch größer geworden ist, aber ich presse trotzdem meine Stirn an ihre Brust und schnurre so stark ich kann. »Schau«, flüstert Josh, »ich glaube, Prudence erinnert sich auch.«

Wir sitzen zu dritt zusammen, bis Lauras Schultern aufhören zu beben und eine Hand sich senkt, um meinen Kopf zu streicheln. In dem Licht, das zum Fenster hereinfällt, denke ich wieder, wie sehr Lauras und Sarahs Hände sich gleichen. Draußen auf dem Dach gegenüber drängen sich die weißen und kaffeebraunen Tauben gegen die Kälte zusammen und bereiten sich darauf vor, fortzufliegen. Eine nach der anderen schwingen sie sich in die Luft. Aber bald schon kommen sie wieder angeflattert und kehren zurück zu dem Ort, den sie als ihr Zuhause kennen.

Nachbemerkung der Autorin

Am 24. Januar 1998 riss die Stadt New York nach einem Notruf ein etwa hundert Jahre altes, noch bewohntes Mietshaus in der Stanton Street 172 ab. In diesem Notruf wurde von einem während eines Unwetters an der Rückseite des Gebäudes aufgetretenen Schaden berichtet. Die etwa zwei Dutzend Bewohner wurden am frühen Morgen dieses Tages evakuiert, ohne irgendeine persönliche Habe mitnehmen zu dürfen. Feuerwehrmänner und Beamte der Stadt versicherten ihnen, sie dürften in einigen Stunden wieder in ihr Haus zurück. Bürgermeister Rudolph Giuliani betrat das Gebäude gegen elf Uhr vormittags ohne einen Schutzhelm, doch den Bewohnern wurde die Rückkehr letztlich nicht erlaubt. Acht Stunden später begann der Abriss.

Ob das Gebäude tatsächlich baufällig war, wird noch heute heiß diskutiert. Zeugen berichten, dass der Abriss dreizehn Stunden in Anspruch nahm und kein einziger Gebäudeteil von selbst kollabierte. Heute stehen dort Luxusapartments.

Die in Kapitel 13 dieses Buches dargestellten Ereignisse wurden zwar von Augenzeugenberichten und Zeitungsartikeln über die Geschehnisse dieses Tages inspiriert, aber sie sind Fiktion und intendieren nicht, reale Ereignisse genau wiederzugeben. Auch die Figuren in diesem Buch sind fiktional und repräsentieren keine realen Personen, die 1998 oder zu irgendeiner anderen Zeit in der Geschichte des Gebäudes darin wohnten.

Es gab allerdings tatsächlich eine Katze namens »Honey«. Honey war eine von zwei Katzen, die mit einem Papagei an dem Tag, in dem das Mietshaus Stanton Street 172 zerstört wurde, darin lebten. Man hatte den Besitzern nicht gestattet, die Tiere herauszuholen. Weder die Katzen noch der Papagei wurden je wieder gesehen.

Dank

Dieses Buch wäre nicht möglich geworden ohne die folgenden Bücher:

Alphabet City, Geoffrey Biddle
Last Night a DJ *Saved My Life,* Bill Brewster und Frank Broughton
Alphaville: 1988, Crime, Punishment, and the Battle for New York City's Lower East Side, Michael Codella und Bruce Bennett
Street Play, Martha Cooper
Blackout Looting!, Robert Curvin und Bruce Porter
Hot Stuff: Disco and the Remaking of American Culture, Alice Echols
All Hopped Up and Ready to Go: Music from the Streets of New York, 1927–1977, Tony Fletcher
Making Tracks: The Rise of Blondie, Debbie Harry, Chris Stein und Victor Bockris
Love Saves the Day: A History of American Dance Music Culture, 1970–1979, Tim Lawrence
Please Kill Me: The Uncensored Oral History of Punk, Legs McNeil und Gillain McCain
Resistance: A Radical Social and Political History of the Lower East Side, Clayton Patterson und Jeff Ferrell
Tompkins Square Park, Q. Sakamaki
New York Rocker, Gary Valentine
Naked City: The Death and Life of Urban Places, Sharon Zukin

Und auch nicht ohne diesen Zeitungsartikel:
Andrew Jacobs, »The Angry Urban Refugees«, *The New York Times,* 10. Mai 1998.

Dieses Buch wäre außerdem nicht möglich geworden ohne die folgenden Personen, die mir erlaubten, sie zu interviewen zu den Themen Mutterschaft, Musik, Schallplattenläden, Toxizität von Lilien für Katzen, die Realität in einer Anwaltskanzlei, Mitchell-Lama-Wohnungsbauprojekte und das Alltagsleben in der Lower East Side und darum herum in den 1970er und 1980er Jahren: Dr. Tracy DeMeola, Richard Finkelstein, Jim Kiick, John Kioussis, Andrea Kline, Manny Maris, Lorcan Otway, Clayton Patterson, Binky Philips, Dee Pop, Tony Sachs, Jay Wilson und einige Rechtsanwältinnen, die anonym bleiben wollen.

Und last but not least geht mein tiefer Dank an:

Michele Rubin, Superagentin und »Autorenflüsterin«. Meine Lektorinnen Caitlin Alexander – die erste Person, die sich in Prudence verliebte – und Kate Miciak, die weit geduldiger mit mir waren, als ich es mit meiner Hetze, um endlich die Ziellinie zu überqueren, verdiente, und deren Einsichten und Feedback dieses Buch besser gemacht haben, als es ein Recht hat zu sein.

Anise »Anise's to Pieces« Labrum für zehn Jahre wahrer Freundschaft und verrückte Geschichten, die besser sind als alle, die ich hätte erfinden können, für ihren Flug eine Woche vor meiner Hochzeit von Napa nach New York, um – mit einem gebrochenen Arm! – mein Hochzeitskleid zu nähen, und für die außerordentlich großzügige Erlaubnis der Verwendung ihres Namens und ihrer Talente.

Peri Stedman, die Frau, bei deren Party zum dreißigsten Geburtstag ich mit einem gewissen Laurence Lerman bekannt wurde. Ich habe dir gesagt, dass dein Name in meinem nächsten Buch erscheinen würde!

David und Claire Berkowitz, meine Großeltern und die Inspiration für die Mandelbaums. Ich hatte das Glück, dass meine Großmutter zwölf Jahre meiner Kindheit begleitete und mir Geschichten erzählte, von denen sie wahrscheinlich nicht geglaubt hätte, dass ich mich daran erinnere. Gott war sehr gut zu mir, denn er schenkte mir zwei Mütter.

David und Barbara Cooper, meine Eltern und die besten Mutmacher, die eine Tochter mit der Absicht, Schriftstellerin zu werden, haben konnte.

Laurence Lerman, der weltbeste Ehemann und mein erster Lektor, der jedes Wort dieses Buches las (und dann wieder las und noch einmal las), während ich es schrieb, bei dessen brillanten Vorschlägen ich mich gelegentlich fragte, ob ich das Schreiben nicht besser ihm überlassen sollte, und der es in den vielen, vielen Monaten, in denen ich äußerst unerträglich war, mit mir aushielt. Und auch Ben und Saundra Lerman. Niemand hatte je bessere Schwiegereltern.

Melanie Paradise, eine großartige Freundin, noch größere Katzenhüterin und der erste Leser dieses Buches, abgesehen von meinem Mann und den Lektorinnen.

Rhoda Palmateer, in liebendem Gedenken. Rhodas Liebe war die Rettung für Hunderte von Katzen, die ohne sie auf der Straße verschmachtet oder in Unterschlupfen gestorben wären. Deine außerordentliche Herzlichkeit wird immer vermisst werden.

Alle Leser meines Buches *Homer*'s *Odyssey,* die sich die Zeit nahmen, mir E-Mails zu senden, Homer und mir auf Facebook und Twitter folgten, und deren tägliche Ermutigung mich weitermachen ließ, wenn ich glaubte, nicht in der Lage zu sein, dieses Buch zu vollenden.

Und schließlich Clayton und Fanny Cooper-Lerman – die bezauberndesten Kinder, die es je gegeben hat (abgesehen von meinen Katzen-»Kindern« Homer, Vashti und Scarlett natürlich) – für die häufigen und notwendigen Lachpausen während der letzten Wochen des Schreibens.

David und Barbara Cooper, meine Eltern und die besten Mutmacher, die eine Tochter mit der Absicht, Schriftstellerin zu werden, haben konnte.

Laurence Lerman, der weltbeste Ehemann und mein erster Lektor, der jedes Wort dieses Buches las (und dann wieder las und noch einmal las), während ich es schrieb, bei dessen brillanten Vorschlägen ich mich gelegentlich fragte, ob ich das Schreiben nicht besser ihm überlassen sollte, und der es in den vielen, vielen Monaten, in denen ich äußerst unerträglich war, mit mir aushielt. Und auch Ben und Saundra Lerman. Niemand hatte je bessere Schwiegereltern.

Melanie Paradise, eine großartige Freundin, noch größere Katzenhüterin und der erste Leser dieses Buches, abgesehen von meinem Mann und den Lektorinnen.

Rhoda Palmateer, in liebendem Gedenken. Rhodas Liebe war die Rettung für Hunderte von Katzen, die ohne sie auf der Straße verschmachtet oder in Unterschlupfen gestorben wären. Deine außerordentliche Herzlichkeit wird immer vermisst werden.

Alle Leser meines Buches *Homer's Odyssey,* die sich die Zeit nahmen, mir E-Mails zu senden, Homer und mir auf Facebook und Twitter folgten, und deren tägliche Ermutigung mich weitermachen ließ, wenn ich glaubte, nicht in der Lage zu sein, dieses Buch zu vollenden.

Und schließlich Clayton und Fanny Cooper-Lerman – die bezauberndesten Kinder, die es je gegeben hat (abgesehen von meinen Katzen-»Kindern« Homer, Vashti und Scarlett natürlich) – für die häufigen und notwendigen Lachpausen während der letzten Wochen des Schreibens.